FAMILY THERAPY AND COUNSELING

가족치료와 상담

- 기독교적 가족회복을 위한 내적치유 -

FAMILY THERAPY AND COUNSELING

가족치료와 상담

- 기독교적 가족회복을 위한 내적치유 -

김명희 지음

(주)교 문 사

PREFACE | 머리말

이 책은 일반 가족치료와 가족상담 책과는 달리, 가족치료 학자들의 이론 외에도 기독교 상담학적 접근과 기독교적 인간이해에 특징을 다루었다. 일반 상담과 기독교 상담은 서로 일치하는 부분도 있고 많이 있지만 일부 기독교 상담자들은 심리학으로부터 나온 이론적인 형식들을 거부하자는 견해를 가지고 있다. 인간이해의 절대 일치될 수 없는 부분인 일반 상담에서의 내담자를 공감 및 수용하는 대신 기독교 상담의 기본은 인간인 내담자의 죄성을 직면시키고, 죄 문제를 어떻게 이해하며, 또 그 문제를 어떻게 해결하는가에 대한 부분이 다르다는 것이다. 또 다른 기독교 상담자 및 가족치료자는 심리학적 용어를 사용하지만, 인간의 존엄성과 가치를 창조론에서 찾는다.

가족치료와 상담의 궁극적 목표는 가정회복과 가족구성원 개개인의 안녕과 행복을 위한 내적치유에 있다. 1950년 후반부터 시작한 일반 가족치료 이론은 반세기가 지난 지금 다양한 이름의 가족치료 방법론으로 발전되어 왔으며 체계론적, 전략적, 구조적, 다세대주의적, 그리고 경험주의적 방법론 등이 대두되었다. 이러한 이론들은 전통적인 정신분석을 거부하고 체계론적 사고방식을 받아들이는 데는 일치된 입장을 취하여 왔다.

특히 필자가 몸담고 있는 대학은 기독교 대학으로써 일반적 상담 이론 및 가족치료 교재로 강의와 수업을 진행하는데 한계가 있었고, 일반 학문의 심리학적 인간이해와 생물학적 이해, 사회환경적 인간이해뿐만 아닌, 기독교적 인간이해 및 통합적 인간이해를 필요로 하며, 가족치료 및 개개인의 내적치유, 또한 기독교적인 인간이해를 기초로 통합적인 인간이해를 필요로 한다.

특히, 1970년 중반 이후 사회 변화와 더불어 약물중독, 가정폭력 등을 경험한 다양한 내담자들이 치료 개입을 필요로 함에 따라 가장 주도적인 이론이었던 체계론적 이론에 대한 비판과 함께 가족에만 초점을 두는 방법론 자체보다는 개인의 심리 내적 역동이나 정서 그리고 과거의 경험과 사회 내의 가족의 위치와 생물학적 입장에 관심을 갖게 되었다. 근래에 들어서는 의미와 언어를 중요시하는 구성주의적 가족치료가 등장하기에 이르렀고 사고하고 느끼고 행동하는 존재로서의 인간 경험을 이해하려는데 초점을 맞추고 있다.

본 저서는 4부로 구성되어 있으며 1부에서는 가족치료의 이해와 가족체계의 이해를 다루어 가족치료의 배경과 체계로서의 가족을 이해하도록 하였다. 2부에서는 가족상담과 가족치료를 다루었는데 가족치료와 상담 관련 제이론들을 소개하고 실질적 치료기법에 관해 다루었다. 3부에서는 기독교적 세계관 및 인간이해를 토대로 하여 개개인의 내면의 무의식 속에 숨어 있는 상한 감정 및 내적치유, 분노내면치유, 죄책감과 수치심치료, 내면아이와 성인아이 치료 등의 주제를 기독교적 관점에서의 인간이해를 다루었다. 4부에서는 기독교적 인간이해와 상담 및 가족치료를 집중적으로 다루었는데 역기능 가정의 기독교 상담과 치료, 성치유, 용서치유, 묵상치유 등을 다루었다. 4부에서 다룬 내용은 기존의 가족치료 저서들에서는 다루어지지 않은 부분으로서 기독교적 인간이해의 상담과 가족치료를 성경적 관점에서 이해하는 데 도움이 될 수 있으리라 생각된다.

필자는 진정한 인간의 치유는 오직 한 분이신 하나님만이 치유할 수 있다는 것을 확신하기에 하나님을 신뢰하고 하나님의 지혜를 받아들이고 하나님과의 관계가 회복될 때 온전한 인간의 개인적 내적치유가 가능하고 가정과 가족체계 또한 치유될 수 있다고 믿는다. 따라서 필자는 이 책에서 인간을 창조하신 하나님의 관점(성경)에서의 신학적인, 전인적 인간이해와, 전인격적 치유 모형을 제시하려고 노력하였고, 가족치료자, 또한 정신과 의사, 심리학자, 상담학자들의 관점에서의 인간이해를 통합적으로 다루려고 노력하였다.

이 책은 특히 기독교적 세계관과 기독교 상담에 관심을 가진 분들이나 가족치료사 및 가족치료 전공 대학생·대학원생 그리고 기독교 가정사역자, 목회자들에게 신학적인 인간이해와 심리학과 상담학적인 인간이해를 통합적 시각에서 적용하여 기독교 상담 임상 장면에서 실제 적용하는 데 도움이 될 수 있도록 집필하려고 노력하였다.

우선, 이 책을 준비할 수 있는 마음과 생각을 주시고 책을 엮어 갈 수 있도록 인도하신 하나님께 큰 감사를 드린다.

부족하지만 이 책을 출간하기 위해 연구실에서 보낸 시간이 많았음에도 넓은 이해로 격려해 준 남편 이현청 박사와 미래를 위해 노력하고 있는 아들 상훈이와 달 선딘이에게도 깊은 사랑을 보낸다. 끝으로 이 책이 나오기까지 수고해 주신 교문사 류제동 사장님을 비롯한 송기윤 님 외 모든 편집진에게도 깊이 감사드린다.

방배동 연구실에서

김명희 씀

CONTENTS | 차례

PART 04 기독교 상담과 가족치료

PART 01

가족치료와 상담

Chapter 01

가족치료의 이해

가족치료학은 가족의 행복과 인류의 복지를 위하여 연구 봉사하는 것을 목적으로 붕괴되어 가는 가정을 바로 세우고 가족체계를 재조명 하고, 개인과 가족구성원 들간의 관계를 회복시키는데 많은 공헌을 하였다.

가족치료는 가족 문제와 가족체계를 탐색하고, 가족의 기능상의 장애를 치료하고 회복시키는의미이기도 하며, 기능상의 장애에 관계없이 사회의 변화로 말미암아 가족구성원의 특별한 적응을 필요로 하는 상황을 의미하기도 한다.

보스(Boss, 1988)는 가족의 위기(Crisis)와 스트레스(Stress)라는 용어를 사용했다. 가족의 위기는 급변해 가는 현대사회의 극심한 변화와 가족 개개인의 부적응 때문에 가족체계가 무너지고, 가족의 평형이 깨져 버린 상태를 의미하는데, 가족이 이런 상태에 오래 머무르게 되면, 가족구성원 전체의 갈등과 기능이 제대로 이루어지지 않게 된다. 또한 가족구성원들 간에 극심한 스트레스는 가족의 평형이 무너지고, 연속적인 문제로 이어져 일반적으로 역기능 가족체계의 역기능 가족, 병리 가족, 부적응 가족, 일탈 가족으로 노출된 문제 가족이 될 수 있다.

이렇게 가정은 우리가 삶을 통해 가장 행복한 순간과 가장 고통스런 순간의 직접적인 원인과 영향을 미친다.

가족치료의 이해를 위해 우리나라 가족문화의 특성과 가족 문제와 개념을 살펴보면 가족은 사회학이나 인류학적인 시각에서뿐만 아니라 심리학, 상담학, 정신분석학, 교육학, 복지학, 인간관계학, 범죄학, 사회 문제, 청소년비행 등에 이르기까지 그 중요성이 높이 평가되고 있다. 가족에 대한 정의는 다양한 문화와 관점에 따라 다르게 이해되고 있다. 프랑스의 인류학자이며 구조주의 방법론자인 레비-스트라우스는 "가족은 결혼에 의하여 출발하고 부부와 자녀로 구성되고, 다른 근친자가 포함될 수 있으며, 가족구성원은 법적 유대, 경제적, 종교적, 그 외의 다른 권리와 의무, 성적 권리와 규제, 애정, 존경, 외경 등 다종다양한 심리적 정감으로 결합되어 있다."고 정의하고 있는데 이는 확대가족을 중심으로 한 정의이며, 가족을 모든 면에서 긴밀하고 공동 운명체적 관계에 있음을 말해 주고 있다고 하겠다(김규수 외, 2005).

미국의 정신의학자이며 가족치료의 권위자인 에커만(Ackerman)은 가족을 역동적인 관계에서 이해하고 있다. 즉, "가족이란 가족구성원 간의 관계 성장과 삶의 과정에서의 경험, 그 상호 충족의 성공과 실패의 경험이 단위이며, 또한 질병과 건강의 기본단위이다. 가족은 내외로부터 받는 다양한 환경과 가족구성원의 영향에 예민하게 적응하는 유연성을 가진 하나의 단위인 것이다." 즉, 가족은 개인과 사회의 중간에 위치하면서 사회에 대해서는 사회의 기본단위로써 인간의 문화를 전달하며 개인에 있어서는 인간으로서의 성장, 발달에 필요한 모든 것을 가르치고 양육하는 일차적이고 원초적인 환경이며 체계이다. 가족관계는 어떤 인간관계보다 일찍 시작되고, 대부분 일생 동안 영구히 지속되지만 지나치게 밀접하고, 보상적일 수 있으므로 가족관계의 문제가 발생할 수 있다. 가족의 문제는 가족이 처한 여러 가지 상황 중 어느 부분에 있어서 가족구성원 간의 장애가 고정화 내지 지속화 되어 가족구성원 간의 욕구와 필요의 미해결 과제 등이 문제의 가정이나 갈등가족이 되는 것이다. 예컨대 가족구성원 간의 의사소통의 장애라든가 가족 권위 구조에 문제가 있다든가 어떤 내면적인 스트레스로 인한 감정 대립이나 사회변동, 실직, 불경기, 전직, 질병 등 외면적 압력으로 부적응 현상이 일어나고 가족 기능 및 가족구성원으로서의 역할 수행에 장애가 되는 경우이다.

가족생활은 아동·청소년 문제를 비롯한 사회의 모든 문제에 직접 영향을 미치므로 가족 기능의 강화와 가족 역할의 증대를 위한 대책이 절실히 요망된다. 따라서 가끔 사회복지 서비스의 초점은 가족에게 중점을 두게 되며 가족의 문제를 여러 측면에서 검토, 파악하여 가족생활의 향상과 가족관계의 성장 및 치료 등의 문제의 해결을 통한 가족복지를 통한 사회복지 증진을 모색하는 데 목적이 있는 것이다.

1. 가족치료의 발달

1) 가족치료의 정의

가족구성원이 보이는 구성원 간의 갈등 및 문제행동을 그 개인만의 문제로 보지 않고, 개인을 둘러싼 가족이라는 맥락 속에서 가족체계의 역동을 중심으로 이해하려는 시도이다. 따라서 가족치료란 가족을 하나의 체계로 보며, 그 체계 속의 상호 교류 양상에 개입함으로써 개인의 증상이나 행동에 새로운 변화가 일어나도록 추구하는 치료적 접근법을 의미한다.

가족치료의 필요성

- 현대사회의 급격한 변화와 혼돈으로 인한 가족 유형의 다양화, 가족 개념의 변화
- 현대인들의 개인 중심 생활양식 및 생존 방식 선호, 가족 기능 약화와 급변하는 현대사회의 글로벌 시대의 다양한 가족 출현
- 가족 기능의 약화와 가족구성원 역할의 변화 및 다양한 가족 출현

가족상담 모델이 태동하게 된 배경

- 1950년대 중반까지 정신장애의 문제는 개인상담의 대상으로서 개인상담자의 오랜 시간 동안 개인의 성격과 행동 양식을 탐색하고 관찰하여 부적응 및 문제의 대처 방안과 해결책을 모색하고 개개인과 가족구성원 간의 왜곡된 신념과 가치관과 행동을 변화시키기 위해 가족체계의 역동을 탐색하는 상담이 주류를 이루었다.
- 개인상담으로 증세가 호전된 사람도 다시 가족이나 원래의 환경으로 돌아가면 다시 부적응과 갈등의 상태에 빠지게 되는 연구 사례가 보고되면서 개인상담의 한계를 느끼고 한 개인의 문제를 가족구성원의 전체의 가족체계의 문제로 보게 되었다.
- 가족상담 및 가족치료는 가족을 하나의 체계로 보며, 그 체계 속의 가족구성원 간의 갈등과 문제의 요인을 해결하고 가족구성원 간의 관계를 성장시키기 위함이다.

○ 개인심리치료가 환자 및 내담자가 가진 문제를 환자 및 내담자의 대인 관계의 장에서 기인한다는 사실을 인정하면서도 주로 내담자 개인의 정신 내적 문제를 다루는 반면, 가족치료는 치료 면담 중 나타나는 가족구성원 간의 관계와 역동에 초점을 둔다.

가족에 대한 체계론적 이해

○ 가족은 가족의 각 부분의 특성을 합한 것 이상의 특성을 지닌 체계이다.

○ 이러한 가족체계의 움직임은 어떤 일반적 규칙에 의해 지배되어 기능하고 있다.

○ 모든 가족체계는 경계를 가지고 있다. 이와 같은 경계의 특성은 가족체계가 어떻게 기능하는가를 이해하는 데 중요하다.

○ 가족체계의 한 부분의 변화는 가족체계 전체의 변화를 초래할 수 있다.

○ 가족체계는 완전하지 않으므로 항상 비교적 안정된 상태를 유지하려는 경향이 있다.

○ 가족체계 기능 중에는 체계 간의 의사소통이나 피드백 기능이 중요하다.

○ 가족 속의 개인의 행동은 직선적 인과관계보다 순환적 인과관계로 보는 것이 보다 이해하기 쉽다.

○ 다른 열린 체계와 마찬가지로 가족체계는 목적을 가지고 있는 것처럼 보인다.

○ 가족체계는 하위 체계(부부 체계, 부모 체계, 형제자매)에 의해서 성립되며, 또한 가족체계는 보다 큰 상위 체계의 일부분이다.

가족치료의 태동은 개인심리치료적 접근으로 다루기에는 한계가 있었던 문제를 해결해야 하는 사회적 분위기와 다양한 분파의 학문적 노력에 의해 이루어졌다. 또한 제2차 세계대전이 끝나고 사회적 불안정의 중심에 가족이 있었고, 그러한 문제를 해결해야만 하는 시대적 요구도 있었다.

가족치료란 무엇인지, 가족치료사는 어떤 사람인지 개략적으로 이해해 보자. 가족치료의 정의나 특성에 대한 여러 시각이 있지만, 가족치료 발전의 모태가 된 미국부부가족치료학회에 소개된 내용을 살펴보면 다음과 같다.

가족치료란?

가족구성원의 행동 패턴은 개인에게 영향을 미친다. 따라서 가족은 치료 계획의 일부분이 되어야 한다. 가족치료의 단위는 개인이 아니다. 단 한 사람만 상담에 참석하더라도 치료의 단위는 그 개인이 속한 관계의 망이 된다.

가족치료는 단기적이고, 해결에 초점을 두며, 구체적이고 성취할 수 있는 목표를 설정하며, 종결을 생각하고 치료를 설계한다. 가족치료사는 다양하고 심각한 임상 문제를 다룬다.

지금까지 연구된 결과에 따르면 가족치료는 많은 정신 건강 문제를 치료하는 데 있어 개인 중심 치료만큼 효과적이며, 어떤 경우에는 더욱더 효과적이다. 성인의 정신분열증, 정서장애(예 : 우울증, 불안), 성인 알코올중독과 약물 남용, 아동의 품행 장애, 청소년 약물 남용, 젊은 성인 여성의 섭식 장애, 아동 자폐증, 성인과 아동의 만성 신체 질환, 부부 불화와 갈등, 부모–자녀 간 문제를 정신 건강 문제의 예로 들 수 있다.

가족치료는 대개 평균 12회기의 단기치료를 한다. 대개 사례의 65.6%가 20회기 이내에 종결되며, 87.9%는 50회기 이내에 종결된다. 부부를 대상으로 한 치료는 11.5회기가, 가족을 대상으로 한 치료는 9회기 정도 요구되는데, 이는 개인을 대상으로 한 가족치료가 평균 13회기 정도 걸린다는 점에 비추어 볼 때, 부부나 가족을 대상으로 한 가족치료가 더 단기에 이루어진다는 점을 말해 준다. 가족치료의 대부분은 일대일 형식이며 나머지 반은 부부치료, 가족치료, 혹은 여러 형태가 혼합된 치료이다.

〈출처 : 미국부부가족치료학회〉

가족치료사는 누구인가?

가족치료사는 심리치료와 가족체계 이론 분야에서 훈련을 받은 전문가이다. 결혼, 부부, 가족체계의 맥락에서 정신장애와 정서장애를 진단하고 치료할 자격을 갖는 정신 건강 전문가로서 평균 13년의 임상 실습을 거치는 임상 전문가다. 가족치료사는 전통적으로 개인을 강조하던 시각에서 벗어나 결혼과 가족이라는 일차적인 관계망 속에서 개인이 어떤 역할을 하며 어떤 특성을 갖는가에 초점을 둔다. 가족치료사는 정신 건강 관리에 대해 전일론적(holistic) 시각을 취하며, 개인과 가족의 전체적, 장기적 안녕에 관심을 둔다.

많은 연구가 정신장애와 정서장애 및 건강 문제를 치료하는 데 가족치료가 효과적임을 거듭 밝혀 왔다. 내담자는 가족치료사를 매우 만족스러워 하며 자신들의 직업생산성과 가정에서 , 동료 관계, 가족관계, 파트너 관계, 정서적 건강, 전반적인 신체 건강, 사회생활, 지역사회 활동이 매우 향상되었다고 보고해 왔다. 최근의 연구에 따르면 내담자는 친구에게 가장 권하고 싶은 정신 건강 전문가로 가족치료사를 꼽았다. 가족치료 내담자의 98%가 자신들이 받은 가족치료 서비스가 '좋았다'거나 '아주 우수했다'고 보고하였다.

치료를 받은 후 내담자의 약 90%는 정서적 건강이 향상되었고, 약2/3는 전반적인 신체 건강이 향상되었다고 하였다. 내담자의 대다수는 직장에서 능률이 향상되었고, 3/4은 부부 관계가 향상되었다고 하였다. 또한 자녀의 행동과 학업 수행 능력이 향상되고 또래와의 관계도 상당히 좋아졌다고 보고하였다.

〈출처 : 미국부부가족치료학회〉

가족치료사들이 중점적으로 하는 질문

- 가족들이 자신들의 문제를 어떻게 지속시키고 가족구성원들에게 어떠한 영향을 미치는가?
- 가족구성원이 어떻게 발달하는가?
- 건강한 가족구성원과 건강하지 않은 가족구성원의 차이점은 무엇인가?
- 가족구성원이 가족이 작용하는 방식을 어떻게 변화시키는가?
- 가족들이 관계를 향상시킬 만한 분명한 해결책이 있음에도 불구하고 왜 갈등과 문제를 그대로 지니고 있을 수밖에 없는가?

2. 가족치료의 발달 배경

서구에서 가족치료가 하나의 학문 분야로 탄생하기까지 크게 두 가지 흐름이 뒷받침되었다. 첫째, 전통적인 개인심리치료가 다루지 못했거나 그 접근으로는 한계가 있었던 문제와 어려움을 해결하기 위해서 개인치료의 주류 밖에서 몇 가지 새로운 움직임이 발생하였다. 둘째, 전통적인 심리치료의 밑바탕이 되었던 기계론적 세계관과 기본적으로 다른 유기체론적 세계관이 탄생하였다.

심리치료 수요의 증가

1950년 이전에는 주로 개인의 정신 내적 갈등을 해소하는 데 주력하였으나, 세계대전

등을 통해 사회적으로 많은 변화가 일어나게 되면서, 그에 대한 부적응으로 인해 정신적 어려움을 겪는 사람들의 수요가 증가하게 되었다. 그 이후 1950년 이전의 심리치료가 문제행동을 보이는 한 개인의 문제에 국한하여 생각하려는 것과는 달리 문제행동을 보이는 개인은 그가 속한 가족체계 자체의 역기능 및 결함을 표현하고 있다는 새로운 견해가 등장하게 되었다.

일반 체계 이론의 영향

치료자들은 증상을 기존의 선형적 인과관계(A⇒B⇒C⇒D)로 이해하는 것에서 벗어나 서로운 순환적(A⇒B⇒C⇒A)으로 이해하려고 노력하였다. 왜냐하면 가족관계에서 모든 가족구성원의 행동은 다른 가족들에게 영향을 미치는 순환적인 인간관계망을 형성하고 있기 때문이다. 따라서 중요한 점은 원인과 결과에 문제해결책의 핵심을 두는 것이 아니라 생활 및 가족체계 안에서 발생하는 과정, 즉 서로가 서로에게 영향을 주고받는 과정의 영향에 문제해결의 중점을 두게 되었다.

1) 개인치료의 주류 밖에 있는 전문인

가족치료가 탄생하기 전 서구에서는 개인심리치료적 접근의 경계 밖에서 집단 역동 운동, 아동지도 운동, 부부상담 그리고 사회복지 실천에 대한 관심이 확산되었다. 이러한 움직임은 공통적으로 개인치료적 접근인 개인의 병리적, 심리 내적 갈등의 한계를 벗어나 문제를 해결하기 위한 시도였다. 즉, 개인치료는 문제 원인으로 개인의 과거나 현재의 경험, 내면의 갈등을 개인의 내면적 경험, 과거 갈등 등을 분석하여 치료하는 것을 말한다. 집단 역동 운동은 개입의 대상을 개인에게서 집단으로, 아동지도 운동은 아동이나 성인의 심리적 문제의 원인을 개인의 심리 내면에서 아동기의 성장 과정 환경이나 부모의 양육 유형과의 관계 및 가족관계 시스템 등을 탐색하며 찾았다. 즉, 개인을 둘러싼 가족체계의 역기능을 개인의 문제의 요인 및 갈등에서 찾는다. 또한 부부상담은 부부 관계와 가족 상호작용의 문제해결에 대한 요구였기 때문에 개인심리치료의 주류 밖에 있는 전문가(예 : 성직자, 교사)가 결혼 생활의 문제를 상담하면서 발전하였다. 또한 사회복지 실천도 개입의 초점을 개인이 아니라 가족에 두면서 가족치료 태동에 중요한 역할을 하였다.

(1) 집단 역동 운동

20세기 초 서구 사회를 지배하였던 정신치료의 대상은 개인과 개인의 심리 내면이었다. 분위기에서 개인이 아닌 집단을 개입의 대상으로 하였다는 점은 획기적인 시도였다. 집안의 역동을 처음으로 도입한 것은 20세기 초였으며, 그 대표적인 인물은 오스트리아의 정신과 의사였던 모레노(Jacob Moreno)였다.

그는 환자로 하여금 어려움이나 갈등에 관해 직접 토론하는 대신에 드라마와 치료적 기술을 결합한 사이코 드라마(psychodrama)를 개발하였고, 치료 과정에서 환자의 심리적 어려움을 유발한 다양한 대인 관계 상황을 재창출하고 재경험하는 것이 중요하다고 믿었다(Goldenberg & Goldenberg, 2001 ; 김득성 외 역, 2002). 사이코드라마는 참여자들의 삶을 실연함으로써 감정 표현을 자극하고 갈등을 명확하게 하는 여러 가지 기법을 사용한다(Nichols & Schwartz, 2001). 대인 관계의 행동과 갈등에 초점을 둔 사이코드라마를 통해 가족구성원 간의 관계를 탐색하고 갈등을 해결한다는 사고는 집단 역동의 지도자들에게 폭넓게 수용되었으며 가족치료의 발전과 자연스럽게 연결되었다.

집단 역동에 관한 이론적 접근은 레빈(Kurt Lewin)이 발전시킨 장 이론(field theory)을 기초로 하였다. 레빈은 인간의 행동은 개인과 환경 간 상호작용의 산물이라는 시각을 도입하였고 집단이 개인의 부분의 합보다 크다는 개념을 발전시켰을 뿐 아니라 집단 토의가 개인 지도나 강의보다 더 효과적 이라는 점을 강조하였다. 그의 시각이 소개되자 당시의 정신치료자들은 전통적인 정신치료 방식에 의문을 품었고, 개인이 아니라 가족 전체를 환자로 보기 시작하였다(Sieberg, 1985). 그리하여 가족 공동의 만남이 가족구성원 개인과의 분리된 만남보다 더 효과적일 것이라는 시각이 발전하게 되었다

(Nichols & Schwartz, 2001 ; 김영애 외 역, 2002, 재구성). 레빈의 이론은 게슈탈트 심리학(요소주의, 구성주의 심리학에 반대하여 "전체는 부분의 합과 다르다."라고 주장하면서, 지각적 조직화의 원리를 찾아내는데 초점을 두는 심리학 학파)을 바탕으로 하였는데, 가족치료에 적용된 그의 두 시각은 첫째, 부분과 요소는 별개로 존재하지 않고 전체로 통합되며, 둘째, 행동은 기계적으로 이루어진다기보다 역동적이라는 점이다. 이러한 시각은 인간의 행동은 모든 상황에서 동일하지 않으며 관계를 맺고 있는 사람과 상황에 따라 변화한다는 시각으로 발전하였다(Sieberg, 1985).

집단 역동에서 과정과 내용을 구분한 것도 가족치료의 발달에 중요한 영향을 미쳤다. 즉, 집단구성원이 어떠한 내용의 메시지를 주고받기보다 그 메시지를 어떠한 방법으로 나누는가 하는 과정에 주목하는 것이 집단의 역동을 이해하는 데 더 필수적이라는 시각은 가족치료의 초기 발달단계에서 가족구성원 간 의사소통의 내용보다 과정에 주목하도록 하는 데 지대한 영향을 미쳤다.

(2) 가족치료의 발달단계

가족치료의 시작은 1930년대 후반부터 1940년대 초반에 시작되었고(Becvar & Becvar, 1988, 재인용), 1950년대에 태어나 1960년대에 성장하다 1970년대에 성숙기를 맞이했다. 1980년대에 황금기에 이른 후 1990년대에 또 한번의 도약과 통합을 이루게 되었다. 다음에서는 서구 가족치료의 발달사를 단계별로 살펴보며, 그림 1-1에서 가족치료의 발달 과정과 주요 인물을 제시하였다(Becvar & Becvar, 1988, 재구성).

그림 1-1 가족치료 가족치료가족치료의 발달 과정과 주요 인물들

1896년	프로이트 정신분석이론 탄생
1915년	아인슈타인, 일반상대성 이론 발표
1920년 ~1930년대	체계론적 사고 등장
1940년대	가족치료 파종기
1945년	제2차 세계대전 종전
1950년대	가족치료 모종기
1960년대	가족치료 발아기
1970년대	가족치료 개화기
1980년대	포스트모더니즘 사고 확산
1980년대 중반	가족치료 전환기
1990년대	가족치료 통합기

〈출처 : 정문자, 2007, 재인용〉

(3) 초기 가족치료 연구

가족치료의 발전은 정신분열증 환자 가족에 관한 연구에서 시작하였다. 가족치료의 발달 초기에 정신분열증이 발현하게 된 가족의 역기능을 설명하기 위하여 여러 개념이 소개되었다. 대표적으로 베이트슨(G. Bateson) 연구진이 발표한 이중 구속, 리츠(T. Lidz)가 발전시킨 부부 균열과 부부 불균형, 윈(Win)이 소개한 거짓 상호성과 거짓 적대성, 그리고 보웬(Bowen)의 자기분화 개념이 있다.

(4) 이중 구속

이 개념은 베이트슨 연구진이 정신분열증 환자 가족의 의사소통에 관한 프로젝트 수

행 결과를 1956년 학술지에 발표하면서 처음 소개되었다. 이중 구속(double bind) 상황에 처한 사람은 상대방에게서 언어적 메시지와 비언어적 메시지가 서로 일치하지 않고 모순되는 메시지를 받는다. 따라서 어떠한 메시지가 진짜 메시지인지 분간하지 못하기 때문에 어떠한 수준의 메시지에 반응하더라도 결코 적절한 반응이 될 수 없는 상황에 처하게 된다.

3. 전통적 가족치료에 영향을 준 이론

1950년대 가족치료의 선구자들은 환자와 가족을 다양한 입장에서 고려하였다. 그러나 그들은 환자를 치료하는 수단으로 가족과 함께 작업을 하면서도 그러한 자신들의 움직임을 뒷받침할 수 있는 이론적인 매개는 가지지 못하였다. 개인치료에서 치료자에게 유용한 개념은 가족 집단을 취급하는 가족치료자에게는 그다지 유용한 것이 되지 못하였다. 물론, 가족 개인의 심리적·정서적 기능에 대하여 알아보는 것도 가능하지만, 이것에 의해 가족구성원이 서로 어떻게 관련되고 있는가에 대한 이해를 얻는 데 충분하지 않다. 그러므로 가족치료자는 개개인의 가족구성원을 이해하는 방법과는 다른 방법으로 가족 집단의 기능을 개념화 할 수 있는 방법이 필요하였다. 즉 치료의 기본단위로 개인보다 가족과 가족체계에 주목하는 것에 대한 새로운 이론 체계가 필요했던 것이다. 가족이 서로 어떻게 기능하며, 가족의 역할에서 어떤 부분의 역할이 잘 진행되지 않는가 또는 어떻게 하면 그것이 변화하거나 역할이 잘 기능할 것인가라는 점을 명확히 해줄 이론이 필요하였다. 이러한 필요는 사이버네틱스, 일반 체계 이론, 학습 이론, 의사소통 이론 등에 의해 뒷받침되었다.

1) 사이버네틱스

인공두뇌학이라고 해석하는데 이 용어는 1980년대 초반부터 사용되기 시작한 신조어이다. 이 용어의 창시자인 와이너(N. Weiner)는 사이버네틱스(cybernetics)를 의사소통과 제어 기제에 관한 과학이라고 규정하였다. 가족치료에 이 개념이 도입된 것은 1950년대 베이트슨 등을 통해서이다. 이 개념은 체계를 조정하는 게 필수적인 것으로서 가족체계가 같은 상태에 머무르거나 변화하도록 조정하는 현상을 말한다. 사이버네틱스의 개념에 의하면 부분과 전체는 밀접한 정보의 고리로 연결되어 있는 관계로서, 가족관계의 속성은 가족체계 내의 한 가족구성원의 어떤 행동은 전체에 영향을 주고 전체는 개인행동에 영향을 주는 성향을 가지고 있다. 즉, 전체가 부분에 반응하고, 부분은 전체에 반응하고, 부분은 다른 부분에 반응하는 상호 반응적인 것이다.

2) 일반 체계 이론(general system theory)

체계 이론에서는 가족이란 특정한 방식으로 서로 영향을 주고 받는 개인들로 구성된 살아있는 개방 체계로 본다.

1940년대에 생물학자인 버터란피(V. Bertalanffy)가 처음 제안한 일반 체계 이론이 사회과학에 도입되면서 인간 행동을 체계 이론으로 이해하려는 운동이 활발해지고 체계 이론에 입각한 가족 연구와 임상 분야에 많은 영향을 미쳤다. 체계 이론은 여러 하위 체계들과 상위 체계들의 관계를 밝혀내고 조직화의 유형을 파악하는 것이다. 체계는 하나의 통일된 전체를 구성하는 상호 관련된 요소들의 복합으로 이러한 견해는 각 부분이 서로 고립되어 있어서 더하기만 하면 체계를 이룬다고 보는 것이 아니라 각 부분들 간의 관계를 강조한다. 따라서 일반 체계 이론에 입각한 가족 연구의 이해는 가족은 하나의 체계로서 그곳에 모든 구성원이 어떤 역할을 하도록 되어 있고 이에 상호 반응하게 되어 있으며 가족 각자가 다른 가족에게 영향을 미치고 또 가족 각자가 다른 가족으로부터 영향을 받는다는 것이다. 본 이론은 헤일리(Haley), 베이트슨 등에 의해서 가족치료에 도입되었으며, 이들은 이론이나 기법의 발전에 막대한 영향을 주었다.

3) 학습 이론

학습 이론(learning theory)은 파블로프(Pavlov)의 행동치료와 행동수정을 강조하는 개념인 행동주의와 사회학습 이론, 즉 인간의 행동은 다양한 환경의 자극에 대한 반응들의 성공과 실패의 결과에 의해 생긴다는 것이다.

4) 의사소통 이론

의사소통 이론(communication theory)은 가족의 의사소통에 관한 과학적인 이론적 탐구, 즉 베이슨(G. Bateson)이 이끈 정신분열증 연구 프로젝트와 잭슨(D. Jackson)이 설립한 MRI를 중심으로 유추한 개념들이 치료적 목적으로 적용되는 과정에서 발전한 가족치료 모델이다. 즉, 의사소통 가족치료는 가족체계 내에서 현재 상호작용에 초점을 둔 접근으로 언어적·비언어적 의사소통을 연구함으로써 가족체계를 파악할 수 있다는 것을 전제로 한 이론으로 그릇되고 모순적인 또는 이중 구속적인 메시지의 역할을 강조한다. 따라서 가족구성원 간의 자아존중감을 높여 주어 가족체계 내 잘못된 의사소통을 교정하여 성장 지향으로 개선함으로써 가족들이 건강하게 상호작용하도록 한다. 잭슨, 헤일리, 사티어 등에 의해 많은 연구가 이루어졌으며 이 중에서 사티어는 가족구성원의 정서적 측면과 감정에 관심을 두면서 가족구성원의 가족체계와 의사소통하는 방법을 개선하는 데 초점을 두었다.

4. 가족체계 이론

가족 중심적 인간이해는 고통을 당하고 있는 한 개인을 이해하고자 할 대, 그 사람의 가족 전체를 환자로 보며 이해하는 것이다. 오직 그 가족과의 관계 속에서만 그 사람을 이해할 수 있다. 즉, 가족이 환자이다. 가족구성원의 개인의 심리적 원인을 가족구성원의 체계속에서 일어난 것으로 보고, 체계론적 이론에서는 힘의 균형을 중요하게 보고 비균형적인 파워를 균형있게 재정비 하며 체계론적 관점에서 가족 문제를 접근하고 있다.

1) 가족체계 이론의 의미

많은 가족치료 유형들 중 미누친에 의해 대표되는 구조주의 가즉치료를 위시하여 잭슨, 할레이, 사티어 등으로 대표되는 의사소통 가족치료가 바로 가족체계론적 관점에서 출발하였다(심수명, 2003).

1950년 이후 북미를 중심으로 인간을 이해하는데 있어서 더 이상 한 사람을 그 개인으로 분리해서는 그 사람을 올바로 이해할 수도 없고 도울 수도 없기 때둔에, 오직 그 가족과의 관계 속에서만 그 사람을 이해할 수 있다는 가족체계 이론(family systems theory)의 새로운 인식이 형성되었다. 또한 1960년대 경영학, 교육학, 정신치료 등의 사회과학 분야에 도입되면서 각 분야의 특성에 적용되는 새로운 패러다임으르 자티를 잡았고, 이 가족 중심적 인간이해는 고통을 당하고 있는 한 개인을 이해하고자 할 때, 그 사람의 가족 전체를 환자로 보며 이해하는 것이다. 가족체계 이론은 일련의 법칙이나 명제를 기초로 한 이론이라기보다는 하나의 사고방식(a way of thinking)이다. 그티고 체계들 간의 유기적 관계를 강조하게 되면서 생태 체계 이론으로 확대 발전되었다.

2) 가족을 체계로 사고하는 것

① 가족을 하나의 체계로 사고하는 것은 우리 인간이 불가피하게 사회적인 존재라는 사실을 바탕으로 하고 있다. 내 자신에 대한 믿음은 나를 대하는 어머니의 감정과 욕망으로 인해(자궁에서부터) 형성되기 때문이다.

② 체계의 원리는 전체성(wholeness)의 원리이다. 전체는 부분의 합보다 크다. 각각의 요소를 합친다고 해서 체계가 산출되는 것은 아니다. 체계는 각 요소들의 상호작용(interaction)으로 인해 나타나기 때문이다. 상호작용이 없이는 체계도 있을 수 없다. 가족 속에서 우리는 가족체계의 필요들에 적응한다. 우리는 가족체계의 역동성이 요구하는 역할을 수행하는 것이다. 이런 역할을 제대로 수행하기 위해 우리는 특정한 감정들을 학습해야 하며, 또한 특정한 감정들을 포기해야 한다.

③ 체계의 두 번째 특징은 관계(relationship)이다. 개별화된 개인들 사이의 다양한 연결 관계를 파악하고 그들의 연관 관계가 어떻게 작용하는지 파악해야 한다. 체계 안에서 각각의 개인은 유사한 형태 속에서 서로 다른 사람과 연결된다. 각 개인은 부분적인 전체(partly a whole)이며 전체적인 한 부분(wholly a part)이다. 뿐만 아니라 체계 안에서의 각 개인은 전체 가족체계의 흔적을 보유하고 있고 자기 나름의 고유한 개별성을 가지고 있다. 내가 한 개인으로서 고유성을 실현하고 있다 할지라도, 나는 가족의 일원이다. 나는 개인임과 동시에 집단(group)이다. 말하자면 우리가 내가 되기 전에 이미 우리는 우리이다. 우리의 '나' 임은 '우리' 임에서 근원한다. 이것이야말로 가족을 새롭게 보는데 있어서 가장 기본적인 초석이다.

④ 내가 가족으로부터 분리되면 그 가족이 지니고 있었던 모든 실재가 나한테 존재하게 된다. 깊게 자리 잡은 나의 무의식은 가족체계 속에 있는 모든 구성원들과 총체적으로 관련되어 있다. 나라는 실재는 체계 속에서의 관계에 의해 형성된다.

3) 일반 체계 이론이 가족치료에 미친 영향

① 가족은 각 부분의 특성을 합한 것 이상의 특성을 지닌 체계이다.

② 이러한 가족체계의 움직임은 어떤 일반적 규칙에 의해 지배되고 있다.

③ 모든 가족체계는 경계를 가지고 있다. 이와 같은 경계의 특성은 가족체계가 어떻게 기능하는가를 이해하는 데 중요하다.

④ 가족체계의 한 부분의 변화는 가족체계 전체의 변화를 초래할 수 있다.

⑤ 가족체계는 완전하지 않으므로 항상 비교적 안정된 상태를 유지하려는 경향이 있다. 따라서 성장이나 진화가 가능하여 여러 가지 방법으로 변화를 일으키거나 촉진시킬 수 있다.

4) 가족이란 하나의 체계이다.

① 체계에서 가장 중요한 요소는 결혼(부부) 관계이다.

- 어머니가 자기 자신과 맺는 관계,
- 아버지가 자기 자신과 맺는 관계,
- 그리고 이 두 사람이 상호 맺는 관계가 가족의 토대가 된다.

그림 1-2 가족관계 방식

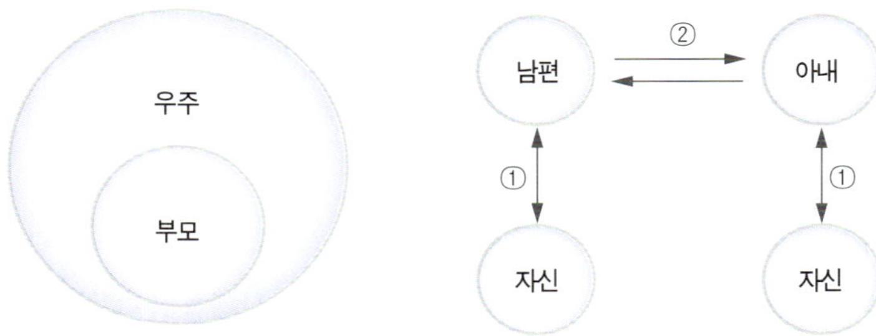

① 남편이 자기 자신과 맺고 있는 관계 방식과 아내가 자기 자신과 맺고 있는 관계 방식
② 남편이 아내와, 아내가 남편과 맺는 관계 방식
①과 ②는 내가 내 자신과 맺는 관계와 다른 사람과 맺고 있는 관계 방식을 결정한다.

가족 문제의 발생요인

① 수직적 스트레스 요인

- 세대들을 통해 전해지는 가족 이슈들을 적재한 관계와 기능의 유형들(자고 태도, 이야기, 기대, 금기사항 등).
- 모든 가족구성원들은 자라면서 새로운 사건 / 상황들을 바라볼 때 '가계' 혹은 편견을 형성하였던 과거 가족 경험들을 접하게 됨.

② 수평적 스트레스 요인

가족이 시간의 흐름에 따라 앞으로 나아가면서 가족이 경험한 걱정을 유발하는 사건들, 생활 주기의 변화와 전이들, 예상치 못한 충격적인 스트레스(예 : 조기 사망, 만성질병 등), 다양한 예측 가능한 발달적 스트레스에 대처.

그림 1-3 가족 문제 발생 요인 및 가족치료를 위한 이해

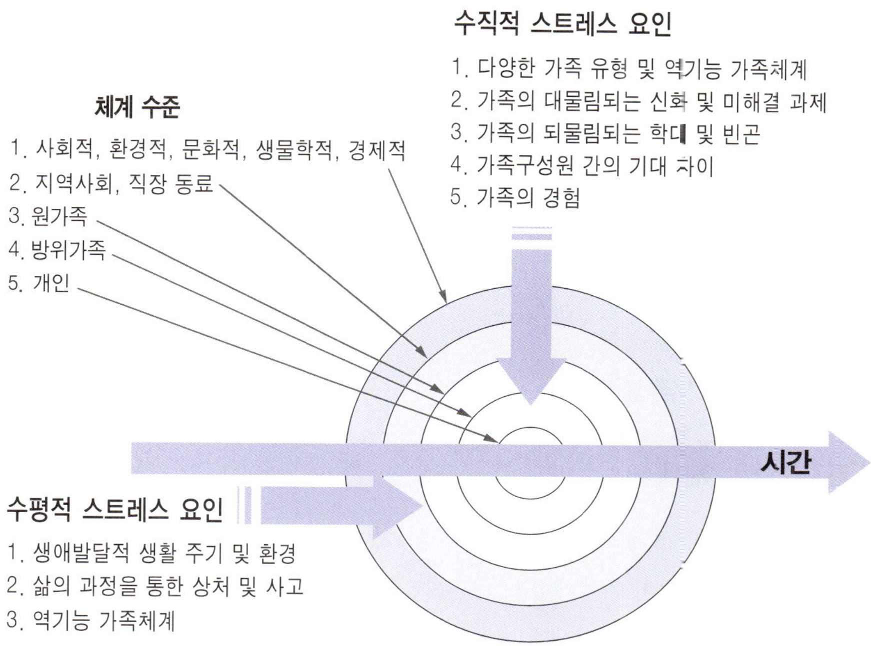

〈출처 : E. Cater & M. McGoldrick ; Allyn & Bacon, 1980〉

5) 체계로서의 가족

빈센트 폴리(V. Foley)는 『가족치료를 위하여 *an introduction to family therapy*』의 서문에서 테네시 윌리엄스(T. Williams)의 연극인 「유리동물원 *glass menagerie*」을 가족체계의 관점을 조명하는데 이용한다. 로라를 그녀의 가족으로부터 분리시켜 놓고 본다면, 그녀는 환상과 비현실 속에서 살아가는 여자로 보일 것이다. 로라는 정신 분열증 환자로 판명될 수도 있었다. 그녀는 병들었고 정신병리적 환자라고 불린다.

하지만 로라를 가족체계의 입장에서 본다면, 우리는 대단히 다른 입장을 취하게 된다.

로라가 자기 어머니와 오빠 사이에서 보이는 반응은 가족을 결속시키는 데 핵심적인 역할을 한다. 로라는 병들고, '신사 방문객'을 기다리는 더 이상의 초라한 누이동생이 아니라, 가족체계의 균형을 유지하는데 핵심적인 인물이 바로 로라 자신인 것이다. 이런 가족 관계에서 연유하는 긴장의 전압이 지나치게 높아지면, 로라가 나서서 오빠인 담과 어머니 아만다가 자신한테 관심을 쏟도록 만든다. 이런 행동으로 해서 긴장이 이완되고 전압도 낮아진다. 따라서 로라는 핵심적이고 중요한 역할을 하는 셈이 된다. 그녀가 가족을 결합시키는 존재로 이해되어야 한다.

6) 체계로서의 가족체계

(1) 가족 하위 체계

각 개인은 가족이라고 불리는 보다 큰 하위 체계이다. 가족은 지역사회라고 불리는 하위 체계의 한 부분이며, 지역사회는 국가라는 보다 큰 체계의 부분이라는 것이다. 따라서 가족 하위 체계로는 부부 하위 체계, 형제 하위 체계, 여성 하위 체계, 남성 하위 체계, 아버지와 딸의 하위 체계, 부모와 자녀의 하위 체계를 구성할 수 있다. 이러한 하위 체계는 또 다른 하위 체계를 구성하기도 한다.

(2) 가족 경계선

개인 간의 하위 체계와 하위 체계 간의 경계가 어떠한지에 따라서 애매한 경계선, 명료한 경계선, 경직된 경계선으로 구별된다. 애매한 경계선이란 가족들은 모든 정보를 공유하여 모든 문제에 지나치게 얽혀서 필요 이상의 관여를 하게 되며, 문이 닫혀져 있지 않는 것을 의미한다. 경직된 경계선이란 가족이 자신의 생각이나 감정들을 나누어 갖지 않고 개인적인 경우이고, 명료한 경계선은 부부가 부모의 하위 체계로서 자녀에게 용기를 주며 때로는 함께 하여 그들을 인정하고 포함시키거나 스며드는 것을 허용한다. 때문에 명료한 경계선을 가진 가족의 경우는 경계가 유연하다.

(3) 직선적 인과관계와 순환적 인과관계

직선적 인과관계는 원인에 의해 결과가 일어난다고 생각하는 것을 말한다. 그러나 직선적 인과관계에 대립되는 개념인 순환적 인과관계에서는 원인이 반드시 어떤 결과를 초래한다고 보지 않고 상호작용을 중심으로 역동적으로 인과관계를 생각하는 것이다. 체계론적 관점에서 보면 어떤 사람의 행동이 다음 사람의 행동에 영향을 미치고, 그 행동은 제삼자에게 영향을 미치는 식으로 반복되어 결국 최초의 사람의 행동에 영향을 미치게 된다는 것이다.

(4) 가족체계에서 본 가족 개념

가족 항상성은 가족체계는 무질서하기만 한 체계가 아니다. 항상성이란 가족이 어떠한 상황에서도 안정성을 유지하려는 속성을 의미하며, 항상성은 가족 내에서 발전시킨 상호작용 유형에 의해 지속된다. 가족 삼각관계는 가족구성원이 정서적 관계를 맺을 경우, 두 삶으로 구성된 2인 체계는 불안이나 긴장이 유발되는 경우가 많기 때문에 안정을 유지하기 어렵다. 따라서 두 사람 사이에 생기는 갈등으로 인한 불안을 감소시키고자 제삼자를 끌여들여 삼각관계를 형성하는 것을 말한다.

가족규칙(family rule)은 잭슨에 의하면, 가족은 규칙에 의해 지배되는 체계이다. 가족 내에는 수많은 규칙이 존재할 수도 있다. 때로는 가족구성원이 서로 합의하여 명백한 규칙을 만들어내기도 한다. 또한 가족신화는 가족구성원 개개인 그리고 그들 간의 관계에 대한 기대와 공유된 믿음으로 구성된다. 페레이라(A. Ferreira)는 가족신화(family myth)란 가족의 살아 있는 동화집으로, 가족 어느 누구도 없애거나 버리려고 하지 않는다고 보았다.

가족의식은 밀란(Millan) 모델 등 전략적 가족치료의 틀에서 많이 사용하는 개입 기법으로서 가족생활에서 중대한 상황이나 전환기를 뚜렷하게 하기 위해 고안된 가족 활동이다. 의식이란 가족문화의 핵심적 요소로서 대부분 세대를 통하여 전수된다.

격리와 밀착은 가족구성원의 개인적 정체감의 강도와 친밀함의 수준을 알려주는 중요한 지표이기도 하다. 밀착이 약한 가족들은 종종 침묵하고 위축되어 있으며 서로 고립되어 있고 친밀성이 부족하다. 격리된 가족은 경계선이 경직되거나 부모와 연합하는 정도가 낮아서 부모에 대한 존중감이 낮게 된다.

어떤 자녀가 가족 내에서 부모나 배우자의 역할을 대신 수행하는 것을 의미한다.

7) 기능적인 가족체계의 프로필

① 표현되는 다섯 가지 자유

a. 과거나 미래의 일 혹은 해야만 하는 일이 아니라 당장의 일을 보고 듣는(감지하는) 자유

b. 당위적인 생각이 아니라 있는 그대로 생각하는 자유

c. 억지가 아니라 느껴지는 그대로 느끼는 자유

d. 앞으로 바라는 일이 아니라 현재 바라는 것을 이루려 하고(소망하고) 선택하는 자유

e. 경직된 자세나 안정된 척하는 연기나 가면에서 벗어나 자아 실현상을 그리는 자유

② 친화력을 드러내는 과정

③ 타협된 차이

④ 분명하고 일관성 있는 의사소통

⑤ 신용

⑥ 개별성

⑦ 개방적이고 유연하다

⑧ 충족된 욕구

⑨ 설명 가능성

⑩ 법칙은 개방적이고 유연하다

그림 1-4 기능적인 가족체계의 주요한 구성 요소

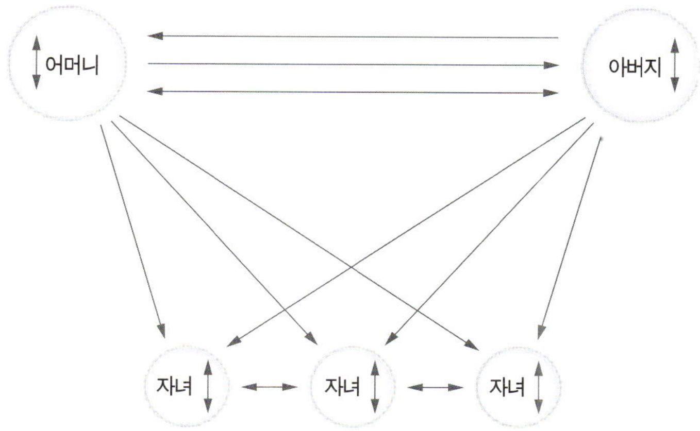

1. 전체는 부분의 합보다 크다
2. 체계는 역동적이다. 피드백과 스트레스에 적응하며 끊임없이 개방과 성장을 추구한다.
3. 규칙들은 명백하고 협상이 가능하다.
4. 상호 존중–균형–함께하기–개별화
5. 상호 관계와 개인 내면의 불안이 낮으면 개별화의 힘이 자동적으로 나타난다.

〈출처 : John Bradshaw, 2000〉

기능적 가족 역기능적 가족 하위 체계의 경계선이 명확하지만, 이것은 가족의 요구에 따라 변할 수 있다. 하위 체계의 경계선이 경직되거나 혼란되어 있으며, 가족의 요구에도 변화하지 않는다. 가족규칙은 명확하며 공평하게 이루어진다. 또한 규칙은 가족 상황에 따라 변할 수 있다. 가족규칙이 명확하지 않으며 경직되어 있다. 또한 가족의 행동이나 방법에 규칙을 가지고 있지 않다. 가족구성원은 자신들의 역할을 명확히 이해한다. 역할은 경직되거나 명확하지 않아서 가족구성원은 자신에게 요구되는 기대가 무엇인지 잘 알지 못한다. 각 개인의 자율성이 존중되면서도 전체로서의 가족이 유지된다. 개인의 자율성은 가족 전체를 위해 희생되거나 반대로 가족의 통합되지 못해 지나친 자율성이 요구된다. 의사소통은 자유롭고 명확하며 직접적이다. 의사소통은 애매하고 간접적으로 권위적이다.

8) 역기능 가정의 의미

인간이 양육되어지고 성장 발달하는 과정은 우리의 인격 형성, 즉 우리의 정서발달과 태도 및 생존 방식과 행동 양식에 많은 영향을 미친다. 그리고 양육자의 가치관과 신념, 행동 양식이 자아개념과 인격 형성을 좌우하는 핵심 요인이 된다는 것을 알고 있다. 특히 부모와 자녀의 관계는 자녀의 일생에 중요한 영향을 미칠 수 있다.

부모나 양육자는 자녀의 내면세계에 사랑과 존경 혹은 정신적·정서적 분노, 적개심, 죄의식의 씨를 심어준다. 그래서 심리역동적 상담 접근을 하는 상담자들은 어린 시절의 외상적 경험과 부모와의 갈등 등에서 문제의 원인을 탐색하여 내담자의 부적응 문제나 갈등의 요인을 해결하려고 시도한다.

그러나 1950년대 이후 가족치료 운동이 전개, 전파되면서 상담학계에 하나의 커다란 가족치료의 전환이 있었다. 그 의미는 갈등과 혼란 중에 있는 개인이 아니라 갈등과 혼란을 겪고 있는 가정이 치료를 필요로 한다는 것이다.

9) 역기능적인 가족체계의 프로필

① 부정과 망상

② 음양의 무질서

③ 수치심에 토대함

④ 고정되고 동결되고 경직된 규칙들

⑤ 미분화된 자아 덩어리

⑥ 욕구를 체계에 희생시킨다

⑦ 협착이나 갈등을 야기하는 대화

⑧ 함께 양극성이 지배하는 것

⑨ 만회할 수 없는 규칙

⑩ 공공연한 비밀

⑪ 변화불능의 폐쇄된 체계

⑫ 절대적인 과잉 의지

⑬ 경계의 상실

가족구성원 중 환자로 지목된 사람

치료를 필요로 하는 가족구성원을 의미한다. 그러나 사티어는 환자로 지목된 사람(IP : identified patient)은 가족으로부터 문제의 요인이라고 지목되는 경우가 많다고 지적한다. 가족치료에서는 IP라는 약자를 사용하며 일반적으로 IP는 많은 것을 내포한다. 어떤 사람이 환자라고 지목되어 가족이 어떤 역할을 하고 있다는 것을 암시한다. 임상 장면에서 보면 가족이 환자라고 지목된 어떤 가족구성원에게 그들 나름의 병명을 붙이고, 치료기관을 찾아다니기도 한다. 따라서 이 용어를 사용할 때는 환자로 지목된 사람에게 초점을 맞추는 것이 아니라 그렇게 인식하고 있는 가족관계를 염두에 두어야 한다.

그림 1-5 기능적인 가족체계와 역기능적인 가족체계

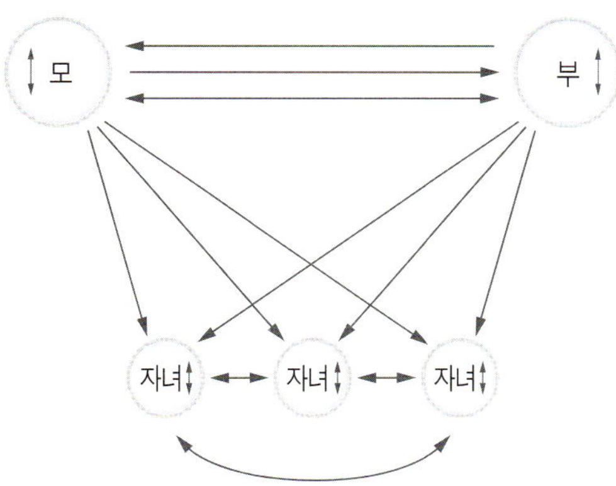

기능적인 가족체계 (functioning family system)

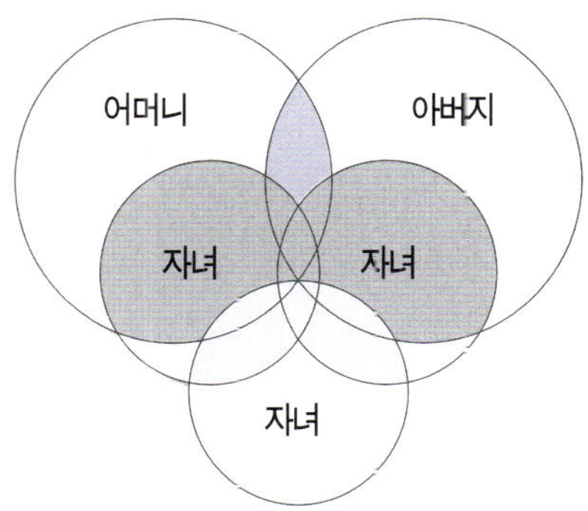

역기능적인 가족체계 (dysfunctioning family system)

그림 1-6 가족상담 및 가족치료의 필요성

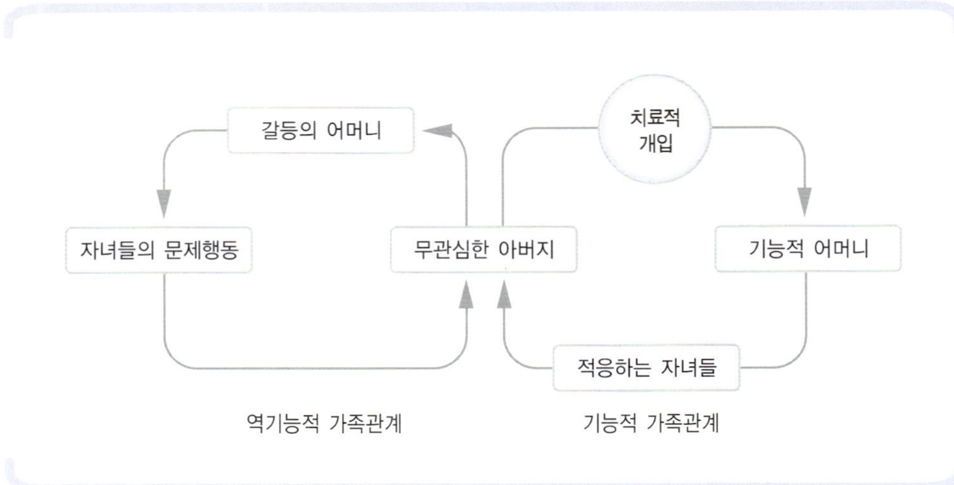

10) 나의 가족은 기능적 가족인가, 역기능적 가족인가의 탐색

① 나의 부모가 나를 임신하고 출생하여 생후 약 7살까지 얼마만큼 나를 위해 준비되었으며, 특히 나의 어머니의 눈(in mother's eye)을 통해 나는 어떤 어머니의 감정 상태를 경험하였는지를 알아보는 것이 중요하다.

② 나의 부모의 부부 사이가 과연 어떤 관계였는가가 중요하다. 부부 사이가 나쁘면 나쁠수록 나에게 끼친 영향은 역기능적이라고 할 수 있다.

③ 부모가 강압적이고, 완고하며, 권위주의적일수록, 나의 가족은 역기능적이라 할 수 있다.

④ 부모에게, 그리고 외부적인 것들에 의존적이며 의존적이었을수록 자신의 내면의 욕구대로가 아닌 거짓된 자아(역할), 즉 상처 입은 내면아이(inner child)를 품은 채로 성장한 성인아이(adult child)가 형성되었을 가능성이 크다.

⑤ 사실 우리는, 나 자신이 얼마나 외로우며, 상처받고 있고, 화가 나 있고, 슬픈 지를 미처 인식하지 못하고 살아가고 있다. 결론적으로 말하자면, 모든 문제는 혼자만의 개별적인 것이 아니라 가족 전체가 그 문제의 원인인 것이다.

표 1-1 기능적 가족과 역기능적 가족의 비교

기능적 가족	역기능적 가족
하위 체계의 경계선이 명확하지만, 이것은 가족의 요구에 따라 변할 수 있다.	하위 체계의 경계선이 경직되거나 혼란되어 있으며, 가족의 요구에도 변화하지 않는다.
가족규칙은 명확하며 공평하게 이루어진다. 또한 규칙은 가족 상황에 따라 변할 수 있다.	가족규칙이 명확하지 않으며 경직되어 있다. 또한 가족의 행동이나 방법에 규칙을 가지고 있지 않다.
가족구성원은 자신들의 역할을 명확히 이해한다.	역할은 경직되거나 명확하지 않아서 가족구성원은 자신에게 요구되는 기대가 무엇인지 잘 알지 못한다.
각 개인의 자율성이 존중되면서도 전체로서의 가족이 유지된다.	개인의 자율성은 가족 전체를 위해 희생되거나 반대로 가족의 통합되지 못해 지나친 자율성이 요구된다.
의사소통은 자유롭고 명확하며 직접적이다.	의사소통은 애매하고 간접적으로 권위적이다.

11) 가족해체의 원인

전통적으로 가족해체의 주된 원인은 배우자의 죽음이었다. 결혼 서약에서 죽음이 우리를 갈라놓을 때까지 함께 한다고 맹세하듯 가족의 해체는 배우자의 사별로 인해 자연적으로 발생하는 사건이었다. 그러나 최근에는 가족해체에서 사별이 차지하는 비율은 점차 감소하는 반면, 다양한 원인의 이혼이 차지하는 비율은 계속 증가하고 있다.

이혼에 대한 개인적·사회적인 관점은 두 가지 극단적 관점에서 논의가 이루어질 수 있다. 한편으로 이혼은 인생의 실패라는 부정적인 시각으로 볼 수도 있으나 또 다른 한편으로는 불행한 결혼 생활이나 파괴적인 관계를 종식시키는 대안이라는 긍정적 관점에서 이혼을 볼 수도 있는 시각에까지 이르는 시대에 우리는 살고 있다.

우선, 긍정적인 관점에서 본다면 이혼은 더 이상 유지하기 어려운 불행하고 갈등이 있는 결혼 생활에서 벗어날 수 있는 해결책이라고 볼 수 있다. 이혼에 이르기까지 오랜 기간의 갈등이 누적되어 있고 부정적인 상호작용의 악순환으로 이루어지는 결혼 생활을 유지하는 것보다는 차라리 헤어지는 것이 낫다는 것이다. 이러한 시각에서 본다면 이혼을 인생의 실패라고 여기는 기존의 관점은 변화되어야 한다는 사회, 심리학, 상담학자들의 생각의 변화가 이루어지고 있다. 즉, 새로운 출발이라는 긍정적인 시각에서 이혼을 보는 것이다. 이와는 대조적인 시각에서 서구에서도 이혼은 배우자의 죽음 다음으로 고통스러운 사건이며, 우리나라에서도 첫째가 자녀 사망, 둘째가 배우자 사망, 셋째가 부모사망 다음으로 스트레스 지수 순위가 높은 사건이다. 이혼은 문제의 해결책이 될 수 없으며, 또 다른 문제의 시작이라는 관점이다. 이혼은 불행한 경험이고 가급적 해서는 안 되는 일로서 결혼 안 한 사람이 결혼을 하고 싶어 하듯이 결혼한 사람은 그 굴레에서 빠져나가기를 원하는 심리의 표현으로 본다. 이러한 관점은 가급적 피해야 하는 부정적인 사건으로 이혼을 보는 학자들의 견해이다.

이혼은 부부 두 사람의 개인 문제로 볼 수도 있으나 가족체계의 문제 및 부부 개개인의 원가족과의 미해결된 과제 등 당사자는 물론 자녀를 포함하여 관련된 가족들에게 이혼이 미치는 영향은 매우 심각하여 가족해체에 따른 후유증이 가족구성원 전체와 사회문제로까지 파급된다. 따라서 개인적·사회환경적으로 중요한 생활 사건이라 할 수 있다. 그러므로 최근 우리 사회의 높은 이혼율에 비추어 볼 때 이혼에 대한 심층적인 논의와 연구가 절실히 필요하다고 본다.

5. 역기능 가족과 자녀의 행동 양식

1) 정서적인 질병을 초래하는 지배적인 패턴

가족치료학자인 보웬은 정서적인 질병을 초래하는 지배적인 패턴을 다음과 같은 내용으로 파악했다.

① 부모와의 사이에서 해소할 수 없는 갈등의 요인을 간직한 두 사람이 결혼한다.
② 결혼으로 인해 관계가 친밀해질수록 이런 갈등은 더 더욱 강화된다. 그것은 배우자

를 통해서 자신의 완성을 추구하려고 하기 때문이다. 완전해지려고 결혼한 두 사람은 불완전했던 이전보다 더욱 불완전한 상태가 되기 때문이다.

③ 배우자들은 정서적인 결별, 즉 '정서적으로 뚜렷하게 거리를 듬'으로써 이런 문제를 해결 하려고 한다. 흔히 두 사람은 서로 불화를 초래하지 않기로 약속하면서 서로 친밀한척 하면서 지낸다. 외부에서 볼 때 그들의 결혼 생활은 좋아 보인다. 행복의 겉모양만 있는 것이다. 하지만 이런 표면 아래를 들여다보면 갈등과 고통과 고독이 자리 잡고 있다.

④ 의식적이든, 무의식적이든 두 사람은 그들 사이에 아이가 있으면 완전해질 것으로 믿기 시작한다. 이 체계는 어린아이가 태어나면서 삼각형 구도(triangle system)가 된다. 어린아이는 관계의 핵심이 된다. 어린아이는 구도 속에 갇히게 되며, 사실상 가족을 떠난다는 게 불가능하게 된다. 이런 어린아이는 종종 정서적으로 불안정하게 되고, 치료를 받아야 할 환자로서의 증상을 나타내게 된다. 그렇게 판명된 환자는 사실상 정서적인 문제를 안고 있는 결혼의 한 증후에 불과할 뿐이다. 그리고 환자의 정서적인 질병은 그가 한 부분을 차지하고 있는 가족의 정서적인 체계와 관련시킬 때라야만 이해할 수 있다. 정서적인 것은 가족전체에게 전염된다. '아픈' 것으로 분류된 사람은 질병을 앓고 있는 전체 가족의 정서적인 체계 자체의 한 증후를 가지고 있는 사람일 따름이다.

그림 1-8 삼각형 구도

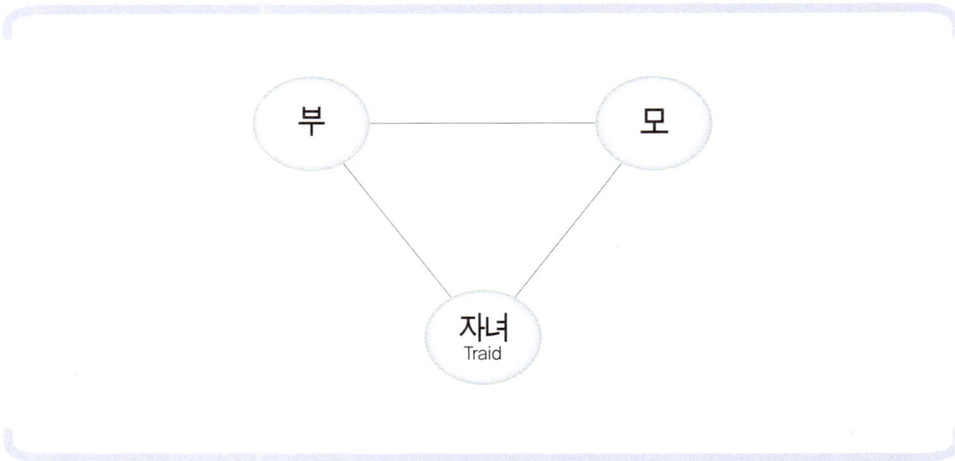

〈출처 : 김명희, 2001〉

2) 유대(bonding)

① 모든 가족 최면의 한 부분은 개인이 자기 감정을 알게 되는 방식이다. 가족은 개인으로서의 자신이 가지고 표현하는 감정을 지배한다. 부모가 그 모델이다. 이 원초적인 가족의 사연은 '사람들의 정서적인 언어 유산의 원천'을 상징한다. 우리 모두는 가족의 사연 속에서 생을 시작한다.

② 유대 관계의 역할은 특히 최면 과정에서 중요하다. 어린아이는 한쪽 부모 혹은 양쪽 부모와 유대 관계를 맺는다. 이런 유대 관계는 강력한 신뢰감을 형성한다. 신뢰감은 다른 사람이 되어가는 과정의 또 다른 이름이다. 신뢰감을 느낄 때, 우리는 다른 사람들 세계의 모델 속으로 들어가는 것이다. 우리는 타인의 현실 지도를 그리는 것이다. 유대감 부모들이 창출했던 최면 상태로 아이들이 끌려들어가는 과정이다.

③ 역기능 체계에서 이런 유대감은 엄격해지고 위험한 결과를 초래한다. 육체적, 성적, 정서적, 지적 혹은 윤리적으로 학대당하는 아이들은 그런 학대 속에서 '상처 입은 유대감'을 형성하게 될 것이다. 아이는 그것을 정상적인 것으로 경험할 것이며, 아이는

학대하는 부모와 자신을 동일시하기도 한다. 그렇게 되면, 아이는 부모의 감정과 신념을 수행하게 된다.

3) 환상적인 유착

① 로버트 파이어스톤(R. Firestone)이 최근에 출판한 『환상적인 유착 *the fantasy bond*』은 프로이트의 작업을 구체화시킨 책이다. 그에 따르면, 환상적인 유착은 모든 인간의 심리 체계에서 핵심을 이루는 방어기제이다. 환상적인 유착이란, 언제든지 감정적인 필요가 적절하게 충족되지 못하면 자기를 돌봐 주는 사람과 자기 사이에 존재한다고 착각하는 유착 관계를 말하는 것으로, 이것은 생존을 가능케 하는 사막의 신기루와 같은 것이다.

② 어떤 부모도, 그리고 부모의 역할을 하는 사람이 누구든 그 어떤 사람도 완벽하지 않으므로 모든 인간은 환상적인 유착 관계를 어느 정도 발전시킨다. 사실 아이는 성장하고 집을 떠나는 과정에서 부모로부터 보호받고 부모와 연결되어 있다는 착각을 극복한다.

'성장한다는 것은 근본적으로 인간은 혼자라는 사실을 받아들인다'는 것을 의미한다. 이 말은 환상적이고 이상화된 모습으로서의 부모를 포기할 줄 알게 되는 것을 의미한다. 감정적으로 박탈된 삶을 살아온 사람일수록 이 환상적인 유대 관계는 그만큼 더 강하다. 역설적으로 들리겠지만, 부모로부터 버림받은 정도가 심한 사람일수록 자신의 가족과 부모를 더 이상화하며 집착한다. 부모를 이상화한다는 것은 부모가 자신을 양육한 방식을 이상화한다는 것을 의미한다.

4) 어머니와의 유대

K는 엄격하고 신앙심이 독특한 가정에서 자랐다. 그의 아버지는 권위적이었고 늘 가

족을 통제하려 했다. 그는 아홉 형제 중 여섯째였다. 그와 둘째는 어머니와 유대(bond with the mother)를 가졌다. 유대라는 말은 어머니의 정서적인 문제와 의식에 있는 것과 두의식에 있는 것을 모두 맡았다는 것을 의미한다. K의 어머니는 근친상간의 희생자로서 자신의 희생을 전혀 해결하지 못한 사람이었다. 그녀는 한 번도 치료를 받아 본 적이 없었다. 그래서 K는 '유대'라는 방법으로 어머니의 해결되지 않은 성적인 비밀을 알게 되었던 것이다. 그는 어린아이를 추행하는 꿈과 실제적인 환상에 겁을 먹고 상담자를 찾아왔던 것이다.

5) 아버지의 부재

아버지의 부재(absentee fathering)로 인해 아이와 어머니가 연대하게 되고, 그런 연대를 깨는 것이 불가능해진 것은 결혼 생활에서 심각한 문제와 친화의 문제를 야기한다. 지나치게 남성에게 집착 하는 여자, 여성을 싫어하는 남성은 바로 아버지 상실로 인해 야기된 것으로 볼 수 있다.

6) 가족 최면

① 최면(trance)은 다른 사람에 의해 주어진 명령에 반응하고 보고 듣는 마음 상태를 말한다.

② 어린아이들은 자연스럽게 최면에 빠지는 주체이다. 왜냐하면 그들이 순수하기도 하고 또 부모와의 강력한 연대를 느끼고 있기 때문이다. 일단 최면 상태가 효력을 발휘하기 시작하면 최면 상태에서 알게 된 모든 것이 최면 후기에 암시하는 바대로 작동한다.

어머니가 당신한테, 당신이 여동생보다 영리한 적이 없다고 말한다면, 이 메시지는 심리적 최면이 깨어날 때까지 작용할 것이다. 이런 심리적 최면은 집을 떠나거나, 자라서 어머니와의 유대가 깨어질 때 풀릴 것이다.

③ 최면 또한 순환적(circular)이므로 피드백 형태로 기능한다. 모든 사람은 그 밖의 다른 사람에 의해 영향을 받는다. 모빌처럼, 당신의 한부분을 건드리면 그 나머지 전체에 영향을 미친다. 아버지의 행동은 어머니한테 영향을 미친다. 어머니는 아버지한테 영향을 미치는 행동으로 응답하거나 반발한다.

7) 악순환의 고리

어머니는 아버지가 말씀을 하려 들지 않기 때문에 잔소리를 할 수도 있다. 말을 하지 않으려는 이유가 뭐냐고 아버지한테 묻는다면, 아버지는 어머니의 잔소리 때문이라는 이유를 댄다. 그래서 어머니는 아버지가 말을 하지 않기 때문에 잔소리를 하고 아버지는 어머니가 잔소리 때문에 말하려 들지 않는다. 악순환의 고리(dyadic trance action)는 이렇게 해서 형성된다. 어린아이들은 두 사람의 이런 심리적 최면 상태 속에서 양육되고 먹고 숨 쉬고 자란다. 전체가 심리적 최면에 빠지고, 모두는 이 최면에 가담하는 것이 된다.

그림 1-8 악순환의 고리

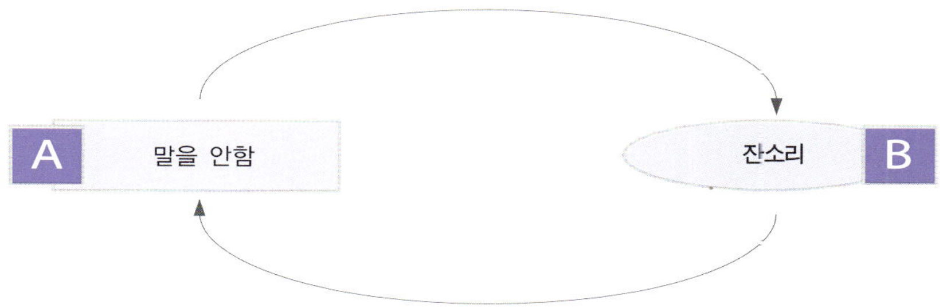

① 직선적 인과관계

○ A(어떤 원인 및 병원균) ⇒ 문제 및 질병 발생

○ 결과보다는 원인을 거슬러 찾아가는 방향으로 문제 탐구

○ A → B → C → D

② 순환적 인과관계

○ A(남편이 외박을 한다) ⇒ B(아내가 잔소리를 한다)

○ 원인에 의해 결과가 일어나고, 그 결과가 다시 원인이 되어 어떤 결과를 나타내는 것

○ 문제의 가족구성원을 환자 대신 가족으로부터 지목받은 환자라는 의미에서 IP라 함

○ A → B → C → D → A

8) 가족 최면의 순환 고리

① 가족체계는 우연적이라기보다는 인공두뇌학적이고 순환적인 피드백 순환 고리(trance cycle)로 되풀이된다. 따라서 가족체계에서는 모든 사람한테 책임이 있으며 또한 아무도 비난할 수 없다.

② 전체가 행동상 최면에 걸려 있다. 폐쇄적인 가족체계에서 최면은 경직되기 때문에 어떤 구성원이든 그 자신의 특정한 행동을 유발하게 된다. 한 개인이 가족을 떠난다 하더라도 여전히 가족 내에 머물러 있는 것과 마찬가지가 되는 이유가 바로 이 때문이다.

③ 가족은 한 사회가 동의하는 실재 규칙에 의해 창조된다. 부모됨을 위한 현재의 합의된 실재 규칙은 유해한 교육이다.

④ 우리의 가족체계를 이해함에 있어, 우리는 이런 유해한 교육이 우리한테 어떤 역할을 부여하고 수행하도록 하는지를 밝혀야 한다. 가족사를 연결지어 생각하다 보면, 나의 진정한 자아가 어떻게 유도되었는지를 알게 된다.

9) 유해한 교육

① 앨리스 밀러(A. Miller)는 그의 저서, 『당신 자신을 위해 *for your one good*』에서 아이들에게 해를 끼치는 부모 노릇의 규칙들을 '유해한 교육(poisonous pedagogy) 원리'라는 제목 아래에 다루고 있다. 이 저서의 소제목은 '자녀 양육에서 숨겨진 잔인성과 폭력의 근원'이다. 밀러는 '유해한 교육은 아이들의 권리를 무시하는 일종의 폭력' 이라고 주장한다. 그 폭력은 그 아이들이 부모가 되었을 때 다시 행해지게 된다.

② 유해한 교육이라는 개념은 순종을 가장 큰 가치로 치켜세운다. 순종 다음으로 오는 것은 단정함, 깔끔함, 욕망과 감정의 통제 등이다. 아이들은 교육받은 대로 생각하고 행동할 때 '착한 아이'로 간주된다. 아이들은 유순하고 사려 깊고 이기적이지 않을 때 칭찬받는다. '눈에 띄기만 할 뿐 말을 입 밖에 내지 않고 어른이 말을 건넬 때에만 입을 여는 아이' 일수록 더 착한 아이가 된다.

10) 결혼 생활이 빚어내는 마찰을 진화하려는 자녀들의 몸부름

① 정신적인 질병은 결코 고립적이고 개별적인 현상이 아니다. 가족체계 이론은 가족 자체를 환자로, 가족 정신병리학(family psychopathology)의 징조로 가족구성원을 파악하는 것이다. 환자로 드러난 사람은 역기능 가족체계(the family system's dysfunctionality)의 한 증후가 된다.

② 로스앤젤레스에서 있었던 십대들의 약물 남용 프로그램에서, 50쌍의 부모(약물 남용을 한 자녀를 동반한)들은 특수한 임상 치료 시리즈를 모두 거쳤다. 이 세미나를 통해 자신을 돌이켜보게 됨에 따라, 그들은 자신의 결혼 생활의 역기능을 인정하게 되었다. 그 자녀들의 약물 남용은 부모인 자신들의 결혼 생활이 빚어내는 마찰을 진화하려는 자녀들의 '몸부림' 이라는 사실에 우리가 관심을 집중할 수 있도록 도와주었다. 어떤 의미로 볼 때, 그들의 자녀들은 약물을 복용함으로써 가족이 뭉칠 수 있도록 해주는 역할을 한 셈이다. 그들은 환자로 판명된다. 하지만 그들의 체계적인 기능

은 가족을 돕는 것이며, 사실상 그 점에서 성공한 셈이다.

11) 자녀의 문제가 부모의 잘못된 결혼 생활의 한 증상으로 나타난 경우

몇 년 전 아들 때문에 상담을 요청한 부부가 있었다. 그들 부부는 모두 다 대단히 성취도가 높은 전문 직장인이었다. 그들은 감정이라는 것을 아주 경멸할 정도로 지나치게 지적이었다. 말하자면 일 중독증 환자의 모델에나 적합할 것 같았다. 그들은 결혼 생활에서 성적인 불화가 있었다. 5년 동안 두 사람은 성교를 한 적이 없었다. 하지만 두 사람은 은밀한 성생활의 환상을 꽤나 갖고 있었다. 그들의 결혼은 친밀감이라고는 없는 고독한 생활이었다. 그들이 정말로 즐기는 일은 멋진 식당에서 외식을 하는 것이었다. 일주일에 적어도 4번은 외식을 했다.

9살짜리 소년은 그들 부부의 외동아들이었다. 상담을 요청한 이유는 바로 그 아이 때문이었다. 아이는 학교 성적 부진에다 체중이 50kg이 넘는 비만아였다. 그 소년은 아이답지 않았다. 아이는 침울하고, 폐쇄적이며, 거의 노인처럼 행동했다. 몇 개월을 보내면서 그 소년이 강박적으로 수음을 한다는 사실을 알게 되었다. 소년은 그 사실을 대단히 부끄러워했다. 수음을 하는 은밀한 의식도 있었다. 그런 의식 또한 수치심의 원천이었다.

여기서 분명히 깨달은 것은 소년이 자기 부모의 잘못된 결혼 생활의 한 증상이라는 점이었다. 소년은 자기 부모의 결혼 생활이 어떻게 진행되고 있는지를 거의 완벽하게 판독했다. 소년은 부모의 고독, 부모의 의사소통 단절, 부모의 비밀스런 성적 수치심을 바깥으로 드러냈다. 소년의 낮은 성취도는 부모의 높은 성취도에 균형을 유지하도록 만들었다(항상성). 아이는 비만이었다. 그들 부부의 유일한 취미는 식사였다. 아이는 성적 비밀이 있었다. 그들 부부도 성적인 비밀이 있었다. 아이는 외로웠고 감정을 전혀 겉으로 표현하지 않았다. 아이는 의사소통도 하지 않았다. 그들 부모도 결혼 생활 중 서로 의사 교환을 하는 적이 거의 드물었다. 소년이 상담을 시작한 이래로 부부의 관계도 개선되었다. 소년은 이전에도 여러 상담자에게 간 경험이 있었지만, 각각의 상담자들은 각기 다르게 소년을 대했다. 하지만 그 누구도 소년을 '가족체계 기능불능'의 한 증상으로 치료하지 않았다. 다양한 치료 행위가 역시 성공적이지는 않았다. 왜냐하면 소년의 부모는 그들 결혼 생활의 불화가 소년의 가장 큰 문제라는 것을 인정하려 들지 않았기 때문이었다.

12) 부모가 자녀를 이용해서 정서적 욕구를 충족하는 경우

때로는 양쪽 부모가 아이에게 정서적으로 묶여 있는 경우도 있다. 아이는 양쪽 부모의 감정을 돌보려고 애를 쓴다. 한 여성 내담자는 나의 수업을 수강했던 학생이였다. 그녀는 자기 아버지가 어린 시절에 한밤중에 자기를 데리고 건넌방에 있는 침대 속으로 같이 데리고 들어가곤 했었다고 했다. 그 아버지가 그런 일을 했던 주된 목적은 성적으로 자기를 거부하는 부인에게 일종의 벌을 주려는 의도였다. 하지만 그 딸은 성적인 정체성이 혼동되어서 무척 고생을 해야만 했고 남성에 대한 성 정체성과 혼란으로 젊은 시절을 보냈다.

13) 역기능 가족과 자녀의 행동 양식

① 성숙한 인간은 다른 사람과 구별되며 자아 경계가 뚜렷이 확립되어 있다. 정체성도 잘 보유하고 있다. 이런 사람은 다른 가족구성원과 융합되거나 혼합되는 일 없이 다양한 방식으로 관계를 맺는 것이 가능하다. 즉 감정에 구속받지 않으므로 곁에 있을 때 분노나 자괴감 등을 느끼지 않고, 멀리 떠나갈 때도 죄의식을 느끼지 않는다.

② 성장한 자녀가 가족 또는 여러 친구들과 함께 연휴 휴가 여행을 떠날 계획을 짜는 경우를 생각해보자. 기능적인 가족에서라도 크리스마스 때 가족의 일원이 곁에 없는 것은 슬픈 일일 것이다. 그러나 본인이 행복해하고 친구들과 함께 있으므로, 부모와 가족들은 그것을 기쁘게 받아들일 것이다. 그러나 역기능 가족의 경우, 나머지 가

족은 화를 낼 것이다. 부모가 마치 죄인처럼 취급하기 때문에 여행을 가려던 자녀는 죄의식을 느낄 것이 분명하다. 그 죄의식 때문에 여행은 취소되고 연휴 때 집에 있게 될지도 모른다. 집에 있으면서 부모를 원망하며 잔뜩 화가나 있을 것이다. 이것은 역기능 가족에게서 흔히 볼 수 있는 일이다.

6. 가족체계와 역할

1) 가족의 규칙

① 모든 체계는 원칙과 규칙을 가지고 있다. 또한 모든 체계는 전체의 구성 요소이다. 가족체계에서 가장 핵심적인 구성 요소는 1) 어머니가 자기 자신과 남편과 맺는 관계와 2) 아버지가 자기 자신과 아내와 맺는 관계이다. 따라서 결혼이 순기능적이라면, 어린 아이는 충분히 기능적인 기회를 갖게 되지만, 결혼의 구성 요소가 역기능적이면 가족구성원들은 스트레스를 받고 잘못된 기능에 적응하게 되는 것이다.

② 규칙 그 자체가 나쁜 것은 아니다. 셰익스피어가 잘 지적했듯이, 우리는 살아가면서 많은 역할을 한다. 역기능 가족의 규칙은 마음대로 선택되거나 유연한 것이 아니다. 이들 규칙은 암묵적으로 혹은 공개적으로 가족을 유지하기 위한 필요성에서 연유한다. 또한 가족체계의 균형을 유지하기 위한 기능으로 쓰이기도 한다.

③ 체계의 균형을 위해서 역할을 분담하는 경우, 각각의 구성원은 자신의 고유한 자아를 포기하게 된다. 역기능 가족에서 개인은 체계의 균형을 유지하기 위해 존재한다. 전체 가족이 불안한 상태이고, 각자는 가족을 유지하기 위해 진정한 자아를 포기하고 자기한테 주어진 역할을 수행한다.

④ 수치심에 기초한 부모 밑에서 자란 아이들은 자기 부모를 통제하는 한 방식으로 대단히 엄격한 역할을 수행한다. 언제나 도움을 주고, 영웅이 되거나, 악당이나 혹은 완벽한 아이, 희생양이 됨으로써 자신을 통제하는 가족을 역으로 통제하려고 한다.

⑤ 이런 역할은 역기능 가족이라는 견딜 수 없는 상황에서 생존하게 만드는 방식이다. 그 역할 자체가 자아의 방어기제로 기능하면서 전체 가족의 환상적인 유대의 일부가 된다. 가족구성원들은 가족 최면의 신호를 공유한다. 우리의 진정한 자아는 무의식적인 가족 최면에 너무나 오랫동안 매몰되어서 우리가 하고 있는 역할을 우리 자신이라고 착각하게 된다.

2) 가족체계 속에서의 역할

그림 1-9 가족체계 속에서의 역할

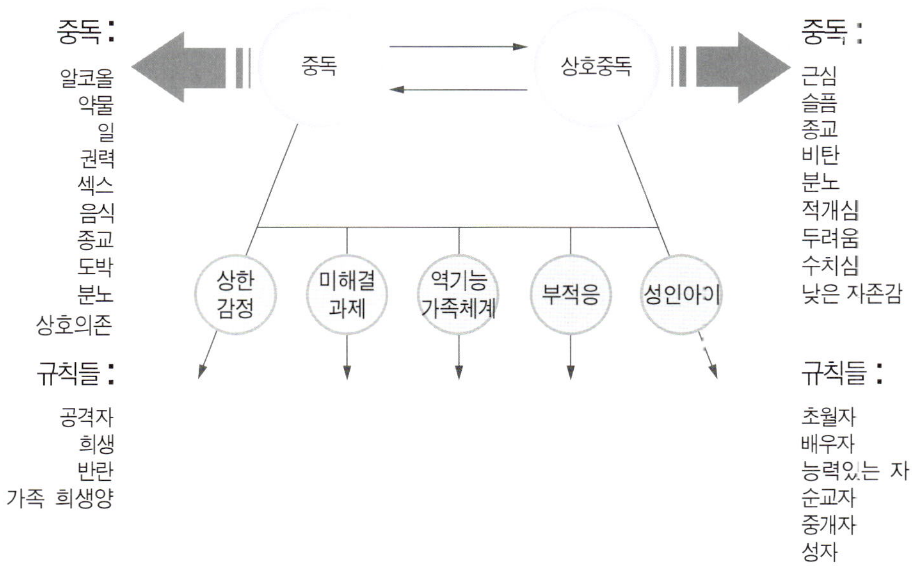

〈출처 : 김명희, 2005, 재구성〉

가족에 있어서 아이들의 역할

1. 영웅 2. 엄마 3. 희생양 4. 어린 왕자 5. 막역한 친구 6. 아빠의 희생양
7. 소년·소녀 가장 8. 아빠 스타 희생양 9. 잃어버린 아이 10. 종교적인 아이 희생양
11. 희생양 성취도 낮은 자 12. 반항아 13. 악당 14. 가족의 준거
15. 신체적인 질병 16. 지정된 환자 17. 완벽한 아이 18. 귀여운 아이 19. 공격자
20. 부모의 부 탐닉 21. 엄마의 친구 22. 광대 23. 패자
24. 아빠의 친구 25. 대리 배우자 26. 성자 27. 햇살 28. 아픈 아이
29. 가족의 카운슬러 30. 보모 31. 예쁜이 32. 성취도 높은 아이 33. 가족의 희생양
34. 전체 엄마의 능력 있는 35. 운동선수 36. 문제아
37. 여주인공 38 조정자

〈출처 : 오제은, 2005〉

역기능 가정의 열매들

1. 망상과 거부의 체계 2. 부모의 이상화–환상적인 유대 3. 통제광
4. 통합적인 의지가 전수됨 5. 인정을 얻어 내야 함 6. 경직된 규칙
7. 폐쇄된 체계 8. 경직된 가족체계 9. 강박적·탐닉적, 다양한 중독
10. 비밀–입다물기 규칙 11. 완벽주의적인 12. 얼어 붙은 감정
13. 수치심·비난하기 14. 처벌·관대
15. 불건전한 경쟁 16. 무기력한 의지–자유의 상실
17. 체제가 할당한 규칙(각각의 개인들은 가족의 요구에 따라 존재할 뿐, 선택은 있을 수 없다.)
18. 경직되거나 허물어진 자아 경계, 문화적인 경계, 가족 내적인 경계
19. 낮은 자존감 20. 상호 의존증

① 가족체계는 결혼을 요구한다. 결혼이 유지되려면 아버지와 대등한 파트너가 될 수 있는 사람이 가족 속에 필요하다. 딸들이 그런 역할을 할 수도 있다. 이럴 경우 그 딸은 대리 배우자가 된다. 아버지가 너무 바빠서 아버지 역할을 제대로 수행하지 못 할 경우, 양육 기능을 넘겨받는 아이가 있을 수 있다. 아이는 지나친 책임감으로 작은

부모가 될 것이다. 가족체계 속에서 어떤 아이는 귀여움과 장난스러움으로 가족들한테 즐거움을 주는 경우도 있을 것이다. 이런 아이는 아버지와 어머니 사이의 긴장을 상당히 해소한다. 그런 아이는 가정의 마스코트가 된다. 또 다른 아이는 전부 A학점을 받고, 자기 반에서 반장이 되고, 우등상을 받는 학생이 됨으로써 성자와 영웅의 역할을 할 것이다. 이런 아이는 자기 가족의 위신을 높여 줄 것이다.

② 어떤 아이의 경우, 반사회적 행동을 함으로써 아버지가 어머니한테 드러내 놓지 못한 분노를 떠맡을 수도 있다. 그 아이는 공격적이고 약물 남용과 학교 폭력, 마약을 하고, 학교에서 말썽을 부리고, 성적이 나빠 유급할 수도 있다. 이런 행동은 부모들의 관심을 분산시킨다. 실제로 그런 아이는 가족의 희생양이다.

사실상 이런 아이는 역기능 가족의 한 증상을 안고 있다. 희생양은 가족을 위한 봉사자가 된다. 희생양이 문제를 일으킬 때, 전체 가족이 합심해서 치료하려고 하기 때문이다.

③ 아빠가 일 중독증이고 일 때문에 집에 돌아오는 시간이 늦거나, 들어오지 않는다면, 아이들 중 한 명은 엄마의 정서적인 아빠 노릇을 해야 한다. 왜냐하면 가족체계는 결혼에 필요한 균형을 요구하기 때문이다.

④ 알코올중독 가정에서 아이는 영웅 역할을 한다. 왜냐하면 가족은 가족으로서의 품위를 필요로 하기 때문이다.

⑤ 가족체계에 아무런 따스함도 없다면, 어떤 아이가 정서적인 유모의 역할을 하면서 모두를 돌보고 사랑한다.

⑥ 체계가 표현할 수 없는 분노와 고통으로 황폐해지면, 어떤 아이는 희생자 역할을 자처하면서 모든 분노와 고통을 연출할 것이다.

⑦ 이와 같은 역할을 분담하는 경우, 각각의 구성원은 자신의 고유한 자아를 포기하게 된다. 역기능 가족에서 개인은 체계의 균형을 유지하기 위해 존재한다. 전체 가족이 항상 불안한 상태이고, 각자는 가족을 유지하기 위해 진정한 자아를 포기하고 자신한테 주어진 역할을 수행한다. 각자는 병리적인 의존 상태가 된다.

3) 가족체계 속의 역할과 임상 사례 분석

그림 1-10 가족체계 속의 역할과 임상 사례 분석

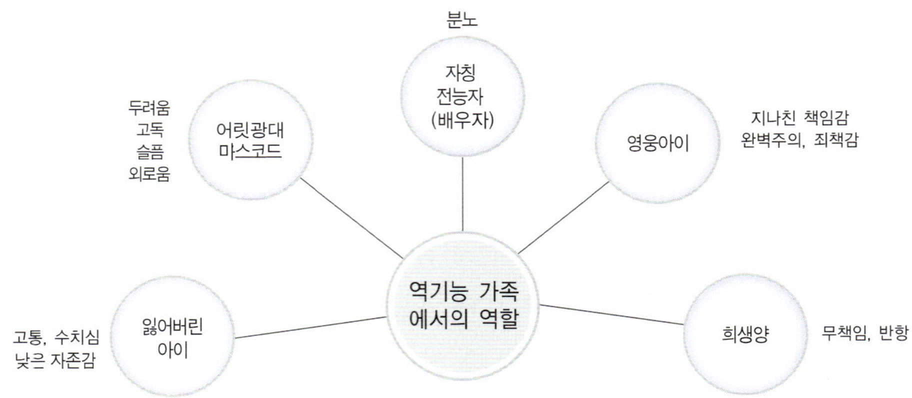

〈출처 : 오제은, 2005, 재구성〉

CASE 1

역기능 가족의 구성원들은 각자 자기한테 주어진 역할을 받아들인다. 그들은 어떤 감정이 필요한 것이며, 어떤 감정이 불필요한 것인지를 학습하게 된다. 가족체계에서 그는 영웅이 되었다. 영웅으로서 그는 용감하고 강해야 했다. 그는 언제나 남보다 탁월하고 능력 있는 역할을 하는 것을 배웠다. 그에게 있는 두려움과 취약성을 포기해야 했다. 이런 부분이 내담자의 진정한 일부가 되려면, 내담자 자신의 다른 부분을 포기해야 했다. 그런 역할을 그에게 허위 자아를 형성하게 만들었다. 이것은 알코올중독 가족일 경우 자아의 경계가 흐려진 역할을 하는 것이나 마찬가지였다. 내담자는 의존하고 싶은 욕망을 누르고 슈퍼맨이라고 점차 믿게 되었다.

CASE 2

필자의 어느 내담자 가족의 경우에는, 아버지가 내담자가 11세 되던 해 일찍 돌아가셨다. 그때 내담자 집에서는 그가 장남이었고, 가족이라는 체제는 남편을 필요로 했었다. 그래서 그는 어머니의 정서적인 남편(대리 배우자)이 되어야만 했다. 하지만 어머니가 이것을 결정하신 것은 아니었다. 그것은 바로 가족이라는 체제가 요구한 것이었다. 그 체제가 아버지의 역할을 필요로 했던 그때 이후로 , 동생은 '작은 부모' 역할까지 하게 되었으며 13세 때 내담자는 동생에게 어떤 문제에 대해 문제해결자 혹은 허락을 해주는 역할을 감당했던 것이다.

CASE 3

필자가 상담했던 또 다른 가정에서는 남편의 알코올중독이 심해지자, 가장 나이가 많은 딸이 엄마의 희생양이 되었다. 그 엄마는 결혼할 당시에 그 아이를 임신하고 있었다. 사실, 그 부부가 결혼하게 된 것도 그 아이 때문이었다. 남편이 무책임한 알코올중독이라는 사실을 그 엄마가 알아차렸을 때, 그 엄마는 자신의 분노를 그 딸아이에게로 쏟았던 것이다.

또한 아이는 부부에게 출산 계획에 없었던 아이였다. 그 남자 아이는 역기능적인 결혼 생활에서 우연히 생긴 아이였다. 그 아이는 엄마의 자궁에서부터 정서적으로 버림받은 것을 느꼈다. 가족 사이에서 그 아이는 '잃어버린 아이'가 되었다. 그 아이가 부모에게서 받은 메시지는 말 그대로 "떨어져라, 아가야, 우린 너를 키울 수가 없어 차라리 태어나지 말았으면…" 라는 것이었다.

CASE 4

내담자 중 한 명은 그녀가 태어나기 1년 6개월 전에 죽은 오빠로 인해 슬픔에 잠긴 어머니를 돌보아 드려야 했다. 상담 시 그녀가 나타낸 표면의 웃음과 행복은 완전히 거짓(가면)이었다. 18년 동안 그녀는 코카인(마약) 중독인 남편을 돌보느라 끔찍한 결혼 생활을 했다. 그녀의 두 자녀 또한 모두 약물 남용에 빠져 있었다. 마침내 그녀는 사랑스럽게 미소 짓는 '햇살같이 밝은 성모 마리아의 마스크'를 벗어 던졌다. 그리고는 통곡에 가까운 울음을 울었으며 그 울음은 좀처럼 그칠 줄 몰랐다.

CASE 5

성장하는 동안 화를 내는 것이 허용되지 않았던 내담자가 있었다. 그는 선한 사람이 될 것과 환경을 잘 적응할 수 있는 사람으로 강요받았으며, 언제나 한동네에 살던 L군과 비교되었다. "너는 그 애처럼 좀 얌전하게 행동 수 없니?" 또한 대다수의 남성들처럼 "사내대장부는 우는 게 아니야.", "겁내지 말라. 아무 것도 겁낼게 없단다."와 같은 말을 들으면서 자랐다. 심지어 기쁜 일이 있을 때조차도 오래 기뻐할 수 없었다. 왜냐하면 아직도 아프리카에는 굶어 죽는 어린아이들이 있었기 때문이었다.

만일 당신이 기쁘고, 굉장히 화나고, 슬프거나, 두려울 수 없다면 당신은 빨리 그 감옥에서 탈출하거나 막을 내려야한다. 당신의 진정한 자아는 감춰지고 거짓 자아가 창조되고 그 속에 갇혀 진정한 자신의 본질과의 만남을 하고 있지 않은 것이다.

4) 상담을 위한 역할 분석

① 어렸을 때 성장에 꼭 필요한 욕구(사랑받음, 쓰다듬고 어루만짐, 안전한 보살핌)가 얼마나 거부되고 억압되었는가?

② 가족체계 속의 역할은 무엇이었나? 어릿광대나 마스코트로서 가족들의 긴장을 해소시키고 화합하는 역할이었는가, 아니면 영웅처럼 온 가족의 자존심을 세워 주기 위한 것이었나, 혹은 부모의 원만치 못한 부부 관계의 대체물인 부모의 대리 배우자의 역할이었는가, 아니면 누구의 관심도 끌지 못했던 잊혀진 아이, 가족의 희생양? 아니면 문제아로서 결국 온 가족이 나 때문에, 나의 문제를 해결해 주기 위해 하나로 뭉치게 되었는가? 이렇게 가족 속에서의 역할은 나 스스로가 원했던 것이 아니고, 나의 가족체계가 이 역할을 하도록 나에게 배정해 준 것이다.

③ 과연 나는 그 역할에 얼마나 순종적이었나? 나는 얼마만큼이나 진정으로 내가 원하는 '나'를 포기하고 가족이 원하는 역할에 자신을 맞추려고 스스로를 포기하였는가?

④ 나는 나 자신에 대해 어떤 '부정적인 이야기와 이미지'를 가지고 있는가? 또한 나를 수치스럽게 느끼게 한 어떤 기억들을 가지고 있는가?

⑤ 나에 대한 이 모든 부정적인 영향들에 대해 No라고 자신 있게 말할 수 있는가?

⑥ 또한 나는 나 자신에 대해 어떤 긍정적인 메시지와 이미지와 기억들을 가지고 있는가?

⑦ 나는 또한 무엇에 대해서, 혹은 누구에 대해서, 과연 얼마만큼 의존적인가? 아니면 얼마만큼 독립적이며, 홀로 서 있는가? 부모가 강압적이고 권의적일수록 그런 가족 내에는 절대로 말해서는 안 되는 비밀들과 규칙들이 많다. 이러한 것들이 정체성 형성에 부정적인 영향을 끼쳐서 결국 의존적인 사람이 되게 한다.

⑧ 나의 '나 됨'에 있어서 가족체계가 나에게 어떤 영향을 주었는가, 나의 시각을 형성함에 있어서 나에게 영향을 준 모든 나쁜 메시지를 찾아낸다.

a. 가족체계 속의 나의 역할은 무엇이었나?

b. 부모가 얼마만큼 나를 위해 준비되었었는가? (특히 감정상)

c. 성장에 꼭 필요한 욕구가 얼마나 거부되고 억압되었는가?

d. 나는 무엇에 대해, 누구에 대해, 얼마만큼 의존적인가?

Chapter 02

가족체계의 이해

가족치료란 가족구성원이 보이는 문제행동을 그 개인만의 문제로 보지 않고, 그 개인을 둘러싼 가족이라는 체계 속에서 이해하려는 시도이다. 따라서 가족치료란 가족을 하나의 체계 속에서 이해하려는 시도이다. 가족을 하나의 체계로 보며 그 체계를 중심으로 가족구성원 간의 상호작용 속에서 이해한다. 따라서 가족상담 및 치료의 생성과 발달 과정에서 전형적으로 일반 체계 이론과 사이버네틱스에 기반한 인식론에 의존하여 왔다. 즉, 가족구성원의 문제를 개개인의 내면이 아니라 가족관계나 가족체계의 관점에서 찾고자 하는 시각에 기초하여 가족상담 및 치료가 발달해왔고 개인치료와 차별화되었다. 최근 이 경향은 포스트모더니즘과 사회 구성주의의 영향으로 다소 완화되었지만 여전히 가족상담사나 가족치료사는 체계로서의 가족을 잘 이해하는 것이 필수적으로 요청된다. 가족을 하나의 전체의 체계로서 생각하고 치료하는 입장에서 가족치료는 가족체계의 긍정적이고 바람직한 변화를 시도한 것이다. 폴리(Foley, 1984)는 가족치료란 가족의 이론으로서 가족 간의 바람직하고 조화로운 관계를 유지하기 위해서 관계를 수정하는 시도라고 정의한다. 가족을 하나의 전체로서 치료 단위로 생각하는 입장이다. 가족구성원들의 마음이 서로 관계를 통해서 만나며 이러한 만남은 일정한 형태나 구조를 만들어 내고 가족이라는 단위를 형성한다. 이러한 가족 단위를 하나의 가족체계로 본다. 가족의 의사소통 패턴은 가족체계적 접근으로 가장 잘 이해할 수 있다. 의사소통은 상징적 상호 교류의 과정이므로 가족구성원 개개인 보다는 가족관계의 초점에 두어야 한다. 가족체계란 전체를 이루기 위해 서로 연관되어 있는 개체들의 집합이라고 할 수 있다. 만일, 가족체계의 한 요인이 변화하면 다른 요인들도 그 요인에 의해 도미노 현상과 같이 변화하여 그 변화가 다시 처음의 변화 요인에 영향을 주게 되는 것을 의미한다. 가족체계는 폐쇄 체계(closed system)와는 다르게 개방 체계(open system)로서 환경과 상호작용하여 가족관계를 성장시킨다.

체계는 개체, 속성, 관계, 환경의 네 가지 요소로 구성된다(L. John, 1983). 가족체계의 관점은 가족의 상호작용을 분석하고, 미래의 상호작용을 예견하며 그 체계 내에서 바람직하게 추구하는 변화를 만들어 갈 수 있도록 한다. 다시 말하면, 가족체계의 관점에서 가족의 상호작용은 각 가족구성원의 행동과 관련이 있고, 또한 상호 의존하기도 한다. 결국 가족관계에 변화가 생기면 역시 개인인 가족구성원에게도 변화가 따른다.

1. 가족의 의미

가족은 인간이 가진 제도 중에서 가장 오래된 제도로써 가족은 인간의 출현과 더불어 존재해 왔으며 현존하는 모든 사회제도 가운데 가장 오래되고 강력한 단위로서 사회 변화에 영향을 받으며 꾸준히 지속되어온 기본적 사회제도이다. 급격한 사회 변화로 인하여 가정의 다양화와 가정생활에서도 많은 변화가 일어나고 있으며 일부 학자들은 가족의 존재에 대해 비판적인 견해를 제시하고 있다. 가족구조는 신체적·정서적 지원을 얻기 위해 가족구조가 형성된다. 또한 과거에는 타인의 존경에 가치를 두었으나, 오늘날에는 보다 내면적 자기 중심적인 것에 만족을 느끼고 가치를 발견하게 된다.

그러나 아직도 많은 사람들은 가족의 중요성에 대해 공감하고 있으며, 가족에 대해 많은 의미를 부여하고 있다.

1) 가족의 개념

가족은 역사가 가장 오래된 사회집단이다. 그러나 시대적·문화적 배경에 따라 가족은 다양한 형태로 존재해 왔고 변화해 왔으며 가족에 대한 이해와 접근 방법도 학자에 따라 다양하게 차이가 있기 때문에 이를 개념화하는 것은 그리 쉽지 않다.

영어로 가족을 의미하는 'family'의 어원은 라틴어의 'familia'에서 유래한다. 이는 원래 노예나 하인을 뜻하는 'famulus'에서 유래한 것으로 혈연관계보다는 한 남자에게 속한 재산이나 가옥, 노예 등의 생산도구를 의미하는 것이었다.

어원적인 의미와는 다른 관점에서 가족에 대한 고전적인 정의를 내린 대표적인 학자는 머독과 레비-스트라우스이다. 머독(1949)은 가족을 "부부와 그들의 미혼자녀로 구성되며, 공동의 거주, 경제적 협력과 자녀의 출산을 특징으로 하는 사회집단으로, 사회적으로 안정된 성 관계를 갖는 최소한 2명의 성인 남녀와 그들의 친자녀나 입양에 의한 자녀를 포함한다.

레비-스트라우스(1956)는 보다 포괄적으로, 동시에 생물학적 관점보다는 사회적인 관점에서 "가족은 결혼으로 시작되며 부부와 그들 사이에 출생한 자녀로 구성되지만 이들 이외에 가까운 친가와 외가의 친척이 포함될 수 있다. 가족구성원은 법적 유대 및 경제적, 종교적인 것 등의 권리와 의무, 성적 권리와 금기, 애정, 존경 등의 다양한 심리적 정감으로 결합되어 있다."고 정의하였다.

최재석(1966)은 가족을 "가계를 공동으로 하는 가족 집단"으로, 김두헌(1969)은 "일반적으로 영속적인 결합에 의한 부부와 거기에서 생긴 자녀로 구성된 생활공동체"로 정의하고 있다. 우리나라의 민법 친족편 제 779조에는 가족을 "호주의 배우자, 혈족과 그 배우자, 기타 본 법에 의하여 그 가(家)에 입적한 자"로 규정하고 있다.

급변해 가는 현대사회는 다양한 가족 형태가 증가하면서 이러한 가족의 개념 정의에서 벗어나는 수많은 삶의 형태를 비정상적인 단위로 간주할 수 있다는 인식 하에 전통적인 가족의 개념은 보다 포괄적이고 정서적인 관계를 중시하는 개념으로 확장되고 있다. 이러한 관점에서 올슨(Olson)과 드프레인(Defrain, 2003)은 "가족이란 애정과 친밀감을 갖는 가족구성원들이 지속적으로 공동생활을 하는 집단"으로 정의하고 있다. 동시에 가족을 지칭하는 용어도 전형적인 가족 형태를 지칭하는 '가족(the family)'에서 '가족들(families)' 로 대치되고 있다.

앞서 살펴본 바와 같이 가족에 대한 견해를 정리하여 요약해 보면 아래와 같다.

① 가족은 가족구성원 면에서는 혼인과 혈연 또는 양자 간의 관계를 통하여 형성된 집단이다.

② 가족은 그 생육하고 번식하는 공동체로서의 의미가 강한 집단이며, 동거동재(同居同財) 집단이라는 특성을 갖는다.

③ 가족은 애정이나 정서적 안정감과 같은 강한 심리적 친밀감으로 애착 관계로 결합된 정서적 집단으로, 특히 이는 현대사회에서 강조되는 가족의 특성이다.

④ 가족은 하나의 최초의 사회집단으로서 사회를 유지하고 존속시키기 위해 여러 가지

과업을 수행하는 집단이다.

⑤ 가족에 대한 개념 정의는 사회 변화에 따라 보다 다양성을 인정하고 포괄적인 특성을 갖는 집단으로 이루어지고 있다.

2. 체계로서의 가족

가족은 결혼이나 혈연, 입양의 관계로 결합되어 가족이라는 정체감과 유대감을 가지는 상호 의존적인 사람들로 정의된다. 가족은 하나의 체계로서 구조와 과정을 가지고 있다. 구조에는 하위 체계, 경계, 항상성, 규칙, 삼각관계 등이 포함되고, 과정에는 의사소통, 순환성 등이 포함된다.

가족에 대한 체계론적 이해

- 가족은 가족구성원 개개인의 부분의 특성을 합한 것 이상의 특성을 지닌 체계이다.
- 이러한 가족체계의 움직임은 어떤 일반적 규칙에 의해 지배되고 있다.
- 모든 가족체계는 경계를 가지고 있다. 이와 같은 경계의 특성은 가족체계가 어떻게 기능하는가를 이해하는 데 중요하다.
- 가족체계 속의 개인의 한 부분의 변화는 가족체계 전체의 변화를 초래할 수 있다.
- 가족체계는 완전하지 않으므로 항상 비교적 안정된 상태를 유지하려는 경향이 있다.
- 가족체계 기능 중에는 체계간의 의사소통이나 피드백 기능이 중요하다.
- 가족 속의 개인의 행동은 직선적 인과관계보다 순환적 인과관계로 보는 것이 보다 이해하기 쉽다.
- 다른 열린 체계와 마찬가지로 가족체계는 목적을 가지고 있는 것처럼 보인다.
- 가족체계는 하위 체계에 의해서 성립되며, 또한 가족체계는 보다 큰 상위 체계의 일부분이다.

1) 가족 하위 체계

하위 체계는 체계 내에서 특정한 기능이나 과정을 수행하는 전체 체계의 부분들이다. 각 체계는 더 큰 상위 체계의 부분으로 존재하고 또한 자체적으로 하위 체계들을 가진다. 가족은 가족구성원 개개인들이 시간과 공간, 물질을 공유하고, 세대에 걸쳐 고유한 문화를 전수하는 집단으로 사회와 개인 중간에 위치한다. 그러므로 가족은 이웃, 친척, 지역사회 같은 상위 체계의 영향을 받기도 하는 개방적이고 역동적인 체계이다.

가족에서 하위 체계는 세대, 성, 흥미, 취향 등에 따라 형성되어 부부, 부모, 형제자매, 여성, 남성 등의 여러 하위 체계가 있고 가족구성원 개개인은 동시에 여러 개의 하위 체계에 속하여 각각의 역할과 권력을 가지게 된다. 그리고 이들 하위 체계 사이에 그리고 가족 외부의 상위 체계와 상호 의존적 관계를 갖는다.

가족의 가장 대표적인 하위 체계는 부부, 부모 및 형제자매 하위 체계이다. 부부 하위 체계는 부부 각자에게 친밀감, 지지, 격려, 헌신, 경험과 개인적 성장의 기회를 좌우하고 자녀에게 결혼 생활 모델과 성역할 및 상호작용 패턴을 보여준다. 만일 부부 하위 체계에 역기능이 발생하면 부모 및 형제자매 하위 체계도 영향을 받게 된다.

부모 하위 체계는 자녀 양육과 지도, 훈육에 대한 책임을 갖고 자녀의 발달에 큰 영향을 미치며 자녀 하위 체계보다 더 많은 권력을 갖는 세대 간 위계구조가 존재한다. 동시에 자녀의 행동과 발달 정도, 세대 차의 극복 정도에 따라 부모의 정서적 만족과 갈등, 그리고 안정성이 영향을 받는다. 가족구성원 중 어떤 자녀가 가족 내에서 부모나 배우자의 역할을 대신 수행하는 것을 의미하는 부모화(parentification)된 가족구성원을 성인아이라고 부르기도 한다. 이러한 부모의 권한이 자녀에게 분배되는 경향 또한 부모 역할을 수행하는 자녀는 정서적, 지적, 신체적으로 부모의 역할을 할 수 있는 준비가 되어 있지 않으므로 심리적 압박감을 받을 수도 있다.

형제자매 하위 체계는 아동의 또래 관계에서의 애착과 경쟁과 협상, 협동 등의 대인 기술과 사회성 발달에 영향을 미치고 이를 토대로 가족 외의 대인 관계에도 영향을 미치게 된다.

이외에 조부모, 부녀, 모자, 부자, 모녀, 손자녀 등의 하위 체계도 가족체계에 존재하며 부부, 부모, 형제자매 등의 하위 체계들과 영향을 주고 받는 방식에 따라 가족이 구조적 특성과 기능이 달라지게 된다.

이러한 가족의 경제와 밀착은 가족이 서로 얼마나 관여되어 있는지의 여부를 파악하는 것으로써 정상적인 가족은 명료한 경계선, 가족체계의 규칙이 애매하게 모든 문제에 서로 지나치게 얽혀 필요 이상으로 밀착된 애매한 경계선, 그리고 경직된 경계는 가족이 뿔뿔이 격리된 가족을 말한다.

2) 경계

경계는 외부 환경으로부터 개인, 하위 체계 또는 체계를 구분짓는 것으로 개인과 개인 사이에 또는 하위 체계와 체계와 체계 사이에 존재한다. 경계선은 체계 안과 밖으로 에너지와 정보가 흐르는 정도와, 경계 안의 구성원들 간의 친밀함의 정도, 상호 교류와 접속 정도를 말한다.

가족체계의 경계선은 모호함과 딱딱함의 연속선 위에 존재한다. 효율적으로 기능하는 가족의 경계는 하위 체계의 자율성과 통합을 보호할 정도로 분명하면서 동시에 변화에 적응할 수 있도록 충분히 투과적이어야 한다.

경계선에는 모호한 경계선, 분명한 경계선, 경직된 경계선 등으로 구분한다. 모호한 경계에서는 지나치게 개방적이어서 모든 정보가 공유되고 서로에게 지나치게 관여를 하며 얽혀있는 것이 특징이다. 반면 경직된 경계는 지나치게 폐쇄적이어서 상호 간에 생각이나 감정, 정보 등을 나누어 갖지 않는다. 분명한 경계는 경계가 유연하게 존재하여 정보가 적절히 공유되고 구성원 간의 상호 의존이 너무 높아 가족구성원의 정체감과 자율성의 발달에 어려움을 겪을 가능성이 많다. 반면 경계가 경직되어 있는 경우는 가족구성원 간의 상호 의존이 너무 낮아 소원하고 분리된 관계와 불충분한 정보의 투입 때문에 스트레스와 위기에 역기능적으로 대처하며, 심각한 경우에는 체계가 붕괴되기도 한다.

3) 가족 항상성

모든 체계는 바람직한 균형 상태를 유지하려는 경향이 있고 이를 위하여 피드백 기제가 작용하게 된다. 부정적 피드백은 변화를 극소화시키면서 체계를 현상·유지시키는 작용을 하고, 긍정적 피드백은 체계의 변화를 유도하고 다른 수준으로 조직하는 작용을 한다. 모든 가족은 의식적이든 무의식적이든 가족 항상성(family homeostasis)을 유지하려는 경향을 가진다.

그러나 가족 항상성을 유지하는 것이 모든 가족구성원에게 최선의 이익이 되지 않는 경우도 있다. 가족이 어떤 가족구성원에게 해가 되는 역할을 하게 함으로써 체계에 원하지 않는 변화가 일어나지 않도록 하여 가족 항상성을 유지하는 경우도 있기 때문이다. 예를 들면, 부모가 싸울 때마다 한 자녀가 부모를 잃게 될까봐 부모의 관심을 끌기 위한 증상 행동을 보인다면 그 증상은 부모가 한 마음으로 자녀에게 관심을 갖게 하여 싸움을 중단시키는 수단이 될 수 있다. 그런데 부모의 관심을 끌기 위해 보이는 자녀의 행동은 자녀의 정상적인 발달에 바람직하지 않는 경우가 대부분이다. 여기에서 자녀의 증상 행동은 부모의 싸움으로부터 가족 항상성을 지켜주는 기능을 하는 것이 되고 불행하게도 자녀는 "지적된 환자" 역할을 담당하는 것이다.

또한 가족 항상성은 한 가족구성원의 문제가 개선되어 가는데 잘 지내던 다른 가족구성원에게 문제가 발생하는 경우에서도 나타난다. 가족의 기본 구조가 바뀌지지 않은 채 한 사람의 문제가 개선되면 현재의 상태를 안정시키기 위한 피드백 기제가 작동하여 다른 구성원에게 문제가 생기는 결과를 낳는 것이다.

그러므로 가족에 개입하는 치료자의 역할은 가족구성원이 이전의 낡은 균형 상태나 항상성으로 되돌아가서 다시 체계가 안정되는 것을 돕는 것이 아니라 재조직화와 변화를 통하여 새로운 수준의 안정 상태와 항상성에 도달하는 해결책을 찾도록 해야 한다.

4) 가족규칙과 가족신화

가족은 규칙에 의해 지배되는 체계이다. 모든 가족은 일상생활을 유지해 나가기 위해 누가 어떤 일을 할 것인가에 대한 규칙을 가지며, 가족은 그러한 규칙에 의해 행동한다. 어느 가족이나 가족 내에는 권력, 역할, 의사소통, 문제해결, 의식 등에 관한 규칙이 존재하며 이는 오랜 기간 반복되는 가운데 은연 중에 정해진 불문율적인 성격이 형성된다. 가족신화는 가족구성원이 공유하는 잘못된 기대와 신념을 의미하는 것으로 주로 역기능적 가족이 현실을 왜곡하거나 합리화, 부정하는 데 활용된다. 그러므로 가족구성원의 지속적인 상호작용 패턴을 관찰해 보면 그들의 행동방식을 결정하는 가족규칙과 가족신화를 찾아낼 수 있다.

가족의 전반적인 이데올로기, 즉, 가족신화는 가족의 개개인 그리고 그들 사이의 관계에 대한 기대, 공유, 믿음으로 구성되었으며, 특징은 모든 가족구성원이 아무런 의심 없이 공유하는 믿음과 기대라는 점이다.

대부분의 사람들은 태어나고 성장한 가족에게서 습득한 가족규칙이나 가족신화를 보통 때는 의식하지 못한다. 그러나 성인이 되어 결혼하고 새로 가족의 틀을 세우는 신혼기에 자신에게 익숙한 가족규칙만을 주장하고 배우자와의 차이를 존중하거나 좁히려는 노력을 하지 않음으로써 갈등이 발생하는 경우가 많다. 그리고 가족구성원들이 가족신화에 집착하면 가족 항상성 유지를 위해 새로운 시도나 변화에 저항하게 되고 긴장을 유발할 수 있다.

역기능적 가족에게서는 가족규칙이 자녀의 발달 수준이나 상황 변화에 맞지 않게 경직되어 있고 가족구성원에게 일관적이지 않으며, 가족구성원의 생활을 억압하거나 피해를 주기도 한다. 바람직한 것은 가족의 규칙이 가족의 질서와 안정성을 유지하도록 돕는 일을 하지만 동시에 변화하는 상황에 따라 유연하게 바뀌어 모든 가족구성원의 성장과 자존감 증진에 생산적으로 작용하는 것이다. 그리고 가족규칙에 관하여 가족구성원 간에 분명한 의사소통을 할 수 있고, 부적절한 가족규칙을 버리거나 바꿀 수 있는 융통성이 있으며, 가족에게 암묵적으로 절대적인 영향을 미치는 신화에 의존하지 않고 합리적으로 행동하는 것이다.

5) 가족 삼각관계

보웬에 의하여 처음 제안된 이론이며 세 사람의 인간관계를 기술하는 개념이다. 가족 삼각관계(family triangulation)란 가족구성원 두 사람의 인간관계에서 불안이나 긴장을 경험하는 한 사람이 충족되지 못한 욕구를 충족하기 위하여 제삼자나 다른 대상을 끌어 들임으로써 긴장 관계를 회피하는 행동이다.

가족구성원이 정서적 관계를 맺을 때 이민 체계는 불안이나 긴장이 유발되기 때문에 안정을 유지하기 어렵고, 두 사람 사이에 수용하기 어려운 문제가 생기면 이민 체계는 긴장을 줄이기 위해 세 번째 요소인 제삼자나 문제를 끌어들여 삼각관계를 형성하는 것을 가족 삼각관계라 한다.

가장 흔한 예는 아버지와 어머니, 자녀 세 사람으로 된 삼각관계나 또는 시어머니와 남편, 며느리로 된 삼각관계이다. 병리적이고 역기능적인 삼각관계의 전형은 부모 세대와 자녀 세대 사이에 형성된다. 예를 들면, 남편과 갈등을 겪는 아내는 큰딸에게 정서적으로 의존하여 긴장을 해소함으로써 가족관계가 유지되고 그 사이에 끼인 큰딸은 부모의 관계에 과도한 정서적 에너지를 소모하는 대가를 치르는 것이다.

가족 삼각관계에 끼어드는 대상이 반드시 가족구성원만 되는 것은 아니고 친척, 친구, 일, 알코올, 취미, 외부 활동 등이 될 수도 있다. 그러므로 모든 삼각관계가 가족 병리의 지표가 되는 것은 아니다. 왜냐하면 긴장을 야기시키는 에너지의 방향을 전환시킴으로써 개인이나 가족이 생산적이고 정상적인 기능을 유지하는 데 도움이 될 수도 있기 때문이다.

6) 가족 의사소통

가족체계에는 개인과 개인 간에, 하위 체계 상호 간에 하나의 과정으로서 의도하든 의도하지 않든 의사소통이 존재한다. 그리고 모든 의사소통에는 언어와 비언어, 그리고 내용과 관계의 두 가지 측면이 있는데 내용 측면은 사실적 보고를 의미하고 관계 측면은 내용 밑에 깔린 의도와 목적을 의미한다. 가족구성원 간의 관계는 의사소통하는 사람의 단락짓기에 의해 영향을 받는다. 단락짓기는 계속되는 의사소통 속에서 특정 원인을 찾는 것이다.

역기능적 의사소통은 언어적 메시지와 비언어적 메시지의 불일치, 이중 구속 메시지, 내용과 관계 수준의 불일치 등이다. 예를 들면, "괜찮아."라고 말하면서 얼굴 표정은 찡그리고 있는 경우 이는 불일치적 메시지를 보내는 것이다. 또 아버지가 아이에게 "이리 온." 하면서 팔을 벌리고 있는데 아이가 다가가면 "손을 씻었니? 손도 씻지 않고."라고 말하며 비난하는 태도를 보인다. 이 같은 경험이 여러 번 반복되면 다시 아버지가 아이를 부를 때 아이는 곧바로 다가가는 것을 망설이게 될 것이다. 그러면 아버지는 "넌 아빠를 좋아하지 않는구나."라고 꾸짖는다. 아이는 자기 곁에 오라는 아버지의 요구에 응해도 응하지 않아도 모두 아버지로부터 비난을 받게 되어있다. 이것이 이중 구속 메시지이다.

또 하나의 예로 남편이 "오늘 하루 종일 일이 많아서 무척 피곤해."라고 말하면 그 내용에는 "피곤하니까 날 위해 아내가 어떻게 해주어야 해."라는 관계적 메시지가 포함된다. 이때 아내가 남편과의 관계를 어떻게 규정하느냐에 따라 반응이 달라질 수 있다. 의사소통하는 두 사람의 관계에 관한 규정이 불일치하거나 모호하면 관계 문제가 발생하는 것이다. 이를 예방하기 위해서는 일치적 의사소통을 하는 노력과 아울러 상위 의사소통(meta-communication)이 필요하다.

역기능적 의사소통은 두 사람의 단락짓기가 불일치한 것이다. 예를 들면, 친구와 놀고 늦게 귀가하는 아들은 어머니가 잔소리를 해서 집에 들어오기 싫다고 하는 반면 어머니는 아들이 친구와 놀고 늦게 귀가하니까 잔소리를 한다고 한다.

그러므로 바람직한 가족체계에서는 구성원 간의 의사소통에서 언어와 비언어 수준이 일치되고, 내용과 관계 수준이 일치되며, 두 사람의 단락짓기가 일치되는 특징을 보인다.

7) 순환적 인과관계

가족체계의 구성원들은 연결되어 있고 상호 영향을 미친다. 우리 속담에 시어머니 얘기를 들으면 시어머니 얘기가 맞고, 며느리 얘기를 들으면 며느리 얘기가 맞다는 말이 있듯이 가족 내의 과정은 직선적 인과관계가 아니라 순환적 인과관계인 경우가 많다.

직선적 인과관계는 어떤 행동(A)이 있어서 반응 결과(B)가 일어난다고 생각한다(A→B). 이는 어떤 현상을 파헤쳐 가면 어떤 요소로 환원하는 것이 가능하다는 과학적 환원주의 사고에 입각한 것이다. 그러므로 어떤 현상을 이해하려고 할 때 "왜"라는 의문이 중요하며 원인을 찾아가는 방향으로 문제에 접근하게 된다.

반면 순환적 인과관계는 한 사람의 행동(A)에 의하여 다른 사람의 반응(B)이 나타나고, 그 반응(B)이 또 다시 행동(A)에 작용하여 또 어떤 반응 결과를 야기시킨다는 것이다(A·B). 예를 들면, 아내는 남편이 술 마시고 늦게 귀가하는 것이 문제라고 말하고, 남편은 아내가 집에서 잔소리를 하고 귀찮게 하니까 술 마시고 늦게 귀가한다고 갈한다. 이를 도식으로 표시하면 다음과 같다.

그림 2-1 순환적 인과관계

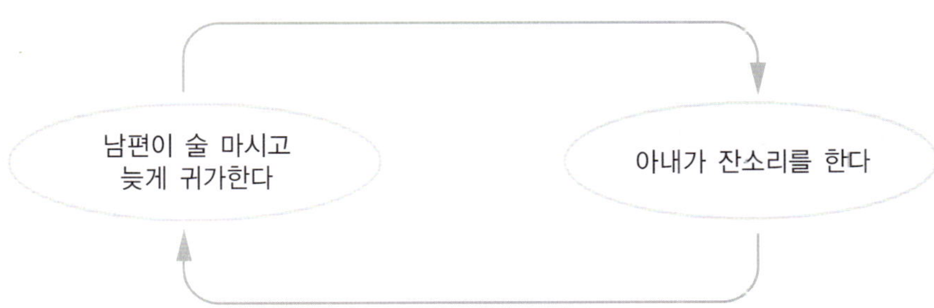

8) 가족 외부 체계

가족체계는 이웃, 친구, 교육기관, 직장, 지역사회기관, 종교기관, 의료기관, 행정기관, 법체계, 문화 등의 외부 체계와 상호작용하며 영향을 받는다. 가족을 잘 이해하기 위해서는 가족과 밀접한 의존관계에 있는 외부 체계 맥락을 고려하는 것이 필요하다. 예를 들어, 가정 폭력 문제가 발생할 때 가해자와 피해자만이 아니라 이들을 둘러싼 확대가족, 법체계와 경찰, 쉼터, 병원, 교회, 직장 등의 외부 체계의 영향을 고려하는 것이다. 만일 아동의 행동 문제가 발생할 때는 부모 하위 체계, 형제자매 하위 체계, 부부 하위 체계만이 아닌 교사, 친구, 학교 규칙, 학원, 사회복지 기관, 아동보호시설 등 전체 지역사회를 둘러싸고 있는 사회적 맥락을 인식하고 문화적 특성을 보아야 한다.

그러므로 가족 현상을 볼 때 가족구성원 개개인 사이에 또는 하위 체계 사이에 그리고 가족 외부 체계와의 사이에 나타나는 관계성과 맥락에 유의하는 것이 중요하다. 즉, 가족 문제를 보는 관점이 가족구성원들이 현재의 문제에 어떻게 관련되어 있으며 어떤 영향을 주고 받고 있는지에 대해 파악하고, 전체적인 상호 관계 맥락을 고려하는 것이다. 그에 따라 가족구성원 한 사람에게 나타나는 증상은 그 사람 자체의 문제라기보다는 체계 유지에 필요한 것이고, 그 체계의 역기능을 표현하는 것으로 간주한다. 이는 두 사람의 관계에만 적용되는 것이 아니고 세 사람 이상의 관계나 친구, 일, 친척 등이 관련된 상황에서도 적용된다.

9) 가족치료 : 개인치료

이와 같이 비밀 보장이 요구되는 사적 관계의 개인치료가 필요하다는 합당한 이유와 더불어 개인치료의 필요성에 대한 요구는 과거뿐만 아니라 현재에도 강하게 제기되고 있다. 이와 마찬가지로 가족치료의 필요성에 대한 요구도 똑같은 이유로 강하게 제기되고 있다.

개인치료나 가족치료 모두 인간 행동에 대한 이해와 치료 접근법으로 둘 다 나름대로의 특징을 지니고 있다. 개인치료는 개인으로 하여금 두려움을 이기고 문제를 직면하는 데 초점을 두어 좀 더 온전한 자기 자신이 되어가도록 도와준다. 개인심리치료사들도 개인의 성격 형성에 있어서 가족과의 삶이 미치는 영향력을 항상 인식했지만 그러한 영향력은 내재화되어 심리 내적 역동으로 개인의 행동을 지배한다고 보았다. 따라서 치료는 개인에게 초점을 맞출 수 있고, 또 그렇게 해야만 한다. 그러나 가족치료사는 우리의 삶을 지배하는 힘은 외부에 존재한다고 믿는다. 따라서 가족치료에서는 가족체계를 변화시키는 데 초점이 맞추어지고, 가족체계가 변하면 각 구성원의 삶도 이에 따라 변화한다고 믿는다.

다시 한 번 마지막으로 명확하게 하고 싶은 것은 가족의 변화는 곧 각 가족구성원들의 삶의 변화라는 것이다. 가족치료는 단순히 맥락 내의 한 개인을 변화시키는 것이 아니다. 가족치료는 전체 가족의 변화에 영향을 끼친다. 따라서 가족치료를 통해 변화가 지속되는 것은 각 가족구성원들이 변화하고 또 서로에게 동시에 영향을 끼치기 때문이다.

거의 모든 인간의 문제들은 개인치료 혹은 가족치료가 가능하다. 그러나 특정한 문제들 특히 어린이들에게 문제가 있는 경우에는 상담실에서 좋은 결과가 있었다 하더라도 결국 부모의 영향을 받아야 하는 가족에게로 돌아가야 하기 때문에 가족치료가 필요하다. 또 부부 문제, 이성 관계, 가족 간의 불화, 갖가지의 주요 전환기에 개인에게 증상이 발발한 경우에도 가족치료가 필요하다.

만약 가족의 주요 전환기에 문제가 일어날 경우 치료사가 가족의 역할에 대해서 먼저 관심을 갖는다면 개인치료는 사람들이 자신들이 자신들에 대해 어떤 변화를 시도하였지만 실패하였고 외부 환경이 변화하지 않는 것처럼 보일 때에 적합할 것이다. 예를 들어 대학교 1학년 여학생이 우울증에 빠졌다면 치료사는 그 학생의 문제가 집을 떠나 온 것이 아니라 문제가 집을 떠나 온 것보다 부모를 홀로 두고 온 것 때문이 아닐까 생각할 수 있다. 그렇지만 40대 여성이 우울증에 빠졌다면 그 여성의 다른 사람들과의 관계를 전혀 살펴보지 않는 것은 아니지만 그 여성의 삶의 방식에 문제가 있다고 생각하고 자신의 삶을 실현하지 못해 불행을 초래한 그녀의 생활 방식을 점검할 것이다.

우리는 우리 자신이 하나의 독립된 개체이지만 끊임없이 가족으로부터 영향을 받는다고 느끼면서 산다. 우리는 가까운 사람들이 미치는 영향력, 특히 의무와 압박은 인지하지만 우리가 관계망에 뿌리를 내린, 우리 자신보다 더 큰 그 무엇의 일부라는 사실을 깨닫기는 매우 어렵다.

10) 단선적 사고 : 순환적 사고

가족치료를 창조적으로 생각해 낸 초기 학자들은 인간의 사건들을 단선적 사고에서 순환적 사고로 보는 중요한 변화를 이뤄 냈다. 전통적으로 정신질환은 의학적이던, 정신분석적이던 간에 단선적인 관계로 설명하였다. 두 모델 모두 정서적 고통을 과거의 원인으로 인한 내면적 역기능의 증상으로 보았다. 의학 모델은 심리적 증상들을 증후군으로 나누어 생물학적 원인과 해답을 추구하였다. 정신분석에서는 증상들을 내담자의 과거 사건이나 갈등에서 발생한 것이라고 설명하였다. 두 모델 모두 치료는 개인에게 초점을 두고 이루어진다.

단선적인 설명은 A가 B의 원인이라고 본다. 순환적 설명은 상호작용과 상호 영향을 고려한다. 단선적 인과론은 우리가 흔히 사용하던 방법이며 어떤 상황에서는 설명이 잘 들어 맞기도 한다.

관계에 문제가 발생하면 대부분의 사람들은 쉽게 다른 사람에게 원인을 돌린다. "우리 부부가 불행한 것은 남편이 감정을 나누지 않기 때문입니다.", "우리의 성 관계는 형편없는데, 제 부인이 불감증이기 때문이죠."라고 문제의 원인을 아무 부담 없이 상대방에게 떠넘긴다. 사람이란 자기의 마음으로부터 세상을 내다보기 때문에 두 사람의 문제에 있어서 상대방의 공헌점을 찾기 쉽다. 상대방을 비난하는 것이 오히려 당연할 것이다. 원인과 결과를 단선적으로 이해하고 싶은 마음은 치료사에게도 똑같이 있는데 특히 한 사람의 이야기만 들었을 때는 더욱 그렇다. 그러나 인간관계를 지배하는 원칙은 상호성이라고 이해한다면 치료사는 사람들이 한 사람은 도둑놈이고 한 사람은 피해 사는 사람들이 피해자라고 보는 관점을 벗어나게 도와 줄 수 있다.

예컨대 아버지가 사춘기 아들의 행동에 대해 불평한다고 가정해 보자.

CASE 1

아버지 : 제 아들이 문제입니다. 버릇이 없고 반항적이죠.

치료사 : 그 아들을 누가 가르치셨나요?

아들이 잘못 됐고 아버지는 그러한 아들의 피해자라는 아버지의 관점을 그대로 받아드리지 않고 치료사가 아버지에게 도전적인 질문을 던짐으로서 아버지로 하여금 두 사람 사이의 상호패턴의 영향에 대해서 생각해 볼 수 있는 기회를 제공하게 된다. 요점은 한 사람에게서 다른 사람에게로 비난을 돌리려는 데 있지, 않고 비난 자체를 없애려고 하는 것이다. 아버지가 아들에게 문제가 있다고 보는 한 아버지는 아들이 변해야만 한다고 생각하는 것 외에 다른 선택이 없게 된다(다른 사람이 변하기를 기다리는 것은 마치 복권에 당첨되기를 기다리는 확률과 같다).

가족치료의 힘은 남자와 여자, 부모와 자녀를 함께 모아 상호작용을 변형시키는 데 있다. 갈등을 일으키는 정서적 근원으로부터 개인을 떼어 내는 것이 아니라 문제를 근원에서부터 다룬다.

사람들이 문제에서 벗어나지 못하는 이유는 문제 형성에 있어서 자신이 담당한 역할을 알 수 없다는 데 있다. 다른 사람의 행동에만 눈을 부릅뜨고 있기 때문에 자신과 연결된 부분은 보지 못한다. 가족치료사의 역할 중의 하나는 자명종의 역할을 하는 것이다. 남편이 부인의 잔소리에 지겨워한다면 치료사는 남편이 부인을 그렇게 만드는 원인이 무엇인지를 알게끔 해준다. 치료사는 남편이 문제가 부인으로 인한 것이 아니라 남편-부인 두 사람이 짝으로 이루어 낸 것이라는 사실에 눈뜨게 해준다.

어느 부부가 부부 문제로 상담을 하러 왔다. 부인의 불평은 남편이 자신의 감정을 나누지 않는 것이고, 남편의 불만은 부인이 항상 비난하는 것이다. 물론 이러한 상호작용은 부부 갈등의 전형적인 것으로 두 사람이 서로 상대방의 반응을 유발시키는 상호작용의 패턴을 보지 못하는 한 벗어나지 못한다. 치료사는 "만일에 당신이 개구리라고 합시다. 그러면 부인이 당신을 왕자로 바꾸려 한다면 당신은 어떤 모습이 될까요?" 그러자 남편은 자신이 부인과 말을 하지 않는 이유는 부인이 지나치게 비판적이기 때문이라고 대답했다. 이런 식으로 남편이 응답하는 것은 그들의 논쟁을 반복하는 것과 같다. 그러나 치료사는 남편의 이런 응답이 변화의 시작이라고 보았다. 적어도 남편은 또 다시 뒤로 물러서려 하였다. 이때 치료사는 "안됩니다. 계속하십시오. 당신은 아직도 개구리입니다."라고 말하였다.

톨스토이는 『안나 카레니나 *Anna Karenina*』의 서문에서 말하기를 "모든 행복한 가족들은 행복함에 있어서 서로 닮았다. 행복하지 않은 가족들은 그들 나름대로 가족 개개인이 행복하지 않다." 각각의 불행한 가족은 그들만의 이유로 불행하다. 그러나 그들 역시 가족들이 부딪치는 보편적인 과제들에 걸려 넘어진다. 두 사람이 만나 같이 적응하며 살아야 하는 과제, 어려운 친척들을 다루어야 하는 과제, 자녀들을 쫓아다녀야 하는 과제, 사춘기 자녀들에게 대처해야 하는 과제 등이다. 그러나 사람들은 이렇게 살아가는 과정에 따르는 아주 작은 체계들의 역동을 알아채면 많은 통찰력을 얻어 가족생활에서 예측되는 문제들로부터 벗어날 수 있다는 사실을 모른다. 모든 치유자들과 같이 가족치료사들도 때로는 매우 괴상한 가족들을 만나기도 하지만 대개의 경우는 삶의 교훈을 고통스럽게 배우고 있는 평범한 사람들과 만나게 된다. 이 책은 이러한 어려움을 지닌 평범한 사람들의 이야기, 이들의 어려움을 해결하고자 애쓰는 치료사들의 이야기가 담겨져 있다.

3. 가족체계의 발달적 측면

1) 핵가족의 발달단계와 발달과제

가족체계를 이해하기 위하여 고려해야 할 요소 중의 하나가 가족체계의 발달적 측면이다. 가족 상황은 상호작용하는 과정이면서 계속 시간의 진행에 따라 변화하고 발달하는 특성이 있다. 많은 가족치료자들은 병리적이거나 결함의 관점이 아닌 가족의 발달적 측면과 안정성과 연속성을 유지시키는 가족의 능력을 보는 긍정적 관점이 가족이해에 유용하다고 믿는다.

가족발달 이론에 바탕을 둔 가족생활 주기와 그에 따른 발달과제는 듀발(Duvall)에 의해 처음 제시되었고 가장 많이 알려져 있다. 듀발에 의하면 8단계의 가족 발달과제가 불충분하게 달성되었거나 이전 단계의 문제가 누적된 결과이고, 특히 단계가 바뀌는 전이기에 가족 문제가 발생하기 쉽다. 발달단계와 발달과제를 고려하는 것은 가족구성원 개인과 가족 전체의 시간 차원의 변화를 이해하는 데 중요하다.

표 2-1 가족발달단계와 발달과제

가족발달단계	발달과제
신혼기 가족 (결혼~자녀 출산 전)	· 역할과 책임 관계의 기준 설정 · 만족스런 소득과 지출 체계 수립 · 상호 만족스런 애정 표현과 성생활 체계 수립 · 효율적인 대화 체계 수립 · 친인척과의 원만한 관계 수립 · 임신과 부모됨에 적응 및 준비
유아기 자녀가족 (자녀 출산~첫 자녀6세)	· 영유아 자녀를 효율적으로 양육 · 영유아 자녀의 부모 역할 적응 · 시간, 에너지, 공간, 가사의 재조정 · 만족스런 부부 관계 유지 노력
학동기 자녀가족 (첫 자녀 7세~첫 자녀 12세)	· 자녀의 잠재력 개발에 대한 교육적 배려 · 자녀의 학업성취 지원 · 아동이 정서 안정과 소속감을 갖도록 환경 조성 · 만족스런 부부 관계 유지 노력
청소년기 자녀가족 (첫 자녀 13세~첫 자녀 19세)	· 청소년 자녀의 자아정체감 형성, 진로 선택 및 준비, 사회적 역할 · 획득, 학업성취, 정서적 독립 지원 · 자녀와의 생활에 적응하기 · 재정 계획 및 실천 · 만족스런 부부 관계 유지, 중년기 준비
성년기 자녀가족 (첫 자녀 20세~결혼 전)	· 자녀와 인격적 관계 지원 · 자녀의 진로, 취업 지원 · 재정 계획 및 실천 · 중·노년기 준비
자녀 독립기 가족 (첫 자녀 결혼~막내 자녀 결혼 전)	· 자녀의 결혼과 독립 지원 · 부부 관계 재정비 · 건강 대책 세우기 / 중년기 위기감 극복 · 조부모 역할 수행 / 노년기 준비
노년기 가족 (막내 자녀 결혼 후~배우자 사망)	· 노화 및 은퇴 적응 / 건강 유지 · 부부 관계 유지 및 증진 · 성인자녀, 인척, 가족 친지와의 유대감 유지 · 배우자의 사별과 죽음에 대한 수용

〈출처 : Duvall, 1977 ; 전효정, 2007, 재인용〉

카터와 맥골드릭(Carter & McGoldrick, 1989)은 결혼 전기를 추가하여 결혼적응기, 자녀 아동기, 자녀 청소년기, 자녀 독립기, 노년기의 6단계 가족 발달단계와 발달과제를 제시하였다. 벡바르와 벡바르(Becvar & Becvar, 1988)는 자녀 요인을 배제하고 부부 체계를 중심으로 표 2-2와 같이 4단계의 결혼 생활 단계와 발달과제를 제시하였다.

표 2-2 결혼 생활 단계별 발달과제

단 계	정서적 요구	주요 발달과제
신혼기 (0~2년)	결혼 생활 적응기	· 원가족과 분화 · 부부 체계 정립 · 직업적 요구에 적응 · 확대가족 및 인척, 친구와의 관계 재정비 및 경계 형성
결혼 초기 (2~10년)	관계의 성숙	· 결혼 생활에서 낭만 유지 · 자율성 및 개성과 결속감·유대감의 균형 · 결혼 생활의 발전과 향상
결혼 중기 (10~25년)	은퇴 후 계획	· 중년기 변화에 적응 · 관계 재조정 · 결혼 생활의 발전과 향상
결혼 후기 (25년 이상)	회고와 정리	· 부부의 기능성 유지 · 노화에 따른 가족생활의 변화에 적응 · 은퇴에 적응 · 배우자의 질병과 죽음에 대처

〈출처 : Becvar & Becvar, 1988 ; 정혜정외 역, 1997, 재구성〉

가족상담자는 가족발달적 관점에서 각 단계별로 요구되는 발달과제는 물론 흔히 발생하기 쉬운 사건이나 문제들을 정확하게 이해하고 가족에 개입 시 점검하는 것이 필요하다. 우리나라 가족의 발달단계와 그에 따른 가족 문제들을 국내외 연구결과(유영주 외, 1993 ; 정문자 외, 2000 ; Carter & McGoldrick, 1989 ; Duvall, 1977 ; Duvall & Miller, 1985)를 참고로 재구성하여 보면 다음 표 2-3과 같다.

표 2-3 가족발달단계에 따른 가족 문제들

가족 발달단계	자주 발생하는 문제
결혼 전기	· 결혼 관련 부모–자녀 간 갈등(부모의 반대, 혼수, 예단 문제) · 미취업, 진로와 직업 관련 문제
신혼기	· 부부 간 성격 차 · 부부 간 성적 부적응 · 인척 관계 갈등 · 대화 체계 및 가족규칙 정립 방법의 갈등 · 가정 폭력, 이혼 불안
자녀 양육기	· 임신과 출산에 부적응, 아내의 우울증, 남편의 소외 · 자녀의 건강 문제, 발달장애 · 경제부담, 가사 분담 갈등 · 자녀 양육 관련 부부 갈등 · 배우자의 외도 문제, 이혼 위기 · 가정 폭력
자녀 아동기	· 자녀의 학교생활 부적응, 성적 부진, 행동 문제 · 자녀의 정서적·신체적 건강문제 · 자녀 교육 관련 경제적 부담, 자녀에 대한 과잉기대 · 자녀 지도 관련 부부 갈등 · 부부 간 권태기, 부부 갈등 심화, 배우자 외도, 이혼 위기 · 가정 폭력
자녀 청소년기	· 부모–자녀 간 세대 차이 · 학교생활 부적응, 성적 부진, 행동 문제 · 자녀의 불안, 우울 등 정서 문제, 정신장애, 자살 시도 · 자녀 지도 관련 부부 갈등 · 자녀 교육 관련 경제적 부담, 정서 문제 · 부부 갈등 심화, 배우자 외도, 이혼 위기 · 가족 간 유대 약화, 가정 폭력
자녀 성년기 및 독립기	· 자녀 직업 선택, 결혼 및 독립 관련 부모–자녀 간 갈등 · 건강 악화 위기감, 중년기 우울 · 새 가족구성원과의 갈등 및 삼각관계 · 명예퇴직 및 실직에 적응 · 자녀의 정신 건강 문제, 노부모 부양 부담 · 부부 유대감 약화, 가정 폭력, 별거, 이혼 위기
노년기	· 은퇴 및 노화에 부적응 · 부부 관계 악화 및 갈등 심화, 가정 폭력, 별거, 이혼 위기 · 성인 자녀와의 갈등, 조부모 역할 관련 갈등, 고부 갈등 · 경제 문제, 건강 문제, 주거 이동 문제, 배우자 간병 문제 · 배우자 사별에 부적응, 죽음에 대한 두려움

〈출처 : Carter & McGoldrick, 1989 ; Duvall, 1977 ; Duvall & Miller, 1985〉

2) 재구성과정 가족의 발달과제

이혼이 증가하고 이혼과 사별에 따른 한부모 가족과 재혼가족이 계속 증가하면서 가족 상담자들 및 가족치료사들은 과거보다 가족 재구성의 위기와 관련된 문제에 개입해야 할 일이 많아졌다. 그러므로 상담자와 가족치료사는 가족에 대한 보편적인 발달성과 관련된 발달단계와 과제를 이해하는 것만으로 불충분하며 이혼과 한 부모됨, 재혼 등의 가족 재구성과 관련된 발달단계와 과제를 충분히 알고 있어야 한다.

이혼을 경험하는 가족들은 이혼 전 의사 결정, 이혼 협상, 이혼, 이혼 후의 4단계를 공통적으로 경험하며 각 단계별로 요구되는 발달과제를 수행해야 한다. 카터와 맥골드릭은 이혼 과정에 따른 가족의 단계별 특성과 발달과제를 다음과 같이 제시하였다.

표 2-4 이혼과 한부모됨에 따른 발달과제

단 계	발달과제
이혼 전 의사 결정	· 이혼 결정에 따른 실패감, 상실감, 두려움 해소 · 현실 수용 · 자기 수용
이혼 협상	· 자녀 양육권, 재산 분할에 관한 합리적 의사 결정 · 자녀 및 확대가족과의 관계 재정립 · 배우자에 대한 애착 해소
이혼	· 실패감, 죄책감, 상실감 해소 · 결혼 생활에 대한 통합적 정리 · 재결합 환상 포기하기 · 재정, 자녀 관계 재정비 · 협력적 공동 부모 역할 재정비
이혼 후	· 전 배우자와의 관계 재설정 · 분노, 상실감, 이로움 해소 · 새로운 역할과 책임 수용 · 정신적, 정서적 독립 · 경제적 문제 대처 · 자녀의 혼란과 상실감, 부적응 문제 대처 · 확대가족, 친구 등 사회적 지지 체계 구축

〈출처 : Carter & CmGoldrick, 1989 ; 정문자 역, 1996 ; 박태영, 2002, 참조, 재구성〉

또한 재혼가족의 경우 초혼가족과 다른 복잡한 정서적 구조와 기능을 가진다. 예를 들면, 이전 가족과의 이별 경험, 다른 가족의 역사, 즉각적인 사랑의 신화와 충성심 갈등, 두 가족에 소속된 자녀 등이 재혼가족의 특성이다(Ramsoml, 1979). 그에 따라 재혼가족의 발달단계와 적응을 위한 과제도 독특할 수밖에 없다. 카터와 맥골드릭에 의하면 표 2-5와 같이 재혼가족은 재혼 결정, 재혼가족 설계 및 생활 계획, 재혼과 가족 재구성의 3단계를 경험하며 각 단계별 발달과제를 수행해야 한다.

표 2-5 재혼가족의 발달단계

단계	발달과제
재혼 결정	· 이전의 결혼 생활과 전 배우자에 대한 감정 정리 · 새로운 결혼에 대한 현실적 기대 · 재혼의 동기와 문제점 검토
재혼가족 설계 및 생활 계획	· 새 배우자와의 결혼 관계 설계 · 자녀들의 죄책감, 충성심 갈등, 불안 등의 해소 지원 · 계부모-자녀 간 즉각적인 사랑의 신화에서 탈피 · 이전 결혼 생활 문제를 반복하지 않는 노력 계획 · 별거 자녀와의 관계 유지 방법 모색 · 공동 부모 역할 협조 방법 모색
재혼과 가족 재구성	· 이전 가족과 배우자에 대한 애착 해소 · 새로운 부부 체계 정립 및 친밀감 형성 · 재혼가족의 경계 형성 · 재혼가족의 통합을 위한 규칙, 의례 설정 · 가족구성원 각 수용 및 의사소통의 효율화 노력 · 가족의 재구성에 따른 자원의 합리적 재분배 · 자녀들의 새로운 형제자매 관계 적응 · 자녀에 대한 친부모 및 계부모의 협력 관계 구축 · 확대가족, 친지, 친구 등 사회적 지지 체계 재구축

〈출처 : Carter & McGoldrick, 1989 ; 정문자 역, 1996 ; 박태영, 2002 ; 장혜경·민가영, 2001, 참조, 재구성〉

3) 가족발달단계 전이기와 가족 문제

가족발달적 관점에서 시간의 흐름에 따른 가족의 발달단계와 발달과제를 이해하고 동시에 체계적 관점에서 가족체계의 특성을 알게 되면 가족의 역기능구조를 더 잘 파악할 수 있다. 또한 이에 가족 스트레스 이론을 적용하면 가족을 더 잘 이해하고 효율적 대처를 도와줄 수 있다.

특히 가족의 역기능이 심각해지고 문제가 커질 때는 가족발달단계가 바뀌는 전이기에 여러 예상치 못한 사건, 사고가 발생하고 동시에 윗 세대로부터 내려오는 가족의 취약점과 문제가 작용하는 경우이다. 즉, 가족발달단계의 전이기에 예상치 못한 수평적 스트레스(만성질병, 사고, 경제적 어려움, 실직, 가족구성원의 죽음 및 별거 등)와 동시에 수직적 스트레스(음주 문제, 폭력 문제, 우울증, 외도, 가출, 자살, 가족신화 등)가 교차할 때 가족체계가 건강하지 못하면 역기능과 문제는 더 가중되는 것이다.

CASE

큰 아이가 사춘기가 시작하면서 아버지가 실직을 하게 되고 아버지는 할아버지가 즐기시던 알코올에 빠지게 되면서 어머니와 아이에게 폭력을 사용하게 되고 평소 대화가 단절되었던 부자, 부부 사이에 더 멀어지게 되어 아이는 결국 가출과 비행 문제를 일으키고 부모는 부부 불화로 별거하는 결과로 이어지게 된다.

그러므로 가족상담자 및 가족치료사는 가족의 발달단계 전이기에 달성해야 할 발달과제를 잘 이해하고 현재의 가족 스트레스뿐만 아니라 세대에 걸쳐 내려오는 취약점인 수직적 스트레스와의 연관성에도 관심을 가져야 한다. 또한 가족을 돕기 위해서는 가족이 갖고 있고 활용이 가능한 문제해결 자원과 강점들을 찾아내도록 해야 한다. 이 같은 방법은 전형적인 가족 형태가 아닌 이혼, 한부모, 재혼가족 등의 재구성 과정에 있는 가족에게도 그대로 적용된다(Rodgers & Rose, 2002). 어느 경우나 가족상담자는 가족구성원이 새롭게 구성되는 가족구조에 잘 적응하고 문제에 효율적으로 대처하며 발달과제를 계속 달성하면서 성장할 수 있게 도와야 한다.

PART 02

가족상담과 가족치료

Chapter 03

부부치료를 위한 통합적인 모델

부부 관계는 바람직한 결혼 생활과 가족의 행복이 직결되어 있다. 자신의 결혼 생활을 "나는 행복하다."고 평가하지 못한 사람들은 일반적으로 낮은 행복도와 낮은 자존감을 가지고 있다.

부부 관계란 서로 다른 가정에서 서로 다른 부모의 양육 태도로 자란 두 남녀가 결혼하여 이루어지는 비혈연적 관계이나, 가장 밀접한 인간관계이다. 부부는 서로 생리적, 심리적, 정서적 및 사회적 욕구를 충족시키기 위한 상호 보완적 관계이다. 급변해 가는 현대사회의 향상된 여성의 지위가 남녀평등 사상이나 개인주의 사상이 팽배해지고, 자아실현을 위해 많은 여성들이 가정 밖에서, 전문직이나, 개인의 적성에 따라 맞벌이 부부가 급증하고 있음에 따라, 부부 관계도 상호 인격의 결합이나 자기 성취적이고 행복한 부부 관계를 이루도록 노력하는 관계로 변화되어 가고 있다.

1. 부부상담의 필요성

부부상담과 치료는 가족치료 운동보다 역사가 더 오래되었으며, 결혼 생활 문제는 개인의 심리적 문제라기보다 부부 상호작용의 결과로 나타난다고 보았기 때문에 정신치료적 접근으로 다루기에는 한계가 있다.

부부 각자의 환경과 성격, 타고난 기질적 성향, 가치관 등에 대해 상담을 하지만 부부 간 의사소통, 기대, 갈등 등 두사람 관계에 관심을 둔다는 점에서 기존의 개인치료와는 구별된다.

오늘날, 가정은 인간의 존엄성과 원대한 가치가 위협받는 곳이기도 하고, 정서적 자양분을 얻는 곳이며 가족구성원 간의 상호성장이 이루어지는 가정이 해체되고 붕괴되어 이혼율이 증가하고, 가정 폭력과 부부 간의 권태와 불안, 그리고 부부의 정체성의 변화로 갈등이 심화되고 있다.

서로의 필요에 민감하게 부응하여 서로를 충족시켜 주고, 솔직하게 관심을 기울여 대화하며 친밀하면서도, 개인 사생활의 필요성을 존중해 주고, 자율적이면서도 상호 의존적이며 진정으로 공정하고 평등하며, 서로의 성장에 대해 책임성을 지니며, 부부의 역할이 역기능적이거나 고착되거나 주변적이지 않으며 해를 거듭해도 서로 성장할 수 있도록 하며 갈등이 있을 때 오히려 이해와 성장의 계기로 삼으며 부부 관계가 더욱 깊어질 수 있어야 한다. 또한 절충을 통하여 부부의 서로 다른점과 차이의 다양성을 수용할 수 있어야 한다. 그리고 사랑이 융화된 성적 즐거움을 심화시키고 부부 간의 친밀감을 높이며 결혼 생활에서 부부 관계를 소중히 여기며, 존중하여야할 것이다.

2. 부부 관계의 성장을 위한 지침들

- 부부 간의 진솔하고 진정으로 중요한 것에 대하여 함께 대화를 나눌 시간을 정기적으로 가진다.
- 서로 상대방 안에 장점과 강점 그리고 나와 다른 차이점이 들어 있다는 것을 깨닫고 받아드린다.
- 의견 차이와 다양성에 대하여 이해하고 바람직한 절충안에 타협함으로 갈등을 해결하도록 하여 풀리지 않는 노여움과 상처의 장벽을 쌓지 않게 한다.
- 정기적으로 함께 진정으로 휴식을 위한 휴가를 함께해 본다.
- 독서 및 즐겨 하는 영성 훈련을 통하여 자신의 내적 삶을 풍요롭게 한다.
- 개인적으로 또는 부부 단위로 자신에게 도움을 줄 집단을 개발한다.
- 서로 맺은 관계보다 커다란 공동의 대의명분을 찾는다.
- 관계의 성장을 위하여 계획적인 성장 방법을 개발하고 실천한다.

3. 부부의 고유한 체계의 개념

부부의 고유한 체계로서의 주요 개념

- 부부는 가족과 개인으로부터 분리된 고유한 한 쌍이며, 서로에게 영향을 주고 받는다.
- 부부는 관계의 통합성을 보장 받기 위해 경계선을 갖는 것이 바람직하다.
- 부부는 개인적인 욕구 vs 부부의 욕구, 원가족의 영향 그리고 그들의 관계에서 넓게 영향을 주고 있는 결혼에 대한 신화에 대응해야 한다.
- 부부는 변화할 수 있어야 하며 자녀의 출생으로 인하여 가족구조가 변경될 때 특히 변화할 수 있도록 준비되어야 한다.

- 부부는 친밀한 시간을 필요로 하고 부부의 관계의 성장을 약화시킬 수 있는 경쟁과 권력의 문제를 조절하여야 한다.
- 건강한 부부는 배우자의 있는 그대로의 모습을 볼 수 있고 이해와 수용을 통한 관계를 성장할 수 있어야 한다.
- 건강한 부부의 행동은 의사소통 능력, 문제해결 능력, 문제 대처 능력, 비난하지 않는 능력, 동등한 역할 능력들을 포함한다. 사회적인 변화는 부부의 영향을 준다. 생애 주기의 증가·여성 지위의 변동, 임신 등의 변화와 경제적 변화 등이 속한다.
- 부부는 또한 배우자에 유사하거나 다른 문화적 배경과 각 개인의 타고난 기질적 성향과 성격에 영향을 받는다.
- 부부는 자녀의 출생과 생애 발달단계별로의 부모 역할과 가족구성원의 죽음 및 질병과 같은 예측 가능한 생활 사건과 예측 불가능한 생활 사건에 의해 초래된 변화에 대응해야 한다.
- 부부는 큰 체계 수준에서 법적, 정치적, 경제적 체계 상태에 의해 영향을 받는다.

〈출처 : MARK E. Young·LYNN L. Long 저, 이정현 역, 재구성〉

1) 부부가 된다는 것과 성장

인간은 부부 관계 속에서 삶의 가장 깊은 친밀함 즉, 우정과 위로 그리고 기만과 배신, 서로에게 씻을 수 없는 큰 상처를 경험할 수 있는 양면성을 가지고 있다고 볼 수 있다.

부부에게 가능한 가장 만족스러운 성 행위로 포함하여 가장 깊고 친밀한 사이는 오로지 진정한 평등의 관계 속에서만 심리적으로 가능하다. 부부가 그 성장의 목표로 삼아야 할 이상적인 전형은 자율적인 각 개인의 성장과 함께여야 한다. 부부는 두 반쪽 인간의 공생적 의존관계가 아니라 서로 사랑하는 상호 의존적 관계로 발전하는 것이 바람직하다.

부부가 된다는 것은 개인적 성장과 자각에 이루게도 하고 이해관계가 실패할 경우에는 치료를 하는데 수년이 걸리는 상처를 초래할 수도 있다.

부벤저(Bubenzer)와 웨스트(West, 1992)는 부부 관계와 가족 유대와의 차이점의 특징을 여섯 가지로 정의하였는데 설명하면 아래와 같다.

1. 부부 관계는 안정과 성장을 위한 균형을 필요로 한다. 건강한 부부 관계를 유지하기 위해서는 서로의 있는 그대로의 모습을 수용하고 이해하는 것이 필요하다.
2. 부부 관계는 과거, 현재, 미래를 가지고 있다.
3. 부부가 된다는 것은 서로의 과거, 현재, 미래의 역사를 함께 연합하며 서로의 다른 가치관, 세계관을 포함하는 것이다. 부부 관계는 이러한 모든 것을 토대로 하여 서로가 협의해야 하는 관계이다.
4. 부부란 서로의 한 부분이 되는 것이고 상대방의 욕구를 자신의 것만큼 중요하고 소중히 생각하는 것을 의미한다.
5. 서로에게 지지를 하는 것도 요구되며, 부부 관계는 파트너십이다.
6. 부부 관계는 각자 분리된 정체성과 각 개인의 개성을 유지하지만 때로는 부부가 하나로 합쳐져 상대방의 정체성을 존중해 주는 것이다.

이러한 여섯 가지 도전이 부부 관계에서 일생동안 끊임없이 이슈가 되어 다양한 부부 관계의 갈등을 초래하며 생활 주기별로 가족구성원을 통해서도 부부 관계에 갈등과 혼란을 초래하는 요인이 된다.

2) 부부 관계를 회복시키는 방법의 예

(1) 1단계 : 부부의 서로 간의 장점을 확인하고 받아들인다.

예 : "나는 당신이 ~~~이러한 점이 참 좋다 ." 등의 문장을 완성시켜 본다.

(2) 2단계 : 서로에게 필요하고 채워지기를 바라는 점들을 이야기한다.

예 : "당신한테서 ~~~이러한 점을 더 보완되었거나 필요하다." 라는 문장을 만들어 보고 서로 교환해 본다.

(3) 3단계 : 서로의 필요와 요구들 가운데 각자가 할 수 있거나 들어줄 수 있는 것 한가지 씩을 선택해 본다.

(4) 4단계 : 위에 계획한 것들을 부부가 서로 실행해 본다.

부부상담자 및 치료사는 가족이나 부부를 도와 그들로 하여금 감정과 가족문제 양쪽 모두에 대한 갈등과 문제를 일으킬 수 있는 요인의 의사소통을 개선하도록 하고, 서로의 자존감을 다시 높일 수 있도록 도우며 그들 부부가 가족체계 안에서 은연 중 지니고 있는 규칙과 계약을 다시 협정하여 가족구성원 모두에게 보다 공정하고 필요 충족적인 규칙과 계약이 될 수 있도록 한다. 부부상담사 및 치료자는, 부부 간의 내면에 분노 및 상처, 그리고 침묵. 배후의 통제를 부부에게 인식하게 하고, 누구도 다른 사람을 대변하지 않는다는 사실을 확신하게 한다. 부부상담 및 치료사는 갈등을 해소해 주고, 필요 충족적인 의사소통기법을 가르치는 교사이자 건설적인 인간관계의 코치이기도 하다.

유능한 상담자와 치료자란 자신의 왼쪽 뇌가 지닌 합리적이고 분석적인 기술과 오른쪽 뇌가 지닌 직관적이고 상상력이 풍부한 통합의 능력 둘 다를 잘 알고 통합할 수 있는 동시에 내담자 역시 상담자의 통합적인 대처 방안 및 통합적인 문제해결을 잘할 수 있도록 도와줄 수 있는 사람을 말한다.

표 3-1 부부 관계 증진 학습 프로그램

부부 관계 증진 학습 프로그램 (정석희, 1992)	· 부부 관계의 잠재적 각성 · 친밀한 관계 증진 · 의사소통 · 문제해결 기술 · 갈등 해결 기술 개발 · 만족스럽고 기능적인 부부 관계 형성	· 부부 관계의 이해 · 적극적 경청 · 배우자 마음 공감 · 건설적 감정 표현 · 인정해 주기 · 갈등 해결 기술

〈출처 : 최경숙 외, 2001, 재인용〉

표 3-2 한국의 부부 관계 향상 프로그램

프로그램(개발자, 연도)	목표	내용과 특성
ME(marriage encounter) (Calvo, 1952)	· 원만한 결혼 생활을 강화	· 가톨릭 교회에서 개발한 주말 부부교육 프로그램 · 4단계('I', 'We', 'We-God', 'We-God-World') 구성
부부 행복 세미나 (송정아, 1989)	· 긍정적인 자아상과 자존감 향상 · 부부 역할 수행 강화 · 효과적인 의사소통 기술 · 사랑하는 기술, 표현하는 기술 습득 · 성에 대한 긍정적 사고와 아름다운 성생활 유지 · 바른 성에 대해 알기	· 건전한 자아상 · 결혼에 대한 기대와 결혼의 의미 · 부부 연합과 부부 일치 · 부부 역할과 상호 존중 · 효과적인 의사소통과 배우자 세워 주는 기술 · 부부 갈등 해결과 건강한 부부 싸움 · 결혼 생활의 향상과 잠재력 개발 · 부부 사랑 가꾸기 · 부부 성생활
부부 관계 강화 프로그램 (조선경, 1989)	· 의사소통 기술 향상	· 의사소통 양식 · 듣기와 말하기 기술 · 갈등 해결 기술
새생활 가정 세미나 (가정문화연구원, 1991)	· 참다운 결혼과 새로운 부부관 형성	· 결혼의 현실 · 창조의 원리 · 사랑 · 부부 십계명 · 행복에 이르는 진리 · 사랑의 의사소통

3) 부부 체계의 역동성

부부 체계는 부부 서로의 경계선을 가진다.

미누친(1974)은 건강한 부부 관계를 유지하려면 서로가 분리된 체계를 가지고 있어야 한다고 기술한다. 이것은 부부 관계 내에서 각 개인만의 사생활, 보호 등의 눈에 보이지 않는 일종의 각 개인의 보호막을 형성하기 위해 필요하다는 의미이다. 모든 인간관계에서도 이러한 자신만의 경계선을 필요로 한다. 이러한 경계선을 설정하지 못한 부부는 원가족이나 주변의 친지 및 친구들로 인하여 정체성의 혼란을 갖게 되며, 때로는 파트너의 관계가 악화되기도 한다. 경계 설정은 영유아기부터 기본적인 욕구의 미해결된 과제가 있거나 다른 가족구성원이 부부와 같이 살 때 가족의 사연에 의해 가족구성원의 많은 갈등을 초래하는 요인이 된다. 일반적으로 사춘기 자녀가 자신의 공간을 필요로 하는 것과 같다. 부부 역시 때로는 그들 나름대로의 공간과 정체성을 형성할 필요가 있다는 것을 망각할 때가 있다.

4) 원가족은 부부 체계에 영향을 미친다.

부부 각 개인의 유전이나 가족 사연 등은 신혼부부에게 부부로써의 성장에 적지 않은 영향을 미친다. 때로는 그것이 갈등의 큰 요인이 되기도 하고 결혼 전에 미해결된 욕구들을 서로에게 요구하는 관계로서 결혼 전의 관계보다 더욱 더 갈등을 초래하는 관계가 되기 싶다. 그리고 원가족에서의 해결되지 않은 많은 문제들이 결혼 생활에서 서로에게 투사되고 전이 되는 요인들이 또다시 자녀들에게 투사되어 상처의 대물림이 되는 가족의 신화를 만들어 간다.

부부란 서로의 가족 배경, 전통, 서로의 기대 등 원가족의 영향 때문에 충들하게 되는 예상치 못했던 많은 이슈들이 발생할 수 있다.

5) 부부 관계의 신화

○ 우리가 서로 사랑만 한다면 우리는 항상 행복할 것이고 모든 것을 이겨낼 수 있다.

○ 우리는 서로에게 정직하고 어떤 일이 있어도 서로를 이해할 수 있다.

○ 우리는 서로 지지하기 위해 모든 문제에 동의해야 한다. 만약 문제가 생긴다면 누구의 잘못인지 결정해야 한다. 만약 공동 취미와 삶의 목표가 같다면 우리는 영원히 친밀할 것이다.

○ 우리가 함께라면 친지 및 친구는 필요하지 않다.

표 3-3 부부 관계 향상 프로그램 단계별 내용

단계	교육목표	교육방법	강의 내용과 활동
1단계 : 부부의 차이점 수용 단계	· 프로그램 참가에 대한 확신을 갖게 한다. · 부부의 상이한 가치관 점검과 기대의 차이에 대한 이해를 돕는다 · 결혼 생활의 유사성에 관한 인식을 갖도록 해준다. · 개인의 타고난 기질 및 성격 차에 대한 수용을 통해 자존감을 향상시킨다.	강의 토론 실습	· 한국인의 특성을 인지시키고 부부 가치관 점검 · 한국 부부의 문제
2단계 : 부부의 감정이입 단계	· 부부 상호 관계에서 긍정적인 부분에 대한 인식을 향상시킨다. · 부부 상호 간 인정과 격려 및 지지를 주고 받는 훈련을 한다. · 감정이입적 의사소통과 경청을 주고 받는다. · 자기 노출을 통하여 감정이입적 단어의 사용을 증가시킨다.	강의 토론 실습	· 감정이입적 의사소통 강화와 훈련 및 실습 · 부부의 생활 시간 스케치 · 풍부한 나의 감정 표현하기 · 부부 생활 경험 그리기와 잊고 싶은 나의 배우자의 모습을 버리기
3단계 : 부부의 감정 표현 단계	· 부부 관계의 역동성을 확인한다. · 감정 표현을 통하여 갈등과 문제를 창조적으로 활용하기 위한 건설적인 표현 방법을 모색한다.	강의 토론 실습	· 부부 관계의 역동성 · 효율적인 의사소통의 필요성 · 갈등과 문제의 창조적인 활용을 위한 갈등 관리 방법 · 부부의 역할 기대
4단계 : 부부 관계	· 개인과 부부 관계 향상을 위한 감정을 확인하도록 한다. · 감정이입적 의사소통과 경청을 실천하도록 한다.	강의 토론 실습	· 건강하고 기능적인 부부의 특성 · 개인과 부부의 강점, 잠재력 찾기

6) 건강한 부부의 특징

필자는 상담을 통해서 많은 내담자를 만나게 되는데 대부분의 주 호소 문제가 개인의 문제인 것 같지만 그 내면 깊은 곳을 들여다보면 각 개인의 삶의 과정 및 성장 과정에서 해결되지 못했던 미해결된 욕구와 기대가 배우자나 자녀들에게 투사되거나 전이되는 경우가 많다. 그러한 경우에 역기능 가정의 유형이 만들어지는데 한 개인의 문제는 개인의 문제가 아니라 역기능의 가족체계의 문제가 있다는 것을 알 수 있게 된다. 혹은 역기능적인 부부 관계는 병리적 증상을 호소하게 되고 그것이 다시 자녀들에게 투사되

어 가족체계가 역기능적으로 되어 부부 관계가 상당히 회복되기 어려울 정도로 붕괴되는 것을 알 수 있다.

7) 부부 관계의 심리사회적 요인

부부는 그들 자신만의 고유한 관계를 조성해감에 따라 생의 발달단계를 따르게 마련이지만 사회적 환경과 압력에 의해서도 영향을 받을 것이다. 이 중에는 가정과 사회의 환경에서 받을 수 있는 스트레스 요인을 이해할 필요가 있다. 스트레스 요인에는 수직적 스트레스 요인과 수평적 스트레스 요인, 체계 수준의 스트레스 요인 등으로 나누어 볼 수 있다.

(1) 수직적 스트레스

수직적 스트레스 요인은 부부 각 개인의 원가족으로부터 영향을 받는 내적인 지각을 포함한다. 즉, 부모 그 위의 과거 세대로부터 오는 기억, 가족의 신화, 부모의 자녀 양육태도 및 행동 유형, 부부가 된다는 것에 대한 신화, 가족의 비밀, 유전, 유산 등 모든 것이 새로운 부부를 형성한다.

(2) 수평적 스트레스

수평적 스트레스 요인은 자녀의 출생, 부모 역할, 등 예측 가능한 생애발달 주기 상의 전이이다. 예를 들면, 예상치 못했던 가족구성원의 죽음, 질병, 사고, 이혼, 별거 등이 포함된다. 부부가 처음 만남과 함께 시작되어 이 세상을 떠날때까지 연속선상의 발생되는 이슈로 개념화될 수 있다.

(3) 체계 수준의 스트레스 요인

체계 수준의 스트레스 요인은 사회적, 문화적, 종교적, 경제적 영향력을 포함한다. 체계 수준의 스트레스 요인은 확대가족구성원들의 영향력 외에 살아가는 동안 부부가 상호작용 하는 핵가족, 직장, 조직체, 친구및 친척들에 대한 압력 등 스트레스 원의 집합체 모두를 포함한다. 보편적인 사회적 스트레스 요인으로는 종교, 경제, 직업, 삶의 목표와 비전, 고등교육, 정치적인 이념, 재정적인 기회, 자녀 출산에 대한 압력, 연령, 성, 사회적 역할 기대, 그리고 환경과 문화의 차이 등이 있다.

8) 부부의 부적응적인 의사소통 유형

부부가 갈등을 겪는 것은 비효율적이고 부적응적인 의사소통 교류가 요인이 될 때가 많다. 부부 개인의 잠재적으로 숨어 있는 갈등의 요인들이 의사소통으로 표현 될 때에 부부는 부적응적인 갈등과 어려움을 겪게 된다고 스튜어트(1969)의 연구에서 밝히고 있다. 다음은 부부가 서로 얽혀 있다고 느끼는 부적응적 의사소통의 특정 유형을 살펴보면 아래와 같다.

그림 3-1 부부의 부적응적 의사소통

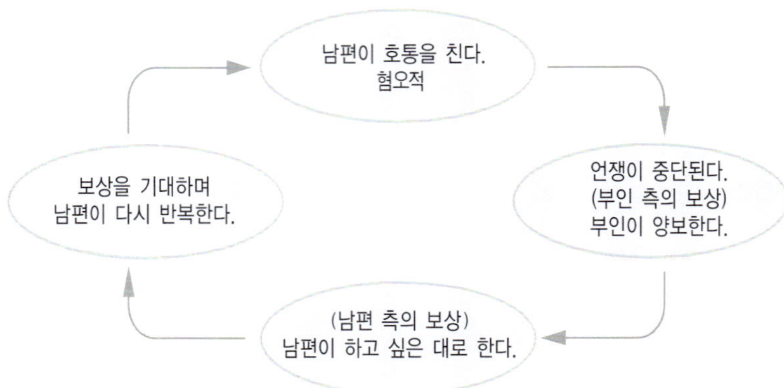

〈출처 : MARK E. YOUNG·LYNN L. LONG 저, 이정연 역, 2003〉

(1) 강압적인 의사 교류

부부 중 한쪽이 배우자의 긍정적인 강화에 대해 부정적인 강화로 대응하는 것을 말한다. 예를 들면, 부부가 서로 비난하고 논쟁하고 한쪽이 포기할 때까지 지속되는 교류를 통해 부부 중 한 사람이 원하는 것을 가짐으로써 보상한다. 부인은 남편이 비난과 논쟁을 통한 학대를 중단함으로써 행동이 강화된다. 그러나 부정적인 강화는 부적절한 행동의 재발 가능성을 훨씬 더 증가시킨다는 것을 기억해야 한다. 그러므로 이러한 악순환 속에서 부부는 남편이나 아내의 학대 행동을 보상해 주고 있는 것이다.

(2) 보복적 교류

스트레스를 받은 부부는 서로에게 보복적인 교류를 한다는 연구가 있다(Jacobson & Margolin, 1979). 부부 각각은 배우자로부터 부정적인 말을 들은 즉시 상대방에게 부정적인 반응을 보이는 경향이 있다. 이것은 "차별적 관계 유통"이다(Villard & Whipple, 1976). 이것은 부부가 서로 보복적인 교환이 이루어지는 것을 말한다. 의사소통에서 타인에게 비난과 야단치는 발언은 일시적으로 보상이 될 수 있다. 서로가 자신을 우월한 위치에 놓고자 하기 때문이다.

(3) 교차 불평

교차 불평이란 부부가 각각 상대방의 기대와 관심을 인정하지 않고 부정적인 측면에서 불평을 통해 교류하는 의사소통을 말한다. 이러한 의사소통은 상대방을 비난하는 방법의 하나이며, 대부분의 갈등이 있는 부부대화에서 전형적인 형태라고 볼 수 있다.

남편 : 아, 정말! 오늘 나는 힘든 하루였어. 정말! 긴 하루를 보냈어, 휴-우.
아내 : 당신만 그런 게 아니야, 나도 오늘 정말! 힘들게 일했다구요.
남편 : 당신은 나만큼은 아니잖아. 당신은 하루종일 앉아서 일하잖아.
아내 : 하지만 나는 집에 돌아와서도 밥하고 빨래하고 청소등 모두 해야 하잖아요.

이러한 의사소통은 서로가 명확한 메시지를 전달하는 것이 아니라 자신의 불평을 서로에게 표현하는 것이기 때문에 서로가 서로를 있는 그대로 인정하고 이해하기에는 어려운 대화이다. 만약에 위에 대화를 다음과 같은 대화로 바꾸어 본다면 훨씬 서로의 갈등이 줄어들 것이다.

남편 : 아, 정말! 오늘 나는 힘든 하루였어. 정말! 긴 하루를 보냈어, 휴-우.

아내 : 당신! 오늘 하루 힘든 하루였군요. 많이 피곤해 보여요.

남편 : 아, 배고프다. 오늘 저녁은 뭐지?

아내 : 저 역시, 오늘 하루 많이 힘들었고 저녁 준비를 아직 못했지만 좋은 생각이 있어요….

9) 부부 행동치료 방법과 기법

- ○ 먼저 관계 속에서 서로의 긍정적인 측면을 강화시킨다. 부부를 함께 결속시키기 위해 관계에 대한 좋은 감정을 찾아서 표현한다.
- ○ 부부로 하여금 서로가 지지하고, 격려하고, 세워 주며, 배우자를 위해 자신이 변화되어야 할 부분들을 변화하도록 노력한다.
- ○ 부부의 행동적 악순환에 포함되어 있는 요소들을 제거하도록 노력한다. 전반적으로 상담 과정과 관계 내에서 서로 비난하지 않는 분위기를 이어간다.
- ○ 전형적으로 의사소통 훈련은 존중, 반영적 경청, 공감적 경청, 결혼 생활의 예절, 서로의 마음 읽기와 극복, 비언어적 의사소통과 같은 특정한 기술을 익히는 것이 필요하다.

10) 부부 위기 상담

1) 의사소통을 원활하게 한다.

2) 상호 간의 문제를 탐색 분석하여 해결한다.

3) 장점들은 확인 시켜주고 효과적이고 바람직한 쪽으로 부각시킨다.

4) 위기 종식을 위해 서로의 요구와 필요를 만족시켜 주는 발견을 한다.

5) 서로 협의하여 실행한다.

6) 변화를 위한 노력과 서로의 수용을 하도록 노력한다.

4. 부부 의사소통의 기술

의사소통이란 관계를 친밀하게도 하고 거북하게도 하는 요인이 될 수 있다. 매우 실제적인 상황에서 의사소통은 부부가 함께 살아가는데 서로의 마음을 교환하고, 이해해 주며 가정의 문제해결을 위한 매우 중요한 기술이라고 할 수 있다. 예를 들어, 서로에 대하여 감정을 표현하거나 노출할 수 없는 부분은 성에 관하여 논의하는데 어려움이 있을 수 있을 것이다. 만일 부부가 문제해결 대처 방안으로 항상 비난과 공격을 일삼는다면 부부 관계는 붕괴와 곤경에 처할 것이다.

의사소통의 주요 개념

- 원활한 의사소통은 부부 관계에서 문제를 해결하고 정보를 공유하며 서로를 지지하고 세워 주는데 필수적이다.
- 부부치료의 역사는 사회학습 이론과 다른 기술 훈련 접근으로부터 강한 영향을 받았다.
- 부부는 의사소통 훈련 외에 협상하고 긍정적인 상호작용의 양을 증대시키는 것을 배우는 데 기술(공감적 경청, 반영적 경청, 존중, 배려, 부부 관계의 예절, 서로의 마음 읽기와 이해 등)이 필요하다.
- 비언어적 의사소통은 부부 대화에 있어서 중요한 역할을 하며, 부부의 메시지를 촉진하거나 걸림돌이 될 수도 있다.
- 부부가 서로 오해하는 것은 의사소통상의 성차의 몰이해 때문인 것으로 보인다.
- 자기 노출은 부부가 보다 친밀해지기를 원한다면 갖출 필요가 있는 대인적 기술이다.

- 의사소통의 전형적 모델은 우리로 하여금 부부 대화 유형에 있어서 발신자와 수신자, 그리고 피드백의 주요 특성을 바라보게 하고, 메시지의 의도와 영향의 중요성을 검토하게 된다.
- 의사소통에 오해가 생기는 것은 사람들이 자신의 메시지를 전달할 때 표현의 훈련이 되어 있지 않거나 간접적인 형식을 취하기 때문이다. 또한 사람들은 의사소통을 할 때 게임을 하거나 조작하고 연막전을 펴기도 한다.
- 직접적으로 제기될 필요가 있음에도 공개적으로 표현되지 않는 숨겨진 의제 때문에 의사소통이 종종 방해를 받는다.
- 의사소통은 척도 사용하기, 문제 유형, 규명하기, 비디오 녹화와 같은 여러 방법으로 진단해 볼 수 있다.
- 긍정적인 의사소통 기술은 집단 형식으로 습득될 수 있으며, 또는 일반적인 부부치료 회기에서 지도와 훈련이 필요하다.
- 부부를 위한 몇 가지 의사소통 훈련 프로그램이 부부 관계 성장과 여러 결혼 향상 세미나에서 활용 가능하다.
- 부부치료에서 통합적인 모델을 사용하는 치료자는 훈련 형식에 상관없이 각 부부에게 특정 행동적 목표와 정의적 목표를 수립한다.

5. 이혼

1) 이혼의 현황

오늘날 가족해체와 이혼율의 증가는 우리 사회에만 국한되는 현상이 아니라 세계적인 현상이다. 사회 변화에 따라 나타난 가족의 변화를 보여 주는 주요한 지표 가운데 하나로 단연 이혼율의 증가를 꼽을 수 있으며, 이는 여러 가지 가족 문제를 야기시킨다는 점에서 중요한 사회 문제로까지 대두되고 있다.

(1) 전반적 이혼 현황

2004년 통계청에서 발표한 이혼 현황을 살펴보면 2003년 총 이혼 건수는 16만 7천 건(쌍)으로 2002년의 14만 5천 건에 비하여 2만 2천 건(15.0%)이 증가한 것으로 나타났다. 또한 2003년 한해 우리나라에서는 하루에 835쌍이 결혼하고 458쌍이 이혼하여 결혼한 쌍의 비율은 50%를 넘어선 것으로 나타났다. 조이혼율(組離婚率, crude divorce rate)도 1990년 1.0에서 2003년 3.5건으로 꾸준히 증가 추세를 보이고 있다.

동거 기간별로 이혼의 상황을 살펴볼 때, 종전에는 신혼기 이혼이 가장 많았으나 2002년에는 5년 미만이 26.9%로 1992년의 36.4%에 비해 9.5%가 감소한 반면, 20년 이상 장기 동거 부부의 이혼은 1992년 6.2%에서 2002년 15.7%로 9.5%가 증가했다. 동거 기간이 20년 이상인 부부의 이혼율이 과거 십 년 동안 두배 이상 증가한 것은 이른바 중년 이후의 황혼 이혼이 증가했음을 보여준다.

(2) 사유별 이혼 현황

이혼은 결혼한 부부가 더 이상 함께 살 수 없음을 법적으로 결정하고 혼인 관계를 정리 하는 것을 의미한다. 이혼에는 협의 이혼과 재판 이혼이 있으며 협의 이혼의 경우에는 이혼 사유가 전혀 문제시되지 않으며 두 사람 간에 합의로만으로도 이혼이 가능하다. 그러나 재판상의 이혼은 일정한 사유가 있어야만 하며 현행 우리나라의 민법(제840조)에는 다음과 같은 법률적 이혼사유를 규정하고 있다.

제1호 : 배우자의 부정한 행위
제2호 : 배우자의 악의의 유기
제3호 : 배우자 또는 그 직계 존속에 의한 심히 부당한 대우
제4호 : 자기의 직계 직손에 의한 심히 부당한 대우
제5호 : 배우자의 3년 이상의 생사불명
제6호 : 기타 혼인을 계속하기 어려운 중대한 사유가 있을 때

2004년 통계청에서 발표한 이혼 사유는 성격 차이(45.3%), 경제 문제(16.4%), 가족 간 갈등과 불화(13.0%) 시댁 혹은 처가와의 갈등의 순서로 나타나고 있으며, 성격 차이와 경제적 문제는 전년도에 비해 각각 0.6%, 2.8% 증가 추세이고, 가족 간 불화는 전년도에 비해 감소 추세를 보이고 있다. 또한 재판상의 이혼 사유에서 배우자의 부정 행위나 유기가 원인이 되는 경우는 다소 감소하는 반면, 본인에 대한 부당한 대우나 기타 혼인을 계속할 수 없는 중대한 사유가 원인이 되는 경우는 증가하는 경향이다. 이처럼 전통적인 이혼사유인 1–5호까지는 감소하는 반면, 기타의 사유에 해당하는 6호는 증가하고 있어 우리나라가 '6호 이혼시대'에 접어들었음을 보여주고 있다. (한국가정법률상담소, 2001 ; 정옥분 외, 2008)

2) 이혼 증가의 원인

여러 가지 사회적·환경적 개인적 요인의 영향으로 이혼율은 급격하게 증가하고 있는데, 그 이유를 구체적으로 살펴보면 다음과 같다.

(1) 가족 형태 및 가족 가치관의 변화

이혼이 증가하는 원인으로는 먼저 가족 형태와 가족 가치관의 변화를 들 수 있다.

과거의 부계 직계 가족이라는 가문 중심적 가족관계에서는 친자관계, 특히 부자 관계가 가장 중요한 관계였으나 오늘날의 핵가족 및 다양한 가족 유형에서는 부부 관계가 가장 중요시 되며 가족이나 자녀에 대한 책임감보다는 개인의 행복이 우위를 차지하게 되었다. 가족 가치관도 변화하여 오늘날의 결혼은 두 사람의 애정에 기초한 합의된 관계로 인식되며, 혼인 당사자가 행복한 결혼이 아니라고 생각되면 언제라도 그 관계를 끊어질 수 있다는 생각이 지배적이다. 가족관계는 개인의 행복을 위해 필요한 요소이지만 개인에게 만족을 주지 못할 경우에는 더 이상 관계를 지속할 필요가 없다고 생각하는 다분히 실리적이고 개인주의적인 가치관으로 급변하고 있다. 뿐만 아니라 자녀에 대한 가치관의 변화로 인한 소자녀화나 무자녀 가족의 증가도 이혼율을 증가시키는 중요한 원인이 된다.

(2) 사회적 인식의 변화

아직까지도 우리 사회에서 이혼에 대한 시각은 부정적인 경향이 있으나 다양한 유형의 이혼율의 급증으로 인해 과거와 같이 이혼에 대한 부정적인 인식은 크게 감소되고 있다. 이혼을 부정적이고, 병리적 현상으로 보는 사회적 시각에서 불행한 결혼 생활로부터의 해방이나 자기 발견과 자아성취의 기회로 보는 긍정적이고, 개방적, 긍정적 시간으로 변화하고 있다.

(3) 사회적·도덕적 영향력의 약화

지리적 이동이 빈번하지 않은 폐쇄적인 전통사회에서는 이혼에 대한 친족 집단이나 지역사회, 종교적 신념이나 도덕률과 같은 사회적 압력이 크게 영향을 미쳤다. 아직까지도 소도시나 농촌 지역이 대도시 지역에 비해 이혼율이 낮은 것은 이와 같은 사회적 압력이 크게 작용하기 때문이다. 그러나 지리적 이동이 빈번하고 익명성이 보장되는 현대사회의 도시에서는 과거의 이혼을 억제하는 힘으로 작용했던 사회적·도덕적·종교적 장치들의 영향력이 약화되었다. 확대가족은 점차 감소하고 있고, 이혼에 대한 금기시나 이혼자에 대한 사회적 낙인 효과도 더 이상 큰 영향을 미치지 못한다. 개인주의적 가치관이 확산되면서 사람들은 더 이상 타인의 안목 등 개인 외적인 이유들로 인해 이혼을 보류하지 않게 되었으며, 사회적 가치관에 위배된다 하더라도 자신의 가치판단에 다라 이혼을 감행한다.

(4) 사회화 과정의 문제

최근의 높은 이혼율로 인해 자녀들은 부모의 가정 불화와 부모의 바람직하지 못한 양육에 성장 과정에서부터 무방비 상태로 노출되고 있다. 이들은 자신의 부모나 주변 인물들의 이혼을 직접·간접적으로 경험하면서 결혼에 대해 근본적으로 부정적이고 회의를 가지고 있고, 이혼을 익숙한 생활 방식 중의 하나로 받아들이게 된다. 또한 결혼생활을 성공적으로 이루어가지도 못하고 자질을 키우지도 못하고, 성숙한 사회인의 성인으로 사회화되지 못하였고, 갈등 상황을 이겨내려는 의지가 미흡한 것도 그 요인이 된다. 더구나 결혼 연령이 점차 높아지면서 자신만의 세계를 보다 확고하게 구축한 두 사람이 공동의 생활로 적응해 나가는 것은 더욱 어려운 일이 되고 있다.

(5) 부모에 대한 적개심의 가설

최근의 연구들은 부부가 이혼 후 자녀의 부적응 행동의 주요 요인으로 부부 상호 간의 적개심과 분노를 들고 있다. 부부 상호 간의 적개심과 분노의 다툼은 자녀에게 좌절과 불안감, 분노심을 갖게 하며, 갈등 해결 과정에서 폭력을 행사할 경우 부모로부터 자녀는 모방 행동을 나타나게 된다. 이처럼 이혼 가정 자녀의 적응 능력은 이혼 전후의 부모의 갈등 정도에 영향을 받는다.

(6) 부모 적응 가설

부모의 이혼이 자녀에게 미치는 영향을 설명하는 또 다른 관점은 자녀의 양육을 담당하는 친권 부모가 이혼 후 얼마나 사회적 환경에 잘 적응해 나가는가가 자녀의 사회적 환경에 적응과 관련된 중요한 요인이라는 것이다. 부모가 잘 적응하면 자녀에게 보다 효율적인 양육이나 애착 관계를 할 수 있고 자녀를 지지해 줄 수 있으므로 자녀의 적응이 보다 용이해진다는 것이다. 부모 양육의 일관성은 자녀의 건강한 발달을 촉진시키며, 지지적인 부모-자녀 관계는 이혼과 관련된 문제에 대한 완충 작용을 하는 반면, 정신적으로 혼란하여 효율적인 부모 역할을 수행하지 못하는 자녀의 심리적 부적응 문제를 유발시킨다(Kalter et al., 1989).

Chapter 04

버지니아 사티어 가족치료 모델

경험주의적 가족치료는 1960년대 인본주의 심리학에서 시작되었으며 개인과 가족의 정서적인 경험을 강조하고 있다. 계속되는 경험은 정신 건강의 기준이 되고 치료 방법의 초점이 되며 지금-여기(here and now)의 경험을 강조한다. 이 경험주의적 가족치료는 구조적-전략적 가족치료와 같이 과거보다는 현재에 초점을 두고 있지만, 일차적으로 가족의 개인 성원에 초점을 둔다는 점에서는 구조적-전략적 가족치료 모델과는 다르다.

경험적 가족치료의 주요 인물로는 위터커(C. Whitaker), 사티어, 켐플러(Kempler) 등의 학자들이 있다. 경험적 가족치료의 기본 철학으로는 인본주의 경험을 통한 성장의 철학, 정서적인 경험 강조, 고난과 역경을 자연스러운 성장의 일부로 수용, 그리고 가족과의 깊은 교류로 가족의 변화를 통한 치료에 중점을 둔다. 또한 핵심 개념을 보면 경험, 만남, 직면, 직관 과정, 성장, 존재, 자발성, 행동, 지금-여기 등이다. 치료 목표는 가족의 성장에 두고 친밀한 가족 상호작용을 위해 명료한 의사소통 기술, 확장된 자아의식에 중심을 둔다.

경험주의적 가족치료의 핵심 치료기법을 살펴보면 위터커의 상징적 기법, 사티어의 성장 기법, 성장 의사소통 기법과 켄터의 가족 조각 기법이 있다.

경험주의적 가족치료의 적용 영역을 살펴보면, 가부장적 가정 출신, 대인 관계에 갈등과 어려움을 호소하는 사람, 의사소통의 문제를 가진 개인 및 가족 정서적 경험에 대한 저항을 가지고 있는 가족, 가족구성원 간에 갈등과 밀착의 문제로 친밀감과 생활에 활력을 상실한 가족들에게 적용하여 도움이 되는 치료기법이다. 그러나 가족의 역동성에 대한 체계적인 개념 부족과 다른 가족치료 모델에서 개념 기법 등을 도입하여 이론적이지 못한 경향이 있다. 또한 인간의 인지적인 부분, 즉, 교육을 통한 변화의 장점을 소홀히 여긴 점 등이 단점 및 한계로 볼 수 있다.

1. 사티어의 의사소통 기법

사티어(V. Satir)는 가족의 언어적 측면과 비언어적 측면을 일치시키고, 자신들이 느끼는 방식대로 표현하고 대화를 할 수 있으며, 자존감을 고양시키는 것을 중요한 치료 목표로 본다. 사티어의 치료 과정은 문제해결에 초점을 두기보다 가족구성원의 문제해결 능력을 증진 시키는데 초점을 둔다(김영애, 2005).

사티어(1972)는 의사소통을 인간과 인간 사이에 오고 가는 모든 것을 의미하며, 서로 영향력을 행사하고 또 모든 것을 덮어 줄 수 있는 거대한 우산과 같은 것이라고 보았다. 그리고 모든 의사소통은 삶을 통해 학습되어지는 것이기 때문에 의사소통 유형은 변화될 수 있다고 믿었다. 사티어는 많은 임상 경험을 통하여 사람들이 갈등과 스트레스가 있는 상황에서 자기를 보호하고 생존하는 대처 방법이었다. 사티어는 그러한 의사소통을 역기능적 의사소통 유형으로 분류하고, 회유형, 비난형, 초이성형, 산만형의 개념을 발전시켰다. 뿐만 아니라, 사티어는 역기능적 의사소통 유형을 사용하는 사람의 단어, 정서행동, 그리고 역기능적 심리적 영향, 신체적 영향, 자존감 등에 치료적 개념을 체계화하였다.

또한, 사티어는 정상적인 가족이라 할지라도 가족이 심한 고통에 직면해 있을 때 역기능 가족으로 발전하기 쉬우며, 이러한 역기능 가족에게 기능적 가족이 될 수 있도록 행동 패턴의 변호를 도와주는 것이 가족치료라고 진술한다.

치료 모델은 어떠한 것이든 간에 그 안에 인간에 대한 기본 가설을 지니고 있다. 우리 사회는 힘의 차이를 바탕으로 지배 / 종속의 체제로 형성되었기 떄문에 사람들은 불평등한 취급을 받았다. 대부분의 치료 모델들도 이러한 사회체제의 영향을 받아 오랫동안 인간을 옳거나 그르거나, 또는 병들거나 건강하다고 보는 이분법적 인간관을 가지고 있었으며, 특히 초기에 형성된 치료 모델들이 이러한 사고 위에 형성되었다. 물론 이렇게 말하는 것이 지나치게 단순화시키는 것처럼 보일지 모르지만 치료자들의 세계관 즉 인간관이 그들의 치료 개입 방법에 영향을 미친다는 것은 회피할 수 없는 사실이다.

지난 오십 년 간 사티어는 오랜 시간 내담자를 관찰하고, 가설을 검증하여 치료 방법을 만들어 왔다. 이렇게 형성된 사티어의 접근법은 인간은 내적 장원을 지니고 있으며, 스스로 선택할 수 있으며, 변화할 수 있다는 그녀의 인간관을 반영하고 있다.

사티어는 1951년에 처음으로 상담에 모든 가족을 함께 만나는 가족공동치료(conjoint therapy)를 시도하였다.

『가족공동치료』는 기존의 정신의학, 사회사업, 심리학 분야에서 놓치고 있던 요소들을 통합하였다. 이 책에서 사티어는 치료 과정에서 사랑이 차지하는 역할에 대해서, 사람들이 의도하는 것과 말하고 행동하는 것과의 차이점에 대해서, 그리고 왜 이러한 차이점이 그토록 흔하게 생기는지에 대해서 이야기하고 있다. 그녀는 인간은 누구나 넓든 좁든 간에 자기만의 공간이 필요하며, 또 자기를 인정해 주는 것들을 필요로 한다고 강조하였다. 그리고 무엇보다 먼저 사티어는 사람들이 성공적으로 살고 기능하기 위해서는 높은 수준의 자존감이 필요하다는 것을 발견하였다.

사티어의 가족치료 이론은 사람들의 내면에 숨어 있는 지혜의 상자를 찾도록 도와주는 것이었다. 즉 가치감, 희망, 자기 수용, 능력 부여, 책임을 질 수 있는 능력, 선택을 할 수 있는 능력 같은 것들이다. 그녀는 또한 내담자들의 독특성에 초점을 맞추고, 내담자들에게 아침마다 일어나서 거울을 보고 "내가 존재하기 때문에 이 세상이 좀 더 좋은 세상이 되는 거야"라고 세 번씩 말하게 하였다. 그녀는 사람들이 그들의 자원과 높은 자존감에 근거하여 좀 더 나은 선택을 할 수 있도록 도와주었다. 사티어는 내담자들을 비판하는 대신에 수용과 이해를 지속적으로 보여줌으로써 사람들이 자신의 모든 내면의 부분들을 인정하고 그 부분들을 오히려 성장하는 데 사용하여 좀 더 충만한 사람이 될 수 있도록 격려하였다.

사티어는 자신의 치료 체계를 다듬어 나가면서 사람들이 외부적인 조건이나 상황과는 상관없이 내적으로 변화할 수 있다는 믿음을 갖게 되었다. 사람은 변화하지 못하면 병을 앓게 되고, 죄의식을 갖게 되면 친밀감, 생산성, 기쁨을 상실하게 된다. 인간은 단지 고통을 참거나 그저 살아가는 것 이상의 권리를 가지고 있다. 또 사랑은 다양한 선택을 통해 자신이 이룰 수 있는 가능성을 지니고 있다. 즉, 사티어는 에이브러햄 매슬로우(A. Maslow)와 칼 로저스(C. Rogers)와 같은 맥락에서 인간은 힘, 동기, 현실에 대한 내적 느낌을 다룰 수 있고 성장할 수 있다는 믿음을 가지고 있었다.

2. 사티어의 가족치료의 주요 개념

1) 사티어의 치료적 신념과 가정

사티어(V. Satir)는 인본주의 철학의 영향으로 인간은 존엄성과 존재 가치, 성장과 변화를 위한 욕구와 잠재력 그리고 성장 가능성 등을 중심으로 한 치료적 신념을 토대로 자신의 치료모델을 정립하였다. 그의 치료적 신념과 가정은 삶에 대한 긍정적인 사고에 기반하여 가족들에게 희망과 용기를 주며 성장 가능성을 부여하는 특징이 있다(V. Satir, 1991).

사티어의 치료적 신념과 가정은 다음과 같다.

① 변화에 대한 신념과 가정

변화는 누구에게나 언제든지 가능하다. 외적 변화는 한계가 있을 수 있지만 내면의 변화는 가능하다. 인간은 과거를 변화시키 수 없으나 그 시선으로 인한 영향력은 변화시킬 수 있다.

② 성장에 관한 신념과 가정

인간은 누구나 서로 다른 상황과 문화, 환경, 문제에 성공적으로 대처하고 성장할 수 있는 내적 자원과 적응력을 갖고 있다. 상담에서 관심의 초점은 성장과 가능성의 개발에 있다.

③ 선택에 관한 신념과 가정

인간은 상황과 환경에 반응하는 방법에 대한 선택권을 갖고 있으나 대부분의 사람은 스트레스를 받을 때 자신에게 익숙한 방법을 선택한다. 따라서 상담의 주요 목표는 자기 스스로 선택하고 결정하는 사람이 되게 하는 것이다.

④ 문제와 자기가치에 관한 신념과 가정

행동이 역기능적이고 파괴적이라고 해도 그 행동은 생존하고 어려움을 극복하기 위한 외적인 표현이다. 문제의 존재보다 문제에 대한 대처 방식이 인간에게 중요한 영향을 미치며 대처 방식은 자기가치감의 표현이다. 자기가치감이 높을수록 대처하는 방식이 건강하며 성공적으로 대처할 때 자기가치감이 향상된다.

⑤ 감정에 관한 신념과 가정

사고와 감정은 같이 연관되어 있으며 인간은 감정의 지배를 더 많이 받는다. 그러나 사람은 내면의 감정을 선택하고 지배하고 사용하는 것을 학습할 수 있다. 성숙한 사람은 자신이 감정의 주인이 되어 감정을 소유하고 책임지는 행동을 한다.

⑥ 인간의 유사성과 차이점에 대한 신념과 가정

모든 사람은 유일한 존재로서 각기 고유한 개성을 가지면서 인간으로서 공통적인 유사성을 갖고 있다. 우리는 차이점을 발견하기보다 차이점을 수용하는 것을 배워야 한다. 우리는 유사성을 근거로 함께 어울릴 수 있고 차이점을 근거로 이해하고 극복하는 과정을 통하여 성장할 수 있다.

⑦ 과거 및 부모 수용에 대한 신념과 가정

과거에 대한 수용과 감사 그리고 용납은 현재를 관리하고 발전시킬 수 있는 능력을 향상시킨다. 부모에 대한 수용과 감사, 인간적 이해는 현재 문제해결의 열쇠이고 성장의 출발점이 된다. 비록 역기능적이라 할지라도 성장기에 경험했던 익숙한 부모의 패턴에 만족하고 자신이 처한 상황에 가장 적합한 방법으로 최선을 다하였음을 인정해야 한다.

⑧ 희망과 자원에 관한 신념과 가정

희망은 변화를 위한 주요 구성 요소이며, 치료를 위한 동기가 된다. 모든 사람은 성공적으로 극복하고 성장하는 데 필요한 내면의 자원과 에너지를 갖고 있다. 이에는 신념, 확신, 지식, 사랑, 관심, 기쁨, 인정, 나눔 등이 있다.

2) 자아존중감 및 자기가치감

자아존중이나 자기가치는 자기 자신에게 가지는 애착, 사랑, 신뢰, 존중으로 특히 사티어는 감정 측면을 중요시한다. 우리 내면에는 항상 사랑과 인정 받그자 하는 욕구와 자기가치와 자아존중에 대한 원초적 욕구가 있으며 이러한 욕구가 충족될 때 자기가치와 자아존중을 학습하고 발전시키게 된다. 자아존중감은 어릴 때 부모-자녀 관계와 가족구조에서 어떠한 경험을 하였는가에 의해 학습되고 형성되며, 점차 친구와 주위 사람으로 확대된 관계에서의 경험에 의 해 영향을 받는다.

사티어는 자아존중과 자기가치를 에너지 자원으로 간주하였다. 즉, 인간은 생명 유지와 생활을 위해서 에너지가 필요한데 자신에 대해 신뢰하고 사랑할 때 강한 에너지가 만들어지며 그 결과 주어진 상황에 현실적이고 유연하게 대처할 수 있게 된다는 것이다. 그러므로 사티어의 모델은 개인의 낮은 자아존중감을 높여서 자신의 가치를 인정하고 자신이 가진 자원과 장점을 발견하여 활용함으로써 문제에 적절히 대처하고 성장할 수 있게 한다(송성자·정문자, 1994). 자아존중감은 사티어가 문제를 진단하는 중요한 기준이 되며 치료 목표가 된다.

자아존중감이 높은 사람은 "나는 나다. 이 세상에 나와 똑같은 사람은 한 명도 없다. 나는 나에 관한 모든 것, 나의 몸과 나의 행동, 나의 정신과 생각, 내가 지각하는 감각, 나의 감정의 주인이다. 나는 나의 주인이며 나는 조절할 수 있고 지배한다. 나는 나다. 그리고 나는 괜찮은 사람이다"(Satir, 1972)라고 생각한다.

3) 사티어의 세상을 지각하는 방식

표 4-1 관계에 대한 정의

계급 모델	성장 모델
· 사람의 가치는 동등하지 않다. · 사람은 지배 / 복종의 관계를 맺는다. · 사람의 가치가 역할이나 지위에 의해 영향을 받는다. · 사람의 역할이 그 사람의 우수성과 힘 또는 열등함과 무력함을 의미한다. · 인간, 관계, 관심, 유사점과 차이점은 우월성과 복종을 내포한다. · 사람들은 서로에 대해 힘을 행사하지만, 고립감, 공포, 분노, 불쾌함, 소외감과 불신감을 느낀다.	· 사람의 가치는 동등하다. · 사람은 동등한 위치에서 관계를 맺는다. · 사람의 가치는 역할과 지위에 영향을 받지 않는다. · 사람의 역할은 단지 특정 시간, 특정 관계의 기능을 의미한다. · 인간, 관계, 관심, 유사점과 차이점을 평등하게 수용한다. · 사람들은 사랑, 주인 의식, 다른 이들에 대한 존중, 표현의 자유, 타당성을 느낀다.

표 4-2 인간에 대한 정의

계급 모델	성장 모델
· 사람은 신체적 정신적으로 생존하고 수용되기 위해 동조하고 "당위"에 복종할 필요가 있다. · 사람은 악에 대한 잠재성을 갖고 태어난다. · 사람은 남들처럼 생각하고, 느끼고, 행동하도록 기대되며, 경쟁하고, 판단하고, 동화하고, 모방함으로써 외적 규범에 맞추어 살려 한다. · 사람은 자신의 감정이나 차이점을 부인하려 한다.	· 개개인은 독특하여 자기 내부의 힘과 타당성에 근거하여 자신을 정의한다. · 사람은 영성과 신성함을 지니고 태어나며, 우주적 생명력을 드러내 보인다. · 사람은 유사점과 차이점을 서로 상호 보완하거나 존중하면서, 협동과 관찰, 나눔을 통해서 자신과 타인을 발견하는 기쁨을 누린다. · 사람은 자신의 감정을 분명히 알고 자신의 차이점을 받아들인다.

표 4-3 사건에 대한 정의

계급 모델	성장 모델
· A의 원은 B이다. · 올바른 방법은 단 한 가지뿐이며 지배하는 사람만이 그것을 안다. · 권위의 소리를 받아들이고 자신의 경험을 부인한다. · "이 방법밖에 없어"라는 흑백논리의 생각은 통제하려는 독창성과 새로운 발견 을 막는다.	· 모든 사건은 많은 변인들과 사건들의 결과이다. A=B+C+D+… 등 · 대개는 여러 방법이 존재하기 때문에 자신의 규준을 적용하여 방법을 선택할 수있다. · 사람은 상황과 거기에 기여한 많은 요인들을 이해하기 위해 드러난 사건의 이면을 본다. · 순환적 사고와 체계 접근(활동-반응-상호작용)은 타당성, 발견, 정보, 순서, 관계성을 찾게 해준다.

표 4-4 변화에 대한 정의

계급 모델	성장모델
· 안전을 위해 현상태를 유지하려 한다. · 변화를 비정상적인 것으로 보고 이를 거부하거나 저항한다. · 고통스러운 대가를 치르게 될지라도, 편한 것보다는 전부터 익숙한 것이 더 낫다고 여긴다. · 변화를 옳고 그름으로 판단한다. · 변화에 직면하면 두려움과 불안을 느낀다.	· 안전감은 변화와 성장의 과정에서 얻어지는 자신감으로부터 생긴다. · 변화를 필수적이고 평연적으로 보며 변화를 즐겨하고 기대한다. · 알지 못하는 것을 알기 위하 위험을 감수하고 기회를 잡으려 한다. · 새로운 선택과 자원을 발견하는 것을 즐긴다. · 변화에 직면할 때 흥분하고 연대감과 사랑을 느낀다.

3. 사티어의 의사소통 양식

1) 회유형

회유(placating)는 사람들이 생존의 위협을 느꼈을 때 취하는 네 가지 중요한 반응양식 중의 하나이다. 사람들을 회유하고 비위를 맞추려고 할 때에는 자신의 가치에 대한 느낌을 무시하고 자신의 힘을 다른 사람에게 넘기고 모든 것에 예, 예 한다. 사티어는 이러한 양식을 아래와 같은 도표로 설명을 하고 있다. 이러한 사람들은 다른 사람들과의 상황은 존중하면서 자기 자신의 진짜 느낌은 무시한다.

회유형은 대부분의 문화 특히 붙임성의 문화나 가족들로부터 붙임성 있고, 매우 적절한 행동을 하는 것처럼 여겨진다. 그러나 회유는 마음과 행동이 일치되어 다른 사람을 편안하게 해주려고 하는 것과는 다르다. 회유는 자신의 가치를 잃어가면서 하는 것이다. 회유는 자기존중을 하지 못하고 다른 사람들에게 자신을 중요한 사람이 아니라는 메시지를 보낸다.

다른 사람을 회유하고자 할 때 일어나는 내적 독백

- "나는 별로 중요하지 않아. 나는 사랑을 받을 만한 존재가 못돼."
- "나는 사람들에게 항상 친절해야만 돼."
- "나는 어떤 사람도 화내게 해서는 안돼."
- "나는 다른 사람을 절대로 침해해서는 안돼."
- "전부 내 잘못이야."

회유란 마음속으로는 좋지 않다고 느끼면서도 다른 사람들의 비위를 맞추려 하는 것이다. 때로 내면으로는 이를 악물면서도 그럴싸한 거짓말을 한다. 이들의 또 다른 특징은 어떤 갈등이 생기면 곧장 갈등을 해결하고자 달려간다는 것이다. 다른 사람이 조금이라도 불편한 것처럼 보이면 시간, 돈, 생명까지도 주어 가면서 비위를 맞추어 상대방의 고통을 가볍게 해주려고 노력한다. 마치 다른 사람의 문제를 해결하는 것이 자신의 단 하나의 목표인 것처럼 행동한다.

더 나아가 일이 잘못되면 잘못의 책임이 자신에게 있다고 생각하고 비난받아야 한다고 주장한다. "내가 어머니를 잘못 만난 탓에 딸인 네가 고통을 당해야만 하니까 내가 비난을 받아야 마땅해. 네가 만일 다른 어머니 밑에서 자랐다면 네가 좀 더 나은 환경에 있을 텐데."라고 하는 것처럼, 매우 오랫동안 심사숙고 해야만 딸이 처한 상황의 책임 근거를 찾을 수 있음에도 불구하고 잘못의 책임을 어머니 혼자서 지려 한다. "아, 미안합니다. 그런 뜻이 아닙니다."라는 말로 다른 사람을 달래려고 한다. 즉 이러한 사람들은 모든 사람들이 만족할 수 있도록 편안하게 해 주려고 노력한다.

그림 4-1 사티어의 회유형의 특징

단어		내적 경험
동의: "내 잘못이다" "네가 없으면 나는 아무것도 아니다." "나는 너를 행복하게 하기 위해 존재한다."	➡	"아무 것도 아닌 것 같이 느낀다." "나는 아무 가치가 없다."
정서		**심리적 영향**
구걸: "나는 어떻게 할 수가 없다." 변명하는 표현과 목소리 비굴한 신체적 자세	➡	신경과민 우울증 자실 경향 자멸적인 성향
행동		**신체적 영향**
의존적 순교자: "지나치게 친절하게" 행동한다. 사죄하고, 변명하고, 우는 소리하고, 구걸하고 모든 것을 줄려고 한다.	➡	소화기관의 고통 위장 장애, 구토 등 당뇨 편두통 변비

"자기"를 무시함.

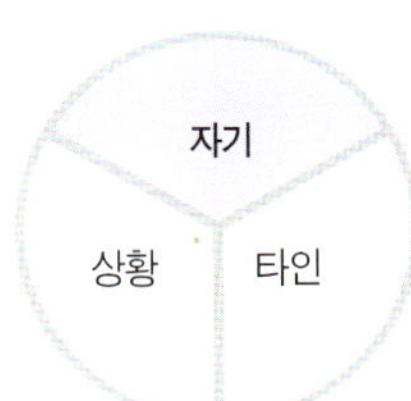

자원 : 돌봄, 예민성

〈출처 : 김영애, 2005, 재구성〉

회유형의 치료자는 때때로 내담자와 장기간 의존적인 관계를 유지하는 경우가 있다. 일상적으로 회유형인 치료자들의 자살률이 아마도 상당히 높게 나타날 것이다. 남을 돕는 일을 하는 사람들 중에서 피로감에 빠지는 사람들의 대부분은 회유형이다.

2) 비난형

비난형(blaming)은 그림으로 볼 때 회유형의 반대에 있다. 비난형은 변명을 받아들이지 말 것, 불편을 당하지 말 것, 학대를 당하지 말 것, 스스로 자기 몫을 챙길 것 등과 같은 사회의 규칙을 잘못 반영한 불일치한 양식이다. 즉 비난형은 "약해서는" 안된다는 의지를 나타낸다.

자신을 보호하기 위해서 다른 사람을 괴롭히거나 비난하고 환경을 탓한다. 비난하기 위해 다른 사람을 깎아내리며 자신과 상황만을 중요시한다. 비난할 때 사람들은 적대적이고, 독재적이고, 잔소리꾼이고 혹은 폭력적으로 보인다. 회유형의 엎드려 굴복하는 자세 대신에 비난형은 다음과 같은 태도를 큰소리로 표현하는 것이다. "너는 그냥 안 둘 거야! 너만 아니었다면 우리가 이렇게 엉망은 안되었을 거야."

폭발하기 쉽고, 습관적으로 비난하는 사람은 다른 사람들과 친밀한 관계를 형성하지 못할 때가 많다. 이들은 자기 자신을 처벌하고 배척한다. 이러한 사람들은 외로움을 느끼게 되면 마구 울어대고, 다른 사람들만 아니었더라면 자기는 괜찮았을 거라고 주장한다. 이들은 혼자 있을 때만 우는데 이는 자기 자신이 연약하다는 사실을 인정하지 않기 때문이다. 이들의 가슴 밑바닥에는 자신의 낮은 자존감을 드러내면 죽을 것이라는 믿음이 있다.

비난 방식에 뿌리를 내리고 있는 극단적인 증상은 강간, 배우자 구타, 그 외에 공격적인 폭행 등이 있다. 비난형은 싸우면서 세상을 헤쳐 나가는 것만이 인생에서 성공하는 유일한 방법이라고 결정한 사람들이다.

비난은 다른 사람으로 하여금 두려움을 느끼게 한다. 사춘기 청소년들, 특히 질서를 지키고 조용한 것을 중시하는 가족의 청소년들이 자주 이러한 태도를 취하는데 이는 비난형의 태도가 다른 사람을 지배하는 듯한 느낌을 제고하기 때문이다. 그 외의 사람들은 주기적으로 적대감을 분출하여야 삶을 충만하게 살 수 있다고 믿기 때문에 비난을 한다. 한편 어떤 치료자들은 잘못된 부분에만 초점을 맞추는 훈련을 받았기 대문에 "비난자"의 입장에서 치료를 하려 한다.

그러나 내적 힘을 지니고 살아가는 사람이 비난하는 사람에게 도전하면 이들은 쉽게 흔들리고 무너져 내린다. 비난하는 사람들이 다른 사람을 비난할 때는 마치 다른 사람들이 자신의 손아귀에 있다고 느끼지만 이러한 느낌은 단지 환상일 뿐이다.

비난형의 또 다른 신체적 반응의 특징은 빠르고 짧은 호흡이다. 치료자들은 내담자가 적대감을 표출하도록 애썼다. 비난자들은 이러한 행동에 쉽게 빠져든다. 분노를 표현할 때 자신의 목소리가 커지는 것을 들으면 아드레날린이 몸 속에 퍼지기 때문에 처음에는 힘을 느낄 수 있다. 비난자는 자기가 살아 있다는 것을 실감한다. 그러나 이러한 수준에서 치료가 끝나는 것으로는 부족하다. 사람들이 자신들의 느낌에 대처할 수 있도록 하는 데 실패하기 때문이다. 다음 장에서 보겠지만 사티어의 모델은 단순히 감정을 분출시키는 것 이상이다.

우리 모두는 생존하기 위한 방법으로 행동하고 말한다. 날카롭게 비난하는 것도 실은 도움을 간청하는 것이다. 이러한 대처 기술이 도움이 되지 않음을 알지단 우리를 생존하게 해주고, 자기가치감과 살고자 하는 의지를 부여해 준다는 점에 대해서는 존중할 가치가 있다. 그럼에도 불구하고 치료자들의 가장 힘든 과제는 사람들로 하여금 이러한 불일치한 생존 방식을 뛰어넘을 수 있도록 도와야 한다는 데 있다.

그림 4-2 비난형의 반응

단어		내적 경험
논쟁, 불일치 : "너는 아무 것도 제대로 하지 못해." "뭐가 문제라는 거야?" "모든 것은 네 잘못이야."	→	소외됨 "나는 외로운 실패자다." "부자연스럽다."
정서		**심리적 영향**
비난 : "내가 최고야." 분노가 치밈 무시하고 싶다.	→	편집증 이탈 행동 살인할 수 있는 성향
행동		**신체적 영향**
공격: 심판 명령 힘이 있어 보이는 자세 약점 발견 경직성	→	근육긴장과 등의 통증 고혈압 등 혈액순환 장애 관절염 변비 천식

"다른 사람"을 무시

자원 : 강한 주장

〈출처 : 김영애, 2005, 재구성〉

3) 초이성형

초이성형(super-reasonable)의 대화 양식은 자기와 다른 사람을 무시한다. 지나치게 이성적이라는 것은 단지 상황만을 존중하면서 대개의 경우 정보와 논리의 수준에서 기능하는 것을 의미한다.

이 방식의 가장 중요한 특징은 비인간적이며 객관적이라는 것이다. 이렇게 행동을 하게 되면 자신뿐만 아니라 다른 사람까지도 감정에 초점을 맞추도록 허용하지 않는다. 이러한 태도는 마치 움직이지 않고, 보지 않으며, 만지지도 않고, 느끼지도 않는 것이 성숙함이라고 여기는 사회의 규칙을 반영한다.

때로는 초이성적 태도가 지성으로 오인된다. 초이성적 대화자들은 전문용어를 조리 없이 사용하며 매우 미세한 부분까지 복잡하고 길게 설명하고자 한다. 듣는 사람이 이해를 못해도 상관하지 않고 학문적 광신자가 된 기쁨을 느끼면서, 자신의 의견이나 관점을 뒷받침할 수 있는 자료나 연구결과를 인용하여 갈등을 해결하고자 한다. 그렇게 해서 자신이 항상 옳다는 것을 증명하기를 원한다.

이들은 실제로 객관적이 되려고 노력하기 때문에 다른 사람이 말한 문장조차 그 안에서 인간의 책임이나 개입의 측면을 배제하는 식으로 정정한다. 예를 들면 누가 "오늘 난 참 추웠어"라고 말한 경우에 "그렇고 말고, 오늘은 매우 추운 날씨이지."라고 정정하여 말한다. 특히 초점을 감정에서 상황으로 바꾸어 버리는 것이다.

초이성적인 사람은 다른 사람들로부터 스스로 멀리하기 때문에 외로움으로 고통을 당한다. 이러한 사람들은 경직되고, 원칙주의자로서, 유머가 없고, 강박적이다. 지나친 경우에는 사회로부터 완전히 물러나 고립되거나 온몸이 굳어져 한 자세로만 있는 긴장 상태에 빠지게 될 수도 있다.

초이성적 상태는 신체적으로 내분비계통을 제한한다. 사티어는 자주 "초이성적인 상태에서 모유, 정액, 땀, 눈물, 점액 분비가 자연스럽게 이루어지지 못한다…. 체액이 말라버린다."라고 말하곤 하였다. 초이성적이 되면 호흡은 안정되게 하고 목소리는 메마르고 단조로움을 유지하는데 마치 공기가 부족하여 될 수 있으면 오래가게 하려고 하는 것처럼 보인다.

그림 4-3 초이성형의 반응

단어		내적 경험
극히 객관적 : 규칙과 "옳은"것에 관한 자료 사용 추상적 단어 사용 정확한 논리적 설명 사람은 지적이어야 한다.	➡	"나는 상처받기 쉽고 고립된 느낌이다." "어떤 감정도 표현할 수 없다."

정서		심리적 영향
내적 경험 : "사람은 어떤 희생이 있어도 냉정하고, 조용하고, 침착해야 한다." 경직된 굳은 자세 고자세	➡	강박적-강제적 반사회적 사회적으로 위축 지나치게 긴장

행동		신체적 영향
권위적 : 경직, 원칙론적 행위 행동을 합리화 조작적, 의도적 강제적	➡	건조성 질병 점액, 임파조직에 질병 발생 암 심장마비 등의 통증

"자신"과 "다른 사람"을 무시

자원 : 지식

〈출처 : 김영애, 2005, 재구성〉

어떤 직업은 초이성적인 태도를 취하여야 하는데 만일에 초이성적인 태도를 지지하는 가족에서 성장한 사람이 이러한 직업을 선택하면 더욱 더 컴퓨터와 같아질 것이다. 많은 숫자의 사람들이, 특히 중년기에 있는 사람들이 초이성적 기질을 드러내도 괜찮은 직장에 있는 것이 편안하기 때문에 이러한 분야의 일에 이끌린다. 이때 사람들은 내면적으로 불편함을 느끼면서도 이러한 딜레마에 대해서 자유롭게 이야기하도록 허용되지 않는다.

치료자들도 이러한 생존 방식을 내담자를 치료하는데 흔히 사용하게 된다. 초이성적으로 행동한다는 것은 내담자에게 정보를 주는 것에 몰두한다는 것을 일컫는 것이다. 그러나 이렇게 하면 치료적 통찰이나 변화를 일으키는 데에는 장애가 된다.

4) 부적절형 혹은 산만형

네 번째 생존 방식은 산만형(being irrelevant)으로 통상적으로 재미있거나 익살스러운 모습과 혼동된다. 산만한 양식은 초이성적인 것과 대조적이다. 이러한 대조적인 태도는 초이성적인 사람들을 조용하고 안정된 것처럼 보이게 한다.

사람들이 산만할 때는 쉬지 않고 계속 움직인다. 이러한 태도는 현재 의논하려는 문제들로부터 사람들의 관심을 분산시키려는 목적을 갖고 있다. 이들은 생각을 자주 바꾸고 한꺼번에 많은 행동들을 하고자 한다.

산만형의 사람들은 자기, 다른 사람, 그리고 서로 상호작용하는 상황에 대해서조차도 별로 큰 관심을 갖지 않는다.

그림 4-4 부적절 혹은 산만형의 반응

단어		내적 경험
관계없는 단어 사용 : 뜻이 통하지 않는다. 이야기에 요점이 없다. 계속해서 "그냥 놔두라."고 말한다.	➡	"아무도 상관치 않는다." "거기는 내게 적절한 곳이 아니다" 균형이 없다. 끼어들어 주의를 얻으려 한다.
정서		**심리적 영향**
혼돈스러움 : "나는 여기 있는 것이 아니다." 계속해서 움직인다. 비스듬히 앉는다.	➡	혼돈됨 부적절함 정신병
행동		**신체적 영향**
산만함 : 부적절하게 조정한다. 지나치게 활동적이다. 끼어들어 중단시킨다.	➡	중추신경계 장애 위장 장애, 메스꺼움 당뇨병 편두통 변비

"자신", "다른 사람", "상황" 모두를 무시

자원 : 즐거움, 자발성, 창의성

〈출처 : 김영애, 2005, 재구성〉

사회에서는 산만형의 사람들이 자연스럽고 쾌활하다고 여겨지기도 한다. 사람들은 이러한 사람들이 나타나면 지루하고 침체된 분위기를 재미있게 바꾸어 주기 때문에 좋아한다. 이러한 이유 때문에 어렸을 때 주의 산만하거나 학교에서 우스꽝스러운 짓을 했던 사람들은 자신을 변화시킬 수 있는 도움을 받지 못하는데, 그것은 이들이 사람들을 즐겁게 해주는 아이들로 여겨졌기 때문이다. 그러나 성인이 된 지금에는 이들의 부적절하고 산만한 행동이 종종 엉뚱하고 무의미하게 보인다. 하지만 이들은 스트레스를 가하는 주제로부터 관심을 돌리 수 있는 한 생존할 수 있다고 믿는다.

이러한 사람들은 주제에 초점을 맞추지 못한다. 예를 들어 안부를 물으던 이들은 비싼 생활비, 날씨, 혹은 최근의 축구경기 등에 대해서 이야기한다. 이들은 신체적으로도 관심을 집중하지 못하는데 계속 몸의 일부를 움직이거나, 휘파람을 불거나, 노래를 하거나, 눈을 깜빡거리거나, 다른 사람의 머리카락을 건드리거나 혹은 안절부절못한다.

산만형 대화자의 신체 조각의 한 모습은 다음과 같다.

이 사람의 자세는 비틀어져 있다. 약간 구부정하지만 그래도 서 있는 모습을 취하고, 두 다리는 서로 마주보고, 두 팔과 손은 위로 들려 있다. 머리는 한쪽으로 기울여 쳐들고 있으며, 두 눈은 튀어나와 있다. 극심하게 불균형적인 것을 어떻게든 균형을 유지하려면 지속적으로 산만하게 움직일 필요가 있다. 따라서 이들의 자세와 움직임은 대게 부적절하고, 지나치며, 무의미하다.

사티어에 의하면 습관적으로 산만한 대화자들은 중추신경 계통의 질병을 앓는다. 이들은 호흡이 고르지 못하고, 불규칙한 반응을 하는 경향이 커진다. 이들은 독특한 불균형의 감각을 지니고 있다. 이러한 모든 것이 어지러움과 떨림을 일으키기도 한다. 이러한 유형이 보이는 극단적인 심리적 현상으로는 정신장애와 파괴형 정신분열증(hebephrenia)이 포함될 수 있다.

5) 일치형

일치형(congruent)은 신체 자세와 목소리 음조, 표정이 자연스럽고 말과 일치되어 있다. 생기가 있고 솔직하고 창의적이며 적절한 행동을 한다. 정보를 전달하는 방법에서 말과 정서가 일치되어 균형을 이룬다. 자신의 생각과 느낌을 분명하게 말하며 자신이 하고 있는 일에 대해 알고 그 결과를 받아들일 준비가 되어 있으며 변화에 대해 융통적이다.

말이 진실하고 상황에 적절하며 태도와 행동은 기능적이며 유능하고 개성적이다. 내면 경험으로는 자기가치감이 높고 자신과 타인을 신뢰한다. 심리·신체적으로 건강하고 증상은 없다. 자원은 높은 자아존중감과 건강한 관계성이고 자신과 상황, 타인의 3가지 요소가 모두 존중된다.

사티어의 의사소통 유형별 반응 예

아내가 남편이 늦게 귀가하는 것에 대해 화를 내면서 '나한테 관심이나 있나요?'라고 말할 때 남편이 보이는 반응이다.

- 회유형 : 미안해. 당신 말이 맞아. 내가 나쁜 놈이지. 오늘 한 번 봐줘. 내일부터는 당신이 원하는 대로 일찍 올 게.
- 비난형 : 그러는 당신은 나한테 관심이 있었어? 내가 집에 들어오면 항상 짜증내고 불평하고 하면서 우리들 관계는 여자하기 나름이야. 당신이 뭘 잘한게 있다고 나만 갖고 그래.
- 초이성형 : 당신과 나의 관심과 서로에게 거는 기대가 무엇인가에 따라 당신과 나의 관점의 문제해결책이 다른 거 같애.
- 산만형 : 당신 나한테 투정하는거야. 어 당신 오늘 너무 귀엽다. 당신의 매력이 바로 이런거라니까. 당신의 그 표정 내가 사진으로 남기고 싶다. 아참, 나 샤워하고 나가봐야 돼(콧노래를 하며 욕실로 간다).
- 일치형 : 나는 항상 당신을 생각하며 당신을 배려하려고 하지 내가 늦는다고 미리 연락을 했었어야 했는데 직장에서 예기치 않은 회의가 있었어. 회의 중에 전화도 할 수 없었고 말이야. 날 기다리느라고 잠도 못자고 걱정을 끼쳐서 미안해.

6) 생존 방식 전환

사람들은 한 형태의 생존 방식에서 벗어나고자 할 때 대개는 또 다른 방식으로 바꾼다. 예를 들면, 회유형에서 빠져 나와 비난형을 취한다. 비난형에서 초이성형으로 바꾸기도 한다. 이것을 신체 조각으로 표현하자면 신체의 모든 부분을 움직이는 동안 발가락을 안쪽으로 천천히 돌리고 균형을 잡는다. 만일 이렇게 잘 움직인다면 넘어지지 않을 것이다. 이런 모습은 실제로 산만한 상태를 보여 주는 것이다.

대부분의 사람들 같은 방식을 항상 사용할 수 없기 때문에 상황에 따라 다른 대처 방식을 사용하게 된다.

상호작용에서 스트레스를 많이 받게 되면 여러 방식들 중에서 특히 한 가지 방식을 주로 사용하게 된다.

7) 생존 방식의 형성

모든 의사소통 방식은 전 인성의 씨를 내포하고 있다. 회유형은 돌봄의 씨를, 비난형은 자기 주장의 씨를, 초이성형은 지성의 씨를, 산만형은 창조성과 유연성의 씨를 내포하고 있다. 우리는 우리가 마음속으로 바라는 바와 겉으로 취하게 되는 행동을 분명하게 구분할 필요가 있다. 사랑하고 사랑받고자 하는 근본적인 바람이 위협 당하게 되면 우리는 회유하거나, 비난하거나, 초이성적이 되거나, 혹은 산만하게 행동하면서 관계를 유지하고자 한다.

가장 최초에 맺게 되는 중요한 관계는 우리의 부모나 양육하는 사람과의 관계이다. 만일 그들이 우리를 잘 먹이고 따뜻하게 돌보지 않았다면 우리는 죽고 말았을 것이다. 어린이일 때 우리는 생존하기 위해 부모의 말을 잘 듣고 행해야 한다는 것을 배우게 되었다. 우리의 생존 방식들은 이러한 관계성의 맥락 안에서 결정지어진 것이다.

어른이 되어서도 많은 사람들은 어린 시절에 배운 똑같은 생존 반응(survival responses)을 그대로 사용한다. 성장 초기에 학습한 것은 매우 강한 힘을 가지고 있다. 만일 위협과 처벌의 의사소통 모델만을 배웠다고 하면 우리는 성장하면서 스스로의 힘을 찾을 수 없게 된다. 만일에 부모가 우리의 욕구를 즉각적으로 채워주지 않고 지연시켰다면 우리는 부모가 우리를 사랑하지 않는다고 결론지을 것이다. 이것은 아마 잘못된 결론일 수도 있지만 여하튼 우리는 이론을 오랫동안 지니고 살게 된다.

부모들은 좋은 의도를 가지고 자신들이 배운 대로 최선을 다한다. 이러한 학습된 방법들은 세대를 거쳐 전달된다. 따라서 사티어 모델은 삼세대를 포함한다. 이러한 점에서 사티어는 가족치료의 초기 선구자라고 할 수 있다. 그리고 사티어의 변화를 위한 치료 방법은 내담자가 그의 부모로부터 배운 역기능적인 것뿐만 아니라 부모가 조부모로부터 배운 것 또한 바라보게 한다. 또, 치료자는 내담자로 하여금 어린 시절에 배운 것을 감사히 여기고 자신과 가족을 비판하는 대신 배운 것을 하나의 긍정적 자원으로 사용하도록 도와준다.

사티어에 의하면 자녀들은 부모들의 생존 방식을 변화시키기를 원하지만 대개 실패한다고 하였다. 자녀들은 무엇이 부모를 좀 더 행복하게 하는지 알고 있으며, 이러한 자신들의 생각을 행동에 옮겨 실현하려 한다. 이러한 행동이 자주 비판적인 태도로 표현되지만 실제로는 부모를 돕고자 또 돌보고자 하는 의도에서 나오는 것이다.

이러한 생존 방식을 배운 많은 숫자의 어린이들은 어른이 되면 부모와 비슷한 행동을 하는 배우자와 결혼하고 또 다시 배우자를 변화시키려 노력한다. 그러다 다른 사람들을 변화시키는 데 계속해서 실패하면 그들을 비난하게 된다. "나는 네가 나를 사랑한다고 생각했는데 너는 나를 배반했어." 이 말은 다른 사람들이 나의 기대를 충족시켜 줄 책임이 있는 것처럼 생각해 왔다는 것을 보여 준다. 이런 경우 우리가 치러야 하는 대가는 다른 사람의 행동에 의해 우선 자신의 삶이 결정 지워지기 때문에 결국 우리 자신의 자존감을 잃게 된다는 것이다.

지금 현재의 가족이나 부모가 나를 실패하게 만드는 것이 아니다. 오히려 우리는 그들이 결점을 지니고 있는 인간이라는 사실을 인정할 필요가 있다. 우리 모두 이런저런 결점을 지니고 있다. 만일에 우리가 부모를 인간으로서 받아들이기보다 오히려 지속적으로 비난을 하게 되면 우리는 결국 위협적인 상황에 대해 계속해서 역기능적 대처 양식을 사용하게 될 것이다.

8) 사티어의 치료 과정

사티어는 현상학 이론 외에 자아심리학, 학습이론, 의사소통 이론, 체계 이론 등 다양한 이론에 바탕을 둔 다음 네 가지 전체를 기초로 접근한다(V. Satir, 1991 ; 한국버지니아사티어연구회 역, 2000 ; 정문자, 2007, 재구성).

1. 모든 행동은 합리적이고 적절한 동기가 있다. 사람이 학습된 행동을 한다면 그것이 그 사람이 그 상황에서 할 수 있는 최선의 행동이다.
2. 모든 사람은 치료될 수 있으며, 치료는 치료 과정 중에 일어난다. 내용보다는 과정이 치료에 중요하며, 치료자는 일관성 있게 일치형 의사소통을 하는 것이 필수적이다.
3. 신체적 활력과 정서적 건강 수준은 연관되어 있다. 따라서 치료에서는 인간의 모든 것을 이용해야 한다.
4. 자아존중감과 효과적인 의사소통은 상호 관련되어 있다. 자존감은 결혼, 부부 관계, 부모-자녀 관계, 스트레스에 대한 반응 및 대처 능력, 융통성, 차이점이나 불확실성을 다루는 능력, 성장과 자유를 누리는 것 등에 영향을 미친다.

사티어는 인간이 과거에 자신에 대해, 다른 사람에게 그리고 다른 사람이 자신에 대해 가졌던 기대와 열망, 지각, 감정에 대한 감정, 대처 방식, 행동 등이 현재에도 해결되지 못했거나 충족되지 못한 부분에 초점을 두었다. 그는 이와 같은 미해결된 과제를 직접 그리고 지금-여기에서 경험하게 하면서 적절한 개입을 통하여 개인이 성장하고 과거의 상처가 치유되도록 돕는다. 이를 위해서는 먼저 수용적이고 긍정적인 분위기 조성이 필수적이다. 내담자가 상담자로부터 가치 있는 존재로 느끼고 안전감과 신뢰감을 느낄 때 변화가 시작된다.

치료자는 먼저 가족규칙과 의사소통 유형을 탐색하고 내담자로 하여금 변화의 필요성을 인식하게 한다. 그리고 역기능적인 것에서 벗어나 자기가치를 발견하여 자신을 개방하고 감정을 나누고 경청하는 방법들을 학습하게 한다. 치료자는 가족에게 명확한 의사소통 규칙을 따를 것과 메시지를 분명하게 하는 일치형 의사소통을 연습하고 훈련하여 정착되도록 돕는다.

치료적 변화 과정은 다음 6단계로 진행된다(V. Satir, 1991 ; 정문자, 2007, 재구성).

① 적절한 도움 요청 단계

변화의 필요성을 인식하는 단계로서 가족이 현재의 괴로움과 고통, 불편함, 증상을 통하여 불균형 상태를 지각하여 이를 변화시키려고 도움과 정보를 구한다.

② 통찰 및 저항 단계

가족체계에 치료자가 개입하여 문제를 탐색하고 긍정적 목표가 설정되면서 현 상태의 균형이 깨지고 가족체계는 새로운 요인에 대해 반응하며 통찰과 새로운 조정이 이루어진다. 치료자는 외부 요인으로 가족 속에 들어가게 되고, 가족이 보여 주는 저항을 수용하는 일이 필요하다.

③ 감정 직면 및 혼란 단계

새로운 지각이 생기면서 과거의 역기능 상태에서 새로운 기능 상태로 바뀌지는 과정에 혼돈이 발생하게 된다. 시간이 지나면서 과거의 것은 맞지 않고 새것 또한 통합이 되지 않은 상태이다. 낮은 자아존중감에 대한 새로운 인식이 이루어지며 과거의 상처나 분노, 두려움을 직면하는 일이 중요하다. 치료자는 신체적 접촉, 시선 맞추기, 긍정적 정서 지원 등을 통하여 가족들을 편안하게 해주며 너무 밀착되거나 거리감이 생기지 않도록 균형을 잡아 주어야 한다.

④ 새로운 시각·방법의 통합 단계

새로운 학습에 의한 통합 과정이 이루어진다. 변화에 대한 의식이 있지만 아직 익숙하지 않기 때문에 과거의 것에서 벗어나 의지를 갖고 새로운 방식을 선택해야 하는 단계이다. 새로운 희망, 새로운 자기가치, 새로운 지각 등 새로운 형태의 통합과 높은 자아존중감을 경험하기 시작하는 시기이므로 치료자의 지원과 자신감, 시간이 필요하다.

⑤ 새로운 현상 및 방법의 생활화 연습 단계

변화가 자신과 조화를 이루고 자리를 잡아 새로운 자신이 일부가 되는 단계이다. 계속 변화하고자 노력하도록 새로운 현상을 확인하고 경험하며 재통합할 수 있는 의도적 연습과정이 필요하다.

⑥ 새로운 현상의 정착 단계

변화가 정착되어 편안함과 안전감, 새로운 경험을 느끼는 단계이다. 새로운 상호작용과 기능적인 대처 방식이 정착되어 높은 자아존중감과 일치형 의사소통 유형이 개발되고 정착된다.

4. 치료자 역할 및 치료기법

1) 치료자 역할

사티어의 이론은 경험적 가족치료의 대표적인 인물인 위터커와 함께 정신분석 이론과 행동주의가 갖는 결점에 대한 반동으로 출현한 인본주의와 실존주의 그리고 현상학 등의 이론과 게슈탈트 치료의 영향을 받아 출현하였다. 그에 따라 경험적 가족치료는 인본주의의 영향으로 인간의 성장 잠재력과 문제해결력을 존중하고, 자아가치와 성숙 및 성장을 중시한다. 또한 실존주의와 현상학의 영향으로 자발성과 자유, 창의성, 지금-여기에서의 개인의 주관적인 감정과 욕구, 행동을 중시한다. 그리고 게슈탈트 치료의 영향으로 상담 장면에서 상담자와 가족 사이에 그때그때 경험하는 상황과 느낌을 중시하고 현재 충만을 경험하는 것, 그리고 이를 가족이 공유함으로써 치료적 변화가 촉진되고 가족이 성장하는 것을 강조하였다(정문자, 2007).

이외에 경험적 치료 모델은 민감성과 감정 표현을 강조하고 가족들이 치료 과정 속에서 경험하는 것들이 성장에 중요한 자극과 계기가 된다는 것을 전제한다.

그러므로 경험적 가족치료에서는 과거보다는 현재에 초점을 맞추고 지금-여기(here and now)에서의 치료자와 가족 사이에 순간 일어나는 상황과 경험을 중시한다. 따라서 치료자와 가족 사이에 순간 일어나는 상황과 경험을 중시하며 치료자와 가족의 진실한 만남에서 치료가 시작된다고 보았다.

경험적 가족치료의 두 거장인 위터커와 사티어는 상담 장면에서 느끼는 자신과 다른 사람의 감정을 중요시하고 성장을 지향하는 공통점을 가진다. 그리고 상담 과정에서 내담자의 정서적 경험과 치료자의 활력이 효과적인 치료에 중요하다고 믿으며, 치료자가 온정적이고 지지적, 적극적이며 솔직하게 자신을 개방하여 치료적 변화를 촉진하는 공통점을 가진다(Nichols & Schwantz, 2001).

한편 사티어는 교육학을 학부에서 공부하고 임상 사회 사업을 전공하여 석사 학위를 받았고 임상 사회 사업가로 가족치료연구소를 개업하여 치료에 힘썼으며 정신건강연구소(MRI)의 초기 구성원으로 일하면서 정서적 경험과 의사소통에 초점을 두고 접근하였다. 그는 많은 책을 저술하고 정신치료연구소에서 일하였고 1977년에 아반타 네트워크(Avanta Network)를 설립하여 자신의 치료 모델을 교육하고 훈련·보급하는 데 힘썼다. 현재는 구미 외에 아시아 여러 나라에 지부가 설치되었다. 사티어는 여러 선구적인 가족치료자 중에서 여성이면서 사회 사업학을 전공한 점이 독특하며, 온정적인 성격의 양육적 치료자로 알려져 있다.

사티어는 초기에 MRI에서 일하였기 때문에 의사소통 치료자였다. 치료 과정에서 성장을 체험하는 연습을 하는 것이고, 치료자는 가족이 성숙한 자로 성장할 수 있도록 도와야 한다고 주장한다. 즉, 사티어는 소속감, 감정, 가족규칙을 중시하고 특히 가족의 의사소통 체계를 건강하게 하여 성숙한 의사소통 역량을 발휘하여 성장을 지향한다는 점을 강조한다. 이를 가족 의사소통 모델 또는 성장 모델로 불린다.

2) 치료기법

(1) 가족조각

가족 조각(family sculpture) 기법은 캔터(Kantor)에 의해 개발된 것으로 사티어, 덜(Duhl) 등에 의해 널리 활용되고 알려지게 되었다. 가족 조각이란 가족구성원 한 명이 다른 가족구성원에게 느끼는 내적 정서 상태를 동작과 자세 등의 신체적 표현으로 공간적으로 나타내는 것이다. 이로써 개인의 특정한 사람에 대한 내적 감정과 생각이 시각적으로 표면화되고, 참여한 사람들이 함께 가족의 의사소통 유형, 감정, 가족규칙, 대처 방식, 관계 등을 파악하여 경험할 수 있다.

이 기법을 사용하는 목적은 가족구성원 각자가 자신의 내면적 감정을 경험하고 실제의 자신과 가족의 역동성을 시각적으로 파악하여 새로운 대처 방법을 찾아보게 하기 위한 것이다. 그 구체적인 방법으로 먼저 치료자는 치료 중에 가족에 대해 잘 이해하기 위하여 좀 더 색다른 것을 해도 좋으냐고 물어서 동의를 얻으면 가족 전원을 일어나도록 한다.

가족 조각 기법

가족 중 한 명에게 "가족구성원 한 사람 한 사람을 조각용 진흙덩어리라고 생각하고 당신이 느끼는 대로 그들의 자기 위치를 만드세요"라고 요구한다. 가족 조각을 다하면 그 사람도 어딘가에 들어가 자세를 취하도록 지시한다. 조각을 하는 동안 가족은 이야기하거나 웃지 않는다는 원칙을 세운다. 가족을 조각한 후 그 자세를 1분 정도 유지하면서 가족들은 내면의 감정과 접하게 된다. 그후 치료자는 가족 개개인에게 조각하는 동안 어떤 느낌을 가졌는지 물어본다. 이때 가능한 감정적 피드백이 교환되도록 격려한다.

다음에 여러 가지 변형이 가능하다. 흔히 조각을 통한 감정적 피드백이 끝난 후, 가족에게 이상적으로 바라는 관계를 나타내는 조각을 다시 한 번 하도록 권한다. 또한 경직된 가족이나 가족 전체의 힘이 미약한 가족에게는 소도구를 사용하거나 동물, 자연, 자동차 등의 은유적 이미지를 표현하게 한다. 덜은 관계 개선이 지지부진하고 교착상태에 빠져 있는 부부를 돕기 위해 긴 밧줄을 사용하여 관계에 가지는 관심의 정도만큼 힘껏 줄을 당겨 보라고 지시한다.

〈Nichols & Schwartz, 2001 ; 김영대 외 역, 2002〉

가족 조각기법은 상담자의 관심과 활용능력, 가족의 참여범위, 상담상황에 따라 다르게 활용된다. 사티어는 초기에는 의사소통 유형을 중심으로 정형화된 모습으로 조각하게 하였다. 예들 들면 회유형은 무릎 꿇고 비는 자세, 비난형은 손가락으로 지적하고 공격하는 자세, 초이성형은 거리를 두고 생각에 골몰하고 무표정한 자세, 산만형은 계속 안절부절하고 끊임없이 움직이는 자세를 취하도록 한다. 나중에는 주관적으로 지각한 대로 자연스럽게 나타내는 방법도 사용하였다. 또 가족구성원 중에 한 사람이 조각하지만 어떤 경우는 상담자가 직접 조각하기도 한다. 이 기법은 잘 훈련된 전문가에 의하여 신중하게 사용되어야 하고 역할 벗기와 끝맺음까지 마무리하여야 한다.

〈정문자, 2007〉

3) 사티어의 빙산 탐색

빙산 탐색은 사티어가 개발한 기법으로 개인의 내적 경험을 이끌어내는 비유적 방법이다. 이 기법은 실제로 개인 중심의 성장 모델로 많이 사용되고 있다. 사티어는 빙산을 수면 위에 나타난 부분이 행동과 대처 방식을 의미하는 1차 수준으로, 수면 아래의 부분인 감정, 감정에 대한 감정, 지각, 기대, 열망으로 구성되는 2차 수준, 그 아래의 자기(self)의 3차 수준으로 인간의 심리 내적 경험을 구분 하였다. 사티어는 인간의 대부분의 경험이 수면 아래에서 경험되므로 치료자는 표면적 경험인 1차 수준뿐만 아니라 잠재의식으로서 2차 수준과 3차 수준의 경험을 탐색하여 경험을 표면화시키고 자아존중감이 향상되도록 도왔다. 또한 빙산 탐색 기법을 이용하여 개인의 심리 내적 역동에서도 가족구성원 상호 간의 관계 역동으로 설명하고 자신과 다른 사람에 대한 감정과 지각, 기대, 열망을 인정하고 수용하게 되면 감정도 변하게 되고 반응행동이 다르게 나타난다고 설명한다. 그 결과 개인과 관계가 기능적으로 변하고 성장하게 되는 것이다.

그림 4-5 사티어의 빙산 탐색

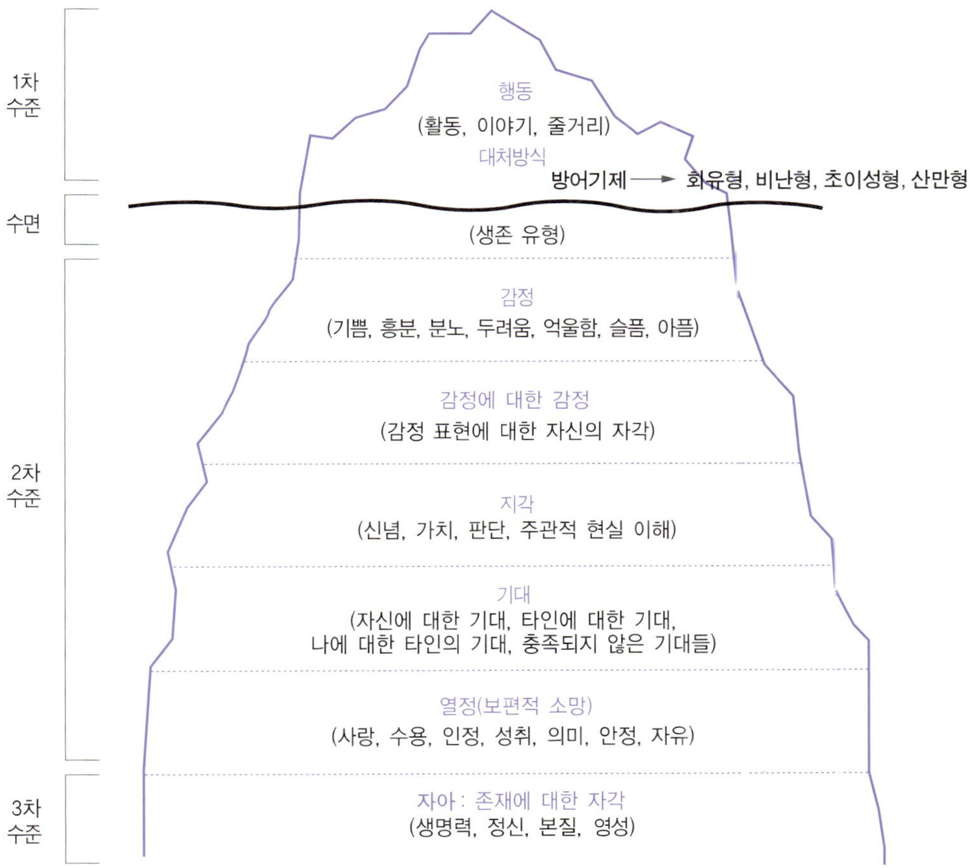

〈출처 : J. Banman., A Counselling Practicum using the Satir Model Workshop 자료집, 1995〉

그림 4-5의 사티어의 빙산 탐색을 설명하면 아래와 같다.

4) 치료 과정

① 행동

- ○ 빙산 위에 나타난 사건에 대한 활동과 이야기에 대하여 내담자가 보고들은 객관적 사실은 무엇인가?
- ○ 그가 보고 들은 것에 대하여 어떤 의미를 부여하는가?
- ○ 그 사건의 의미는 원가족과 자신의 자존감 수준에 어떠한 영향을 주는가? 등에 대하여 탐색한다.

② 대처 방식

- ○ 수면에 나타난 사건에 대하여 내담자는 어떻게 대처하였는가?
- ○ 어떤 대처 방식과 방어기제들을 활용하였는가?

③ 감정

- ○ 감정은 그 사건에 대한 내담자의 감정이다. 기쁨과 흥분의 감정이었는가?
- ○ 분노와 두려움, 또는 슬픔과 아픔에 대한 감정이었는가?

④ 감정에 대한 감정

- ○ 그 사건에 대한 자신의 감정에 대한 감정은 무엇인가?

⑤ 지각

- ○ 지각은 자신이 갖고 있는 가족규칙이나 습관, 신념, 가정, 고정된 시각에 의하여 자신이 갖는 주관적 해석이다.
- ○ 그 사건의 대처 방식에 대한 자신의 감정과 감정에 대한 내담자의 해석 규칙들은 무엇인가?
- ○ 내담자의 주관적 해석에 대한 외적 반응이 무엇인가를 탐색한다.

⑥ 기대

○ 충족되지 않는 기대의 탐색과 해결 방안으로는 자신에 대한 기대와 타인에 대한 기대, 그리고 자신에 대한 타인들의 기대는 무엇이었는가를 탐색한다.

○ 오늘날까지 충족되지 않은 기대에 대하여 어떻게 대처하였는가?
예를 들면 자신에 대하여 실망과 낙심, 후회를 하며 다른 사람을 비난하고 두시했는가? 빙산의 다른 관점에서 기대의 충족을 바로 보았는가? 충족되지 않는 기대 해결을 위하여 노력하였는가? 자신의 기대에 대한 수용과 가능한 선택 방법을 찾아보았는가?

⑦ 열망

○ 열망은 내담자 자신이 이루고자 하는 소망이다.

○ 열망에 대한 탐색으로 자존감을 높일 수 있는 새로운 방안을 모색한다.

○ 내담자 자신이 고착된 상태에서 충족되지 않은 건전한 기대들을 열망으로 전환하도록 한다.

⑧ 자아

○ 내담자 자신을 지탱하게 하는 생명력은 무엇인가?

○ 자신의 정신력 또는 영혼 깊숙한 곳에서 솟아나는 자신의 에너지의 근원은 무엇인가를 탐색한다.

○ 위에서 보여준 빙산 탐색 과정을 통하여 치료자는 역기능 가족의 교착상태를 풀기 위한 가능성을 발견하여 문제를 해결해 나가도록 도와준다.

○ 치료자는 치료 과정에서 낙관적인 사고로 긍정적인 기대와 새 희망을 산출해 낼 수 있는 자신감을 가져야 하며, 치료자는 가족체계 안에서 잘못되어 있는 것을 공정하게 객관적으로 전달한 다음에 역기능 패턴이 정상 기능 패턴으로 변화되어 지도록 지지한다.

CASE

시집 식구들과의 갈등으로 남편에게 분노를 가지고 있는 아내의 내면을 이해하기 위한 빙산 탐색의 질문

① 행동 : 남편에게 분노가 일어날 때 당신은 남편에게 어떻게 행동합니까?
② 대처 방식 : 당신은 반복되는 대처 유형이 어떻게 나타나며 그 의도는 무엇이라고 생각합니까?
③ 감정 : 당신은 그러한 상황에서 어떤 감정이 느껴집니까?
④ 감정에 대한 감정 : 분노하는 감정에 대해서 당신은 어떤 느낌이 듭니까?
⑤ 지각 : 그러한 상황에 대해서 어떻게 이해하고 판단 및 대처하시나요?
(그때에 당신은 어떤 생각이 듭니까?)
⑥ 기대 : 그때 남편은 당신에 대한 기대가 무엇이라고 생각하십니까?
남편의 당신에 대한 기대는 어떤 것이라고 생각합니까?
과거와 현재의 충족되지 않은 기대는 무엇인가요?(각각)
⑦ 열정 : 부인의 기대 밑에 있는 간절한 열망은 무엇입니까?
⑧ 자기 : 자신의 생명력과 삶을 지탱하게 하는 본질이 무엇인가요?

빙산 탐색 기법을 활용하는 과정에서 경우에 따라 내담자가 죄책감을 갖거나 상처를 받을 수 있고 저항을 보일 수도 있다. 치료자는 내담자의 감정을 진심으로 느끼고 공감하며 내담자가 성장에 방해가 되는 것을 과감히 버리고 긍정적 자원을 활용하도록 격려하고 따뜻하게 지지하는 것이 필요하다.

5. 사티어의 가족치료의 이론 평가

가족치료자는 가족구성원 개인의 감수성을 증진시키고 경험을 확대시키는 것을 치료의 본질로 간주한다. 사티어가 개발한 치료 모델은 인간이 가진 성장의 힘을 돕는 것에 상담 목표를 두었다. 사티어 모델의 특징은 개인의 내적 변화와 성장에 초점을 두고 과거 원가족의 영향과 개인의 행동, 감정, 지각, 기대, 열망 등을 아우르면서 동시에 가족체계에 접근한다는 점이다.

사티어의 빙산 탐색을 적용하여 자기 이해와 타인 이해, 자기 수용과 타인 수용, 긍정적 시각 전환, 과거의 미해결된 감정 치료, 지각 체계의 변화, 태도 변화, 일치적 의사소통 훈련, 자존감 강화 등의 내용을 가족 조각, 빙산 탐색, 원가족, 역할극 기법을 활용하여 집단 상담하고 그 효과를 실증적으로 분석한 연구들이 보고되고 있다.

특히 사티어의 '빙산 탐색'은 감정 표현보다 억압이 미덕으로 여겨지는 우리나라 문화에서 손쉽고 안전하게 자신의 감정을 드러낼 수 있게 하고 자신의 내면을 털어놓게 하는데 도움이 된다. 그리고 '가족 조각' 기법은 참여자는 물론 관찰자에게 시각적으로 마음을 보여 주고 공감과 나눔을 통해 자신과 자신의 가족을 수용하여 치유적 경험을 하게 하는 효과가 있다. 그 결과 가족들이 희망을 갖게 되어 성장하도로 돕는다(정문자, 2007). 이 접근법은 가족들이 자신의 미해결된 과제와 잠재력을 발견하여 직접, 지금-여기에서 경험하면서 상담자의 적절한 도움으로 개인이 성장하고 과거 상처가 치유되도록 돕는다.

Chapter 05

보웬의 다세대 가족체계치료

정신분열병에 미치는 가족의 영향에 대한 인식은 프로이트에 의해 처음 시작되었다. 그는 망상증과 정신분열병의 심리적 요인을 논의 하면서 아동기 생의 초기에 양육자 및 부모와의 관계가 중요하다고 주장하였다. 가족상담 및 치료는 인간의 병리적 행동이 한 개인의 내적인 요소에 내재되어있는 것이 아니라, 가족관계 안에 문제가 있는 것으로 보게 됨으로써 발달하게 되었다. 즉 정신과 병원에서 입원치료를 받은 환자가 치료 후 증상이 좋아진 후에 원래 자신의 환경과 가족에게 돌아갔을 때, 가족구성원들의 내재된 요인 때문에 재발되는 경우가 발생한다. 이러한 경우에 환자의 문제 증상은 이 문제의 요인을 가지고 있다기보다 가족구성원들과 환경이 문제의 요인이 될 수 있다. 가족치료가 전문영역으로 발전할 수 있게 된 직접적인 계기가 된 것은 1950년대 정신분열병 환자의 가족을 대상으로 연구를 한 결과였는데 연구에 참여한 연구자들의 결과는 모두 가족구조 및 관계에 대하여 공통된 견해를 피력하였으며, 정신분열병이라는 정신병은 가족이라는 환경에 의해서 지배받고 영향을 받는다는 것이었다. 1940년대와 1950년대에 정신분열병 환자의 가족에 대한 주요 선구자적 연구는 베이트슨, 리츠(T. Litz), 와인(Wynne)으로부터 시작되었고, 가족치료의 이론가들이 이에 합류하였다(Nichols & Schwartz, 1998). 보웬은 "정신병적 가족구성원과 접촉하여 항상 살고 있는 가족은 격렬한 혼란과 갈등 및 정서적 혼란의 상태에 있다."는 것과 지리적이고 관심 있는 유능한 치료사는 쉽게 가족구성원 간의 혼란과 갈등을 발견 할 수 있었다는 것을 알았다. 보웬은 이후에 이 상태를 "미분화된 자아 덩어리(undifferentiated ego mass)"로 설명하였다.

보웬(M. Bowen) 은 정신분석학적 배경을 가진 정신과 의사로서 정신분열증의 치료와 그 원인 발전에 심혈을 기울였다. 보웬의 가족체계치료는 정신분열증의 원인과 치료에 몰두하면서, 모자 공생 관계를 밝혀 낸 정신분석적 원리와 실제에서 발달되어 나온 모델이다. 즉, 어머니가 자신의 원가족과 분화하지 못하면 어머니는 자신이 가족생활에서 융합을 이루어 안정을 찾으려고 하는데, 이때 선택된 자녀와 지나치게 밀착하게 되면서 자녀는 정신분열증을 초래한다고 믿었다. 보웬은 1950년대 초반부터 가족치료 운동에서 주도적인 세력을 형성하면서 1946년에서 1954년 사이 메닝거 클리닉(Meninger Clinic)에서 연구하던 그는 정신적 외상 사건을 경험해도 어떤 사람은 정신분열병성의 부모의 양육에도 불구하고 어떤 사람은 장애를 나타내지 않지만 어떤 사람은 장애를 나타내는가? 등의 의문을 가지고 연구하였다. 그러다 1950년대 초부터 환자의 가족들을 참여시키기 시작했으며 이때 정신분열증 환자가 어머니와의 강한 애착을 가지고 있음을 발견하고, '모자공생(mother-child sysbiosis)'이라는 첫 가설을 내세웠다. 보웬의 가족치료 이론은 자신의 학문적 배경이었던 정신 분석적 원리 및 실제에서 직접 영향을 받은 이론적·임상적 모델이다. 보웬은 직관이나 임상적 판단위주의 치료에서 벗어나 원칙과 이론에 바탕을 둔 객관적이고 예측 가능한 치료가 되어야 할 것을 주장하였다.

보웬은 정신의학을 공부하였고 13년 동안의 개인 분석을 포함하여 철저한 정신분석 훈련을 받았다. 보웬은 정신분열증 환자뿐 만아니라 환자를 중심으로 한 부모와 가족 구성원 관계까지 치료의 영역을 넓히기 시작하였다. 이러한 작업의 목적은 '모자 공생'에 대한 이해를 더욱 넓히고 가족체계의 문제점을 분석 진단하여 체계를 치료하는 것을 연구하였다.

모자 공생이란 주 양육자였던 어머니와의 관계에서 정서적 불안과 긴장감이 정신분열증을 일으키는 큰 요인이 될 수 있고 역기능의 가정의 가족체계가 가족구성원으로 하여금 정신분열증 혹은 정신분열형의 증상을 일으킬 수 있는 요인이 된다는 것을 연구하였다.

보웬은 이러한 연구와 관찰을 통해서 양육자와의 '불안 애착(anxious attachment)'은 이성과 자기통제가 불가능하다고 여기는 불안에서 발생하는 것으로서 일종의 병리적 애착이라고 했다. 불안 애착은 분화의 주요한 한 측면이라 할 수 있는 것과는 다르게 정

반대의 것이다.

보웬은 내담자를 중심으로 모든 가족이 치료 받아야 될 가족치료 이론을 발달시켰고 가족치료를 배우는 전체 세대의 영향을 미쳤으며 가족치료의 지도자로서 국제적인 명성을 얻었다. 그리고 보웬은 1990년 10월 오랜 병고 끝에 사망했다.

다시 말하면 보웬은 가족을 모든 살아 있는 유기체처럼 진화의 산물로 보았고 자연과 정을 규제하는 가족전체의 힘인 정서 체계에 의하여 영향을 받는 것으로 보았다. 보웬은 가족관계의 역사적 지속성과 맞물림을 주시하여 정서 과정으로 명명하고 이전 세대에서 정리되지 않은 가족의 문제가 세대를 통해 전수된다고 믿었다.

보웬은 가족구성원 개개인의 변화가 가족 전체의 정서적 과정을 변화시킬 수 있으며 가족의 정서 과정을 역사적·다세대의 틀로 분석할 때 가장 잘 이해할 수 있다고 보았다. 따라서 치료 목표도 여러 세대를 거쳐 반복되는 가족의 정서 과정을 이해하고 원가족의 정서 체계의 일부로 기능하고 있는 가족구성원을 분화시키는 것에 두었다. 그러므로 그의 이론은 인간의 행동과 문제에 대하여 가장 포괄적인 관점을 가지며, 자아, 세대와 과거를 중시하는 정신역동적 접근과 현재의 가족 단위, 상호작용을 중시하는 체계적 접근을 연결 짓는 것으로 평가받는다.

1. 보웬의 가족치료 이론의 발달 및 주요 개념

보웬(Bowen)은 가족치료 발달의 선구자이자 최초의 이론가로 활동한 핵심 인물이며 그의 이론은 그가 1990년 사망한 이후에도 전 세계적으로 가족치료 연구와 임상에 독보적인 영향을 미치고 있다.

보웬은 정신분석 훈련을 받은 정신과 의사로서 정신분석 개념이 지나치게 개인 중심적이어서 가족을 설명하는 데 한계가 있음을 일찍이 깨닫고 정신분열증 환자와 그 가족의 관계에 대하여 임상적 관심을 갖고 연구하였다.

그는 정신분열증 환자와 그 어머니에 대한 임상연구를 바탕으로 '모자공생(mother-child symbiosis)' 개념을 발표하였다. 이는 정신분열증 자녀와 그 어머니가 병리적 애착을 가진 나머지 하나의 몸처럼 보이는 상태로서 모자 간에 분리 불안과 결합 불안이 교대로 나타나 강렬한 애착과 긴장 상태가 주기적으로 반복되는 것을 의미한다. 그는 이로부터 이성적 자기통제가 어려운 병리적 애착 형태인 '불안한 애착'에 관심을 갖게 되었다.

그는 이후 연구 단위를 모자 관계에서 아버지까지 포함한 삼자 관계로 확대시켜 모자공생 관계가 사실은 아버지를 포함한 전체 가족구성원이 관여된 정서 과정임을 발견하였다. 이로써 보웬은 모자공생 개념을 확대하여 전체 가족을 하나의 정서적 유기체로 보게 되었고 이후 가족을 단위로 하는 다세대 가족치료 이론 발달에 힘을 쏟았다. 그리하여 명실 공히 정신분석적 관점에서 벗어나 다세대의 정서 체계를 중시하는 가족체계 이론을 정립하게 되었다.

그의 이론적 업적은 가족치료 임상과 연구에 일관성 있게 포괄적인 통찰을 주는 토대를 구축함으로써 가족치료 발달에 한 획을 그었다는 의의가 있다. 보웬의 주요 개념이 1978년에 출가된 『임상 현장에서의 가족치료 *family therapy in clinical practice*』에 정리되었다. 그가 사망한 이후에도 커(M. Kerr), 게린(P. Guerin), 포가티(T. Forgaty), 맥골드릭(M. McGoldrick), 카터(B. Carther) 등의 많은 유능한 제자들에 의해 현재까지 그의 이론은 계승되고 있고 성차와 문화적 차이를 포괄하는 영향력 있는 이론으로 발전되었다(Nichols & Schwartz, 2001 ; 김영애 외 역, 2002).

1) 보웬의 가족치료 이론의 형성

초기의 가족치료자들은 실용주의자들로서 통찰보다는 행동, 이론보다는 기법에 더 관심을 기울였다. 그러나 보웬은 이러한 풍조에서 예외적 인물이었다. 가족치료자들 중에서 가장 중심적 이론가였던 보웬은 항상 방법보다는 방향에, 기법보다는 이론에 더 치중했다. 그의 관점에서 볼 때, 대부분의 정신 건강 전문가들은 지나치게 기법에만 골몰하여 체계 이론이 무엇인지 충분히 깨닫지 못했다. 보웬의 이론은 가족체계 이론 중에서 가장 체계적이고 영향력 있는 이론이다.

보웬 이론은 점차 발달되고 확대되어 왔지만, 동질화(togetherness)와 개성화(individuality)라는 양극의 두 세력을 중심으로 발달되어 왔다. 이상적인 것은 두 세력이 균형을 이루는 것이다. 자주적으로 기능할 수 있는 능력인 '분화(differentiation)'는 양 극단의 어느 한쪽으로 기울어지는 것을 막아 준다. 그렇지 않으면서 정서적 충동에 사로잡혀 양 극단의 자세 중 하나를 취하게 된다. 다시 말해 의존하려는 자와 거리를 두려는 자(pursuer-distancer) 중의 한 자세를 취하거나, 과잉 기능을 하거나 아니면 제대로 기능하지 못한다.

보웬이 이러한 인간 조건의 중심적인 긴장을 표현하기 위해 사용한 용어들은 모자-공생에서부터 미분화하는 가족 자아군 및 융합, 분화(fusion / differentiation)로 발달되어 나왔다. 어떤 식으로 표현하든 가장 중심적인 전제는 성숙하고 건강한 성격을 형성하기 위해서는 자기 가족관계에서 해결하지 못한 정서적 애착을 수동적으로 수용하거나 배척할 것이 아니라 수용하고 해결해야 한다는 것이다.

보웬은 *The use of Family Theory in Clinical Parctice*(1966)와 *Theory in the Practice Psychotherapy*(1976)라는 두 글에서 자기 이론의 핵심적인 개념을 명확하게 제시하였다. 1966년의 글에서 자기 이론을 구성하고 있는 6가지의 역동적인 개념, 즉 자아분화, 삼각관계, 핵가족 정서 과정, 가족 투사 과정, 다세대 전수 과정을 제시하였다. 1970년대에 와서는 정서적 과정과 사회 정서적 과정이라는 두 개념을 추가하였다(Bowen, 1976).

2) 자아분화

(1) 자이분화의 개념

보웬의 가족치료 이론에서 가장 핵심적인 이론이다. 자아분화(differentiation of self)

는 개인의 내면 및 타인과의 관계 차원이라는 두 가지 차원에서 논의 될 수 있다. 보웬 이론의 초석인 자아분화는 정신 내적인 개념인 동시에 대인 관계적 개념이다. 정신 내적 측면에서의 분화되지 못한 사람은 자기 감정에서 사고를 분리시킬 수 없다. 즉, 정신 내적수준이란 사고와 감정을 분리시킬 수 있는 능력을 말하고 대인적 수준은 자신과 타인을 분리시켜 사고, 행동할 수 있는 능력이다. 분화되지 못한 그들은 지성에 감정이 넘쳐들어 객관적인 사고를 거의 하지 못한다. 그리고 주위 사람들의 감정에 지배를 받아 맹목적으로 추종하거나 아니면 분노를 느끼며 배척한다. 문화가 이루어진 사람은 사고와 감정이 조화를 이루어 강한 정서와 자발성을 가지고 있지만 정서적 충동에 저항할 수 있는 자제력과 객관성을 가지고 있다.

사고와 감정 사이의 분화가 결여되면 자신과 타인 사이에서도 분화가 결여되기 쉽다. 분화가 이루어지지 못한 사람은 명확하게 사고할 수 없기 때문에 가족이나 주변 인간관계 속에서 긍정적이든 부정적이든 감정적으로 반응하게 된다. 이러한 사람은 자주적인 정체감이 없다고 볼 수 있다. 대신 타인들과 쉽게 융합을 이루고 자신과 타인을 분리시키기 어렵다. 분화를 이룬 사람은 자신이 무엇을 원하는지 정확히 알기 때문에 분명한 입장을 취하게 되고 자신의 신념에 따라 믿고 단호한 결정을 할 수 있으며 행동할 줄 안다. 그리고 상대방의 행동과 말에 흔들리지 않으면서도 친밀한 접촉을 유지할 수 있게 된다. 사람들은 분화되지 못할수록 불안과 스트레스에 대처하는 능력이 떨어진다.

게린은 분화를 자기 가족의 정서적 혼돈으로부터 자유로워지는 과정이라고 정의 한다. 자유로워지기 위해서는 문제에 대해 다른 사람을 비난하지도 않고 관계 체계에서 적극적으로 참여하면서 자신의 역할을 분석할 수 있어야 한다(Guerin, Fay, Burden, & Kautto, 1987). 게린은 스트레스 상황에 놓였을 때 기능을 계속할 수 있는 능력을 정의하고 평가하기 위해 '적응적 기능 수준(adaptive level of functioning)'이라는 개념을 사용하고 있다. 적응적 기능 수준이란 정서적인 지배의 압력을 받을 때 의식적으로 객관성을 유지하고 합리적으로 행동할 수 있는 능력을 말한다.

자아분화는 보웬 이론의 핵심 개념으로 개인이 원가족의 정서적 융합에서 벗어나서 자기만의 방식으로 자율적으로 가능하게 되는 과정을 의미한다. 자아분화는 정신 내적 측면과 대인 관계적 측면을 동시에 갖고 있다. 정신 내적으로는 사고 기능이 감정 기능에서 분리되는 정도를 의미하고 대인 관계적으로는 다른 사람과 구별되는 신념과 자주적이고 독립적인 행동을 의미한다.

분화된 사람은 사고와 감정이 균형을 이루어 감정적 자제력과 객관적 사고 기능을 지니고, 아울러 타인과 차별되는 자신만의 독자적인 신념과 독립성을 유지하면서 타인과 친밀한 접속을 유지한다. 반면 분화되지 않은 사람은 감정으로부터 사고를 구별하기 어렵고 감정에 대한 자제력이 부족하며, 자신과 다른 사람을 분리하지 못한다.

보웬은 자아분화와 대비되는 개념으로 가족 전체가 정서적으로 끈끈하게 뭉쳐 있는 상태를 의미하는 미분화된 가족 자아군(undifferentiated family ego mass)이라는 개념을 제시하였다. 이런 가족은 다른 가족구성원을 자기 자신의 연장으로 보고 과도하게 반응하고 불편하게 만들어 서로를 밀어내고 등을 돌리는 결과를 초래한다고 하였다. 그는 이 용어를 체계론적 개념인 융합(fusion) 개념으로 바꾸어 사용하였다. 그러므로 정서적 융합이 클수록 분화능력이 저하되어 감정에 의한 의사 결정을 하고 다른 사람에게 의존적이며 스트레스 상황에서 기능이 현저히 저하된다. 보웬은 자아분화에서 정신 내적 측면보다 대인 관계적 측면을 더 비중 있게 다뤘다.

(2) 자아분화 수준

보웬은 이론적 의미에서 개인의 자아가 가족 자아군(융합)에서 얼마나 분화되어 있는가를 알기 위한 방법으로 자아분화 연속선(continum)을 제시하였다. 이는 하나의 이론적 검증이고 실제 개인의 기능 수준을 평가하는 심리도구가 아니므로 정상과 비정상을 나누기 어렵다. 왜냐하면 스트레스가 적고 정서적 긴장 상황이 아닐 때는 자아분화 수준이 낮아도 아무 증상이 나타나지 않을 수 있고 자아분화 수준이 높아도 심각한 스트레스 상황에서는 증상이 나타날 수 있기 때문이다. 그러나 대부분의 사람은 스트레스를 많이 받을 때 상처를 받으며 병리 증상을 드러내기 쉽다.

이론적 자아분화 범위는 감정, 사고 기능과 자신, 타인의 융합이나 분화의 정도에 따라 0~100이라는 연속선 위에서 4가지로 구분된다.

그림 5-1 자아분화 수준 범위

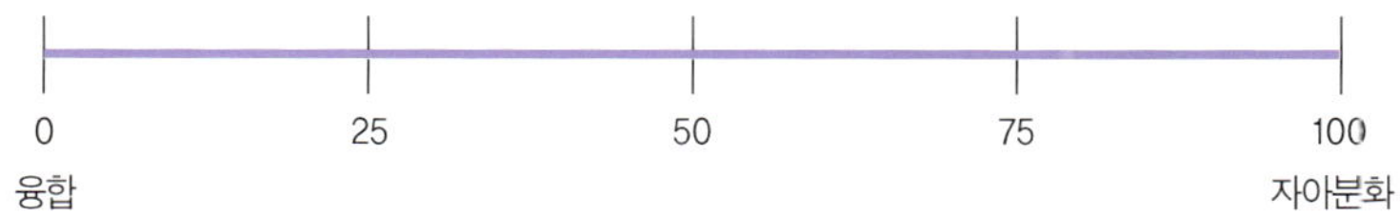

(3) 삼각관계

보웬의 삼각관계(triangles) 이론은 두 사람 사이의 불안과 긴장을 해소하기 위하여 한 사람이나 대상을 관계로 끌어들이는 정서적 역동이다. 보통 두 사람 관계는 아주 가깝거나 소원해질 위험을 지니므로 이런 불안을 피하기 위하여 사람들은 안정적인 삼각관계를 형성하고자 한다. 즉, 두 사람 관계에서 불안과 긴장이 높아지면 그 중 불편을 느끼는 사람이 어떤 사람이나 사물을 끌어들여서 삼각관계를 만들게 된다. 이 경우 삼각관계는 한 사람의 불안과 긴장 감소에 도움을 주고 안정감을 줄 수 있지만 관계 속의 불안이 계속 증가하면 또 다른 사람이나 사물을 끌어들여 여러 개의 삼각관계로 확산될 수 있다.

보웬은 삼각관계를 가장 적은 안정적 관계 체계라고 표현하였다. 삼각관계의 가장 흔한 형태는 사랑받고 싶은 아내가 독립적인 남편과 긴장이 발생하여 이것을 해소 하려는 방법으로 형성하는 삼각관계이다. 이때 긴장이 어느 한도에 이르면 아내는 특정 자녀와 강한 애착 관계를 맺어 남편과의 관계에서의 긴장을 감소시킨다. 이렇게 형성된 남편–아내–자녀 간의 삼각관계는 남편–아내 와의 이인 관계보다 더 안정되고 스트레스에 강하게 버티는 관계가 될 수 있다.

그림 5-2 삼각관계 형성 과정

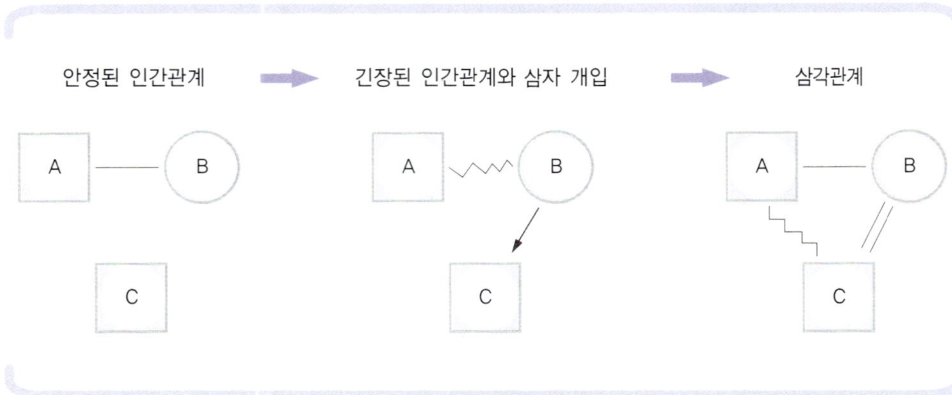

이러한 방식은 가족 내에서 매우 일반적으로 발견된다. 즉, 아들과 아버지가 오랫동안 불화를 겪을 동안 아버지와 어머니 사이에 그리고 아들과 어머니 사이에는 안정이 유지될 수 있다. 즉, 어머니는 어떤 문제에 대해 가정의 평화를 지키기 위해 자기 의견을 내세우지 않고 아버지의 의견을 따르고 그 결과 부부 사이에 불화가 표면화되지 않는다. 아들은 아버지가 어머니를 무시하고 지배하는 것에 대해 어머니를 동정하고 어머니와 가까워진다. 그리고 아들은 어머니 편이 되어 아버지를 비난하고 부자 관계에 불화가 발생하는 대신에 부부 간의 긴장은 감소된다. 긴장이 더 커지게 될수록 이 삼각관계가 한쪽 부모와 자녀 사이의 고도한 애착으로 나타나게 되고 부모의 긴장을 해소하기 위해 부적절한 시도를 하는 자녀는 문제 증상을 나타내는 사람이 되기 쉽다.

삼각화는 긴장을 떨어뜨리는 데 도움이 되지만 갈등을 해결해 주지 못한다. 삼각관계에서 불안이 너무 커지면 여러 개의 삼각관계로 확산된다.

삼각관계의 개인에게 긴장이 증가하면 제삼자는 방관자가 되거나 떠나게 되고 네 번째 사람을 끌어들여 또 다른 삼각관계를 형성하게 된다. 만약 가족 안에서 삼각관계를 만들 수 없을 때는 가족 밖의 사람이나 대상과 삼각관계를 형성하기도 한다.

가족구성원이 자아분화 수준이 낮을수록 정서적 안정을 유지하기 위해 삼각관계에 의존하게 되고 삼각관계를 활발하게 만들게 된다. 이와 같이 긴장 해소를 위해 삼각관계에 의존하는 것은 일시적으로 불안 해소와 긴장 완화에 도움이 되지만 문제를 악화시키고 삼각관계에 끼어드는 가족구성원의 자아분화 수준을 낮추는 작용을 한다.

그러나 가족구성원들이 잘 분화되어서 자율성을 유지할 수 있다면 심각한 스트레스 상황에서도 정서적 분리를 유지하므로 가족체계는 삼각관계에 의존하지 않고도 불안과 긴장, 문제들을 합리적으로 해소하게 된다.

(4) 핵가족 정서 체계

가족에 대한 보웬의 관점은 일반 가족치료자들과 차이가 있다. 보웬은 행동 또한 커뮤니케이션을 통한 상호작용보다 정서적 상호 의존성을 더욱 강조한다.

핵가족의 정서 체계(nuclear family emotional system)는 가족들이 감정적으로 연결되어 있는 정도를 의미하며 원가족에서부터 형성되어 배우자 선택과 결혼 생활을 통해 다세대에 걸쳐 반복하는 것으로 알려져 있다. 보웬은 일반적으로 사람들은 자신과 비슷한 수준의 자아분화 상대를 배우자로 선택 한다고 하였다. 핵가족은 남녀의 결혼으로 형성되고 이들 각자는 독자적인 생활 방식과 원가족에서 형성된 자아분화 수준을 가진 채 살게 된다. 그러므로 핵가족의 정서 체계는 원가족에서 형성된 부부 각자의 자아분화 수준에 의하여 결정되고 이는 다시 가족구성원에 영향을 미친다.

즉, 결혼 전에 원가족에서 정서적 융합이 되어 자아분화 수준이 낮을수록 자신과 비슷한 자아분화 수준의 상대와 결혼하고 부부 간의 융합도는 증가한다. 그 결과 핵가족의 부부 사이에 감정적으로 크게 의존하며 불만과 불안이 고조되기 쉽고 부부 불화나 정서적 거리감이 증가하여 가족의 불안 수준이 높아지면서 부부나 자녀에게 여러 문제가 발생하기 쉽다.

일반적으로 핵가족 융합의 결과로 ① 한쪽 배우자의 신체적 또는 정서적 역기능이 나타날 수 있고, ② 만성적인 부부 갈등이 발생하며, ③ 자녀의 역기능과 문제 증상이 발생할 위험성이 있다(Bowen, 1978). 이 문제들의 강도는 융합 정도, 가족의 내적·외적 스트레스 수준 등과 관련이 있다.

흔히 스트레스가 없는 경우에 핵가족 정서 체계는 크게 작용하지 않는다. 그러나 핵가족 융합이 심한 가족의 경우 내적·외적 스트레스 상황에서 가족의 불안이 급증되어 역기능 현상이 발생하게 되며 자녀의 분화 수준을 낮추는 결과를 초래하는 것이다. 그러므로 이 같은 핵가족의 융합이나 분화 수준의 정서 체계는 한 세대에서 다음 세대로 전달되고 그 자녀의 분화 수준과 기능에 영향을 미치게 된다.

(5) 가족 투사 과정

'가족 투사 과정(family projection proccess)'이라는 개념은 부모가 자신들의 성장 발달 과정에서 원가족의 양육자와의 관계에서 미해결된 문제를 자신의 자녀들에게 전달하거나 투사하는 과정을 가리킨다.

예를 들어, 태어난 가정의 가족들과 정서적으로 단절된 남편은 아내에게 아주 냉담하고 거리를 두고 산다. 아내는 이러한 남편의 태도 때문에 자녀에게 관심을 쏟게 된다. 아내는 남편이 자신을 멀리 하기 때문에 정서적 에너지를 대체적으로 특정의 어느 한 자녀에게 쏟게 된다. 이 자녀는 장남이나 장녀일 수 있고, 아니면 부모 중의 한 사람을 가장 많이 닮은 자녀일 수도 있다.

투사는 불안을 경감시켜 주기 때문에 남편은 아이에 대한 아내의 과잉 관여를 직접 또는 간접으로 지원한다. 간접적 지원이란 아내의 과잉 관여를 방치해 두는 것이다.

이러한 투사 과정의 대상-어머니가 가장 신경을 많이 쓰는 아이는 자아의 분화가 가장 덜 이루어지고 문제의 영향을 가장 많이 받게 된다. 그렇다고 해서 정서적 기능의 유형이 신체적 또는 정서적 역기능의 원인이 된다는 것이 아니라 가족 내에서의 이러한 정서적 과정이 역기능을 촉진시키는 다른 요인에 대처할 개인의 능력에 영향을 미친다는 뜻이다.

어머니가 자신의 불안을 자녀에게 집중시키기 때문에 자녀의 기능은 더욱 저하된다. 자녀의 이러한 미발달은 어머니로 하여금 더욱 통제할 구실을 제공한다. 어머니는 이러한 자녀에게 과도한 관심을 나타냄으로써 자신의 불안에서 벗어나게 되지만 자녀로 하여금 정서적으로 더욱 문제를 드러낼 소지를 제공한다. 이와 같이 미숙한 자녀는 결국 심리적 문제를 야기하여 부모로 하여금 더욱 관심을 쏟게 하고 기존의 가족 유형을 더욱 공고하게 한다.

(6) 다세대 전수 과정

가족 정서 과정-분화 수준, 역동적인 삼각관계, 융합, 정서적 단절은 대(generation)를 이어 전개된다. 예를 들어 증상이 전수되는 것과 같이 분화의 전수는 여러대에 걸친 부모-자녀 간의 정서적 과정을 통해 이루어진다. 어느 대에서나 가족과 융합이 가장 덜한 자녀는 분화 수준이 높은 반면에 융합이 가장 심한 자녀는 분화 수준이 가장 낮다.

다세대 전수 과정(multigenerational transmission process)은 여러 세대를 통하여 가족의 정서적 과정이 전수되는 것을 의미한다. 보웬의 이 개념은 미분화된 가족이 갖는 문제를 특정 대상에게 투사하여 또 다시 미분화를 낳게 되는 가족 투사 과정이 여러 세대에 걸쳐 내려갈수록 자아분화 수준은 낮아진다는 것이다. 모든 세대에서 삼각관계와 가족 투사 과정에 포함된 자녀들은 여러 세대에 거칠수록 그 부모보다 더욱 자아분화 수준이 낮아지는 결과 3대 또는 그 이상의 세대에 가면 자녀 중에 정신분열증, 조울증, 우울증 등 정신장애와 정서장애, 알코올중독, 강박증과 다양한 중독 증상 등의 문제가 발생하게 된다.

그러므로 정신분열증이나 역기능 문제는 개인의 질병이 아니라 가족의 정서적 체계에서 누적되고 세대에 걸쳐 전수된 자아의 미분화, 즉 융합의 결과로 간주되고, 이를 촉진하는 것이 심각한 가족 내부와 외부에서의 스트레스인 것이다.

(7) 정서적 단절

정서적 단절(emotional cutoff)은 세대 간의 미분화(관련된 정서적 강도)를 처리해 나가는 방법을 가리킨다. 세대 간의 유대적 단절이 심할수록 가족 간의 단절이 일어날 경향이 높다. 정서적 단절은 관계를 유지해야 할 사람들끼리 정서적으로 접촉을 끊고 지내는 것을 의미하며 주로 원가족에서 투사 과정에 개입된 자녀에게 일어나는 현상이다. 즉 부모와 융합된 자녀가 원가족과 접촉함으로써 생기는 불안과 긴장을 줄이기 위해 물리적·정서적 접촉을 회피하여 관계가 단절된 상태이다. 정서적 단절은 세대 간 융합의 문제를 반영하는 것이며 세대 간의 정서적 융합이 클수록 단절가능성이 더 높다.

융합이 심한 사람은 부모로부터 멀리 떠나거나 거리를 두거나, 또는 같이 살면서도 접촉을 피하거나 정서적으로 자신을 고립화시키고 부모가 중요시하는 것을 부인하거나 거부하는 등의 행동을 보인다. 즉, 정서적 단절의 두 가지 표시는 가족의 중요성에 대한 부정과 독립성의 과정이다.

보웬에 의하면 부모와의 정서적 단절이 심한 자녀일수록 부모의 가족 문제를 과장하며 자신의 긴장과 문제가 부모 탓이라고 한다. 이런 자녀가 이성을 사귀고 결혼 생활을 하는 경우 고립과 소외에 대한 불안으로 상대방에 대한 정서적 애착과 의존 정도가 심할 수 있다. 특히 자신의 부모로부터 벗어나기 위해 결혼한 사람은 다시 또 자신의 핵가족에서 융합하므로 결혼 생활에 긴장과 문제가 생길 때 역시 정서적 단절 현상을 반복적으로 나타낸다. 그 결과 멀리 달아나거나 거부나 격리, 고립화를 보인다. 그들이 원가족에서 차지하던 위치에 정서적으로 붙잡혀 있는 한 그들의 개인적 성장은 정지되는 것이다.

(8) 사회 정서적 과정

이 개념은 사회에서 일어나는 정서적 과정이 모든 가족에게 영향을 미치는 배경처럼 가족 내에서의 정서적 과정에 영향을 미친다는 사실을 가리킨다. 사회 정서적 과정이란 개념은 사회적 불안의 증대가 가족내에서의 기능적인 분화 수준을 점진적으로 떨어뜨릴 수 있다는 것을 말해 준다. 커와 보웬은 우리 사회에 막중한 사회적 압력으로 작용하는 범죄율의 증가를 그 예로 들고 있다. 보웬은 성차별, 계급 및 인종에 대한 편견이 불행한 사회 정서적 과정의 예라는 사실을 인정하고 있지만 가족 평가와 치료에서 이러한 문제에 관심을 기울일 필요가 있다는 것을 그리 부각시키지는 않았다. 그러나 여성

해방론자들은 그렇지 않다. 왜냐하면 성차별이란 가족을 감염시키는 사회 정서적 과정이라고 믿고 끝까지 투쟁해야 한다고 보기 때문이다.

보웬에 의하면 사회에 불안이 증가하면 결속에 대한 압력이 커져서 개별성과 분화 수준은 감소되고 역기능적 삼각관계가 맞물려 갈등과 투사가 발생하여 사회 문제가 확산된다. 즉, 가족체계와 마찬가지로 사회도 불안이 증가하면 하위 집단끼리 융합되기 시작하여 이기심과 공격성, 회피, 폭력과 불신, 비행과 범죄율이 높아지고 사회의 위기가 발생한다는 것이다.

예로 성차별주의, 집단이기주의, 획일주의 등과 장애, 계층, 인종에 대한 편견들은 불안수준이 높고 분화 수준이 낮은 사회의 정서적 과정을 반영한다. 반면 사회가 성숙해지고 집단 구성원의 분화수준이 높게 되면 스트레스 상황에서도 좀 더 협동적이 되고 공동의 복리를 고려하여 합리적으로 문제해결이 이루어진다.

(9) 정상 가족 발달

보웬은 1950년대 후반 정상적인 가족에 대해 연구를 시작했을 때, 정신분열증 환자 가족에서 보았던 것과 동일한 기제를 많이 발견하였다. 이러한 관찰을 통해 각 가족을 (정신분열증적, 신경증적, 정상적 가족으로) 구별할 수 있는 것이 아닌, 모든 가족이 정서적 융합에서 분화에 이르기까지의 직선상의 한 지점에 놓여 있다는 확신을 가지게 되었다. 보웬이 후기에 와서 상담을 한 가족이 대부분 전문직에 종사하는 가족들이었다는 사실을 보더라도 가족들은 서로 다르기보다 비슷하다는 신념을 더욱 공고하게 했다.

가족구성원들의 자아가 비교적 잘 분화되어 있고, 불안 수준이 낮고, 부모가 자신들의 원가족과 정서적으로 좋은 관계를 맺고 있을 때, 최상의 가족발달이 이루어질 수 있다. 대부분의 사람들은 청년기에서 성인기로 접어들 때, 다시 말해 부모와의 관계가 변화되기 시작할 때 가정을 떠나게 된다. 이와 같이 부모와의 관계가 완전히 변화되기 전에 부모 슬하를 떠나다 보니, 성인이 되고 난 뒤에도 부모를 대할 때 청년기의 감수성으로 반응하려고 한다. 대체적으로 볼 때, 사람들은 불안과 갈등을 피하기 위해 부모나 형제들과의 접촉을 줄인다. 자신이 자라난 원가족과의 접촉을 피하면 과거 문제들을 벗어던질 수 있다고 생각한다. 그러나 과거에 해결하지 못한 문제는 항상 따라 다니기 때문에 어디를 가든 다른 사람들과의 관계에서도 영향을 받기 마련이다. 가족 갈등에서 자기 역할을 무시하는 법을 배우기는 했지만 새로이 맺게 되는 다른 사람들과의 관계에서 반복되는 것을 막을 수 없다. 따라서 분화가 잘 이루어져 윗 세대와 좋은 관계를 맺고 있는 사람은 속박되거나 분열된 가정에서 자란 사람보다 더 안정을 누릴 수 있다. 윗 세대와 단절된 가정에서는 당장 문제가 발생하지 않는다 하더라도 다음 세대에 가서라도 문제가 드러나게 된다.

과거로부터 물려받는 또 하나의 유산은 배우자 간의 정서적 애착이 과거 성장한 원가족의 것을 닮는다는 점이다. 성장한 가정에서 분화가 제대로 이루어지지 못한 사람은 새 가정을 이룬 뒤에도 여전히 미분화되기 쉽다. 따라서 보웬은 자라난 가정에서 이룬 자주적 성격의 분화가 정상적 발달의 특징인 동시에 치료의 목표라고 확신하고 있다. 보웬 이론에서 그 어떤 것보다 강조하고 있는 것은 과거와의 연결인데 이는 기능적 가족 발달의 주요 특징이다.

(10) 행동장애 발달

보웬 체계에서 볼 때, 개인이 감당할 수 없는 스트레스를 받을 때 증상이 발생한다. 스트레스를 조정할 수 있는 능력은 분화에서 나온다. 분화가 잘 이루어진 사람일수록 타인과의 관계에 있어서 더욱 더 탄력적이고 유연하며, 스트레스가 있어도 증상을 타나낼 확률이 낮다.

'분화'를 단순하게 생각하여 '성숙 수준'이라고 말한다면, 증상 발달에 대한 보웬의 공식은 보통 말하고 있는 병적인 요인, 개인이 요인을 가지고 있어서 특정 수준에 도달하면 병리적 증상을 갖게 된다고 말하는 스트레스 모델과 다를 바 없다. 분화란 단순히 개인의 특징을 말하는 것이 아니라 관계의 특징을 말하기도 한다. 미성숙한 사람이라 하더라도 비교적 건강한 결혼 생활을 하고 있는 사람은 혼자 살거나 불행한 결혼 생활을 하는 사람보다 증상을 드러낼 가능성이 적다. 증상은 체계가 감당하기 힘들 정도로 불안이 심할 때 발생하는 것이다.

그러나 두 사람의 관계만으로 증상의 발생을 설명하기에는 부족하다. 왜냐하면 두 사람 간에 불안이 발생하면 자동적으로 제삼자를 끌어들이기 때문이다. 제삼자가 정서적으로 관여하여 특정 사람의 편을 들거나(그렇게 하면 이해 당사자끼리 문제를 해결할 길을 막는다), 대치된 정서의 초점이 되면(그러면 불안이 가중된다), 증상이 발생할 가능성 높아진다(Guerin, Fogarty, Fay & Kautto, 1996).

가장 상처받기 쉬운 사람(가장 분화가 덜 되고 고립된 사람)은 증상을 드러내거나 관계 갈등의 중심이 될 가능성이 가장 높다. 이러한 선택의 기제는 여러대에 걸친 전수 과정에 달려 있다. 예를 들어, 행동장애를 드러내는 10세의 어린이를 3대에 걸친 가계도를 통해 살펴보기로 하자. 이론상으로 볼 때, 증상을 나타내는 어린이는 가족들과 가장 심한 삼각관계를 맺고 있고, 그 결과 부모 사이의 긴장에 정서적으로 가장 깊이 관여되어 있으며, 특정 부모가 겪는 외부의 긴장에 가장 많이 영향 받고 있다고 추정할 수 있다. 증상의 배후에 있는 다세대 전수과정을 보면, 먼저 부모가 자라난 가족에서 분화가 제대로 이루어지지 않아 결혼 후 부부 관계에서 더 악화되고, 그 다음 부모간의 관계를 통해(대체적으로 어머니를 통해) 자녀에게 전달되어 증상을 유발한 어린이를 낳는다.

여기에 대처하기 위한 임상적 방법론으로는 ① 부모로 하여금 자신들의 불안에 대처할 수 있는 능력을 발달시켜, 자녀의 문제행동을 보다 잘 처리 할 수 있게 하고, ② 부모 각자가 불안감을 덜면서 자신이 성장한 가정의 가족들과 관계를 맺는 능력을 발달시킴으로써 정서적 친밀감을 강화시켜야 한다. 이러한 접근 방법에서는 어린이에게까지 손을 쓰지 않아도 된다. 부모를 진정시켜 문제를 보다 효율적으로 처리하도록 지도하는 것이 보웬이 택한 가장 주요한 방법이다.

3) 보웬의 치료 목표와 치료 과정

(1) 치료 목표

해결되지 못한 가족문제가 여러 대에 걸쳐 전달되어 현재의 문제를 낳는다는 사실을 대부분의 사람들이 인정하고 있다. 그러나 대부분 이러한 문제와 기본 유형을 찾기 위해 가계도를 사용한다. 가계도를 작성해 가며 증조부는 어떻고, 증조모는 어떻고 하며 추적하려고 한다.

보웬 이론에서 가족 내 중요 문제는 불안과 정서적 융합이다. 따라서 치료 목표는 세대에 걸쳐 누적된 불안을 감소시키고 자아분화 수준을 높여서 삼각관계에서 벗어나도록 하는 것이다. 그렇게 함으로써 개인의 자율성과 성장을 위한 여건이 만들어 지고 미분화의 세대 전수를 막을 수 있다.

치료자들은 증상이 무엇이든 문제는 사람이 아니고 정서적 체계에 있으며 개인의 변화는 가족의 정서 체계의 변화를 통하여 이루어진다고 본다. 보웬 이론은 다세대를 포함하는 관점이지만 개입 단위는 한두 명에 불과하며, 개인 또는 부부를 대상으로 불안 감소와 자아 분화를 촉진하는 것을 치료 목표로 한다. 이를 위해 치료자는 가족의 주요 인물 두 사람과 새로운 삼각관계를 만들기도 한다.

(2) 치료 과정

보웬은 가족으로부터 자신을 성공함으로써 치료 과정에 전체 가족이 참여하지 않아도 높은 동기를 가진 개인이나 부부의 자아분화가 시작되면 관계성을 변화시키고 전체 가족체계를 변화시키는 매체가 될 수 있다고 하였다. 이는 상담자가 가족구성원 한 사람을 대상으로도 가족과의 정서 과정에 초점을 두면서 가족상담을 할 수 있고, 개인의 자아분화 수준이 높아지면 곧 가족체계의 변화를 가져올 수 있음을 시사하는 것이다.

보웬 모델의 가족치료 과정은 가족 평가, 가족 내 불안 감소, 핵심적인 삼각관계범위 정의, 탈삼각관계화의 4단계로 구성된다. 즉, 1단계로 가족의 문제와 전체 가족체계에 대한 평가를 하여 치료 계획을 세우고, 2단계로 가족 내 불안 감정에 초점을 맞추어 감정을 통제하고 불안을 감소시키는 방법을 연습한다. 3단계로 삼각관계와 다세대 전수과정에 대한 정확한 인식과 객관적 이해를 하며, 4단계는 새로운 행동을 실천하여 탈삼각관계로의 변화를 체험하는 단계이다(Kerr & Bowen, 2005 ; 남순현 외 역, 1988).

보웬의 가족치료 요약

보웬의 개념적 렌즈는 그 어떤 가족치료자의 것보다 넓은 반면에 실질적인 치료 단위는 가장 작다. 그는 항상 여러 대에 걸친 전체 가족체계에 관심을 두었다. 개인이나 부부를 대상으로 치료할 때에도 마찬가지였다. 내담자를 어린 시절의 집으로 보내 부모와의 관계를 회복하게 하는 것은 보웬 학파의 가족치료자들이 유일하지만, 이러한 세대 간의 연관에 대한 생각은 가족치료 현장에 큰 영향을 미쳤다.

보웬에 의하면 가족의 주요 문제는 정서적 융합으로서, 주요 목표는 바로 분화이다. 정서적 융합은 타인을 필요로 하는 본능적인 욕구에서 나오지만, 이러한 욕구가 건강하지 못한 방법으로 과장 표현된 것이다. 어떤 사람은 동질성을 추구함으로써 이러한 융합을 직접적으로 표현한다. 그러나 어떤 사람은 독립된 척하면서 가면을 쓴다. 자아의 분화를 이룬 사람은 고립될 필요가 없고, 자신의 통합을 유지하면서 타인과의 접촉을 계속할 수 있다. 이와 마찬가지로 건강한 가족은 한 세대에서 다음 세대로 건강한 정서적 접촉을 계속 이어 갈 수 있는 것이다.

보웬 이론에서 삼각관계는 이론에 있어서나, 실제에 있어서 보편적인 분석 단위이다. 보웬은 프로이트와 마찬가지로, 초기 가족관계의 중요성을 강조했다. 자신과 부모와의 관계를 삼각관계로 기술하고, 인생에 있어서 가장 중요한 것으로 생각했다. 삼각관계에 대한 보웬의 이해는 가족치료에 있어서 가장 중요한 공헌이요 가장 독창적인 개념 중의 하나이다.

보웬은 치료란 이론의 확장에 지나지 않는다고 생각했다. 가족 문제에 파고들기 전에 가족체계가 어떻게 작용하는지 철두철미하게 이해하고 있어야 한다. 치료란 과거로 돌아가서 부모, 조부모, 그 밖의 친척들과 바람직한 관계로 지내는 법을 배워 나가는 것이다.

보웬 이론은 동질성과 독립성 사이의 균형을 주창하지만, 치료 현장에서는 분명히 지적인 성격을 띤다. 보웬은 불안이 심리적 평형을 깨뜨린다고 생각했기 때문에 보웬의 치료적 접근 방법은 감정에 지배되지 않은 침착한 분위기를 강조한다. 보웬은 가족관계의 역사에 대해 생각하도록 하기 위해 내담자로 하여금 가족 문제에 직면시키기를 피한다.

보웬 모델에서는 체계의 역동성을 중시하기 때문에 증상에 초점을 맞추지 않는다. 치료를 할 때 시선을 관계에만 '고정'시키지 않고, 내담자 일생 동안 자기 발견의 노력을 시작해 나가도록 부추긴다. 그렇다고 해서 내적 관찰을 통해 자기를 발견하게 하는 것이 아니라, 가족들과의 실제적인 접촉을 통해 발견하게 하는 것이다. 내담자가 자기 발견의 여행을 떠날 때, 자신의 정서적 애착과 유리의 유형을 이해할 도구를 갖추게 한다.

가족 평가

첫 번째 치료 과정인 가족 평가 단계는 내담자의 정확한 가계도를 그림으로써 다세대 정서적 체계의 맥락에서 현재 문제를 파악하는 것이다. 즉, 제시된 문제와 증상과 관련된 가족의 역기능과 정서 체계에 대해 개인과 핵가족, 확대가족의 순서로 평가하고 이해하는 것이다.

개인의 경우는 무슨 증상이 누구에게 언제 발생하였고, 그 경과와 재발 여부, 원가족과의 삼각관계를 파악한다. 그리고 가족의 정서적 기능이나 스트레스 사건과 시간적 관련이 어떠한지를 파악하며, 문제에 대한 가족구성원의 인식이 어떻게 다른지 등을 이해한다. 핵가족의 경우는 부부의 결혼 경위, 결혼 생활 적응 수준, 출생 순위, 원가족과의 분화정도, 자녀 출산 및 자녀와의 관계, 가족의 정서 과정, 위기와 스트레스 사건 발생 여부 등을 조사한다.

확대가족은 부계와 모계를 포함한 각 친척의 교육배경, 건강력, 직업력, 사망일, 사망원인, 결혼력, 출산력, 가족 내 삼각관계, 정서적 단절, 현재 핵가족의 위치, 위기와 스트레스 사건 발생 여부 등을 조사한다(최우련, 2008, 재구성).

가족 내 불안 감소

두 번째 치료 과정은 가족 내 불안을 완화시키고 낮추는 것이다. 보웬은 불안이 정서적 융합을 가져오므로 치료 시 불안을 감소시킴으로써 정서적 역기능을 줄여야 한다고 믿었고, 가족체계에 대한 이해와 자아분화를 위해서는 차분하고 안정된 분위기 조성이 필요하다고 보았다.

그러므로 개인은 자신이 불안해하는 이유와 부적응을 인식하고, 불안에 잘 대처하는 능력을 배우고 훈련한다. 이를 위해 치료자는 객관성과 정서적 중립성을 유지하며 전문적인 조언을 하는 '코치' 역을 한다.

삼각관계 정의

세 번째 치료 과정은 가족 내에서 다세대에 걸쳐 반복되는 삼각관계를 파악하고 그 중 문제 증상과 관련된 핵심적 삼각관계 범위를 정의하는 것이다. 보웬은 핵가족을 아는 것만으로 문제를 이해하거나 변화를 가져오는 데 불충분하다고 보고 확대가족과 세대로 전수되는 삼각관계를 정확하게 파악하여야 융합된 관계에서 벗어나게 할 수 있다고 믿었다.

그는 자아분화 과정의 일부로서 확대가족의 모든 가족구성원들과의 관계성 발달과 교류를 중시하였다. 이렇게 할 때 폐쇄된 관계나 융합된 관계가 개방되고 확대가족 내의 삼각관계가 예방될 수 있다고 하였다(최국련, 2008, 재구성).

탈삼각관계화

개인을 대상으로 할 때는 확대가족과의 신경증적인 정서 관계, 즉 삼각관계를 해소하는 데 초점을 둔다. 치료자는 개인에게 가족 내 삼각관계와 그 역기능을 가르치고 원가족과의 삼각관계에서 벗어나 객관적이 되게 도움으로 써 가족체계를 변화시키는 지렛대 작용을 하게하는 것이다.

부부를 대상으로 할 때는 먼저 부부의 감정이 진정되고 불안 수준이 완화되도록 돕는 일을 먼저 한다. 이를 위해 부부가 상대방이 문제의 제공자라고 하기 전에 문제 발생에 자신으로부터의 영향이 된 부분을 보게 하고 부부 사이에 직접 대화를 나누기보다는 부부가 치료자에게 각자의 말을 하게 한다. 그 결과 감정적 반박이나 적대감을 갖거나 상대방을 공격하지 않고 차분하게 상대방의 말을 경청하게 되고, 부부 문제에서 자신의 책임을 인식하여 변화 동기가 생긴다. 만일 부부가 서로의 몰이해와 비수용적으로 비난하는 감정이 진정되지 않으면 부부를 따로 만나는 것이 도움이 된다.

부부를 치료하는 과정에서 치료자와 삼각관계가 형성된다. 치료자는 이들과 정서적 중립 위치를 유지하면서 차분한 목소리로 감정보다는 현상학적으로 나타난 사실을 말하도록 한다. 치료자가 부부 중 어느 한쪽 편을 들지 않고 양쪽과 접촉을 유지한다면 부부 각자의 자아분화 수준은 높아져서 그들 사이가 안정되고 치료자는 아웃사이더로 나오게 되어 탈삼각관계가 된다. 만약 치료자가 부부 한쪽과 정서적 접촉이 안되거나 한쪽 편을 든다면 그들은 또 다른 삼각관계를 이루고 치료는 방해받게 된다.

불안이 감소되면 탈삼각관계화 작업을 진행한다. 즉, 부부에게 정서적 체계의 작용을 가르치고 자신의 원가족과의 정서 과정과 현재 나타난 자신의 문제와의 연관성을 탐색하여 변화동기를 높인다. 그리고 치료자는 부부 각자로 하여금 자신의 원가족에게 돌아가 그들과의 관계에서 정서적 융합을 피하고 자율적인 행동을 할 수 있는 구체적인 방법을 실천에 옮기도록 한다.

2. 치료자 역할 및 치료기법

1) 치료자 역할

보웬 모델의 치료자는 치료 목표인 가족구성원의 자아분화와 불안 감소를 위해 가족의 정서과정에 융합되거나 삼각관계에 연루되지 않아야 한다. 그리고 가족과의 관계에서 정서적으로 안정되고 객관적인 태도로 자율적 위치를 취하여야 한다.

치료자의 바람직한 역할로 자아분화 수준이 내담자의 수준보다 높아야 하는 것이 필수적이며, 중립적인 자세로 가족의 감정적 동요를 진정시키고 자아분화를 높이는 촉진자 이어야 한다. 보웬은 치료자를 코치(coach)로 비유하고 가족이 능력을 최대한 발휘할 수 있도록 조용히 돕는 능동적 역할을 하여야 한다고 하였다.

2) 치료기법

보웬 모델의 치료자들은 가족체계에 대한 이해가 여러 기법들보다 훨씬 더 중요하다고 본다. 이들은 가족의 정서 체계를 이해하고 인지적 자각을 촉진하기 위해 가계도 작성과 질문이나 과제를 주로 사용하고 삼각관계를 벗어나도록 코치하는데 관심을 두는 반면 특정 기법에 치중하지 않는다.

3. 보웬의 가족체계 치료에서 가장 중요한 7가지 기법

1) 가계도

가계도의 주요 기능은 평가단계에서의 자료를 조직화하고, 치료 과정 중에 관계과정과 주요 삼각관계를 추적하는 데 있다. 가계도를 통해 치료하는데 가장 포괄적인 안내서는 맥골드릭과 거슨(R. Gerson)의 저서 *genograms in family assessment*이다 (MCGoldrick & Gerson, 1985).

2) 치료적 삼각관계

이 기법은 가족 내에서 갈등을 빚고 있는 사람은 안정성을 되찾기 위해 제삼자를 끌어 들여 삼각관계를 형성하려는 경향이 있고, 치료자까지도 자동적으로 이러한 삼각화 과정에 끌어들이려 한다는 이론적 가족체계를 토대로 하고 있다. 만일 그렇게 되면 치료는 교착상태에 빠지고 만다. 그러나 치료자가 정서적으로 말려 들지 않는다면, 삼각관계에 빠지지 않는다면, 가족체계와 그 구성원들은 평정을 되찾아 자신들의 문제를 해결할 방법을 찾기 시작한다.

부부치료를 할 때, 격앙된 정서를 가라앉히고 객관적인 관찰과 사고를 할 수 있도록 부부 각자에게 일련의 과정에 대한 질문을 한다. 두 사람 중에 지나치게 나서서 과잉 기능을 하려는 사람은 진정시키고, 제대로 기능하지 못해 심리적 거리를 두려는 사람에게는 마음을 열고 참여하도록 독려하고 안정감을 느끼게 한다. 이 기법은 아동 중심의 가족치료에서도 사용할 수 있다. 증상을 나타내는 어린이가 부모 두 사람과 삼각관계를 맺듯이, 치료자도 아동과 각 부모 사이에 제삼자로 참여한다. 이 기법은 속박되어 있는 어머니를 물러서게 하고 유리되어 있는 아버지의 참여를 촉진하려는 구조적 가족치료자들의 기법과 얼마나 비슷한지 유의해 볼 필요가 있다.

3) 관계 실험

관계 실험은 주요 삼각관계를 구조적으로 변화시키기 위해 사용한다. 목표는 가족들로 하여금 체계 과정을 인식하고, 그 과정 내에서의 자신의 역할을 깨닫도록 학습시키는 것이다. 아마도 가장 좋은 실험의 예가 정서적으로 의존하려는 자와 거리를 두려는 자에게 사용하기 위해 포가티가 개발한 방법일 것이다. 의존하려는 사람에게는 상대방에게 대한 의존을 자제하고, 요구하기를 중지하고, 정서적으로 연루되려는 압력을 감소시키고, 자신과 상대방과의 관계에 어떤 일이 발생하는지 보게 한다. 이러한 연습은 정서적 과정을 명료화시키는데 도움을 준다. 그리고 거리를 두려고 하는 자에게는 상대방에게 다가가 자기 생각과 감정을 전달하게 한다. 다시 말해, 상대방의 요구를 회피하거나 무조건 항복하지 않고 그 대안을 찾게 한다.

4) 코치하기

코치하기는 내담자들이 직접 자기네 가족 문제를 해결해 나가도록 치료자가 조언하는 것이다. 대부분의 다른 가족치료에서는 치료자가 내담자에게 개인적이고 정서적으로 참여 하는 것이 보통이지만, 코치하기는 보웬 치료에서 그 대안으로 제시한 것이다. 보웬 학파의 치료자들은 단순히 코치의 역할을 수행함으로써, 내담자의 역할을 대신 하거나 가족들 간의 삼각관계에 끌려 들어가는 것을 방지할 수 있다. 이것은 내담자들이 자기 가족의 정서적 과정과 그 속에서의 역할을 이해하도록 과정에 대한 질문을 하는 것이다. 코치하기의 목적은 이해를 증진시키고, 자신에게 초점을 맞추고, 중요한 가족구성원들에게 보다 기능적으로 애착하도록 돕는 것이다.

5) 나의 자세

나의 자세는 서로 정서적 충동에 의해 반응하려는 경향을 막는 가장 직접적인 방법 중의 하나이며 자신의 견해를 피력하는 방법이다. 다시 말해 상대방의 행동을 지적하기 보다 자신의 감정을 피력하는 것이다.

보웬 학파의 가족치료자들은 내담자에게 '나의 자세'를 취하게 할 뿐만 아니라 치료자들도 이러한 자세를 취한다. 그 한 예로 가족치료를 마친 후 어머니는 치료자를 한쪽으로 불러가서 남편이 암에 걸렸다는 사실을 털어놓고 아이들에게는 알리고 싶지 않다고 말했다. 어떻게 할 것인가, 치료자는 나의 자세를 취해 어머니에게 '나의 생각으로는 아이들도 알 권리가 있다고 생각하는데요.'라고 말해야 한다. 물론 어떻게 할 것인가 하는 문제는 여전히 어머니에게 달려 있다.

보웬 치료에서 직면은 불안을 증대시키며, 분명하게 사고하는 대안을 찾을 능력을 떨어뜨린다는 것이 또 하나의 가정이다. 따라서 초점을 바꾸어 덜 개인적이고 덜 위협적인 문제를 다루는 이 객관성을 증대시키는 최상의 방법이다.

6) 집단가족치료

보웬은 집단가족치료의 한 방법으로 여러 부부를 모아 놓은 뒤 한 부부를 대상으로 대화하다가 다른 부부로 넘어가곤 하면서 부부들끼리의 상호작용을 제한했다. 이렇게 한 이유는 한 부부가 다른 부부를 관찰함으로써 정서적 과정에 대해 배울 수 있다는 생각 때문이다. 다른 부부를 보면 자기 부부끼리 할 때와 같이 감정에 휘말리지 않을 수 있기 때문이다. 프라모(J. Framo)도 이와 비슷한 접근 방법을 택하고 있다.

7) 다른 가족 이야기로 대치하기

이야기로 대치하기란, 게린의 기법으로서 영화나 비디오테이프를 보여 주거나 이야기를 들려주면서 가족들에게 체계의 기능을 가르치는 기법이다. 이 방법을 통해 가족의 방어적 태도를 최소화시킬 수 있다.

끝으로 가족치료를 배우는 사람은 각 이론을 얼마나 잘 이해할 수 있고 얼마나 유용한 가에 따라 평가하려고 하지만, 보웬은 자신의 가장 중대한 공헌이 인간 행동을 과학적인 눈으로 보는 방법을 제시했다는 사실이라고 생각한다. 보웬은 우리가 개인으로서 어떻게 기능하고 있는지, 우리가 가족들과 어떻게 지내고 있는지, 또 이러한 것들이 서로 어떻게 연관되어 있는지 이해하는데 큰 공헌을 했다. 보웬은 이러한 이해는 가족치료의 그 어떤 방법이나 기법보다 훨씬 더 중요하다고 보았다.

결론

보웬은 가족을 다세대적 현상으로 보았으며 다세대적 분석을 통해서 현재 가족 문제를 파악하려고 했다. 그는 개인의 역기능의 원인으로 가족의 역할을 강조했으며 가족은 감정적 단위로 상호 맞물린 관계에 있다고 보았다. 그는 성숙하고 건강한 인성으로 분화되기 위해서는 가족과의 미해결된 정서적 애착이 해결되어야 한다고 보았다. 중요한 개념으로 자기분화, 삼각관계, 핵가족 정서 체계, 가족 투사 과정, 정서적 단절, 다세대 전수 과정 등이 있다. 보웬의 가족치료의 목표인 분화는 '나 전달법(I Messege)'을 사용해서 지적 과정과 정서적 과정을 구분하게 하며 삼각관계에서 벗어나게 함으로써 이루어진다.

Chapter 06

정신역동적 가족치료

정신역동적 가족치료가 독자적인 치료 전문 분야로 확립되는 데에는 정신분석 훈련을 받았던 많은 치료자들이 있었다. 에커만(N. Ackerman), 알거(L. Alger), 보웬, 보스조르메니-내지(Boszormenyi-Nagy), 위터커, 잭슨, 미누친 등 초기 대부분의 가족치료사가 정신분석 훈련을 받았으며 그들은 정신분석적 이론에서 새로운 체계역동 이론으로 전환시키는데 역할을 하였다.

즉, 정신분석적인 고정된 치료적 시각과 틀을 버리고 체계론적 역동이라는 새로운 치료적 접근을 시도하였다. 1960년대와 1970년대 잭슨과 미누친 등이 정신분석적 근간을 탈피하여 가족치료의 새 분야를 개척하였다. 미누친(1989)은 가족 상황과 체계를 무시한 개인치료는 진정한 치료가 아니라고 비판하면서, 개인을 치료하기 위해서는 가족체계에 대한 이해의 중요성을 강조하였다. 1980년대 가족치료사들에게 개인심리학에 대한 새로운 관심이 생기기 시작했고, 이러한 변화는 정신분석 내에서 프로이트 이론을 중심으로 한 개인주의 심리학에서 관계를 더 중시하는 대상관계 이론과 자아심리학이 큰 관심을 끌면서 가족치료사들도, 개인심리학과 정신역동학에 다시 관심을 갖게 되었다.

정신분석 가족치료의 본질은 현재의 가족관계를 왜곡시키는 무의식적 충동과 그것에 대항하는 방어기제들을 대상관계 이론에 기초하여 인식하고 해석하는 것이다. 따라서 가족구성원의 상호작용 및 교류를 도외시한 개인만을 분석하고 관찰하는 것이 아니라, 성숙한 방식으로 상호작용하고자 하는 가족의 역동을 방해하는 근본적인 핵심의 욕구를 찾아내는 것이다. 정신역동적 가족치료 접근들이 가족치료사 및 상담 전문가들의 큰 관심을 갖게 된 이유는 가족치료사들이 체계적 상호작용에 관해서 임상 장면에서 심오한 진리를 깨닫게 되었기 때문인데, 자기 인식과 자기 통찰의 중요성을 아는 사람은 누구나 인간의 내면 깊은 곳의 무의식 세계의 미 해결된 욕구와 과제들이 그 사람의 지속되는 삶의 과정을 통해서 갈등과 혼란으로 부적응과 자기 이해 및 타인 이해의 어려움을 겪게 된다는 것이다. 이러한 내적 갈등과 대인 관계 및 가족 상호작용과 의사소통을 변화시키려는 정신역동적 가족치료사들은 가족구성원의 개인적인 두려움과 열망을 찾아내기 위해서 가족 간의 대화 이면에 숨겨진 부분들을 탐색해 내는데 치료의 핵심을 둔다.

1. 정신역동적 가족치료

가족상담 및 가족치료가 독자적인 전문 분야로 확립되는 데는 앞장에서 언급한 대로 초창기의 주요한 개척자들의 선구적인 연구와 임상의 발전에 힘입은 바가 크다.

서구에서 초기 가족상담 및 가족치료자들은 정신의학, 심리학, 사회복지학 등의 다른 배경을 지니고 강조점에도 차이나지만 공통적으로 가족체계 이론에 토대를 두고, 상담 목표로 가족구성원 간의 의사소통 개선 같은 가족 전체의 변화를 강조하였다.

정신역동적 가족치료는 정신역동 개념으로 가족을 이해하고 상담자와 가족구성원 또는 다른 사람 사이의 반응 방법에 대한 통찰을 갖고 가족에 개입하는 치료이다. 정신역동적 치료는 원래 프로이트에 의한 개인치료 이론으로 가족치료가 생성되는 초기에 많은 선구자들이 이 치료 이론에서 출발하고 훈련을 받았다. 그러나 1960년대와 70년대에 미누친, 사티어 등 다수의 치료자들은 정신역동적 접근에서 완전히 벗어나 체계론에 기초한 이론들을 개발시킴으로써 정신역동적 사고와 통찰은 가족치료 주류에서 무시되었다(채규런, 2008).

가족이 어떻게 기능하며, 그 기능에서 무엇이 특징적이며 어떻게 변화하는지 설명할 수 있는 변수에 대한 전제와 기초가 없었다. 그러나 가족체계 이론과 가족발달 이론이 특별한 이론들로부터 대중화되어 가면서 가족상담과 가족치료는 각 모델을 중심으로 발달하였다.

초기 단계의 가족치료는 일반 가족에게 근거를 두기보다는 정신분열증 환자 가족을 중심으로 시작되었다. 대부분의 초기 가족치료는 정신의학자들로부터 시작되어 발달하여 갔고, 정신분열증 환자로부터 발견한 가족의 역기능과 가족관계의 문제를 발견하기 시작하였다. 개인의 정신 내적 문제(intrapsychic problems)를 가진 정신분열증 혹은 다른 증세를 통찰하고 분석하고 환자의 환경이 다른 점을 인식하며 발견된 맥락의 역기능 문제에 집중하였다.

가족치료학자들은 정신분석학적으로 훈련받은 많은 정신과 의사 혹은 임상가들이었고 대부분은 개인적 심리 분석에 개입하면서 확장된 핵가족관계, 더 나아가서 확대가족과의 역동을 다루는 훈련을 하였다. 특히 가족치료 운동의 초기에는 심리 내적 역동의 무의식적 변화에 초점을 두던 것에서 가족관계의 사회적 상호작용에 관심을 기울였다.

정신분석가들은 정신분열증의 위험도가 높은 청소년군에 관한 연구에서 위계적 가족 구조와 관계를 다루면서 정신분열증으로 진전되는 데 결속과 배척이라는 두 가지 양식이 상호작용하고 있음에 주목하였다.

1980년대부터 가족치료에서 관계 속의 개인에 대한 관심이 많아지고 정신분석학이 개인 중심에서 벗어난 관계 중심인 대상관계 이론으로 옮겨지면서 정신역동적 가족치료는 새로운 관심을 모으고 있다.

정신역동적 가족치료(psychodynamic family therapy)는 한 마디로 정의하기 어렵다. 왜냐하면 정신역동은 개인에 관한 치료이기 때문이다.

필자는 정신역동적 가족치료란 가족을 대상으로 정신역동적 치료를 하는 것이며, 체계적 가족치료에 정신역동적 통찰과 개입의 접근 치료법이라 정의하고자 한다.

이와 같은 접근 방법의 주된 목적은, 치료사, 가족구성원, 또는 대인 관계에서 생기는 부적응이나 관계 갈등 등의 대처 방안 혹은 반응 방법에 대한 통찰을 얻도록 치료사가 지지하고 격려하여 협력하는데 있다.

2. 정신역동적 발달 및 주요 개념

1) 정신역동적 가족치료

전통적인 정신분석학은 프로이트의 이론을 중심으로 하는 원초아와 자아, 초자아 간의 심리 내적인 무의식적 갈등이 심리적 병리의 원인이라고 하는 한편 그 결과인 불안이나 분노, 우울증은 생애 초기의 양육자 등의 중요한 사람과의 관계에서 발전한다고 하였다.

프로이트의 충동심리학에서는 인간의 본성의 중심에는 성적 충동과 공격적 충동이 있다고 본다. 아이가 정신적 갈등을 갖는 것은 근본적인 충동 표현에 불안을 느끼기 때문이다. 갈등이란 불유쾌한 감정으로 불안함에 의해 나타나고, 무의식적이다. 프로이트는 심리적 안정은 본능의 충족과 충동의 현실적 통제, 그리고 독립된 심리 구조의 조정에 의존한다고 믿었다. 뿐만 아니라 갈등의 균형(the balance of conflict)은 갈등적 욕망에 대항하여 방어기제를 강화하거나 또는 방어기제를 이완시킴으로써, 만족하는것중의 하나라고 믿었다. 또한 프로이트는 가족에 관심을 보였으나, 가족을 한 가족구성원이 지내게 된 신경증적 공포를 유지시키고 현재의 관계로 보기보다는 단지 신경증적 공포를 학습했던 과거 상황에 초점을 두었다. 정신분석 배경을 가진 초기 가족치료자 에커만, 앨거, 보웬, 미누친 등은 무의식적 본능과 충동에 초점을 두고 일대일 개인 면담을 하는 전통적인 정신분석 접근보다는 개인적 요인과 대인 관계, 사회적 맥락의 영향을 중시하는 정신역동적 접근을 가족을 대상으로 가족체계와 관계를 통해 시도하게 되었다. 이에 속하는 사람은 애커만(Ackerman), 보스조르메니-내지 등이 있다.

(1) 정신분열증과 가족치료

보웬 정신분열과 가족치료는 보웬과 설리번(H. Sullivan)의 이론을 예로 들 수가 있는데 보웬은 정신과 의사로서 정신분열증을 치료하다 어머니와 자녀 공동생활에 관심을 갖고 Menninger Clinic에서 가족관계를 연구하기 시작했으며 정신분석의 개념을 사용하여 환자와 가족을 치료하였다. 그가 개인치료보다 가족에 대한 연구에 집중하기 시작하면서(1946~1954), 어머니와 자녀 사이의 공동생활에 대한 이해와 연구가 주된 관심사가 되었다. 보웬이 정신분열증 환자와 그의 가족을 치료함으로서 내담자는 어머니와 불안정한 애착 관계를 형성하는 데 있어 가족과 과도하게 정신적으로 밀착되어 있음을 찾아내었다. 부모와 자녀의 애착 관계가 정서적으로 불안할 때 자녀는 제대로 자립하거나 스스로 통제할 수 없는 상태에 이른다는 개념이 설명되면서 불안정한 애착 관계는 분화가 되지 않으므로써 생길 수 있다는 것을 강조하였다. 보웬의 공헌은 정신분열증 환자 가족에 대한 연구를 통해서 분화의 개념과 삼각관계의 개념을 발전시키며 정신증 환자뿐만 아니라 일반 핵가족에서도 이러한 이념을 적용한 것이었다.

보웬은 정신분열증 환자의 독특한 정서적 가족체계 관계 방식을 언급하면서 분화 수준 점수 0~25와 관련하여 정신증적 문제를 연결시켰다. 이러한 분화 수준에서는 감정에 지배당하고 관계에서의 항상적 안전을 추구하며 관계 체계에 문제가 생기면 신체적 혹은 정신적 질병과 역기능을 유발한다고 보았다. 특별히 자아 수준이 낮으며 감정에 의해서 감정 반사 행동을 보인다고 하였으며 낮은 분화 점수를 정신분열증 증세와 연결하며 가족체계 문제로 다루고 있다.

설리번은 과거에 정신분열증을 가졌던 정신과 의사로서 각고의 체계와 구조를 강조하지는 않았으나 개인과 가족을 통합하는 데 인간의 의사소통, 불안 그리고 가족 구성의 역기능의 기준(crieria)을 확립하였다. 정신과 의사인 그는 인간이 타인과의 의사소통에서 항상 불안하기 때문에 정서적으로 병들어 가는 것과 아동에게 정서적 불안정감을 전달하는 문제의 어머니 역할과 양육을 중심으로 '정신증'을 언급하였다. 그는 보웬처럼 전형적인 가족 문제를 다루며 가족치료 이론을 순차적으로 확립하지는 않았지만 인간은 하나의 존재로서가 아니라 관계 속의 존재로서 보아야만 가장 잘 이해될 수 있다고 강조하였다.

2) 주요 개념

(1) 자기심리학

자기심리학은 크게 보면 대상관계 이론 모델에 속해 있는데 자신의 문제를 중요하게 생각하기 때문에 자기 심리학이라는 이름을 가지고 있다. 다른 대상관계 이론가들은 대상에 초점을 맞추고 있지만, 코헛(Kohut, 1971, 1977)은 그 대상과의 관계를 맺는 주체로서의 자기에 초점을 맞추고 있다. 건강한 자기를 강조하는데 건강한 자기는 스스로의 정서를 안정된 상태로 유지할 수 있고, 자기 파편화의 위협을 느끼지 않는 상태를 말한다. 자기의 발달 과정은 심리 이전의 단계와 2차적 자기애 단계가 있다. 심리 이전의 단계에서 자기는 파편화된 자기 또는 자아의 핵 요소들의 상태로 존재하고, 이 요소들은 구체적이지 않고 정상적인 자기로 기능하기 위해서 '핵심 자기'로 변화되어야 한다. 2차적 자기애 단계에서는 '핵심 자기'로 변화하기 위해서 양육자인 어머니의 공감이 중요하다. 양육자는 자기 대상이기 때문에 아기에게 양육자인 어머니는 자기의 일부분이나 자기의 확장으로 존재한다. 자기 대상의 기능을 통해서 '핵심 자기'로 변화되어야 자기가 정상적으로 가능하게 된다. 예를 들면, 어렸을 때 부모가 자신을 있는 그대로 수용하고 인정해 주면 내면화를 강화해서 자신감 있는 성격을 형성한다. 하지만 부모가 인정해 주지 않으면 인정에 대한 욕구가 남아 있다가 성인이 되었을 때 자신을 받아들여 주는 상대를 만날 때마다 무한정으로 그 욕구를 드러내게 된다. 자기심리학은 한 사람이 자존감과 자기가치감을 유지하는데 미치는 외적인 관계의 영향이라고 할 수 있다. 심리적으로 안정을 유지하기 위해서 타인으로부터의 격려, 지지, 사랑과 같은 반응을 얼마나 절실하게 필요로 하는지를 보여 준다. 코헛은 자기애적인 성격 장애를 핵심적인 문제라고 했고, 건강한 자아를 회복하는 것이 자기심리학의 치료라고 보았다.

(2) 프로이트의 충동심리학

프로이트(S. Feud)는 그의 이론에 인간의 본성의 중심에는 성적 충동과 공격적 충동이 있다고 말한다. 어린아이가 무의식적으로 정신적 갈등이 일어나는 것은 이런 근본적인 충동 표현에 불안을 느끼기 때문으로 보고 있다. 갈등이란 불쾌한 감정으로, 불안에 의해 나타난다. 불안이란 개인이 어떤 특정 욕구를 행함으로 인해 처벌받게 될 유쾌하지못한 관념의 연상이며 때로는 무의식적이다. 우울이란 생의 발달 과정에서 이미 발생했던 재난에 대한 두려운 관념이나 유쾌하지 못한 감정으로 보며, 이 또한 때때로 무의식적이다. 예로써 어느 성인이 어린 시절에 양육자 및 어머니에게 보였던 분노는 양육자나 어머니로 하여금 그 사람과의 친밀감과 사랑하는 것을 멈추게 한다. 그래서 양육자 및 어머니는 그 사람에 대해 친밀하지 않거나 사랑하고 있지 않을 거라는 유쾌하지 못한 감정을 갖게 된다. 프로이트는 심리적 안정은 본능의 충족과 충동의 현실적 통제, 그리고 독립된 심리 구조의 조정에 의존한다고 믿었다. 뿐만 아니라 갈등의 균형(the balance of conflict)은 갈등적 욕망에 대항하여 방어기제를 강화하거나 또는 방어기제를 이완시킴으로써 만족하는 것 중의 하나라고 믿었다.

(3) 대상관계 이론

대상관계 이론은 영, 유아, 아동기 시절의 삶의 발달 과정에서의 경험에 의해 형성된 기대를 바탕으로 지금 현재의 사람들과 관계를 맺는다는 것이 핵심적인 부분이다. 어린 시절의 대인 관계성은 내적인 대상으로 남게 된다. 내적인 대상이란 어린 시절의 의미 있는 타인인 사람에 의해서 그리고 자신과 타인에 의해서 형성된 정신적 이미지이다. 한 개인의 삶을 통해 내적인 대상들이 내면의 무의식 속에 남아 있어서 삶을 인지하고 지각하는 핵심을 이루고, 개방 체계가 발달되며 정체성을 유지하게 된다. 안전한 성인이 되기 위해서는 영, 유아, 아동기에 안전하고 사랑이 깃든 애착이 필요하다. 경험이 없으면, 장기적인 의존에 빠지게 되는데 이러한 경우가 속박과 유리된 가정의 원인이다. 대인관계의 경계에서 지나치게 제한적이고 다른 체계와의 접촉을 허용하지 않으면 유리를 낳는다. 유리된 개인은 독립적이지만 고립되어 있다. 유리는 따듯한 관심, 애정, 양육을 제한시켜, 유리된 가정은 심각한 스트레스 상황에 놓여야 겨우 관심을 드러낸다. 부모-자녀 관계가 친밀한 애착 관계가 아니고, 거리를 두고 각자 살 때, 친밀감은 떨어지고 언제 자녀의 지지와 격려 및 지도가 필요한지를 제대로 알지 못하게 되는 우를 범할 수 있다는 것이다. 속박은 가족관계가 지나치게 밀착되고 상호 의존적이라서 자녀의 독립성과 자주성을 손상시킨다. 부모에게 속박되어서 부모에게 의존하여 독립성을 발달시키지 못한다. 정신분석학은 주로 개인의 기본적인 동기, 즉 애착에 대한 욕구와 충동에 관한 연구이며 가족치료는 사회적 관계에 관한 연구이고 이 두 개의 연결고리가 대상관계 이론이다. 대상관계는 부분적으로 생의 초기 경험에 의해 형성된 기대의 토대에서 현재의 삶들이 관계된다고 보고 있다. 일반적으로 이런 초기 관계의 잔재는 내적 대상으로 남게 되며, 자신과 타인의 관계에서 얻어진 경험과 기대를 통해 형성된다.

정신분석 가족치료의 본질은 현재의 관계를 왜곡시키는 무의식적 충동과 그것에 대항하는 방어기제들을 대상관계 이론에 기초하여, 인식하고 해석하는 것이다. 따라서, 가족상호작용을 무시한 개인을 분석하는 것이 아니라, 성숙한 방식으로 상호작용하고자 하는 가족의 역동을 방해하는 어떤 근원적인 욕구를 찾아내는 것이다. 대상관계 이론은 어린 시절의 경험에 의해 형성된 기대를 바탕으로 지금 현재의 사람들과 관계를 맺는다는 것이 핵심적이다. 어린 시절의 관계성은 내적인 대상으로 일생을 통해 남게 된다. 내적인 대상이란 어려서 중요한 사람에 의해서 그리고 자신과 타인에 의해서 형성된 정신적 이미지이다. 대상(object)은 영·유아를 생애 초기에 양육하는 사람으로서 영·유아의 삶과 성장 발달에 결정적 영향을 미치는 존재를 의미한다. 대상관계란 생애 초기 주요 타인과의 관계에서 경험한 것이 어떤 정신적 표상(mental representation)과 상호작용의 틀로 내면화한 것을 의미한다. 대상관계는 자기 표상(self-representation)과 대상표상(object-representation) 그리고 이 둘을 연결 짓는 정서 상태로 구성된다. 표상이란 자신과 대상에 대해 갖는 정서적 상(image)을 의미하며, 초기 양육자와의 경험을 통해 대상과 자신에 대한 지각, 느낌, 감각, 기억, 기대 의미가 내면화되어 존재하게 된다(김진숙, 2000).

(4) 분열

유아는 초기 양육자와의 경험에서 만족과 불만족으로 원시적인 분리를 시작하여 배가 부르면 좋다는 좋은 느낌과 배가 고프면 나쁘다는 느낌, 안아주면 좋은 느낌 접촉이 거부되면 나쁜 느낌 등을 느끼게 된다. 그리고 후기 양육자의 전체 대상이 아닌 부분 대상을 좋고 나쁜 것으로 이분화하게 되는데 이것을 분열(splitting)이라고 한다.

그러므로 영·유아는 초기 양육자인 어머니와 관계에서 좋은 어머니, 나쁜 어머니로 분열기제가 작동한다. 그 후 좋은 어머니 이미지와 나쁜 어머니 이미지를 발달시키고, 그 이후에는 자기에 대한 표상이 좋은 나, 나쁜 나로 분열된다. 성인이 되면 사회적으로 분화된 자기 표상에서 정체성의 분열이 나타나게 된다. 즉, 유능한, 성공적인, 가치 있는, 강한 속성을 지닌 좋은 자기 표상으로 모든 대상관계가 나뉘어 나타난다(Cashdan, 1988 ; 이영희 외 역, 2005). 개인의 심리적 건강은 이러한 분열이 통합되어 온전한 대상으로 지각되고 경험되는 것이다.

(5) 투사적 동일시

대상이 개인이 수용하기 힘든 내적 특성을 갖고 있는 것으로 지각하여 대상으로 하여금 이에 일치된 행동과 감정을 유발하게 하는 과정을 투사적 동일시(prcjective identification)라 한다. 예를 들어 자신의 의존 욕구를 받아들이지 못 하는 사람이 다른 사람에게 이 욕구를 시사하고 계속 도움을 제공하거나 혼자 할 수 없다는 메시지를 전달하여 대상 스스로 의존적 존재로 느끼고 행동하게 만드는 과정이다.

투사적 동일시는 대부분 생의 초기에 발생했던 왜곡된 대상관계의 결과이고 무의식적인 수준의 언어 이전 단계이기 때문에 정확한 특성을 알아내기 어렵다. 의사소통과 메타-커뮤니케이션 유형을 통해 다음 네 가지 중요한 투사적 동일시를 확인할 수 있다고 한다(Cashdan, 1988 ; 이영희 외 역, 2005).

① 의존성

생의 초기 관계에서 양육자인 어머니가 과잉보호와 허용적인 태도를 지니고 모든 결정과 선택을 대신하는 경우에 아이는 약하고 무기력한 것이 관계 유지에 좋은 것임을 배우고 '무력함'이 지배하는 관계를 찾게 된다. 그 결과 아이는 모든 대인 관계에서 자신의 약함과 무력함을 드러내고 상대방의 끝없는 돌봄(care) 반응을 유발하는 증상을 나타내게 되는 것이다. 즉, 아이는 의존성 투사 동일시를 하는 것이다.

② 힘(지배성)

생애 초기 관계에서 어머니로부터 '난 너를 양육하고 함께하는거 힘들어, 나를 돌봐다오' 또는 '나는 너를 원치 않아, 넌 왜 태어 났니? 넌 필요 없어.'라는 감정을 느끼게 되는 경우에 아이는 힘 있는 존재가 되어 대인 관계에서 상대방의 행동을 조절하려는 '통제'를 추구하게 된다. 그 결과 그 사람은 모든 대인 관계에서 자신의 힘과 통제를 드러내고 상대방의 끝없는 무능력을 유발하는 증상을 보이는 소위 지배성 투사적 동일시를 하는 것이다.

③ 성

성적, 투사적 동일시는 성(sex)을 수단으로 관계를 확립하고 유지하려는 역동이다. 초기 관계에서 양육자로부터 '네가 성적으로 나를 자극시키는 동안 너는 가치 있고 바람직한 존재이다.'라는 메시지를 받아온 경우 그 사람은 모든 대인 관계에서 자신이 성적으로 가치있음을 드러냄으로서 관계가 유지된다는 내적 표상을 지니게 되는 것이다. 그 결과 대인 관계에서 '성적 각성'을 유발하는 증상을 보이는 소위 성적 투사적 동일시가 이루어지는 것이다.

④ 환심 사기

생애 초기 관계에서 양육자로부터 자신의 희생과 수고를 인정해 주고 감사히 여기도록 요구받는 경우에 개인은 모든 대인 관계에서 '환심 사는 자기희생적 수고'로 관계가 유지된다는 내적 표상을 지닌다. 그 결과 인정받기 위해서 대상의 '인정과 감사'를 유발하는 환심 사기 투사적 동일시가 상호작용을 지배하는 것이다.

표 6-1 주요 투사적 동일시들

투사적 동일시	관계 입장	메타-커뮤니케이션	유발반응
의존 통제성	무기력	나는 스스로 살 수 없다.	돌봄
힘	통제	너는 스스로 살 수 없다.	무능력
성	성애적 경향	나는 너를 성적으로 완전하게 만들어 줄 것이다.	각성
환심 사기	자기희생	너는 나에게 빚을 지고 있다	인정

〈출처 : Cashdan, 1988 ; 이영희 외 역, 2005, p.142, 재구성〉

3. 치료 목표와 치료 과정

1) 치료 목표

근래의 정신역동적 가족치료의 본질은 가족구성원들이 현재의 가족관계를 왜곡시키고 갈등을 발생시키는 내면 깊은 곳의 무의식적 욕구와 제약에서 해방되고 무의식의 삶에서 의식의 삶으로 끌어올리는 것이다. 따라서 가족치료의 목표는 과거의 무의식적 이미지와 방어기제가 아닌 지금의 현실에 바탕을 둔 전인적인 사람으로 가족구성원 간에 상호작용을 할 수 있게 하는 것이다(Goldenberg & Goldenberg, 2001 ; 김득성 외 역, 2003). 즉, 원가족으로부터 유래된 무의식적 구속에서 자유로워지고 현실에서 건강하고 성숙한 개인과 가족으로 기능하도록 돕는 것이다.

위기 상황에 있는 가족은 현재 삶의 혼란과 갈등이나 어려움에서 벗어나도록 지지를 받게 되고 일단 어려움이 극복되면 장기간의 가족 재구조화에 가족을 참여시킨다. 만일 위기 해결을 목표로 단기간의 치료를 원하는 가족에게는 분명한 의사소통과 개인의 개별화 및 자주성을 목표로 개입한다.

보스조르메니-내지의 맥락적 치료의 목표는 성인 생활에 따르는 책임과 권리 사이에 공정한 균형을 이루고 동시에 개인의 자기분화 및 자율성과 타인과의 상호성의 조화를 이루는 데 있다.

대상관계 가족치료의 궁극적 목표는 가족구성원들이 상호 간의 병리적 의존에서 벗어나도록 분열과 투사적 동일시에 근거한 상호작용과 그 원인을 통찰하게 함으로서 온전한 대상관계(whole object relations)를 형성하고, 가족구성원 각자의 애착 욕구와 성장을 지지할 수 있는 능력을 향상시키는 것이다.

2) 치료 과정

치료 과정은 가족이 현재 겪고 있는 갈등의 요인이 되는 가족 사연과 관련된 분노를 노출하여 통찰하게 한다. 따라서 가족구성원들이 과거에 왜곡된 어린 시절의 이미지를 현재까지 계속하여 어떻게 재현시키고자 하는지에 대해서 직면과 해석을 해준다. 그 방법으로 개인으로 하여금 가족 사연의 얽매임과 숨겨진 성장 과정뿐만 아니라 과거의 사건들과 억압된 감정을 표현하게 하여 현재 행동에 숨겨진 과거의 어린 시절의 기억과 부모와의 상호작용을 연상하게 하고 해석해 주며 상처나 욕구, 동기를 통찰할 수 있는 힘을 키워 준다.

가족구성원의 자기 보호와 자아 노출 염려를 고려할 때 가족치료에서 충분한 신뢰와 안정감은 필수적이다. 그러므로 정신역동적 가족치료는 가족의 치료자에 대한 신뢰감 형성과 가족구성원들의 내면 깊은 무의식 탐색과 진단에 비중을 두고 매우 천천히 진행되며 1년 이상 수 년까지 계속되기도 한다.

가족치료자는 처음부터 개인보다는 가족을 대상으로 반복적인 과거 패턴의 병리적이고, 연쇄적인 고리를 끊기 시작한다. 그리고 가족이 공유하고 있는 의식적·무의식적 대상 이미지를 끌어내기 위하여 탐색하고 진단한다. 그러기 위하여 고려할 점은 가족 중 누가 치료에 참여해야 하며 누구에게 가장 중점적으로 도움을 주어야 하는가이다. 대부분의 정신역동적 가족치료자들은 모든 가족구성원을 치료해야 하는데 동의하지만 치료 시작 전에 예비적 사정을 한 후에 치료에 포함시킬 사람을 정한다. 흔히 정신역동적 가족치료자들은 언어적·지적 수준이 높은 성인 중심의 치료를 선호한다(Nichols & Schwartz, 2001).

그들은 가족을 하나의 전체적인 체계로 보고 돕기보다는 각 가족구성원의 성장과 성숙을 돕는 데 중점을 둔다. 예를 들어, 갈등을 겪는 부부를 돕기 위하여 부부 단위의 상호작용 패턴을 변화시키는 것보다는 부부 각자의 독특한 생각과 느낌 그리고 행동의 유형과 기질적 성향의 근본적 이유를 서로에게 이해하게 만든다. 그 결과 생의 초기에 나쁜 대상관계로부터 형성된 분열되고 왜곡되어진 자신에 대해 통찰을 얻게 되고 과거로부터 자유로워져서 배우자를 과거의 반영이 아닌 현재의 실체로 대하게 되면서 진정한 상호작용을 하게 되고 자율적이고 성숙한 관계를 맺게 되는 것이다.

그러므로 대상관계 치료 과정은 치료자와 내담자, 가족구성원 간의 관계 그 자체를 치료의 초점으로 본다.

4. 치료자 역할 및 치료기법

1) 치료자 역할

정신역동적 가족치료의 주요 기법은 가족들의 통찰력과 이해력을 높이려는데 집중되어 있다. 치료자는 사고와 감정을 수정하는 것뿐만 아니라 가족구성원에게 원가족으로부터 전해 내려오는 오래된 갈등과 미해결된 욕구 등이 현재의 문제와 어떻게 무의식 속에 관련되어 나타나는지를 분석하고 통찰하는 데 관심을 가진다. 이런 작업은 지적이고 안정감을 주는 공감적 이해로 촉진된다(Nichols & Schwartz, 2001).

대부분의 정신역동적 가족치료자들은 무의식적인 것을 끌어올리기 위하여 자유연상을 사용하고 내담자의 방어기제를 해석하며, 숨은 비밀과 방어 속에 숨겨진 갈등을 무의식의 세계에서 의식의 세계로 표면화하기 위한 직면기법을 사용한다.

치료자의 태도는 정신분석 치료자보다는 적극적이지만 대부분의 가족치료자에 비해서는 상당히 비지시적 기법을 사용한다. 그들의 기본 자세는 행동 변화를 위한 구체적인 방향 제시보다는 저항과 부적응을 최소화하고 불필요한 개입을 배제하면서 탐색과 통찰을 목적으로 여러 기법을 사용한다. 이때 치료자는 가족 개개인의 무의식의 심리 내면뿐 아니라 가족 상호 간의 역동도 고려하면서 해석한다. 과거의 그때-거기의 경험과 함께 지금-여기의 경험 다루기, 역전이 활용 등의 기법을 사용한다.

대부분의 정신역동적 가족치료자와 달리 예외적으로 애커만은 매우 개방적이고 적극적으로 개인의 숨겨진 비밀이나 갈등을 말하도록 자극을 주었다. 애커만은 가족구성원들 사이에 감추어진 억압된 갈등을 알아내기 위하여 가정방문, 가족의 상호작용 패턴과 정서적 역동 관찰하기 등의 기법도 사용하였다.

대상관계 가족치료자들은 가족과 치료적 협조와 동맹을 형성하여 가족구성원이 수용하지 않거나 억압했던 부분을 경험하고 재발견할 수 있는 지지적 환경을 조성한다(Goldenberg & Goldenberg, 2001). 이를 위해 치료자는 가족구성원의 경험을 수용하고 욕구와 내적 상태를 민감하게 이해하고 충분히 수용함으로서 가족과 함께 하는

(joining the family) 태도를 가져야 한다. 그리고 가족의 상호작용을 관찰하고 가족구성원의 원활하고 바람직한 대화를 격려한다. 이 과정에서 공감하고 수용하는 가족구성원 개개인의 대상관계 특성과 불안에 대한 다양한 방어기제 이용에 대해 해석한다.

해석기법은 가족구성원과 치료자가 함께 가족 경험과 문제에 대해 이해를 해나가는 데 필요하다. 이를 통해 가족구성원들은 무의식적 사고와 감정, 욕구들에 대한 통찰을 갖게 되고, 치료자는 가족의 치료에 대한 저항을 이해하고 관점을 수정하는 기회가 되기도 한다(Nichols & Schwartz, 2001). 치료자가 해석기법을 사용할 때 유의할 점은 가족들이 저항하거나 방어하는 행동을 보일 때 그 이면에 숨겨진 원인을 해석하기 전에 내담자의 방어나 혹은 저항 행동 그 자체를 지적하고 직면시켜야 하고, 가족들이 표현한 감정의 역전이를 이해하여야 한다.

그러므로 치료자는 이론적 이해에 필요한 지식 습득과 아울러 치료자 자신을 효과적인 치료 도구로 활용하는 데 필요한 자기 분석 능력과 정서적 능력이 요구된다(Schaff & Schaff, 1991).

대상관계 가족치료에서는 과거 경험인 그때-거기의 경험이 지금-여기 치료 장면에서 가족구성원 사이에, 가족과 치료자 사이에 재연된다고 보고 이에 대해 탐색한다. 치료자의 역전이는 가족의 투사적 동일시로 유발되는 치료자의 정서적 반응으로 가족치료에 유용한 단서로 활용된다. 즉, 치료자는 자신의 반응을 자각하고 통찰함으로써 가족의 경험을 더 깊게 공감하고 가족구성원의 방어기제(투사적 동일시, 저항)에 초점을 두고 그 메타-커뮤니케이션(meta-communication)에 직면하는 결과 치료에서 중요한 전환점을 만드는 것이다.

상담 과정에서 가족이 고질적인 역기능적 상호작용 패턴과 투사적 동일시, 분열 등에 대한 통찰을 얻게 되면 치료자는 가족구성원들이 투사적 동일시, 분열 등이 아닌 다른 상호작용 방식이 있음을 알게 하여 지금-여기에서 있는 그대로의 상대방을 볼 수 있고 더 적합하게 서로에게 반응할 수 있도록 도와준다.

성공적인 정신역동 가족치료의 결과는 나타나는 병리적 특성인 역기능 증상의 감소보다는 가족의 통찰과 자기 이해력, 개개인의 자기분화가 증진되는 것, 그리고 발달적 스트레스에 대처하는 역량이 강화되는 것 등으로 확인된다(Goldenberg & Goldenberg, 2001). 대상관계 가족치료의 성공 지표는 부부 각 개인이 독립적 존재가 되고 상호 간에 서로의 기대가 아닌 현실적 기대를 하는 것, 결혼 관계가 원만해지는 것, 가족구성원의 기대와 욕구 등이 순기능 안에서 바람직하게 표현되고, 가족구성원의 개별화와 자기분화 및 성장 등으로 측정될 수 있다.

2) 상담기법

① **자유연상법**(free association)

내담자가 일상의 상념과 집착된 잡념을 제거하고 고통스러운 것이라든지 어리석고 사소한 모든 것을 마음에 떠오르는 대로 말하는 것이다.

② **저항**(reject)

자유연상이나 꿈의 연상시에 내담자가 어떤 생각이나 감정, 또는 자신의 경험에 대해 말하기를 꺼리는 것이다.

③ **전이**(transference)

넓은 의미로 보면 내담자가 상담자에 대해서 느끼는 감정이나 사고를 모두 가리킨다. 좁은 의미로 보면 내담자가 유아기나 아동기에 부모들이나 다른 성인들에 대하여 지녔던 감정과 사고를 상담자에게 투사하는 것을 말한다.

전이라는 현상 때문에 내담자는 상담자에게 부모나 다른 성인에 대해서 가졌던 부정적 태도를 그대로 나타내게 된다. 그러므로 전이에 의해서 나타나는 부정적 감정과 태도를 그대로 나타내게 된다. 따라서 전이에 의해서 나타나는 부정적 감정과 비합리적 사고를 분명하게 밝히고, 그 의미를 분명하게 함으로써 내담자가 문제를 보다 정확하게 파악할 수 있다.

④ **역전이**(counter-transference)

상담자가 내담자와의 관계에서 억압된 무의식적 갈등이나 동기를 행동으로 표출하는 것이다. 즉 상담자가 자신의 생활에서 부모나 그 밖의 중요한 타인과의 관계에서 경험한 부정적 감정을 내담자에게 투사하는 것이다.

⑤ **해석**(interpretation)

내담자의 생각과 느낌등 자유연상의 내용과 꿈, 저항 행동에 대해 상담자가 추리하여 설명하는 절차로 내담자로 하여금 자신의 무의식에 대한 통찰을 갖게한다.

⑥ **직면**(confront)

치료자가 내담자의 인지적, 정서적 또는 행동적 반응 중에서 불안전하고 과장되거나 또는 비현실적인 것으로 보이는 양상들을 지적해 주는 것이다.

⑦ **명료화**(distinct)

내담자의 의식적이고 전의식적인 정서와 인지에 대해 주관적 경험의 속성을 밝히는 것이다.

3) 치료기법

① **경청**

내담자가 말할 때 상담자 및 가족치료사는 시선(eye contect)을 맞추고, 모든 내담자의 이야기를 몸과 마음을 다해 적극적으로 경청하고 그 내용뿐만 아니라 말하고자 하는 의도와 말 뒤에 숨어 있는 내면의 소리를 듣도록 노력한다. 내담자가 자신의 생각과 감정을 자유롭게 표현하는 것을 방해하지 않으며, 말을 중단하고 침묵하거나 눈물을 흘릴 때 인내하며 기다리는 것이 필요하다.

② 감정이입

가족구성원이 마음을 열도록 돕기 위해 감정이입적 이해를 나타낼 때 개입은 이루어질 수 있다. 내담자의 감정을 공유하고, 적극적인 공감을 할 때 효율적인 치료 상황이 이뤄질 수 있다.

③ 해석

내면에 감추어지고 혼란된 경험을 분명히 하기 위하여 해석을 시도할 때 치료자의 개입은 이루어진다. 해석은 정신분석 과정에서 자유연상, 꿈, 전이를 분석할 때 사용되는 것으로 자아로 하여금 무의식적인 자료를 의식화하도록 돕는다. 해석 기술을 사용할 때 치료자는 내담자가 저항 또는 방어적 태도를 취할 때 그 방어적인 행동의 이면에 있는 원인을 해석하기 전에 내담자의 방어나 저항 행동 그 자체를 직접 설명해 주어야한다.

④ 분석

상담자 및 치료자는 가족의 변화를 시도하기 전에 가족에 대한 이해를 위해 분석적 중립성을 가져야 하며 가족의 역동을 통해 가족구성원의 저항과 전이, 꿈을 분석한다. 내담자가 치료자와의 전이 관계의 참된 의미를 점차적으로 이해하고 깨달아 감에 따라 문제와 밀접하게 관련되고 있는 과거의 경험과 갈등에 대한 통찰을 얻게 된다.

⑤ 자유연상

내담자가 신뢰와 안정된 분위기에서 내면에서 떠오르는 감정과 정서를 자유롭게 표현하고 이야기하도록 하는 것으로 무의식적인 사건을 표면적으로 끌어내는 방법을 말한다. 전형적 치료 단계는 치료자가 가족구성원들의 현재 경험, 생각, 느낌을 나누도록 유도함으로써 시작된다. 가족들이 말하도록 시간을 주며 가족의 의사소통이 자연스러운 흐름 속에서 최소한의 지시와 개입을 한다. 가족구성원들이 마음속에 품고 있는 것을 말하는 동안 치료자는 그들의 대상관계에 의한 영향력과 방어기제, 자아 상태, 전이 표현에 대해 적극적으로 분석한다. 특히 치료자는 양육자 및 부모와의 상호작용에 대한 아동기의 기억과 연상에 관심을 갖는다.

5. 치료 및 평가

가족치료를 처음으로 실시한 사람은 정신분석 훈련을 받은 사람들이 대부분이었다. 처음 그들이 가족치료를 시작하였을 때 정신분석학과 체계 이론을 접목시키는 것이었으나 실제로 진정한 통합이기보다 정신분석학의 개념과 체계 이론 개념의 절충적 혼합이라 할 수 있다.

대상관계 가족치료는 양육자와 영·유아의 관계를 강조함으로써 가족을 하나의 체계로 보고 본능 이론을 벗어나 체계론 가족치료자들이 선호하는 상호작용 맥락과 연결된다. 동시에 타인과의 관계에서 자아 발달을 고려하였다는 특징을 갖는다(Goldenberg & Goldenberg, 2001). 정신역동적 가족치료는 개인에게 초점을 둔 정신분석과 달리, 가족체계와 가족구성원에 초점을 둔 체계 이론에 무의식적 욕구를 강조하는 정신분석적 통찰과 개입을 선택적으로 도입한 것이다.

정신역동적 가족치료는 과거 성장기에 양육자나 부모와의 관계에서 비롯된 문제나, 부모의 결혼 생활로 인한 문제, 부모의 어린 시절에 미해결된 욕구의 전이 및 역전이 문제로 상처를 받았거나 보이지 않는 충성심에 얽매여서 벗어나지 못하는 가족들에게 효과가 있고 필요하다고 밝혀졌다.

정신역동적 가족치료의 한계는 대상 관계의 핵심이 부모-자녀 관계에만 초점을 두고 있고 아버지의 양육 역할을 경시하고 있는 점이다. 따라서 여성의 사회 참여가 증대하고 아버지의 양육 역할이 강조되고 있는 현대사회에서 모성 이데올로기를 강조하는 오류를 보인다는 것이다. 치료의 효과는 주로 치료자의 주관적인 관찰과 임상적 판단에 달려 있어서 그 타당도에 대해 증명하기가 쉽지 않다. 그리고 비지시적이고 장기적인 개입을 하는 특성상 단기 개입을 통한 문제해결과 치료자의 적극적 역할을 기대하는 가족에게는 부담스러울 수 있다(김진숙, 2000). 그리고 이 접근법을 사용하기 위해서는 정신분석과 대상관계 이론에 대한 충분한 이해와 접근법에 대한 훈련이 필요하다.

Chapter 07

구조적 가족치료

구조적 가족치료는 역동적인 치료 이론이다. 내담자와의 짧은 면접 과정 속에서 가족의 문제점, 가족 특유의 양식을 한눈에 파악하여, 가족의 구조를 변화시키는 치료적 효과를 가지고 있다. 이처럼 구조적 가족치료사는 개인을 사회적 존재로 보고 개인을 둘러싼 구조에 관심을 두었다. 가족의 구조가 변하면 동시에 가족구성원들의 지위와 체계 구조가 달라져서 결국, 각 개인의 경험도 변할 것이라 보았다. 즉, 환경의 변화가 사람의 변화를 초래한다는 것이다. 따라서 환경의 변화가 한 개인의 지각을 변화시킨 만큼 지대한 영향을 미친다는 것을 강조하고 있는 것이다.

구조적 가족치료는 1970년대 가장 영향력이 있는 치료 모델로 대두되었다.

이 구조적 가족치료의 가장 큰 특징은 치료의 목적으로 가족 내의 구조적 변화에 치료적 핵심을 두는 것이다. 즉, 구조적 가족치료에서는 개인 변화, 가족체계, 가족 역동을 효과적으로 이해한 가족치료자로 하여금, 가족의 재구조화를 능동적으로 대행하는 대행자가 되도록 한다. 구조적 가족치료는 가족체계 내에 존재하는 쉽게 이해하기 어려운 가족 간의 상호작용들의 근거와 의미를 깨우쳐 주는 명백한 틀을 지니고 있다.

구조적 가족치료 모델은 가족치료자들로 하여금 체계적이고, 조직된 양식으로 치료 과정에 개입할 수 있게 해준다. 따라서 가족을 체계로써 이해하려 하고 가족내의 상호작용, 과정, 형태를 고찰하도록 한다. 미누친은 1960년대에 처음으로 가족들을 치료에 개입시켜 보기 시작했다. 미누친은 가족구조 이론과 가족치료 기술을 연구 개발하였다. 또한 미누친의 치료는 가족구성원들의 경직되거나 밀착된 관계로부터 벗어날 수 있도록 도움을 제공하였으며, 구조적 가족치료 분야를 개척하는데 큰 공헌을 했다. 미누친은 빈곤 가족의 복합적인 문제에 접근할 수 있는 새로운 치료 모델과 개념을 연구 개발하였고, 내담자들이 가족구성원들의 문제성 있는 결과들을 치료에 끌어들이도록 하였다. 따라서 치료면에서 직접 행동을 시연하도록 하며, 치료자가 관찰하고 변화시키는 기법을 활용하였다. 그후 이러한 치료 모델이 행동 지향적이고 구조적 가족치료의 특징이 되었다. 최근까지도 구조적 가족치료 모델의 개입 방법은 가장 영향력 있는 방법으로 인식되고 있으며 실제 널리 적용되고 있다.

구조적 가족치료는 체계론적 관점을 근거로 발전된 것으로 가족의 상호작용 패턴을 가족구조로 설명한다. 즉, 개인을 사회적 존재로 보고 개인을 둘러싼 가족의 상호작용도 일정한 구조로 이루어진다는 것이 핵심이다. 그리고 가족구조가 변하면 그 구성원의 행동과 심리 과정이 변화한다는 전제를 바탕으로 한다. 체계의 역동성을 강조하는 이 모델은 다른 가족치료 이론에 비해 간단하면서도 실용적인 것이 특징이며, 치료자들이 주도적인 개입을 한다는 특징이 있다.

1. 구조적 가족치료의 발달 배경 및 주요 개념

미누친(S. Minuchin)은 아르헨티나 출생으로 1950년대 가족치료는 대부분 중산층 가정에 초점을 두고 있어 빈곤 가정에 적당치 않음을 발견하고 빈민 가족을 위한 새로운 구조를 만들 수 있는 치료 방법이 개발되어야 한다고 생각했다. 미누친에 의해 개발된 구조적 가족치료는 필라델피아 아동 행동지도 클리닉을 중심으로 발전하였다. 그는 내과 의사로 이스라엘 군대에서 일하였고, 그후 뉴욕 시의 애커만에게서 소아정신분석 훈련을 받았으며 이스라엘로 돌아가 아동을 돌보면서 가족의 중요성을 깨닫게 되었다.

그는 뉴욕에서 비행청소년을 교정하는 정신과 의사로써 저소득층의 가족을 중심으로 치료하게 되면서 기존의 중산층 가족에게 적용하던 대화를 통한 지적인 가족치료 방법으로는 한계가 있음을 알게 되었다. 그는 대부분의 저소득층 가족이 복합적인 문제를 지니고 있는 데다가 어려움을 극복하기 위한 대안도 부족하고 고치기 힘든 굳어진 습관을 가지고 있음을 발견하였다. 그리하여 그는 치료자가 좀 더 적극적으로 개입하여 구체적이고 행동중심적인 접근을 하는 것이 가족의 변화를 이끌어낼 수 있다는 것을 치료경험을 통해 알게 되면서 구조적 가족치료 이론을 개발하게 되었다.

미누친은 헤일리와 관계를 맺으면서 그의 전략적 가족치료 모델 개발에 영향을 미쳤고, 1974년 『가족과 가족치료 *families and family therapy*』라는 책을 출판하여 구조적 가족치료 모델을 알리기 시작하였다. 그는 1981년 뉴욕에 가족치료센터를 설립하여 치료와 치료자 훈련에 힘썼고 1996년 은퇴하였다. 그는 가족치료 개척자는 아니지만 가족치료 발전에 매우 중요한 영향을 미친 뛰어난 인물로 평가받고 있다(Nichols & Schwartz, 2001, 재구성).

2. 구조적 가족치료의 이론적 형성

구조적 가족치료(structural family therapy)는 치료의 일관된 전략을 위해 필요한 기초를 제공해 준다. 세 가지의 이론적 기본 개념이 구조적 가족치료의 필수적인 구성 요소인데, 첫째로 구조, 둘째로 하위 체계, 셋째는 경계선이다.

1) 구조

구조적 가족치료는 가족구성원 간의 상호작용 형태에 초점을 둔다. 미누친에게 있어서 구조(structure)란 보이지 않는 일련의 기능적 요구이다. 구조는 가족구성원끼리 상호작용하는 법과 연속성, 반복, 그리고 예측되는 가족 행동 등을 조직한다고 보는데 이 개념이 우리들로 하여금 기능적인 의미에 있어서 가족마다 나름대로 고유한 구조를 갖고 있다고 생각할 수 있게 한다. 따라서 가족의 상호작용 형태를 고찰하는 것은 어떻게 가족이 조직되며 가족구조는 어떻게 유지되는지를 알 수 있는 정보를 제공해준다.

첫 번째 구속 체계는 일반적인 것인데 모든 가족은 아동에게 더 큰 권위를 행사하는 위계구조를 갖는다는 점이다. 이 위계구조의 중요한 측면은 가족 간에 상호적이고 보완적인 기능이 있다고 보는 점이다. 이 기능은 가족들이 해야 하는 역할과 기능을 구분해준다.

두 번째 구속 체계는 특별한 가족의 특유한 측면에 관한 것이다. 가족의 특유한 규칙과 형태는 서서히 형성, 진화된 것인데 그 특성이 만들어진 과정은 현재의 가족들에서는 보이지 않는다. 가족의 구조는 역학, 규칙, 양식을 규정한다. 이 구조적 특징에 대한 이해는 가족을 오랫동안 지켜보고, 관찰, 탐색한 후에야 가능하다. 구조를 이해하기 위해서는 하위 체계 간의 가족 과정을 관찰해야 하며 그것이 가족구성원 간의 경계선을 묘사한다.

2) 구조적 가족치료의 원리들

① 사회적 상황은 개인의 정신 생활에 영향을 미치고 개인은 사회적 상황에 영향을 미치면서 끊임없는 상호작용이 반복된다.

② 상호작용 방식은 인간관계 규칙이 포함되는 구조와 관련되므로 가족구성원 개인의 문제행동은 가족관계의 구조 문제를 반영한다.

③ 가족구조를 바꾸면 구성원의 정신 내적 과정과 행동 변화가 가능하다.

④ 치료자가 내담자나 내담자 가족과 일할 때 그의 행동은 사회적 상황의 일부가 된다.

⑤ 구조적 가족치료는 과거보다는 현재의 잘못된 가족구조를 고치는 것을 중시한다.

⑥ 가족구성원 간의 상호작용 방법과 관계 규칙을 도식화함으로써 복잡한 가족 문제를 진단하고 치료하는 실제적이고 명확한 지침을 제시하였다(Beavers & Voeller, 1983).

○ 어떻게 가족이 상호작용하는가보다는 가족체계 자체의 역동적 질서에 관심을 두고 있다.

○ 진단과 치료를 위한 명확한 기본 구조를 가지고 가족을 묘사하기 때문에 , 1970년대에 가장 영향력 있는 가족치료 접근법이다.

○ 가족구조가 변하면 동시에 가족의 지위가 변하며, 결국 각 가족구성원들의 경험도 변할 수밖에 없다는 것이다. 따라서 이 접근법의 가장 큰 목표는 가족 내의 구조적 변화이다.

○ 환경의 변화는 한 개인의 지각을 변화시킬 만큼 지대한 영향을 미친다.
(예 : 이상한 나라의 앨리스)

○ 치료자는 개인 변화, 가족체계, 가족 역동을 잘 이해하여 가족의 재구조화를 행하는 역할자이다.

3) 하위 체계

구조적 가족치료에서는 가족의 구성에는 배우자 하위 체계, 부모 하위 체계, 형제 하위 체계 등의 세 가지 하위 체계로 구성되어 있다고 본다. 가족은 안으로 다양한 하위 체계로 구성된 하나의 체계이면서 동시에 가족을 둘러싼 친척, 직장, 친구, 학교, 경제, 교육, 지역사회 등의 외부 체계의 하위 체계로 작용한다. 가족 내에 하위 체계로 우선 개인이 있다. 부부, 부모, 모자, 모녀, 부자, 부녀, 형제, 자매, 고부, 조손 등의 인간관계도 하위 체계이다. 3명의 자녀가 있다면 이들도 하위 체계이고, 할머니, 어머니, 며느리, 딸로 구성된 4명의 여성이 있다면 이들도 하나의 하위 체계이다. 이와 같이 하위 체계는 세대, 성별, 기능, 성향과 흥미 등에 따라 형성될 수 있다.

가족구성원 개인은 여러 하위 체계에서 동시에 속할 수 있으며 각기 다른 역할과 기능을 갖고 일정한 위계질서 속에 행동한다. 예를 들면, 아내는 남편과 부부 하위 체계를 이루고 동시에 딸과는 모녀 하위 체계, 아들과는 모자 하위 체계를 이루며, 또 어머니와 고부 하위 체계를 이루는 등 상보적 관계를 맺는다.

가족은 유기체와 같아서 각각의 하위 체계 구성원이 고유한 역할을 적절히 수행하는 경우에는 건강하게 유지되지만 만약 그렇지 않을 경우는 역기능 가족이 되어 증상이 발생하게 된다. 특히 부부, 부모, 부모-자녀, 형제자매 하위 체계의 기능이 잘 수행되는 것이 가족체계의 기능과 건강에 중요하다(Minuchin, 1974 ; 김종옥 역, 1988, 재구성).

(1) 부부 하위 체계

이 체계는 두 사람이 결혼을 하여 새로운 한 가정을 이루면서 형성된다. 이 하위 체계에서 가족이 기능하는데 필요한 주요 기술은 상보성(comple-mentarity)과 적응성(accomodation)이다. 상보성은 부부가 서로 다른 분야에서 상대방의 기능을 지지하며 서로의 다른 요구와 필요를 보완하는 것이며 적응성은 서로를 얼마나 수용하며 부부 관계의 조화를 이루어 나아가는가에 대한 정도이다. 부부 하위 체계는 원가족과 독립적이고 자율적으로 기능하여야 한다. 만일 원가족과 밀착되어 원가족 고유의 규칙이나 확대가족구성원의 가치를 주장하면 부부 하위 체계가 취약해진다. 부부 간의 주요 과제는 애정과 성적 친밀감, 정서적 친밀감, 의사소통 기능과 밀접하게 연관된다. 이 기능들은 현대사회에서 건강한 부부 체계의 기준으로 간주될 정도로 강조되고 있다. 이를 위해서는 부부가 자녀나 시부모, 친정부모 등 가족 내 다른 하위 체계와 친구, 직장, 사회 활동 같은 가족 밖 다른 체계로부터 간섭이나 방해를 받지 않고 부부만의 시간과 공간, 관심 영역을 확보하여야 한다. 그리고 부부 하위 체계는 의견 차이를 극복하고 갈등 문제를 협상하고 해결하는 과제를 잘 수행해야 하며, 가족구성원의 개개인의 타고난 기질적 성향과 능력, 그리고 개성을 존중하고 자기 성장과 발전을 상호 격려 지원해야 한다.

(2) 부모 하위 체계

자녀의 출생과 함께 가족구조는 변형된다. 부모와 자녀 간의 하위 체계 상호작용 패턴은 잘 수행되어야 하며 변화하는 환경에 맞도록 수정되어야 한다. 부모 하위 체계의 분명한 경계는 자녀들이 부모와 상호작용하는 것을 가능하게 하며 명료하게 한다. 부모 하위 체계의 주요 기능은 자녀의 발달과 성장을 위한 자녀 양육, 자녀 행동지도, 통제 등과 관련되며, 이는 자녀의 연령이나 생애 발달 단계의 특성에 따라 달라진다. 부모는 자녀의 연령과 발달 단계에 적합한 자녀 양육과 지도 규칙을 정하고 애정을 바탕으로 한 수용과 통제의 균형을 이루는 권위 있는 부모 역할을 하는 것이 중요하다. 그리고 자녀의 특성이나 성장하는 과정에 따라 그때마다 부모와 가족이 재조정·재구조화되어야 하고, 부모가 하나의 팀으로 의견을 조정해서 일치되고 일관성 있는 양육 태도와 지원을 하는 것이 바람직하다.

또한 부모 하위 체계와 부부 하위 체계가 독립적으로 기능하는 것이 건강한 가족 유지에 매우 중요하다. 그러나 부부 하위 체계가 역기능적인 경우 대부분 부모 하위 체계가 약화되고 부정적 영향을 받기 쉽다. 예를 들어, 배우자와의 긴장과 갈등 때문에 부모의 팀워크가 깨져서 자녀 앞에 부모의 불일치와 불화 모습을 보이거나 상호 간에 부적응적이고 비난과 무시하는 행동을 보인다면 역기능적 부모 하위 체계가 되는 것이다.

(3) 부모-자녀 하위 체계

부모-자녀 하위 체계는 부모와 자녀 두 세대로 구성된 체계이다. 이 체계의 중요한 기능은 위계구조와 부모의 권위가 확립되어 구성원 모두가 행복하고 발전하는 것이다. 즉, 부모와 성장기 자녀 체계에서는 부모가 자녀의 발달적 욕구를 이해하고 자녀가 잘 성장하고 잠재력을 발휘하도록 긍정적 영향력을 발휘하는 것이 중요하다. 노부모와 성인자녀 체계에서는 상호 간의 발달단계적 욕구를 지지하고 지원하는 상호작용을 하면서 노부모의 자녀에 대한 권위 유지와 자녀의 부모 공경 및 효도를 축으로 하는 유대감이 지속되어야 한다. 만일 자녀 중심의 가족인 경우 부모의 부부 체계는 부모-자녀 하위 체계에 의해 방해받게 되고 부모의 권위는 약화되어 자율성 발달에 지장이 있다. 만일 과도하게 통제적이고 권위적인 부모 중심의 가족인 경우 그 자녀는 종속적 존재로 부모와 갈등을 겪고 역기능적인 관계가 되기 쉽다. 또 만일 부모의 역할과 책임이 한 자녀에게 이전되는 경우에 그 자녀는 부모화된 부모 자아의 자녀가 되어 역기능적 부모-자녀 하위 체계가 될 수 있다. 즉, 부모화된 자녀는 부모된 역할과 발달적 욕구 사이에 긴장과 갈등을 겪고, 자신의 발달과제를 달성하지 못할 수 있다. 그러므로 자녀의 부모화가 발생하는 상황에서는 부모를 돕는 자녀의 권한과 책임이 자신의 정체성에 혼란을 주지 않도록 부모-자녀 하위 체계를 재정비할 필요가 있다.

(4) 형제자매 하위 체계

형제 하위 체계는 자녀들이 그 또래집단과의 관계를 배울 수 있는 사회화의 장이다. 형제 간에 주고받는 상호작용 안에서 그들은 서로 지지하기도 하고 반대하기도 한다. 상호작용을 통한 협상과 협동, 희생과 고립은 자녀들이 경쟁하는 가족 외부 세계와의 접촉에 적용된다. 이 하위 체계는 동일한 세대로 구성되지만 성별, 역할별, 권력별로 자체적인 위계구조를 이루고 있고 그 안에서 협동, 자기 주장과 경쟁, 양보와 협상, 연합, 갈등 해결, 우애 등을 배우고 사회성을 기르는 것이 핵심적이다. 형제자매 체계에서 경험적으로 학습한 대인 기술은 이후의 대인 관계에서 자연스럽게 나타난다. 형제자매 하위 체계가 기능적이기 위해서 부모의 자녀에 대한 편애와 편가르기, 비교 하는 일이 없어야 하고 또 형제들 간의 갈등에 끼어들기 등의 행동을 하지 않아야 한다. 그리고 형제자매 간에 친밀감과 유대감을 높이고 갈등이나 문제를 그들 간에 자율적으로 해결할 수 있는 기회를 주며, 인성교육 혹은 전인적 교육을 통하여 공평하게 대하는 것이 바람직하다. 만일 형제자매 하위 체계가 지나치게 가까운 경우 외부 사람과의 관계 형성에 어려움이 발생할 수 있다. 형제자매 간에 지나치게 소원한 경우에는 상호 간의 영향력이나 유대감이 약화되어 사회부적응아가 되기 쉽다.

4) 경계선

경계선(boundary) 개념은 가족구성원 개인과 하위 체계를 둘러싸는 보이지 않는 테두리로서 다른 사람과의 접촉의 양과 성질을 결정한다. 즉, 경계선은 개인과 개인 간에, 또는 하위 체계와 하위 체계 간의 상호작용 과정에 누가, 어느 정도, 어떻게 관여하는지를 정하는 규칙이다(Minuchin, 1974, 1988). 경계선을 통하여 구성원 간의 친밀 정도, 상호 교환 정도, 문제해결을 위한 정보와 에너지, 자원의 교류 정도를 파악할 수 있으며, 경계선은 인간의 정체성 확립에 대한 요구와 관련이 있다.

원래 사람은 자율적이고 독립적인 자유로움을 추구하는 욕구를 가지는 동시에 다른 사람과 유대감과 친밀감을 나누고 소속감을 갖고자 하는 욕구를 지닌다. 이 두 가지 욕구의 조화와 균형은 개인이나 하위 체계의 건강성과 성장에 매우 중요하다. 그러므로 경계선은 개인이나 하위 체계의 독립과 자율성을 보호하는 기능과 구성원 간의 상호 교류와 친밀성을 보호하는 기능이 조화를 이루도록 되어야 하는데 이를 구조적 가족치료에서는 명확한(clear boundary) 경계선이라 한다. 가족의 기능이 잘 수행되기 위한 조건 중의 하나는 경계선이 명확해야 하는 점이다.

구조적 가족치료에서 역기능적인 가족은 지나치게 경직된 경계선이나 모호한 경계선을 가진다고 전제하다. 대부분의 가족은 경직된 경계선부터 모호한 경계선에 이르는 연속선상의 한 지점에 위치한다.

경계선이 경직되면 가족구성원들 간에 교류가 없는 상태로 서로 개입하지 않고 '너는 너, 나는 나'처럼 따로따로 가족이 되는데 이를 유리된 가족(disengaged family)이라 부른다. 이들은 상호 간에 지나치게 자율적이고 독립적이어서 의사소통이나 보호가 부족하고 온정과 애정, 접촉 등이 제한받기 때문에 소외감과 거리감을 느끼게 된다. 그에 따라 소속감이 결핍되고 구성원 상호 간에 도움과 격려, 지지를 필요로 하는 기회를 살피는 데 둔하게 되어 문제해결도 어려워지게 된다.

모호한 경계선(diffused boundary)은 구성원들이 지나치게 감정적으로 개입되고 지나치게 얽혀서 필요 이상으로 관여하게 된다. 이런 가족은 '너의 일도 나의 일, 우리 모두 함께'처럼 최대한 가족과 함께하는 일체감을 강조하고 개인 시간이나 개인 영역은 허용되지 않는 밀착된 가족(enmeshed family)이라고 부른다. 이들은 지나친 관심과 간섭, 지지를 보이며 과민반응을 나타내고, 모든 가족구성원은 똑같이 생각하고 느껴야 된다고 하거나 가족은 하나다 등의 생각으로 개별성과 독립성을 인정하지 않는다. 그러므로 구성원들의 정체감 확립과 자율성이 방해받고 발달적 욕구와 독자적 문제해결 기회가 부족하게 되어 갈등과 문제가 발생하게 된다.

순기능적인 가족은 가족구성원 간의 명확한 경계선을 가지는데 이런 가족은 자율적이고 독립적이면서도 필요할 때 협동하고 지지하며 서로에게 바람직하고 효과적으로 관여하므로서 '나'라는 정체감과 '우리'라는 소속감을 동시에 가지는 체계이다.

구조주의 가족치료사들은 가족의 구조적 문제들을 몇가지 단순한 상징물로 도형화해서 보여주고 있다. 이 도형들은 가족구조의 어떤 변화가 필요한가를 보여준다.

가족체계는 지속성이 유지되도록 안정적이여야 하지만 한편으로는 환경의 변화에 적응할 수 있을 만큼 유연성이 있어야 한다. 행동장애는 유연성이 없는 가족구조로 인해 상황변화에 적절히 순응할 수 없을 때 일어난다. 가족 또는 구성원 중에 한 명이 외부적인 스트레스에 직면하거나 성장기에 따른 전환기의 시점에 있을 때 가족 구조에 변화가 요구된다. 가족의 역기능은 스트레스와 그 스트레스 상황에 대응하기 위해 자신들을 적절히 조절할 수 없는 두 가지 요인이 합해졌을 때 일어난다(Colapinto, 1991). 스트레스의 요인은 상황적인 사건(부모의 사별, 실직, 이혼, 부모의 발달상 문제, 퇴직, 퇴임, 질병, 이사)일 수도 있고 발달상의 사건(자녀의 생애 발달 주기에 따른 문제점 및 부모의 발달상 문제)일 수도 있다.

유리된 가족들의 경우 경계선은 경직되어 있고 정서적인 거리감이 지나치게 크며 지지가 필요할 때 지지를 제대로 하지 못한다. 유리된 가족의 부모들은 자녀들의 문제가 심각한 상태가 들어나기 전에는 자녀들의 정신병리적 증상을 잘 알 수가 없다. 반대로 속박된 가족은 가족구성원 간에 경계선의 혼돈스럽기 때문에 가족 간의 과잉 반응을 보이고 서로 상대방의 영역을 침범한다. 이런 가족의 부모들은 자녀 문제에 너무 깊이 개입하거나 간섭하고 자녀에게 너무 많은 스트레스를 주면 자녀가 원하는 삶을 사는 것이 아니라 부모가 원하는 삶을 살도록 하는 경우가 있다. 자녀가 스스로 자기 삶을 개척하고 자신의 문제에 대처 방식이나 해결책을 바람직하고 성숙한 행동으로 발전하는 것을 방해하게 된다(Michael P. Nchols·Richard C. Schwartz, 2002).

위의 경계선에 대한 설명을 정리해 보면 아래 그림 7-1과 같다.

그림 7-1 구조적 가족치료에서의 경계선

	경계선	설명
1	명확한 경계선 clear boundary	가족구성원은 자율적이고 독립적이면서도 가족이라는 울타리 안에서 서로의 안녕과 행복과 성장을 위하여 격려와 지지 그리고 협력하며 서로의 삶에 영향을 주며 관여한다. 그리하여 명확한 경계의 구성원들은 '우리'라는 집단의식과 함께 '나 자신임' 의 감정을 잃지 않는다.
2	혼동된 경계선 diffused boundary	가족구성원이 마치 서로에 대해 깊게 밀착이 되어 "나"와 "너"의 경계선이 혼동되거나 우리라는 태도를 가지며 가족구성원 개인의 정체성 구분이 모호하고, 가족구성원 간에 거리감이 없고, 강한 소속감 때문에 자율성이 방해를 받는다. 모호한 경계선을 가진 가족은 가족체계에 참가하는 규칙이 애매하기 때문에 가족구성원들은 모든 문제에 대해 서로가 지나치게 얽혀서 필요이상으로 관여하게 되고 가족들은 자신의 역할이 무엇인지 혼돈하고, 가족들끼리 정서적으로 밀착되는 관계를 만들어 낸다. 가족구성원끼리 적절한 거리를 유지하기 힘들기 때문에 순기능적으로 역할을 하지 못하게 된다. 이러한 가족은 가족들 간에 밀착되는 관계를 만들어 낸다.
3	경직된 경계선 rigid boundary	'나는 나, 너는 너' 식의 지나치게 독립적인 태도로 서로를 대하는 경우다. 이런 가족은 가족구성원이 서로 거리감과 소외감을 가지고 있고, 가족구성원은 각각 자율적이고 독립적으로 기능한다. 그러나 가족에 대한 친밀감이나 충성심과 소속감이 부족하고 가족구성원 간에 도움이 필요할 때 원조를 주고받는 능력이 부족하며, 피드백이 필요할 때 협조를 하지 않는 경향이 있다. 또한 가족원 간 의사사통이 원활하지 못하고, 가족 돌봄과 보호 기능을 수행하기 힘들다.

그림 7-2 가족지도에 사용되는 기호

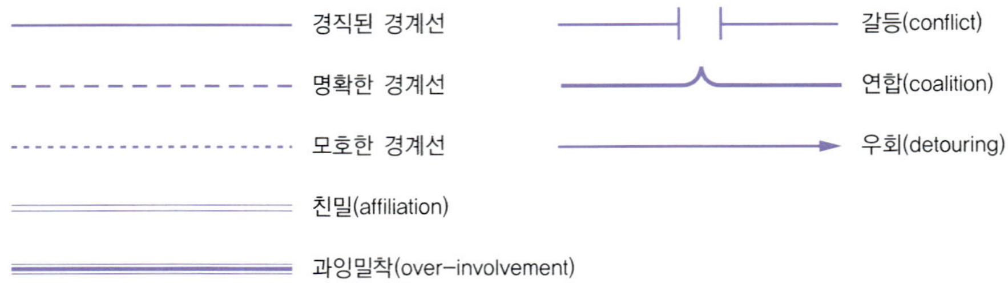

〈출처 : Minuchin, 1974〉

그림 7-3 갈등을 우회하기 위해 자녀를 희생양으로 만들기

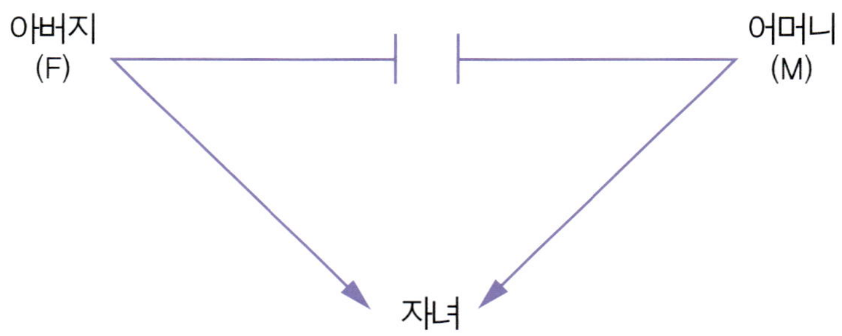

그림 7-3의 내용을 보면 가족치료사들이 자주 관찰하게 되는 문제는 자신들의 갈등을 해결할 수 없는 부부가 자녀에게로 관심의 초점을 돌리고 부부 간의 갈등 문제를 자녀로부터 해결하거나 보상받고자 하는 경우이다. 부부가 서로에 대해 수용하고 이해하려는 마음보다는 그들은 자녀에 대해 핵심을 돌려서 부부 문제를 자녀를 통해서 염려 혹은 걱정하는 경우이다. 즉, 부부 중심이 아닌 부모-자녀 중심의 가족체계가 될 수 있다. 이렇게 되면 아버지(F)와 어머니(M) 사이에서 발생하는 긴장감은 줄어들지만 관심의

대상이 되는 자녀는 이러한 부모에 의해 희생양이 되고 따라서 역기능 가족체계가 발생하게 된다.

그림 7-4의 어머니-자녀 연합은 형태는 달라도 위와 마찬가지로 일반적인 유형은 자녀를 사이에 두고 부부가 서로 다투는 것이다. 남편은 아내의 양육 태도가 지나치게 관대하다고 비난하고, 아내는 남편의 자녀 양육 태도가 엄하다고 비난하게 된다. 아내의 비난을 받을수록 남편은 자녀와 관계된 일에 무관심해지고, 남편이 무관심해질수록 아내는 더욱 비난한다. 속박된 어머니는 자녀에게 지극한 관심을 보이면서 헌신적으로 반응한다. 그리고 유리된 아버지는 자녀에게 반응을 보여야 할 적절한 순간에도 반응을 보이지 않는 경향이 있다. 두사람 모두 상대방에 대해서 비난하지만 그 비난은 결국 각자가 싫어 하는 상대방의 행동을 지속시킨다. 그 결과 어머니와 자녀 간의 세대 간 연합이 나타나고 이것은 아버지를 소외시킨다.

그림 7-4 어머니-자녀 연합

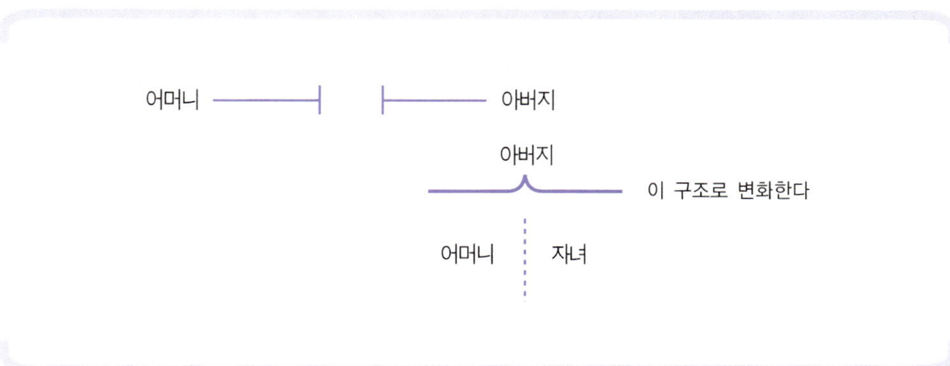

그림 7-5는 어떤 가족은 자녀들이 어렸을때는 순기능적이지만 자녀들이 성장해 감에 따라 필요한 통제와 훈육을 수용하지 못하기도 한다. 오랫동안 기다려 온 자녀가 출생하거나 아니면 가족외의 자신들의 삶에 특별한 의미를 주는 관심 영역이 없을 경우 자녀에게 열성을 쏟게 된다. 그리고 그들은 자신들의 자녀에게 많은 것을 기대하고 지나치게 많이 투자하고 속박되어 있기 때문에 적절한 통제를 할 수 없다.

그림 7-5 자녀에게 속박된 부모

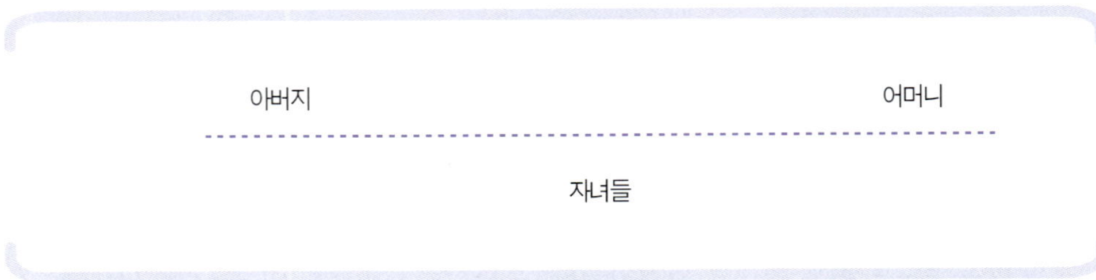

그림 7-6의 내용은 융합된 가족의 자녀는 부모로부터 많은 관심과 긍정적 스트로코(stroke)을 받는다. 그러한 부모들은 그들의 가족체계가 대체적으로 성공적인 편이다. 그러나 이런 부모가 자녀에게 규칙을 지키고 부모의 권위를 존중하는 것에 대해 가르치지 않는다면 그 자녀는 사회 부적응이 나타날 수 있다. 자기만의 생존 방식을 고집하고 자기 주장이 강한 이러한 아동들은 다루기가 힘들고 많은 문제와 갈등을 일으킬 수 있다. 이러한 상황에서 나타날 수 있는 몇몇 결과들은 가족을 치료실로 오게 한다. 예를 들어, 학교 가기 싫어하는 아동이 이해심 많은 부모로부터 수용되고 허락된다면 부모에 의해 은밀히 이러한 부적절한 행동이 강화된다.

그림 7-6 학교 공포증

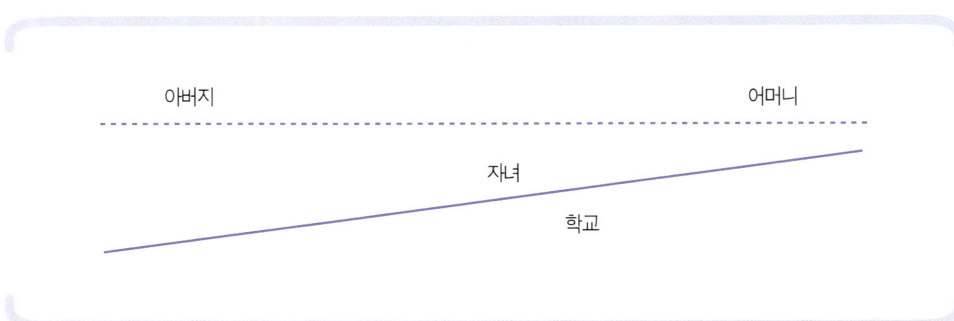

그림 7-7의 내용은 이혼했거나 사별한 배우자가 재혼을 하게 되는 경우 가족구조의 큰 변화가 일어나게 된다. 이러한 혼합 가족은 "새로운 경계선에 적응하거나 변화에 따

른 갈등을 경험하게 된다. 한 여성이 이혼을 하게 되면 그녀와 자녀들은 이혼한 남편과 분리되면서 동시에 자녀들이 계속해서 아버지와 접촉하는 것을 허용하는 분명한 경계선을 성립하는 새로운 구조에 적응해야한다. 만약 그들의 어머니가 재혼을 하게 되면 그녀 자신과 자녀들은 새 남편, 양아버지와 함께 살아가는 것에 새롭게 적응해야 한다. 때로는 자녀들이나 어머니에게 양아버지가 새로운 부모 하위 체계의 동반자로써 어머니와 동등한 입장에서 양육 기능을 하도록 허용하는 것이 어려울 때가 있다. 어머니와 자녀들은 이미 오랫동안 상호작용 유형을 형성해 왔고 서로에게 적응하는 방법을 익혀 왔다. 양아버지는 자녀 양육에 대한 의견을 주고 받을 수 있는 새로운 동반자라기보다 마치 아버지의 의무로써 해야 하는 그 가정 내에서의 익숙한 일들을 배워야 하는 외브 사람처럼 취급받기가 쉽다. 어머니와 자녀들이 양아버지를 받아들이기 위한 변화없이 자신들의 관계를 견고하게 지키려고 하면 할수록 양아버지는 더욱 좌절하고 분노하게 된다. 그 결과 만성적인 부부 갈등이나 아동학대로 이어질 수 있다.

그림 7-7 이혼과 재혼

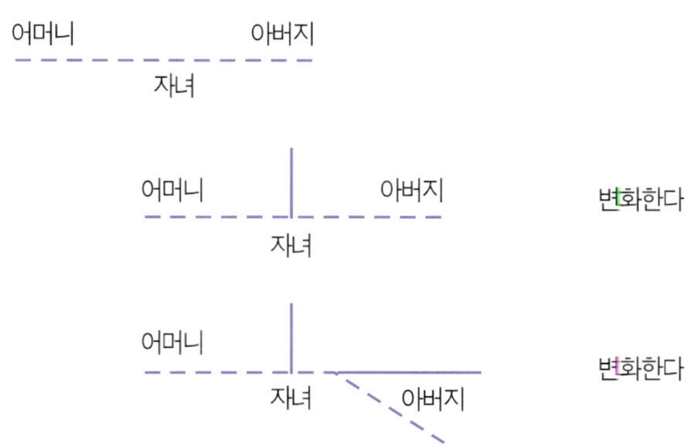

〈출처 : Micael P. Nichols·Richard C. Schwartz 저 ; 가족치료 개념과 방법, 김경애 외 역, 2002〉

3. 치료 목표와 치료 과정

1) 치료 목표

구조적 가족치료에서 치료의 목적은 문제나 증상의 제거가 아닌 역기능적인 가족구조의 재구조화(restruring)에 있으며 재구조화 과정에서 증상이나 문제가 제거된다고 본다. 즉, 가족구성원의 증상이나 문제는 역기능적 가족구조에서 비롯된다. 그러므로 치료 목표는 역기능적 가족구조를 변화시켜서 표면에 나타난 증상을 제거하거나 문제를 해결하는 것이다. 구조적 가족치료사는 가족구성원이 그 구조를 변화시킬 수 있도록 가족체계에 합류한다. 즉, 경계선과 하위 체계 기능, 제휴와 위계구조 등을 재정비하여 가족을 재구조화(restructuring)하게 되면 증상이나 문제가 제거된다고 본다.

구조주의 가족치료사는 가족구성원이 그 구조를 변화시킬 수 있도록 가족체계에 합류한다. 경계선을 변화시키고 하위 체계를 재배치함으로써 치료사들은 가족구성원 각각의 행동과 경험을 변화시키게 된다. 문제해결은 치료사의 몫이 아니고, 가족구성원들이 해야 할 일이다. 다만 치료사는 가족 기능을 고쳐나가도록 도와줌으로써 가족들이 자신들의 문제를 해결할 수 있도록 한다. 이런 점에서 구조적 가족치료는 정신역동적 심리치료와 같다. 즉, 증상의 해결은 그 자체가 치료의 목표가 아니고 지속적인 구조 변화의 결과로 나타난다. 단지 정신분석가들은 환자의 마음의 구조를 변화시키려 하고, 구조주의 가족치료사는 환자 가족의 구조를 바꾸려 한다.

증상의 변화와 가족 기능의 강화는 상호 관련된 치료 목표라고도 할 수 있다. 따라서 증상을 변화시키는 가장 효과적인 방법은 그 증상들을 지속시키는 가족 유형을 바꾸는 것이다. 효과적으로 기능하는 가족은 가족구성원들끼리 서로 격려하는 체계이다. 구조적 가족치료의 목표는 한편으로는 가족구성원 간의 상호 지지를 유지시켜 나가면서 다른 한편으로는 증상을 해결하고 개인의 성장을 격려하기 위해 체계의 성장을 촉진시키는 것이다(Michael P, Nichols. Rihard c Schwartz).

(1) 가족의 재구조화를 위한 공통적 목표

- 부모-자녀 간의 위계질서 확립
- 세대 간의 명확한 경계 설정 : 부부 하위 체계와 자녀 하위 체계의 명확한 경계 확립
- 기능적 의사소통과 상호 교류
- 부부 관계 및 부모-자녀의 협력 관계
- 가족구성원의 적절한 역할 수행

(2) 치료 목표

첫째 : 가족위계구조를 적절히 확립한다. 적절한 위계구조란 부모가 권위와 책임을 맡고 부모의 권위를 바탕으로 부모-자녀가 세대 간 차이를 인정하는 구조이다.

둘째 : 부모가 연합한다. 부모는 서로 지원하고 서로에게 적응함으로써 자녀에게 일관성 있고 통일된 모습을 보여야 한다.

셋째 : 부모가 연합된 모습을 보일 때, 자녀들을 동년배의 형제자매 체계르 기능할 수 있다.

넷째 : 부부 하위 체계는 부모 하위 체계와 분리되어 존재한다.

다섯째 : 경계선이 경직되거나 분리된 가족을 대상으로 치료할 경우 가족구성원 간의 상호작용 빈도를 증가시킴으로써 분명한 경계선을 갖도록 돕는다.

여섯째 : 경계선이 밀착된 가족을 대상으로 치료할 경우, 개인이나 하위 체계가 서로 분리하도록 돕는다.

2) 치료 과정

구조적 가족치료는 첫째, 치료자가 가족에 합류하여 지도자의 위치를 확보하고, 둘째, 치료자가 가족의 구조를 확인하며, 셋째, 가족구조를 변화(재구조화)시키는 세 단계로 이루어진다.

그림 7-8 구조적 가족치료 과정

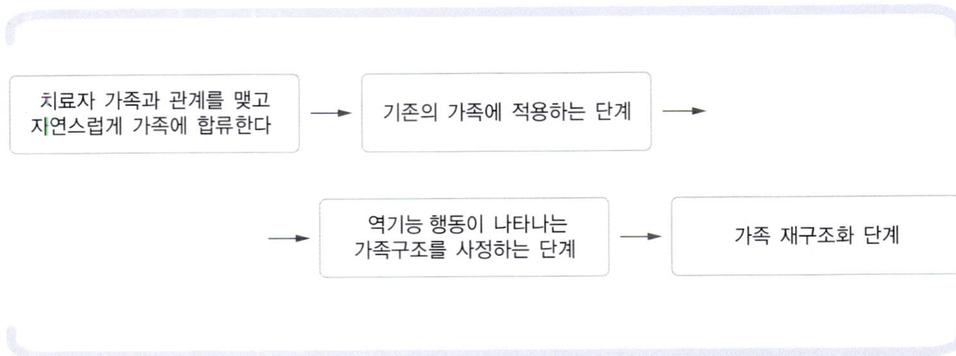

그림 7-9 치료자의 가족 개입 단계

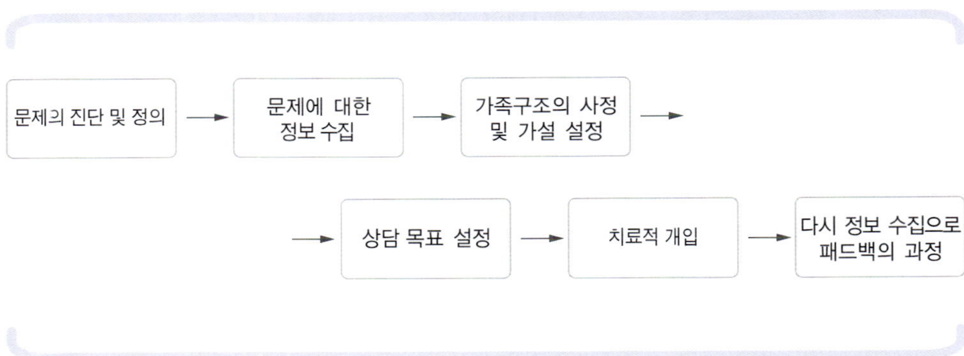

(1) 합류 과정

가족의 성공적인 재구조화에서 합류(joining)는 치료자가 가족 상호작용의 일원으로써 가족의 조직과 상호 교류 유형을 있는 그대로 수용하고, 가족의 강점을 직접 경험하며 가족 상호작용의 핵심 주제를 파악하고, 거기에 대한 적응 능력을 갖고 가족의 희로애락에 동참할 수 있어야 한다.

구조적 가족치료에서 성공적인 재구조화 작업을 시작하려면 치료자와 가족이 서로 있는 그대로 이해하고 적응하여 같이 작업하기 위한 좋은 관계를 형성하는 것이 필요하다. 이것을 합류라 한다. 즉, 합류는 치료자가 가족을 있는 그대로 수용하고 그들의 방식을 존중하여 가족체계와 관계를 맺는 행동이다. 가족에 합류한다는 것은 외부인의 관점이 아닌 가족의 일원으로서 자연스럽게 가족의 상호작용과 정서 체계에 적응하여 가족의 핵심 주제를 파악하고 가족구성원 각자의 느낌을 함께 느끼는 것이다.

합류는 치료자가 가족의 정서 체계에 적응하는 것이며, 따뜻하고 수용적인 방식으로 말하기, 가족구성원에게 말할 기회를 동등하게 부여하고, 부정적인 신념을 긍정적인 신념으로 재정의 하는 것이다. 또한, 긍정적 행동을 강화하기, 내담자의 염려를 확인하기, 모든 사람이 다루고 싶어 하는 사안을 각각 다루기, 긍정적 상호작용 분위기를 이끌어내기, 내담자에게 익숙하거나 의미 있는 언어나 개념을 사용하기를 통해 성공적으로 이루어질 수 있다.

치료자는 가족을 이해하고 그들의 위계구조와 상황을 존중하고 수용하면서 자연스럽게 가족과 신뢰 관계를 형성할 때 가족은 치료자를 받아들이게 된다. 즉, 치료자가 가족에 합류하는 것이 가족이 치료자의 개입을 수용하며 진지하게 반응하게 되고, 변화과정에 참여하고자 하는 의지를 갖게 되는 선결조건이 된다. 따라서 합류는 치료자가 가족에 대한 영향력을 효과적으로 발휘하고 가족의 자발적 참여를 이끌어내는데 매우 필요하고 중요하며, 이를 위해 치료자는 적응 능력과 기술을 가져야 한다.

흔히 라포(rapport) 형성을 합류와 같은 개념으로 사용하지만, 라포가 치료적 관계 상태를 뜻한다면, 합류는 치료적 관계 형성을 위한 치료자의 자발적 행동을 뜻한다.

치료자는 가족구성원에 대한 존중과 경청, 지지와 수용, 강점을 부각하기, 공통의 주제 다루기, 긍정적 상호작용 분위기 조성, 그리고 가족에게 익숙한 언어 사용과 행동 방식 따르기 등의 방법으로 구체화될 수 있다.

(2) 가족의 구조 사정 과정

치료자가 가족과 합류한 다음 가족의 구조를 확인하는 과정이 진행되는데, 하위 체계의 기능, 경계선, 위계구조의 측면에서 파악할 수 있다. 각 하위 체계는 제대로 기능을 하는지, 개인 간 혹은 하위 체계 간 경계선은 어떠한지, 그리고 가족의 위계구조는 적합한지 등을 확인한다.

우선적으로 가족의 일반적인 특성을 파악하는데 가족이 어떤 특징적인 구조를 가지고 있는지 파악한다. 가족구성원은 몇 명이고 누구이며, 나이와 성별은 어떠하며, 종교와 사회경제적 지위는 어떠한지, 그리고 현재 제시된 문제는 무엇인지 등 기초적인 정보에 대한 확인 작업이 필요하다.

치료자가 가족의 구조와 상호작용을 사정하고 평가하기 위하여 먼저 가족구성원의 성별, 연령, 종교, 직업, 가족 주기와 발달 단계, 사회경제적 지위, 스트레스 상황과 발달적 변화, 현재 제시된 문제 등에 대하여 질문함으로써 기초 정보를 확인한다. 그리고 치료자가 상담실에서의 가족의 행동과 언어 형태, 그들 간의 상호 교류 작용, 그리고 자리에 앉는 위치와 가족구성원 간의 물리적 거리를 관찰하는 것이 가족 내 하위 체계의 기능, 경계선, 제휴와 위계구조 등에 대한 많은 정보를 얻는 중요한 단서가 된다.

가족구조는 치료자가 실연(enactment)을 통해서도 확인할 수 있다. 실연은 치료자가 가족에게 요청하여 가족의 상호작용을 치료실에서 실제로 행동해 보이도록 하는 것이다. 가족이 치료실에서 자리에 앉는 위치도 가족구조를 확인하는 중요한 단서가 된다. 그들이 앉는 위치에 따라 가족구성원 간의 동맹과 연합, 중심과 소외가 드러날 수 있다.

구조적 모델은 치료자가 가족구조에 대해 가족의 상호 교류를 관찰하고 실연하게 함으로써 가족의 유형과 구조를 파악하도록 강조한다. 그러나 특정 가족구조의 경우 첫 번째 면담 전에 현재의 구조에 관해 몇 가지 가정을 도출할 수 있는 데 다음과 같다.

부모-자녀로 구성된 가족은 두 사람 간에 모호한 경계선을 형성하고 서로 의존하는 경향이 높다. 부모와 자녀는 많은 시간을 함께 보내기 때문에 부모-자녀 관계는 동료관계와 같기 쉬우며, 자녀는 또래집단과 충분한 시간을 보내지 못하므로 제 나이에 비해 조숙한 모습을 보일 수 있다.

3세대 가족의 주요 사안은 자녀의 부모 역할에 관한 것일 가능성이 크다. 자녀에게 어머니 역할을 하는 사람이 어머니인지 아니면 할머니인지 분명하지 않을 수 있다.

마지막으로 혼합 가족은 이혼이나 사별 등으로 두 가족이 합친 경우로서, 부부 관계 차원에서만 결합한 가족이다. 혼합 가족이 문제를 보일 경우, 친부모와 계부모에 대한 자녀의 친밀감과 갈등 및 상실감의 미해결, 부부 하위 체계 확립의 어려움, 공동 양육자 간의 갈등과 관련될 가능성이 크다.

Chapter 08

해결 중심 단기 가족치료

해결 중심 치료는 MRI(정신건강연구소) 접근에서 파생되었다. 해결 중심 단기 치료는 위스콘신 주의 밀워키에 있는 단기가족치료센터(Brief Family Therapy Center, BFTC)의 드 쉐이저(S. de Shazer), 인슈버그(I. K. Berg)와 동료들의 연구에서 시작됐다. 임상가로 많이 알려진 인슈버그는 해결 중심 접근의 이론 발전에 크게 기여하였다. 그녀는 전 세계적으로 치료사들을 훈련시켰으며, 이 모델을 알코올중독(Berg & Miller, 1992), 부부치료(Berg, 1994a), 그리고 저소득층과 빈곤층 사람들의 가족 관련 서비스에도 적용시켰다(Berg, 1994b). 또 다른 저명한 인물 립칙(E. Lipchik)은 해결 중심 모델을 처음으로 아내 구타에 적용했고(Lipchik & Kubicki, 1996) 최근에는 해결 중심으로 치료하는데 도움이 되는 책을 출간하기도 했다(Lipchki, 2002), 그 외에 와이너-데이비스(M. Weiner-Davis), 존 월터(J. Walter), 제인 펠러(J. Peller), 빌 오한론(B. O'Hanlon) 등은 해결 중심 치료의 주요 인물이라고 볼 수 있다(Michael P. Nichols, 2008 ; 김영애 외 공역, 2008, 재구성).

1. 해결 중심 단기 가족치료의 이론적 발달 및 주요 개념

1) 주요 개념

해결 중심 단기 가족치료는 과거보다 현재와 미래를 중시하고 인간의 장점과 자원을 문제해결에 활동하는 해결 중심 단기 치료 모델을 가족치료에 적용시킨 것이다. 즉, 가족구성원들 간의 문제를 일으킨 과거를 탐색하기보다 문제가 유지되고 있는 현재에 초점을 맞추는 것이다. 해결 중심 치료사들은 문제가 해결될 수 있는 미래를 바라보는 것을 선호한다. 이 치료 모델은 상담이 단기로 진행되고 해결책의 초점을 맞추는 것이 다른 치료 모델과 구분된다. 해결 중심 단기 치료사들은 문제 이면에 숨겨져 있는 동기가 있다거나 사람들이 자기 문제에 대한 양가감정을 가지고 있다는 견해를 거부한다. 이들은 내담자들이 정말로 변화하고자 한다고 가정한다.

드 쉐이저(1984)는 내담자들이 치료사의 지시에 따르지 않는 것을 저항으로 보지 아니하고 자신들을 도울 수 있는 최선의 방법을 치료사에게 가르침으로써 자신들의 방식으로 협력하는 것이라고 하였다. 그리고 병리적인 것이나 실패 경험에 관심을 두기보다 과거에 잘 해온 것과 성공 경험을 발견하여 이것을 문제해결에 활용하는 점, 그리고 내담자의 자발적인 의지와 협조 및 언어가 행동 변화를 유발한다고 믿는 점이 기존의 가족치료 모델과 차별화된다. 그리고 특유의 상담 원리와 다양한 질문 기법들로 구체적인 치료 절차를 지니고 있다.

해결 중심 치료가 세계적으로 매우 인기가 있는 것은 진정 이 시대에 맞는 치료 모델이기 때문이다. 해결 중심 치료 모델은 실용적 극소주의, 인지적 강조, 그리고 쉽게 가르칠 수 있는 기법들이 잘 조화되어 워크숍 주제로 가장 인기 있으며 조속한 문제해결이 단기에 가능하기 때문에 의료보험업계에서도 인기가 있어 왔다. 사실 상담치료사가 되려는 많은 사람이 해결 중심 치료사가 되기를 원한다.

해결 중심 치료는 내담자의 문제 중심적 대화를 해결 중심적 대화로 바꾸는 것을 목표로 삼는다. 그러나 정말 중요한 것은 모델이나 기법이 아니라 치료사의 태도와 내담자와 치료사 간의 교류이다.

2) 발달 배경

해결 중심 단기 치료의 발달은 정신건강연구소(MRI)의 단기가족치료센터를 중심으로 하는 전략적 치료모델에 근원을 두고 있으며 이곳에서 활동하던 드 쉐이저와 동료들(인슈버그, 나나리, 립칙, 몰라르)이 1978년 미국 위스콘신 주 밀워키에 단기가족치료센타(Brief Family Therapy Center, BFTC)를 설립하면서 시작되었다. 1982년 이 센터에서 치료의 초점을 문제 중심에서 해결 중심으로 전환시키면서 해결 중심 단기 치료(solution-focused brief therapy)가 생성된 것이다(de Shazer & Berg, 1993).

2. 치료 목표와 치료 과정

1) 치료 목표

해결 중심 단기 모델을 사용하는 치료사들은 문제의 원인에 대한 사정을 하는 것이 아니라 그러한 문제를 지속시킬 수 있는 행동 유형을 평가하는데 관심이 있다. 치료사들이 확인하려는 것은 문제가 발생하지 않을 때의 행동 유형이다. 과거의 문제에 얽매이는 것이 아니라 해결 중심 해결사들은 미래의 목표를 해결하는데 중점을 둔다. 목표 설정은 첫 상담에서 시작하여 전 치료 과정을 통해 진행되는 선행적 과정(proactive process)이다.

해결 중심 단기 모델의 상담에서는 다음과 같은 형태의 질문을 취할 수 있다(Lipchik, 2002).

해결 중심 단기 모델의 상담에서 질문의 예

1. 현재 당신은 무엇이 문제라고 생각하십니까?
2. 그 문제가 해결되면 그것을 어떻게 알 수 있을까요?
3. 이 상담실에 더 이상 올 필요가 없다면 그것을 알 수 있을까요? 무엇을 보면 알 수 있습니까?
4. 그런 일이 일어나기 위해서는 당신의 행동, 생각, 감정들이 어떻게 달라져야 할까요?
5. 이 상황과 관련된 다른 사람들이 달라진 것을 당신은 무엇을 보고 알 수 있을까요?
6. 당신의 자유로운 환상 속에서 만약 기적이 일어난다면 어떤 기적이 일어나기를 바랍니까?

〈출처 : Lipchik, 2002〉

해결 중심 단기 치료의 목표는 도움이 필요해서 온 가족의 현재 문제를 해결하는 방법을 가족과 함께 구축하고 실천하도록 돕는 것이다. 치료사와 내담자 가족이 첫 면접 상담에서 치료 목표를 구체적으로 명확히 정하게 되면 종결을 위한 목표 달성 기준이 설정되어 효과적인 상담이 될 수 있다.

해결 중심 치료사들은 가족의 역동성을 관찰하는데 흥미를 갖고 있지 않으므로 모든 가족이 참여해야 한다는 특정 집단의 사람들을 소집할 필요가 없다고 생각한다. 그러나 치료를 위해서 해결되어야 할 문제에 관심을 갖고 있는 사람이라면 누구나 참여할 수 있다고 본다. 또한 상담 접수 정보를 사전에 별로 필요로 하지 않는다. 그 이유는 내담자의 생각을 선입견 없이 직접 듣기 위함이다.

드 쉐이저(1988)에 따르면 해결 중심 단기 치료사들은 동기의 수준에 따라 내담자와의 관계 수준을 구분한다. 어떤 내담자는 문제를 해결하기 위해 불평은 하여도 노력하지 않는 반면, 다른 내담자는 변화할 준비가 되어 있고 기꺼이 변화하려 노력한다. 분명한 동기가 없고 불평만 하는 내담자에게 치료사가 할 일은 해결 중심적 대화를 하고 내담자를 칭찬하면서 가능하면 문제의 예외 상황을 발견하도록 문제를 주는 것이다. 변화에 대한 압박을 주는 대신 관심을 문제에서 해결책으로 돌림으로써 내담자는 변화될 의지를 갖고 있는 사람이 될 수 있다. 이러한 의지를 보이는 내담자라면 치료사는 적극적인 역할로 도울 수 있을 것이다.

2) 치료기법

① 적극적인 태도로 문제를 더 기능적인 관점으로 재구성하고 내담자의 인내력과 풍부한 자원을 칭찬한다.

② 내담자가 스스로 만들어낸 논리적 구속(logical bind)을 분명히 한다.

③ 최면적인 지시를 필연적인 신호와 연결시킨다.

④ 가족에게 중요하고 유익한 것을 목표로 한다. 그리고 이 목표는 가족과 협상을 통해 치료자에게도 중요한 것이어야 한다. 목표를 정할 때는 내담자가 목표에 합의하도록 돕는 것이 바람직하다.

⑤ 목표는 쉽고, 간단하게 성취할 수 있는 행동이어야 한다.

⑥ 가족에게 희망과 자신감을 갖게 해 줄 수 있어야 하며 더 큰 변화를 이끌어 내야 한다.

⑦ 명확하고 측정할 수 있는 구체적인 행동 용어로 기술한다.

⑧ 문제 제거나 소멸이 아닌 새로운 긍정적 행동을 할 수 있도록 돕는 것이어야 한다.

⑨ 치료사는 내담자가 원하는 결과를 얻기 위하여 단계적으로 최종 결과를 얻을 때까지 명확하고 구체적으로 성취해 나간다.

⑩ 현재에 내담자로서 성취 가능한 현실적인 것이어야 한다.

3) 해결 중심 단기 치료의 과제

① 첫 상담 공식 과제(de Shazer, 1985). "지금부터 다음 회기에 만날 때까지 당신이 가족내에서 계속 일어나기를 바라는 일들을 관찰해 오세요."

② 효과적인 행동을 더 하기. "당신들은 산책을 할 때 서로 대화 한두 번 더 시도해 보고 지금까지 하던 행동과는 다르게 행동해 보시고 결과에 대해 알아봅시다."

③ 무언가 다르게 행동하기. "당신은 윤희가 자기 숙제를 스스로 책임지도록 맡겨 놓았을 때, 그애가 가끔 실패했다고 하셨죠. 좀 더 다른 시도를 해 볼 필요가 있는 것 같네요." 만약 내담자가 "나는 얼굴이 하얗게 될 때까지 계속해서 같은 말만 반복했어

요?"라고 말한다면 무언가 다른 것을 시도 하도록 제안하는 것이 내담자가 자신만의 해결 방법을 찾게 만든다. 무언가 다르게 행동할 것을 제안하는 것은 일종의 실험으로 제시해 볼 수 있는데, 인슈버그의 다음 사례에 잘 묘사되어 있다. 이들이 용변을 가리지 못해 화가 난 부모가 있었는데, 그 부모에게 무언가 다른 방법을 시도해 볼 것을 제안했다. 그들은 아들의 소아용 변기에 물과 아들의 장난감 보트를 넣고 아들에게 그의 임무는 그 보트를 가라앉히는 것이라고 했더니(Berg & Dolan, 2001), 효과가 있었다!

④ 천천히 단계별로 하기. "지금처럼 모든 것들이 오래도록 지속될 경우 어떤 이득이 있을까요?"

⑤ 내담자에게 그들이 해 왔던 방법들을 반대로 시도해 볼 것을 권유하는 것은 배우자나 부모-자녀 사이에서 처럼 두 명 사이에 존재하는 문제들에 특히 유용하다.

⑥ 예언 과제(de Shazer, 1988). "당신이 오늘밤 잠들기 전에, 그 문제들이 해결되어 질 것인지 아니면 현재대로 있을 것인지에 대해 예언해 보세요. 이처럼 가족의 자원에 관심을 갖고 그들이 문제보다는 해결 방법에 초점을 두기위해 그들의 자원을 활용하도록 격려하는 메시지에 들어 있는 칭찬과 과제는 계속 해결 중심 접근의 기본이 되고 있다(Michael P. Nichols).

4) 치료자 역할

해결 중심 치료자는 내담자 가족이 갖고 있는 능력과 자원을 탐색 개발하여 문제해결에 활용하도록 돕는 역할을 하며, 내담자 가족의 정서와 의견을 존중하면서 내담자 가족과 함께 목표를 세우고, 해결책을 구상하고 실행하는 것이 특징이다. 그 결과 내담자 가족은 긍정적인 자신감과 희망을 갖게 되고 자신의 강점과 성취된 경험이 강화됨으로써 사고의 전환과 행동 변화가 나타나게 된다.

치료자의 태도는 해결 중심 치료의 가정과 원리에서 알 수 있듯이 내담자 가족의 능력에 대하여 긍정적이다. 치료자는 내담자로 하여금 전문가 입장에 서게 하는 것이 필요하다. 즉, 내담자에 대한 '알지 못하는(not-knowing) 자세'를 취한다(de Shazer & Berg, 1993). 치료자는 내담자에 대해 선입견과 자신의 전략을 갖기보다는 내담자 가족의 행동과 말, 문제의 특성, 주 호소 문제, 문제해결 노력과 성공·실패 경험, 원하는 것, 잠재력, 해결책 등에 대해서 존중하고 탐색하는 자세를 가져야 한다.

치료자는 문제에 대한 지각과 해결책에 발견을 촉진하기 위해서 '해결 중심 대화'를 한다. 즉, 내담자 가족이 문제 중심 시각에서 해결 중심 시각으로 바뀌어 상황을 긍정적으로 보게 하고 내담자가 진심으로 원하는 것들과 문제가 없는 예외 상황을 발견하도록 단기적으로 단계별로 인내하면서 대화하도록 만든다. 이것을 위해 기본 상담 기술인 적극적 경청, 개방적 질문, 공감, 자기 개방, 내담자의 용어 모방, 칭찬 등을 사용하고 해결 중심 치료 모델의 다양한 질문기법과 메시지 전달을 사용한다.

3. 치료 및 평가

해결 중심 단기 치료는 MRI 접근에서 파생되었다. MRI 접근은 문제에 초점을 두지만 해결 중심 치료는 해결책에 초점을 둔다. 해결 중심 단기 가족치료는 치료자와 가족의 협력을 증진하고 가족관계를 강화시키며, 가족구성원의 개개인의 강점과 가능성에 초점을 두고 자신에 대한 예언을 실현하도록 돕는다. 그리고 문제를 해결하는데 있어서 작은 변화에서 시작해서 큰 변화를 가져오도록 단계적으로 다양한 질문기법과 메시지를 주는 기법들을 개발하였다. 미국에서 이루어진 여러 조사 결과 과학적으로 검증되지는 않았지만 해결 중심 단기 가족치료는 치료사들에게 상당히 성공적이고 긍정적인 치료효과를 나타낸 것으로 알려졌다(Nichois & Schwartz, 2001).

우리나라에서는 해결 중심 단기 가족치료 모델이 1987년 드 쉐이저와 인슈버그가 워크숍을 진행하면서 처음 소개된 가족치료 모델이다. 그 이후 학회에서 여러 번의 워크숍이 실시되고 1996년 한국지부가 설립되어 교육과 훈련을 하는 것에 힘입어 짧은 기간 동안 크게 확산되어 왔다. 최근 조사 결과에 따르면 가족상담자 중에서 교육 훈련을 받은 모델과 적용 모델 순위에서 해결 중심 단기 치료 모델이 모두 일 순위로 나타나 가족상담 현장에서 이 모델이 광범위하게 적용되고 있는 것으로 나타났다(이선혜 외, 2005 ; 최연실, 2002).

이 해결 중심 단기 치료 모델을 가족문제, 부부 갈등, 부모-자녀 문제, 가정폭력 문제, 개인 문제에 적용한 사례 연구 결과들이 우리나라 가정 문제와 부부 문제해결에도 그 효과가 입증되었다.

첫째, 해결 중심 단기 치료 모델은 내담자 가족이 원하는 것과 해결책에 초점을 맞춤으로 단기에 상담이 끝나기 때문에 경제적이다.

둘째, 해결 중심 단기 치료 모델은 문제가 없는 미래에 초점을 두도록 하여 내담자 가족으로 하여금 희망을 갖게 하고 문제에 대해 잘 대처하기 위해 내담자의 강점과 긍정적인 부분에 주목하게 한다.

셋째, 내담자 중심의 관점으로 내담자의 모든 것을 존중하고 준거 틀에 맞추어 상담하고 칭찬과 과제 부여가 상담의 효과를 높인다.

넷째, 다양한 질문기법을 활용하여 문제행동의 맥락을 구체적이고 실현 가능성이 큰 상담 목표를 명확하게 설정함으로써 목표 달성에 효과적이다.

다섯째, 흔히 가족치료에서 모든 가족이 참여하는 것에 비해서 해결 중심 단기치료 모델은 전체 가족이 참여하지 않아도 물결 효과(ripple effect)로 가족 모든 구성원에 변화를 가져오게 되며, 상담 과정 절차와 기법이 간단명료하고 구체적이어서 상담자들이 적용하기 쉽다. 그리고 상담의 성공적 종결이 치료사 단독 책임이 아니라 내담자의 협력적 관계에서 좌우되기 때문에 상담자의 부담이 적다.

국내외 해결 중심 단기 가족치료 모델은 청소년비행 문제, 아동의 이상행동 문제, 가정폭력 문제, 부부 갈등 및 이혼 문제, 불안, 우울 등의 정서 문제, 정신분열증 환자, 알코올 환자, 만성질환자 가족 등에서 매우 치료적 효과가 있는 것으로 보고되었다(Gingerich & Eisengart, 2000).

해결 중심 단기 치료 모델에서 단기간에 상담을 종결하는 점 때문에 내담자의 생의 발달의 경험이나 미해결된 욕구 등의 문제 원인에 대한 탐색이 어렵다는 것이 애로 상황으로 지적된다. 특히 원가족의 정서 체계와 가족체계의 영향과 가부장 가정문화 등이 갈등의 원인으로 작용하는 경우는 해결 중심 단기 치료 모델의 적용이 제한될 수 있다.

해결 중심 단기 치료 모델은 기법 훈련만이 아니라 내담자와 협력적인 관계를 잘 유지하면서 고유의 가정과 원리, 철학 및 관점을 충분히 이해하고 적용하는 것이다.

PART 03

기독교적 가족회복과 내적치유

Chapter 09

내적치유

1. 내적치유의 개념

1) 내적치유란 무엇인가?

성경적 관점에서의 내적치유란 인간의 영적 문제, 심리적인 마음의 문제를 기독교적인 관점에서 바라보고 성경적인 방법으로 해결해 가는 것이며, 성령의 능력으로 예수 그리스도의 형상을 드러내는 과정이며 하나님과의 관계 회복을 의미한다.

최근 10년 사이 한국 교회에서는 '내적치유(inner healing)'라는 말이 유행어처럼 퍼지기 시작했다. '내적치유 세미나'라든가 '내적치유 프로그램' 등에 대한 연구가 필요하겠지만 대개는 미국 신학교와 미국 교회, 그리고 미국 선교 단체 등의 영향에 기인하였다.

내적치유는 인간의 내면의 치유이다. 교회 안에서도, 많은 상처와 쓴 뿌리를 가지고 살아가는 사람들이 많이 있다. 많은 성도와 심지어 목회자 및 사역자들조차도 예수 그리스도 안에서 온진히 회복되지 못한 겉만 성장하고, 쓴 뿌리를 내면에 간직한 채 성령에 속한 삶이 아닌 육에 속한 자아로 신앙생활을 하고 있는 성도와 사역자를 쉽게 만날 수 있다. 교회의 성도들과 사역자들이 이러한 상처와 쓴 뿌리를 치유받고자 상담을 의뢰해 올 때 성경적 인간이해 관점에서 건강한 하나님의 백성들로 하나님과의 관계를 회복시키고 인도하여야 한다. 하나님께 온전히 치유하시도록 나 자신을 맡길 때 하나님께서 치유하신다.

내적치유란 전인격 치유와 영적 성숙을 목적으로 말씀과 성령님의 능력에 의지하여 이뤄지는 사역이다(김경수, 2010). 영적인 상처로 인한 상한 감정, 죄성, 육에 속한 육체의 열매 등의 아픔을 용서하지 못함, 분노, 적개심, 원망, 거부됨, 낮은 자존감, 두려움, 염려와 걱정, 성(性)적 문제 등을 복음과 십자가의 보혈, 하나님의 사랑, 성령님의 도우심으로 우리들 내면의 상한 마음을 치유하고, 거듭남과 회심과 성화의 길로 사는 하나의 삶의 과정이다.

2) 내적치유의 정의

신학자이며, 기독교 심리학자와 상담가들은 내적치유에 대해 다음과 같은 정의를 내리고 있다.

베티 탭스코트(Betty Tapscott)

내적치유는 내면 사람의 치유이며 기도를 통해 인간의 감정, 생각, 고통스러운 기억들이 죄의식, 두려움, 불안, 비탄, 적개심, 분노, 원한, 용서하지 못함, 분노, 열등감, 죄책감, 낮은 자존감 등의 상한 감정으로부터 행방감과 자유로워지는 과정이다(Betty Tapscott : inner healing through healing of memories, 1983).

찰스 H. 크래프트(Charles. H. Kraft)

"내적치유 사역은 전인적인 치유를 목적으로 성령의 능력과 도움으로 영적인, 감정적인, 상처를 치유받는 것이라고 한다"(이윤호 역 : 깊은 상처를 치유하시는 하나님, 1995). 크래프트는 그러한 상처의 근원이 되는 부분에 그리스도의 능력으로 치유하는 것이다. 이러한 상처의 근원은 무의식적으로 내면화 되어 있는 '기억의 치유'라고 말하고 있다.

데이빗 A. 씨맨즈(David. A. Seamands)

상처받은 감정과 치유되지 못한 내면화된 기억들을 돌봄의 목회로 돌보아 주고 치유자이신 하나님께 그 치유를 위해 상한 감정을 치유하시고, 회복하시는 하나님께 기도해 주는 것이다(데이빗 A 씨맨즈, 송현복 역, 2005, 재구성).

존 윔버(John Wimber)

손상된 상한 감정 등으로 아픔과 고통속에서 살고 있는 사람들에게 성령께서 죄의 용서와 상한 감정으로 부터의 감정 치유와 회복을 이루어 주시는 과정이며, 갈등과 어려움에 빠져있는 자들에게 복음과 주의 보혈로 치유되는 것을 내적치유라 하였다(John Wimber, op).

마이클 스캘랜(Michal Scanlan)

"속사람을 치유하는 것을 내적치유라고 말한다. 여기서 속사람이란 혼, 영, 심리, 정서등을 말하며 일반적으로 정신, 의지, 또는 마음을 의미한다"(inner healing, 1974, 재구성).

데니드 베넷(Dennis. R. Bennett)

"성령의 임재를 저해하는 요인들을 치유함과 동시에 인간의 심리적인 본성으로부터 제거해 버리는 일을 주님의 능력과 도움으로 치유하는 것을 의미한다."

린 페인(Leanne payne)

"인간이 타락한 것은 하나님을 떠나 분리된다는 것이다. 성령의 도우심으로 용서와 회개를 통해 심령속에 쌓여 있는 영적 찌꺼기들을 제거하여 그리스도안의 온전한 자로 회복되어 가는 과정이라고 말한다"(김경수, 2010).

3) 내적치유의 목적

하나님이 인간을 하나님의 형상대로 창조하시고(창 1:27) 하나님과의 관계가 회복되도록 하는 것이 내적치유의 목적이라고 할 수 있다. 이렇게 내적치유는 하나님과의 올바른 관계 회복을 위해 그 관계를 막고 있는 마음의 상처들, 상한 감정들을 제거해 줌으로서 하나님과의 관계를 회복시켜 주고, 과거의 고통스러운 기억이나 상한 감정으로 인한 마음의 쓴 뿌리에서 비롯된 아픔과 미해결된 과제 및 상처들을 인간의 지속적인 성장과 발달에 부정적 영향을 미치고 기독교인으로서 영적으로도 성장과 정서적인 발달에 고착되거나 미성숙한 상태로 머무름으로 삶의 전반에 영향을 미친다. 이러한 자신도 모르게 내면화된 상한 감정과 분노, 적개심, 쓴 뿌리, 죄악, 두려움, 외로움, 열등감, 낮은 자존감 등의 내면 깊은 곳의 감정들을 하나님과 관계 회복을 통해 치유하고 죄로부터 자유롭게 하는 것을 "내적치유"의 목적으로 한다.

전인적 내적치유(total inner healing)

전인적 내적치유는 영적인 문제들과 육체 그리고 모든 생활양식을 치유하는 것이고 일반적인 내적치유 혹은 내면치유는 상한 감정의 치유와 왜곡된 생활양식 인식을 치유하는 것이다.

그런 면에서 볼 때 전인적 내적치유는 예수님께서 행하신 가장 근본적이고, 포괄적인 치유 사역이라고 볼 수 있다(마 10:1).

4) 위대한 신학자이면서 복음을 전한 사도 바울

성경은 사도 바울도 분명히 자신의 마음에도 두 마음이 존재한다고 고백한다. 속사람은 하나님의 법을 즐거워하지만 지체 속의 한 다른 법이 "내마음의 법"(속사람)과 싸워서 '죄의 법'(겉사람)으로 사로 잡힌다고 한다. 바울은 이 겉사람을 '사망의 몸'이라고 했다. (롬 7:19~25)

결국 인간은 두 가지 자아가 함께 공존하면서 서로를 이기려고 하는 것이다. 우리 안에는 성령의 소욕과 육체의 소욕이 싸우고 있고, (갈 5 : 17), 또한 겉사람과 속사람의 열매는 다르며(갈 5:19~22), 그 결과 사망과 생명이 나뉘게 되는 것이다.

"육신의 생각은 사망이요 영의 생각은 생명과 평안이니라"(롬 8:6)

그림 9-1 인간의 이중적 자아

우리의 갈등은 바울이 고백하듯 두 가지 자아의 갈등이라고 할 수 있다. 예수님을 믿어 성경과 율법에 기초한 양심을 소유한 우리의 속사람은 말씀에 순종하는 삶을 살려고 하지만, 보이지 않는 죄의 속성을 가진 또 하나의 나는 여전히 음란, 살인, 분쟁, 시기심, 탐욕 등을 가지고 산다. 이것은 "내면의 이중적 사고"이다. 이러한 부분을 심리학에서는 '무의식과 의식의 자아', '잠재의식과 현재의 자아' 두 가지로 구분한다.

그리스도인이면서 여전히 가지고 있었던 바울의 고민은 나의 고민이 되기도 하고 급변해 가는 현대사회 속의 현대인들은 다양한 정신병리적 증상과 중독 증상을 가진 우리들을 죄로 끌고 가는 삶을 살아가게 된다.

그림 9-2 영적인 삶, 자아

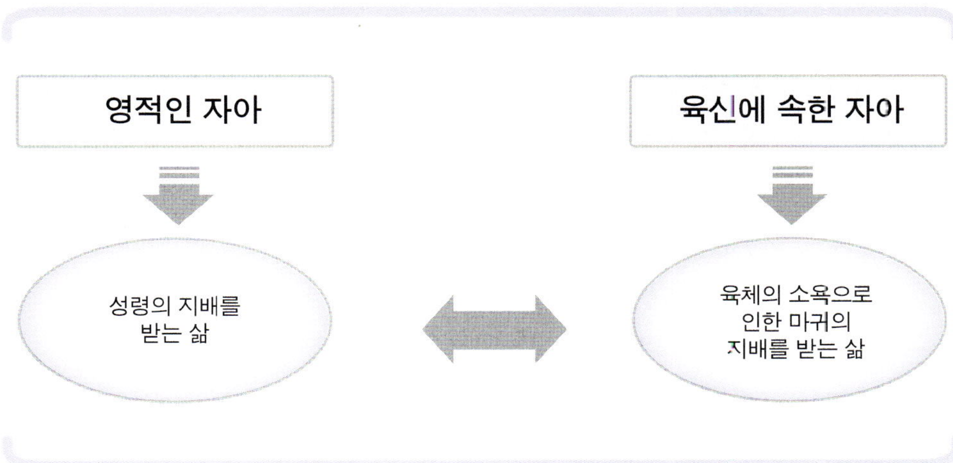

2. 무의식 속 감정의 두 가지 통로

그림 9-3 무의식 속 감정의 두 가지 통로

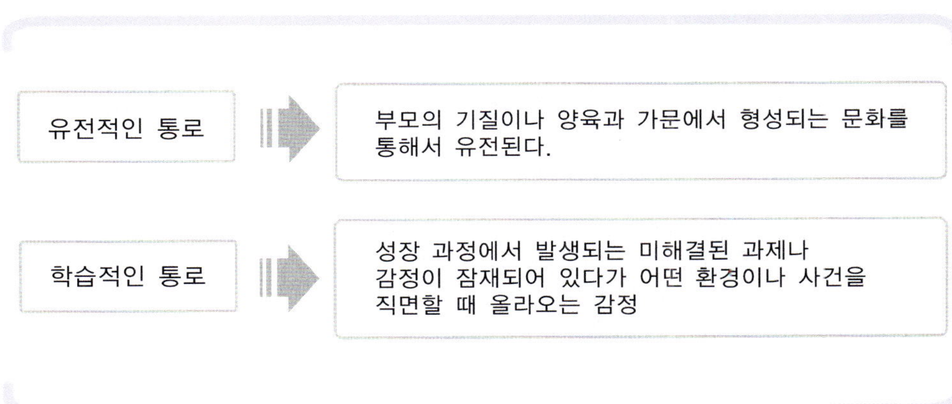

○ 이러한 무의식 속의 감정들은 결코 없어지지 않고 우리 몸 안의 뇌 신경세포나 신경망 속 기억 장치에 사라지지 않고, 저장되어 있다가 전 생애의 삶을 통해 투사된다.

머리의 뇌 신경세포를 뉴런(neuron)이라고 하고 그 신경세포들 속에 저장 세포를 시냅스(synapse)라고 하는데, 그 시냅스의 저장 용량을 초과하게 된 감정들은 우리의 중추신경을 따라 산재한 몸의 모든 신경세포에 저장된다. 미해결된 감정들은 끝까지 우리 몸 속에 남아 낮은 자존감, 부정적 자아상, 부정적인 감정으로 생애 전반에 환경과 주변 사람(특히 가족)들에게 투사되거나 "상한 감정의 병"이 "육체의 질병"으로 연결된다.

3. 인간의 몸의 구조와 역할

모든 육체의 생명은 피에 있다(레 17:11). 온몸이 협력하여 피를 만들고, 정화하고, 공급하면서 모든 신체 기능을 살게 하는 역할을 하는 것이다. 그런데 마음이 상하게 되면 심장근육이 약해져서 심장박동이 원활치 못하게 되고, 혈관이 약해지며 폐기능이 약해져서 산소 공급이 원활치 못하게 되고 소화 기능 역시 약해져서 양분 흡수가 잘 안된다. 또한 신장 기능이나, 간 기능이 약해져서 피가 잘 정화되지 않게 된다. 그래서 늘 피곤하고 무기력해지는 것이다. 이를 방지하려면 꾸준히 운동하며 스트레스를 해소해야 하는데, 근본적으로 잠재된 상한 마음이 치유되지 않으면 그 효과는 그만큼 떨어지게 되는 것이다.

그림 9-4 인간의 몸의 구조

골격계	몸의 뼈는 몸을 지탱하게 한다.
신경계	사건을 기억하고, 행동을 지시하며, 감정을 느끼게 한다.
순환계	온몸에 피를 공급하게 하는 장치로 산소를 운반하고 모든 신체 기능을 살게 하는 피를 만든다.
소화기 계통	몸의 영양분을 만들기 위해 음식을 소화하며 양분을 흡수하여 피를 공급한다.
비뇨기 계통	몸의 노폐물을 배출하여 노화를 방지하고, 피를 말게 하도록 도와준다.
호흡기계통	공기 속의 산소를 흡수하여 피를 공급하는데 이 피에는 적혈구가 있어서 산소를 온몸에 공급한다.

그림 9-5 피조물된 인간의 구조

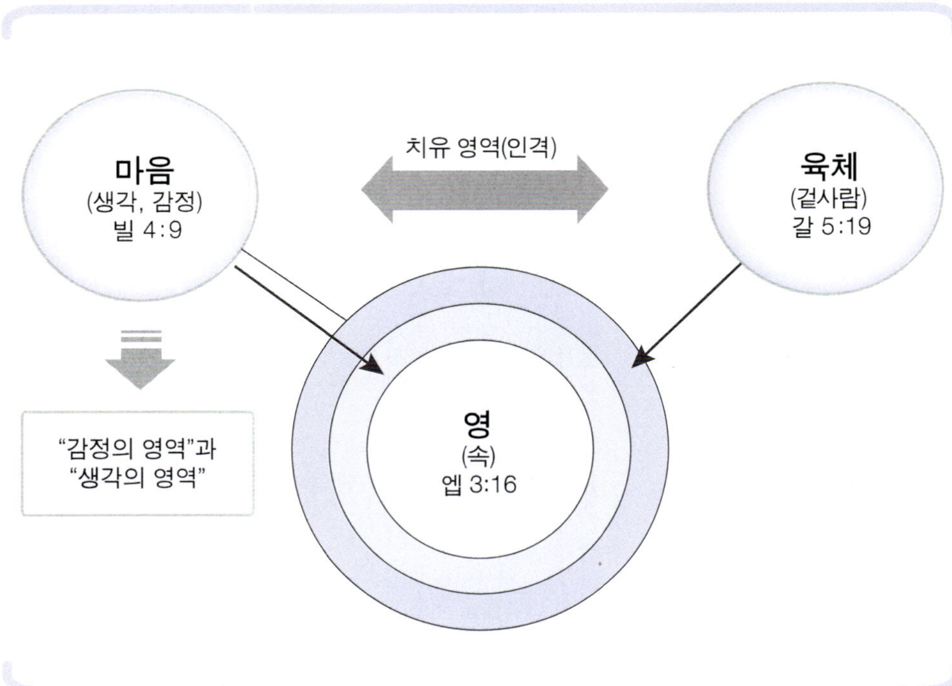

상한 감정은 왜곡된 생각을 형성하고, 그 왜곡된 생각은 현재의 병든 자아를 혹은 부정적 자아를 만든다.

전인적 치유 과정은 "마음의 치유"를 말한다고 볼 수 있는데, 그 마음에는 '감정의 영역'과 '생각의 영역 '으로 나누어 생각할 수 있다. 그런데 그 마음이 현재 느끼거나, 내재된 감정으로 인해 잘못된 사고를 할 경우가 많다. 특히 통찰력과 균형 감각이 그렇다고 설명할 수 있다.

4. 내면의 치료

예수 그리스도가 이땅에서 하신 가장 중요한 사역은 영적으로 죽은 우리를 구원하시고, 병든 인간의 마음(성격)을 치료하시는 것이었다. 예수님은 우리의 내면적인 상처들이 치료되기를 간절히 원하신다(마 9:12~13, 사 5:3~5, 사 61:1~3).

총체적인 인간 구원의 목표는 우리가 예수 그리스도를 닮아 신의 성품에 참여하는 자가 되는 것까지이다. 이것은 이미 타락해 버린 우리 마음의 전반적인 변화가 있어야만 가능한 일이다. 인간의 마음은 뇌와 연결되어 있고, 뇌는 컴퓨터와 같은 기억 장치를 가진다. 어떤 특정한 일은 우리안에 깊은 상처를 내며 우리가 예수님을 믿은 후 그 상처받은 마음 중에서 의식 속에 감지되는 것은 해결할 수 있으나, 어떤 것은 잠재의식 속으로 들어가 버려 감지되지 못하기에 치료되지 않고 발병이 시작된 감염 부위처럼 계속적인 영향을 우리의 현재의 삶에 미치기도 한다. 그러기에 성령은 우리 마음의 변화를 이루기 위해서 우리안에 깊숙히 자리잡고 있는 상처들을 치료하시는 일을 하신다. 이것은, 예수님을 믿고, 성령안에서 거듭난 그리스도인이 계속적으로 성화되어 가는 과정이며 내적치유가 일어나는 것이다.

5. 상처 받은 마음

상처받은 마음은 외부적으로 보이지 않으나 반드시 그 삶 속에 그 상처로 인한 결과가 나타난다. 그 결과를 살펴보면 다음과 같다.

1) 원인 모르게 화가 나고 우울하며 심란한 상태가 계속된다. 기도를 해보고 Q.T.도 하지만 별로 나아지지 않는 것 같다. 사실은 기도하고 Q.T.하고 싶은 기분이 아니다. 다

만 형식적으로 하는 것이다. 만사가 귀찮고 의욕이 없어서 억지로 살아간다. 몸도 아프고 피곤하다.

2) 반복적으로 짓는 죄(술, 담배, 섹스, 오락, 도박 등등에 중독된 것, 남을 험담하고 정죄하는 습관 등)에서 벗어나올 수 없다. 이제 다시는 안 하겠다고 결심을 하지만 그 결심을 하는 순간에도 나는 결코 이런 것들로부터 자유로울 수 없다는 것을 알고 있다.

3) 늘 무엇인가 나쁜 일이 일어날 것만 같은 두려움이 있다. 가족이 조금만 늦거나 연락이 안되도 불길한 생각이 든다. 남들이 다 붙는다는 시험도 나는 안될 것만 같고 그래서 새로운 시도를 해보고 싶지 않다. 언젠가 내 자신이 만천하에 낱낱이 다 공개될 것 같은 두려움, 그래서 지금 이 모든 것을 잃을 것 같은 두려움이 심하다.

4) 무엇인가를 하고 있지 않으면 불안하다. 그래서 끊임없이 움직이고 바쁘게 나를 몰아간다. 그냥 가만히 있으면 무슨 큰일이 닥칠 것 같고 그래서 아무것도 안 하는 사람을 보면 화가 난다. 신앙 생활도 사실 두려움 때문에 하고 있다고 봐야 한다. 주일을 빠지거나 기도를 조금만 게을리해도 금방 나쁜 일이 생길 것 같은 두려움이 있다. 쉬고 싶지만 조금만 쉬고 있어도 이내 불안해서 쉴 수가 없다.

5) 예수를 꽤 오래 믿고 열심히 믿었는데도 확신이 없다. 잠깐잠깐 감동도 있고 기쁨도 있었지만 이내 사라지고 여전히 나는 아직 구원받지 못한 사람처럼 느껴진다. 확신 있게 선포하는 사람들을 보면 부럽기도 하고 화가 나기도 한다. 더 깊이 헌신하지도 못하고 그렇다고 세상으로 되돌아 갈 수 없는 내가 밉고 신경질이 난다. 솔직히 예수 안 믿고 신나게 사는 세상 사람들이 부러울 때가 많다.

6. 상처란 무엇인가?

1) 상처는 원칙적으로 '감정'에 일어나는 것이다.

한 감정의 상함을 입었을 때에 그것이 해소되지 않고 남아있거나, 잘못된 방법으로 처리되면(예 : 망각 속으로 처리, 혹은 덮어 버림), 상처로 남는 것이다. 인간관계에서의 갈등이나 문제가 발생하면 분노에서 불안이라는 감정이 생긴다. 그 불안은 다시 정신 병리적 문제인 우울한 감정이 무력감으로 나타나기도 한다. 그리고 이러한 감정들이 상처이다. 그러므로 기억나는 상처도 있을 수 있고, 기억은 나지 않으나 어떤 순간에 감정으로 터져 나오는 경우의 상처도 있다. 그러므로 현재에 있지 않은 것을 미리 상상하여 분노하거나 염려하고 때로 부적절한 감정을 보이고는 당황하게 된다.

2) 상처라는 것이 감정에 국한된 것이라고는 하지만 인간이란 '통전적(holistic) 존재'이므로 감정에 남아 있는 그 상처가 인간의 전 존재에 심각한 장애르서의 영향을 끼치게 된다.

지적인 장애 | 영적인 장애 | 육적인 장애

3) 이 상처들이 우리의 내면에 있을 때 여러 가지 장애들을 일으키는데 특히 대인관계에 있어서 어려움을 갖게 한다. 그러므로 피자는 내적치유란 하나님과의 관계 회복의 필수적인 부분이며 성령의 역사 가운데 중요한 부분이라고 생각한다.

4) 상처란 비 신앙인(non-christian)에게만 일어나는 것이 아니다. 오히려 신앙인에게서 더 심각할 수 있다. 엄밀히 말하자면 성경은 "기록된 바 의인은 없나니 하나도 없나니"(로마서 3:10) 라고 말씀하듯이 사역자가 되어서도 상처를 주고받으며 갈등과 괴로움 속에서 허덕일 수도 있고 때로는 이해할 수 없는 죄 가운데 빠지기도 하기 때문이다(예 : 사도 바울, 마틴 루터, 고든 맥도날드).

5) 상처는 나름대로 고리를 형성하고 있다. 상처받은 사람들이 더 상처에 민감하며, 그래서 더 많이 상처를 받게 된다(상처의 악순환).

- ○ 내면적으로 하나의 상처가 다른 상처를 불러일으킨다.
- ○ 자신의 상처 때문에 비정상적으로 반응하여 주변에게 상처를 주고 그러므로 본인이 다시 상처를 받는다.
- ○ 주변의 모든 사람과의 관계를 어렵게 이어가고 분위기를 힘들게 한다.

6) 내적인 상처

마음에 병이 들면, 신체가 영향을 받게 되고 인간의 행동에도 영향을 미친다. 상처는 목회상담학의 관점에서 보면, 학대에서 비롯되고 학대를 동반한다. 상처는 되물림된다는 의미이다. 그런 의미에서 상처는 내적치유에 있어서 중요한 주제이다.

치유는 인간이 육체적으로 정신적으로 영적, 혹은 사회와 환경적인 질환으로부터, 하나님의 형상으로 회복되는 것이다. 하나님의 창조의 목적을 거역하는 인간의 모든 육체적, 심리적, 도덕적 생활 행동의 주체인 인간에게 있다.

즉, 전인적인 인간이해는 개력주의 신학에서는 인간을 영, 혼, 육 혹은 영, 육으로 분리해서 보기보다는 영육통일체로 보는 것이 보편적이다.

제이 아담스(J. Adams)에 의해 시작 된 성경적 상담학에서는 내담자(customer)라는 표현보다, 피상담자라는 표현을 선호한다. 그 이유는 상담이란 전문가의 전유물이 아니라, 성경에서 그 해답을 찾고 그 길을 제시할 수 있다고 생각하기 때문이다. 인격치유 및 전인치유는 곧, 내적치유에 대한 이론적 기반이 되며, 전인치유나 인격치유는 모든 요소를 고려하는 거시적인 시각이라면, 내적치유는 그 강조점이 내면의 문제를 통해서 삶 전체를 바라보는 미시적인 시각의 위치에 있다.

표 9-1

상처의 치료	육체의 치료	심리치료	전인치유
미치는 범위	신경, 신체, 뇌	심리, 정신	육체, 정신, 영
치료의 한계	재발	심상으로 치료	신학적 연구 부족
치료의 담당	의사, (물리)치료사	상담가, 심리치료사, 정신의학 전문의	겸손하게 통합적인 접근을 통해서 인격을 세워 주는 자

7. 상처의 종류들(아픈 마음의 증상들)

상처는 흔히 깨진 마음, 상한 마음, 쓴 뿌리 등으로 표현하기도 한다. 이러한 상처의 다양하게 쓰이는 용어들을 학문적으로 구분하고 정리하는 것은 어떤 개념으로 설명하는지 그 관점에 따라 차이가 있다.

상처의 종류에는 다음과 같은 것들이 있습니다. 그것이 무엇인지 자신의 내면이나 경험을 대입하며 구체적으로 살펴보고 토론해 보자.

1) 상처의 종류

① 깨진 마음

죄는 상처의 근원이다. 즉, 죄는 큰 상처로 내면화된다. 여기서 죄의 의미는 단순한 도덕적 개념이 아니다. 즉, "하나님과의 관계를 떠나 독립적으로, 자기 중심적인 자기의 지혜, 자기의 능력, 자기의 시각에서 삶을 살아가고, 하나님의 무한한 은혜와 완전한 사랑과 의지에 순종하지 않는 것을 의미한다. 다시 말해 하나님과의 관계가 깨어짐으로, 그 결과 죄의 열매인 육체적, 정신적, 영적인 질병을 얻게 되는 것을 말한다.

인간이 임의로 스스로를 절대적이고, 독립된 존재로 격상시키게 되면, 그 사람 안에 있는 중추적인 무엇인가가, 즉, 자신의 근원과 영원의 주인과 맺고 있는 내적인 유대 관계가 깨어진다. 그래서 인간은 뿌리를 잃은 존재로 전락하는 것이다. 하나님께 대한 본래의 사랑과 믿음이 악하고, 파괴적이고, 이기주의로 바뀌게 된다.

〈출처 : Cramer, 2001, pp. 13~14〉

② 상한 마음

상처를 통해서 내면화된 상한 마음을 씨맨즈는 "상처는 어떤 사건에 대한 반응의 산물"이라고 표현했다. 또한 인간의 삶을 유전적 요인, 환경적 요인, 생의 초기의 경험, 부모의 양육 태도 및 영향, 의미 있는 타인으로부터 받은 영향, 친구 등으로부터 받은 다양한 영향들과 장애물, 그리고 인생을 살아가는데 베틀의 씨줄과 날줄이 되어 하나의 융단의 구조가 쌓이게 된다고도 하였다.

③ 쓴 뿌리

쓴 뿌리는 영혼 속에서 깊게 뿌리내리고 죽음의 열매를 맺는 뿌리다(Thompson, 2008). 신명기 29:18에서 모세는 이스라엘 사람들에게 "독초와 쑥의 뿌리가 그들 가운데 생기지 않도록 가나안 사람들의 우상숭배에 빠지지 말 것을 경고하고 있다(Bruce, 1986, pp. 471~472). 이 쓴 뿌리는 은유적 표현인데 공동체나 개인을 분리시키고, 인간의 삶을 황량하게 만드는 치유되지 않은 상처이다. 또한 이러한 쓴뿌리는 내면화되고 되물림되기 때문에 자녀들을 통해 2차, 3차적인 다양한 문제를 야기한다.

2) 아픈 마음의 증상들

① 거절감(버림받음) (창 3:23~24, 욥 6:4)

○ 모든 상처의 출발

○ 거절 받을 것에 대한 두려움 속에 살아감
○ 사람과 깊은 관계를 갖지 못함
○ 삶이 점점 폐쇄적이 되어감

② **결핍(굶주림)** (창 3:17~19, 암 8:11~13)
○ 무엇엔가 집착하게 됨(일, 사람, 물건, 쾌락 관계 등)
○ 남에게 인정받으려고 지나치게 애씀
○ 사람을 독점하려 하여 결국 관계를 망가뜨림
○ 분노가 자주 일어남

③ **분노** (창 4:6~12, 요 12:5)
○ 모든 것에 대해 부정적이 된다.
○ 이유 없이 화가 나고 짜증이 난다.
○ 화가 한 번 나면 통제가 안된다.
○ 속으로 화를 억압하므로 불안감이 늘 느껴진다.

④ **두려움** (창 3:10, 4:14)
○ 우상 숭배에 빠짐
○ 약에 집착함
○ 새로운 것에 대한 거부, 불안감
○ 문제가 있으면 바로 과거로 회귀
○ 결정을 내리지 못함

3) 상처로 변형된 마음

앞에 열거한 여러 가지 증상들 때문에 일그러진 상한 마음이 보이는 증상

① 열등감 (출 4:13~14, 렘 1:6)

○ 앞에서 열거한 상한 마음의 증상이 다 나타남

○ 자존감이 낮음 / 매사에 자신 없어 함

a. 낮은 자존감은 잠재력을 마비시킨다.

b. 낮은 자존감은 꿈과 이상을 파괴시킨다.

c. 낮은 자존감은 대인 관계를 망가뜨린다.

d. 낮은 자존감은 하나님의 부름을 거부하게 한다.

○ 무책임함 / 일을 중도에 그만두고 도피함

② 죄의식 (롬 7:24, 눅 15:18~21)

○ 불안감 / 언젠가는 나쁜 일이 일어날 것이다.

○ 완전주의 증상들 / 지나친 희생과 봉사

○ 다른 사람을 향한 정죄, 강요

○ 하나님의 은혜를 체험하는 생활을 못함

4) 상처의 원인들

① 불행한 가정 환경

어린 시절 상처나 해결된 과제를 안고 자녀를 양육하는 부모, 너무나 무섭기만 한 아버지, 술주정이 심한 아버지, 부모님의 부부 관계 갈등, 무관심한 부모, 지나 치게 방임하거나 엄격한 부모, 화만 내고 잔소리가 심한 어머니, 부모의 일관성 없는 태도 등.

○ 결손 가정

② 과잉보호

- 과잉보호는 자녀에게서 선택을 통한 자신감을 박탈하고 결국 열등감만 갖게 한다.
- 과잉보호는 자녀에 대한 불신감의 표현으로 열등감을 갖게 한다.

③ 조건적 행위

- 네가 무엇을 해야 내가 이것을 해주겠다는 식의 교육

④ 비교

- 비교는 강한 거절감의 표현입니다.
- 비교는 언제나 열등감으로 끝이 납니다.

⑤ 원죄처럼 유전되는 상처

- 내리 분노
- 자기 좌절감

8. 정신분석 관점으로 본 내적치유와 상담

일부 기독교 상담자들은 심리학으로부터 나온 모든 이론적인 형식들을 거부하는 견해를 갖고 있다. 대부분의 기독교 상담자는 내담자의 문제해결에 있어서 모든 심리 이론들을 적용하는 것을 거부하지만, 내담자의 어떤 행동과 심리 과정을 설명하기 위하여 심리학적 이론의 틀을 적용하는 것은 명백하다(Mark R. Macmin : 전요섭, 박성은 역).

프로이트 이래로 정신분석학은 인간의 정신병리에 대하여 인간의 심층 심리 내면에 존재하는 무수한 병리적 요소들을 정신 분석을 파헤칠 수 있었고, 때문에 어느 인간도 정신 병리의 영향 아래 있지 않은 사람이 없다는 사실을 말한다.

정신분석학자들은 인간의 정신병리에 대하여 성격적인 차원에서 이해하고 있는데 주로 모든 인간은

① 분열증 구조 ② 경계선 구조 ③ 자기애적 구조 ④ 신경증 구조 ⑤ 정상 인격 구조

가운데 하나로 분류 될 수 있다고 본다. 그리고 정상 인격 구조를 갖고 있는 사람은 사실상 존재하지 않으며, 가장 건강한 사람은 신경증 구조를 갖고 있는 사람으로 이해하고 있다. 모든 인간은 성격적인 결함을 갖고 있다고 말하고 있다.

1) 신경증 구조

○ 엄격한 도덕과 윤리 및 완벽적인 성향 때문에 진정한 자아보다 역할과 보이기 위한 거짓 자아의 억압된 감정들을 내면화시킨다.

2) 경계선 구조

○ 극단적 형태의 양가감정을 가진다. 이들은 심리 내부 밑에 강렬한 무능력감을 경험하고 있는 사람들이다. 그래서 육체는 살아 있으나, 정신은 황폐하게 죽은 그런 느낌에 지배를 당하고 산다. 때문에 강렬한 자극을 통해서 자신이 살아있는지를 확인하고자 한다.

○ 자해 / 폭발적 인화 / 성적 무분별함 / 대상 통제의 강한 욕구 등은 모두 이러한 자기 생명성의 확인을 위한 작업들이다.

○ 경계선 장애자들은 과격한 행동을 통한 실제적 체험을 통해서 자신의 생명 의식을 확인하고, 유지해 나가는 것이다.

3) 분열증 구조

○ 현실에서 완전히 도망 나간 사람들.

○ 현실보다는 망상 세계 속에서 오히려 자신의 안정감을 누린다.

○ 세상에 대한 관심이 없다. 왜냐하면 세상은 고통 그 자체이기 때문이라고 생각, '경계선, 자기애, 신경증' 구조의 인간이 아직까지 자신의 희로애락과 같은 다양한 감정적 색깔들을 유지하고 있는 반면에 분열증 구조의 인간은 이러한 감정적 색깔을 철저하게 포기한 상태이다.
○ 정신분석학은 이와 같은 성격 장애의 확인을 통해서 모든 인간은 위에 언급한 4가지 성격 구조 중에 속해 있다고 믿는다.
○ 기독교적 인간의 이해는 인간의 죄성이다.
○ 정신분석학은 이러한 인간의 파괴성에 대하여, 그 어느 학문분야보다 신랄하고, 첨예하게 파헤친 학문이다.
○ 정신분석학자들은 인간이 왜 회개해야 하는지, 그 구체적인 이유와 증거들은 제시, 회개와 병리의 치료없이 인간은 결코 행복할 수 없다. 신학자들도, 정신분석학에 귀 기울인다.

9. 인간의 죄성과 정신분석학

급변하는 현대사회는 교회의 목회와 기독교 상담 사역자들의 임상의 현장 상황에도 많은 영향을 미친다.

프로이트 이래로 정신분석학은 인간의 정신 병리에 대하여 괄목할 만한 공헌을 하였다(김병훈, 2003). 한국 교회는 기도와 말씀만으로 충분히 교인들의 필요를 채울 수 있었다. 교회 성장은 목회자가 무릎 꿇고 기도하며, 은혜로운 설교가 중심이었으나, 현대사회는 목회자의 인격과 인간관계 기술을 요하고 상담을 통해 성도들의 인격적 성숙과 상한 감정의 치유를 통해, 성도들의 영적 성장을 돕는 목회자 및 사역자들이 늘어가는 변화가 교회 안에도 일어나고 있다. 이러한 시대적 요청은 목회자나 사역자들이 상담 공부에 관심을 갖게 되었고, 상담 및 심리학의 과목들이 인간을 이해하는데 영향을 주고 있다. 목회상담은 목회학과 상담학의 통합 학문이라고 할 수 있다. 학문적으로 신학과 심리학의 만남이다. 이제 교회는 인간에 대한 이해를 신학의 시각과 심리학의 시각을 통합해서 인간에 대한 이해를 필요로 하고 있다. 목회자 및 사역자는 신학을 통해 하나님에 대한 연구와 인간에 대한 이해의 연구를 병행하는 시대적 요구에 부응하는 새로운 전문 분야를 목회상담이라 할 수 있다. 인간의 심층 심리 내면에 존재하는 다양한 병리적 요소들을 정신분석은 탐색하고 분석하여, 정신분석학자들은 인간의 정신 병리에 대하여 ① 분열증 구조, ② 경계선 구조, ③ 자기애적 구조, ④ 신경증 구조, ⑤ 정상 인격 구조 가운데 하나로 분류될 수 있다고 본다. 정신분석학자들 역시 정상 인격 구조를 갖고 있는 사람은 사실상 존재하지 않으며, 가장 건강한 사람은 신경증 구조를 갖고 있는 사람으로 이해하고 있다. 즉, 모든 인간은 성격적인 결함을 갖고 있다 말하고 있다(김병훈, 2003).

정기적으로 그 억압된 감정들이 폭발하는 히스테리나 강박신경증이 대표적인 신경증 구조의 특징으로서 그들은 엄격한 도덕과 윤리 아래 갇혀 있어서 자신의 욕망을 방어기제로 내면화시킨 사람을 말한다.

1) 신경증 구조의 인간

그들은 엄격한 도덕과 윤리 아래 갇혀 있어서 자신의 욕망을 방어기제로 내면화시킨 사람을 말한다.

2) 경계선 성격 구조

- 극단적 형태의 양가감정을 가진다.
- 자해, 충동적이고 공격적인 분노, 성적 무분별함의 과격한 대상 통제의 강한 욕구 등을 자신의 생명성의 확인을 위한 작업 행동을 통해 자신의 생명 의식을 확인하고 유지해 나간다.

3) 자기애적 인격 구조

○ 허황된 끊임없는 꿈을 통해서 자신의 살아 있음의 존재감을 유지한다.

○ 낮은 자존감을 가지고 있다.

4) 분열증 구조

현실에서 완전히 일탈한 사람들이다. 현실보다는 망상 세계 속에서 오히려 자신의 안정감을 누리고 감정이 밀려올 때에 공포와 두려움을 느끼게 되어 그러한 공포나 두려움의 감정을 철저히 없애 버리고 감정을 허락하면 공포가 밀려오기 때문에 허한 감정이 존재하지 않는 인간처럼 남아 있는 것이다. 정신분석학은 이와 같은 성격 장애의 병리적 증상이 4가지 성격 구조 중에 속해 있는데 모든 인간은 이 4가지 성격 구조 중에 속해 있다고 믿는다(김병훈, 2003).

필자는 이렇게 정신분석학의 이러한 인간이해는 기독교적 관점에서의 모든 인간이 가지고 있는 죄성의 의미와 일치한다고 본다.

정신분석학은 이러한 인간의 병리적인 파괴성에 대하여 인간의 병리적 문제가 어떤 결과를 얻게 하는지 그들의 이론을 통해서 정신분석학적 분석과 통찰을 말하고 있다.

10. 성경적 상담과 내적치유

급변하는 현대사회에 들어서 정신적, 경제적, 문화적 심리적 이유로 고통을 호소하는 사람들이 급증하고 있다. 또한 우울증 환자와 자살을 시도하는 청소년 또한 증가하는 추세이다. 이에 대한 성경적 상담은 제이 E. 아담스(Jay E. Adams)는 성경적 상담의 틀과 체계를 세우는데 큰 공헌을 한 성경적 상담학자이다.

성경적 상담은 정신의학 또는 심리치료자는 양자 택일의 상황 속에 1960년대 후반 기독교인들을 위한 상담을 제공하기 위해 성경적 상담 운동이 시작되었다.

성경적 상담은 인간의 문제를 죄성의 관점에서 보고 영혼을 치유하고 생각과 행동과 마음을 변화시키고 회복하고 성화를 이루도록 하기 위해 성경적 인간이해와 성경적 세계관에 입각하여 성경의 말씀으로 상담하는 역동적인 상담 방법으로 보았다(전형준, 2011).

상담은 상담자와 내담자가 대면하는 장면이다. 상담자는 내담자의 적응상의 문제와 내담자가 가지고 있는 문제에 직면하여 이를 지각하고 명화하고 해결하고 결단하여 행동에 옮기고 변화하도록 도움을 주는 자다. 결국 상담이란 한 사람의 통합적 성장과 적응상의 문제해결을 위하여 돕는 것이다. 문제해결에 상담자와 내담자가 함께 노력하여 인격의 변화와 성장에 그 상담의 목표를 둔다면 성경적 상담은 기독교 상담의 심리학적 상담의 이론과 방법을 도입·적용한 것과는 다르게 하남의 말씀인 성경의 말씀으로 권면하며 상담하는 것을 말한다. 필자는 본서에서 이 부분을 깊게 다루기보다는 성경적 상담은 성경 말씀을 바탕으로 상담에 적용함으로 내담자에게 하나님의 사랑과 은혜로 변화를 가져오게 하는 상담 방법과 성경적 상담학자들의 이론을 간단히 요약하였다.

1) 권면적 상담의 인간관

○ 사람들은 죄인으로 태어났다.

○ 죄악된 본성 때문에 하나님과의 관계와 다른 사람과의 관계에도 문제를 일으킨다 (이것이 인간 문제의 원인).

○ 권면적 상담은 하나님의 도우심을 통해 회심과 성화 과정을 이루어 가는 것이라 할 수 있다. 이것은 하나님의 형상을 회복해 가는 것이요, 예수 그리스도를 닮아가는 것이다.

2) 제이 아담스(Jay E. Adams)의 상담 과정

1단계 : 경청한다. (잠 18:3, 18, 15)

2단계 : 이해한다. 내담자가 직면하고 있는 문제에 대해 이해한다.

3단계 : 분석한다. 문제를 분석하는 과정에서 상담자는 상담의 목표를 정하고 상담의 전략을 세워야 하므로 공정하고, 정확하게 할 필요가 있다.

4단계 : 권면한다. 즉 아담스는 상담자가 내담자의 문제에 깊숙이 개입하여 문제를 성경적으로 이해하며, 그리스도 안에서 반드시 해결될 수 있다는 확신을 가지도록 격려할 것을 주장한다.

5단계 : 해결한다. 상담 과정에서 성경과 성령의 역할을 강조한다. 여기에는 두 가지의 변화가 나타나는데 옛 습관을 벗어 버리는 것과 새 습관을 입는 것이다.

3) 제이 아담스의 공헌 및 비판점

○ 제이 아담스(Jay E. Adams)의 상담은 성경의 원리를 상담의 원리로 도입하여 성경을 상담의 원리로 적용하였다는 면에 있어서는 아주 귀한 일이라 할 수 있다.

첫째, 아담스의 이론은 지나치게 편협된 이론이라는 비판을 받는다.

예를 들면, 권면적 상담 이론은 죄의 본성을 상담의 주된 관심과 대상으로 삼기 때문에 환경의 지배를 받는 인간의 외부적인 면이나 육체적인 면이 무시되는 경향이 있기 때문이다(오윤선, 2007, pp. 94~95).

둘째, 아담스는 일반심리학 또는 상담학에 대한 문호를 완전히 닫아 버렸다. 아담스는 상담에서 성경 이외의 방법을 거부하면서, 일반심리학적인 입장의 학문 연구나 상담 자세를 부인하는 경향이 있다. 예를 들면, 그는 내담자가 중대한 정신질환 증상을 보이는 경우에도 의학적 전문 치료를 거부한다. 이것은 일반심리학을 거부하는 성경 중심의 절재적인 입장이라 할 수 있다. 그러나 심리적인 문제의 원인들이 다양하기 때문에 사람들의 상한 마음을 치유하고 회복시키는 데에 심리학을 사용하여 그것을 생명을 살리는 복음적 치유 사역으로 이끌어 내는 일 또한 바람직한 일이라 할 수 있을 것이다(김예식,

1998, pp. 178~179).

셋째, 상담 과정에서 성경만 사용한 권면의 지시적 강제성은 내담자의 인격적 자율성을 빼앗아 버리고, 복종을 강요하는 약점이 있다. 이렇게 하게 되면, 성경에 기록되지 않은 심리적 현상에 대해서는 설명하기가 쉽지 않다. 그리고 일반심리학을 일반 은총으로도 고려하지 않고 있으므로 또 다른 신학적 모순에 빠져 있다는 비난도 있다.

넷째, 권면적 상담 이론은 내담자가 상담자를 전적으로 의지하게 되는 위험성을 가지고 있다. 이럴 경우 만약 내담자가 상태가 악화되면, 그 책임을 상담자에게 전가시킬 수 있다(오윤선, 2007, p. 95).

4) 로렌스 크랩의 성경적 상담

○ 로렌스 크랩은 기독교적인 전제 속에서 심리학의 연구 결과들을 활용한다. 그는 루이스(C. S. Lowis)와 쉐퍼(F. Scheffer)의 저서들을 접하면서 성경은 이성적이며 확고하다는 확신을 얻었고, 자신이 과거에 연구한 임상 심리학적 이론과 성경의 진리를 조화시켜 성경적 상담 이론을 계발하게 된다(오윤선, 2007, p. 96). 즉, 그는 우리가 만일 기독교적인 전제를 가지고 성경에 비추어서 심리학적인 개념을 걸러 낸다면 세속심리학에서도 유일을 얻을 수 있다고 보았다(Crabb, 2002, p. 48). 이러한 크랩의 성경적 상담에 대해 다음과 같아 좀 더 살펴볼 수 있다.

(1) 성경적 상담의 개념

○ 성경적 상담의 개념들은 성경 말씀과 예수그리스도를 통해 인격적으로 자신을 드러내신 사랑의 하나님이 계시다는 근본적인 전제를 토대로 형성되었다. 성경이 절대적인 권위와 충족성을 가지고 있기에 인생의 모든 문제에 대한 궁극적인 답변을 제공한다고 보았다(오윤선, 2007, p. 97).

○ 즉, 인간은 인격적 존재이면서 동시에 육체적인 존재이므로 인격적 욕구와 함께 육

체적 욕구를 가지고 있다(오윤선, 2007, p. 106). 이러한 인격적인 욕구는 또다시 두 종류의 필요로 나누어 볼 수 있는데, 중요성(significanse, 가치있는 삶)과 안전(security) 안식, 보호, 사랑이라는 욕구이다(Crabb, 2002, p. 61).

(2) 신학과 심리학의 관계

○ 크랩은 성경적 상담을 전개하면서 기독교와 심리학의 통합을 매우 중요한 과제로 보았다. 즉, 그는 신학과 심리학의 관계성을 정립하는 일을 기독교 상담 연구를 위한 가장 우선적인 과제로 보았던 것이다. 그래서 그는 신학과 심리학에 대한 기독교의 입장을 4가지 유형으로 소개하기도 하였다.

첫째, 신학과 심리학 두 분야가 분리되었으나 동등하다고 보는 분리적 접근,
둘째, 두 분야가 모두 유용하다는 혼합적 접근,
셋째, 일반심리학을 거부하는 성경 중심의 영적, 신앙적 접근,
넷째, 성경을 중심으로 하되 일반 심리학에 대해서도 받아들일 것은 받아들이는 통합적 접근 등으로 나누었다(오윤선, 2007, pp. 99~103).

(3) 성경적 상담의 목표

○ 로렌스 크랩이 추구하는 성경적 상담의 목표는 인격의 통합적 성숙이라 할 수 있다(Crabb, 1997, p. 294). 성숙의 본질은 주님을 신뢰하는 것이요, 성숙의 증거는 사랑이라 할 수 있다(Sall, 1982, p. 157). 또한 그의 성숙은 신체적 발달을 넘어서는 정신적, 영적 성숙을 더 우선으로 한다. 심리적, 영적 성숙은 신앙을 통한 칭의에 기초해서 언젠가 영화롭게 될 그날까지 신앙 가운데서 성장해야 한다. 성숙은 두 가지의 요소를 포함한다. 특수한 환경 속에서의 즉각적인 믿음이다.

○ 결국 크랩은 사람을 돕는 모든 노력의 핵심은 그리스도가 되어야 하며, 인생 모든 문제의 해답이 그리스도와의 관계 속에 들어 있음을 간파하였다(Crabb, 1997, pp. 294~324).

(4) 성경적 상담의 방법

○ 로렌스 크랩은 상담을 올바르게 사고하고, 올바르게 느끼며, 올바르게 행동하도록 돕는 것으로 보았다(김예식, 1998, p. 180).

○ 내담자가 안고 있는 문제를 어떠한 측면에서 이해하느냐? 하는 것은 상담 방법에 있어서 매우 중요한 요소이다. 로렌스 크랩은 문제해결의 출발점으로 욕구(need)라는 개념을 사용한다.

○ 인간은 인격적 존재이면서 동시에 육체적인 존재이므로 인격적 욕구와 함께 육체적 욕구를 가지고 있다(오윤선, 2007, p. 106).

○ 사람들은 인격적 필요가 충족될 때가지 결손 동기에서 행동한다(Crabb, 2002, p. 86).

그림 9-6 로렌스 크랩의 성경적 상담 7단계 모델

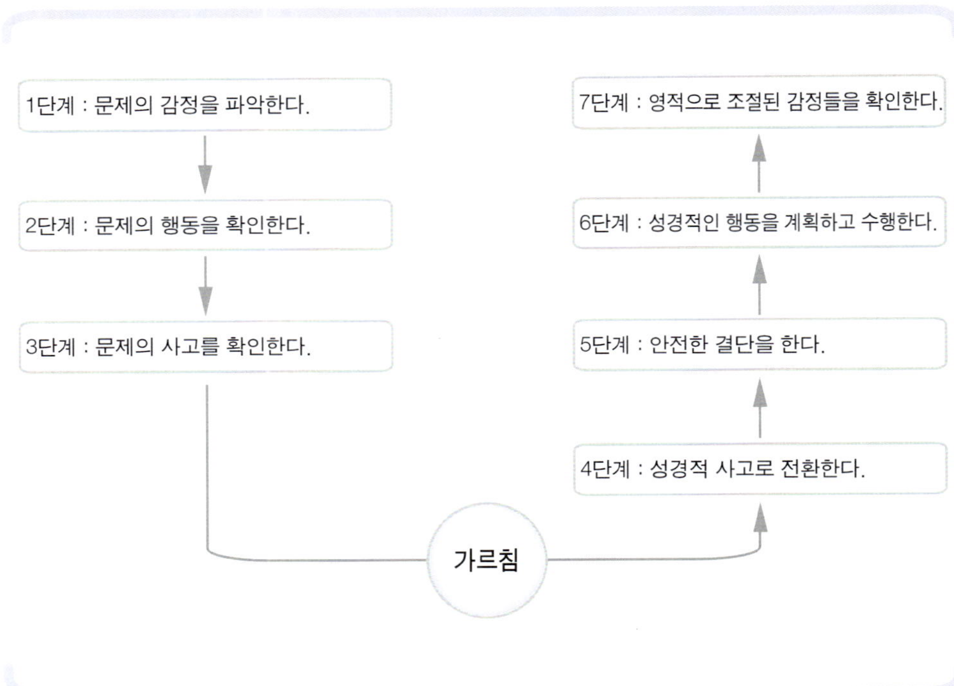

(5) 로렌스 크랩의 공헌

○ 크랩의 공헌으로는

첫째, 일반 상담과 기독교 상담을 통합하여 새로운 접근을 시도하였고,

둘째, 교회론적 입장에서 상담 이론을 출발시켰으며,

셋째, 그리스도인들의 필요와 욕구 및 모든 문제들이 예수 그리스도 안에서 해결될 수 있음을 제시하였고,

넷째, 목회자뿐만 아니라 평신도들의 상담 훈련을 통해 상담 사역을 보다 폭넓게 하도록 제시하였다(오윤선, 2007, p. 115).

5) 하워드 클라인벨의 성장 상담

○ 하워드 클라인벨(Howard Clinebell)은 목회 상담자요, 또한 상담을 전공한 사람이다(Clinebell, 1990, p. 15).
목회와 상담은 인간의 전인적 성장을 추구한다는 측면에서 이 모델은 체계 지향적이며, 통전적이라 할 수 있다(Clinebell, 1994, p. 48). 그는 상담의 중심을 전인 완성(wholeness)과 전인 건강(well being)에 두었던 것이다(김예식, 1998, pp. 182~183).
클라인벨의 성장 상담에 관하여 다음과 같이 좀 더 살펴보고자 한다.

(1) 성장 상담에 대한 이해

○ 하워드 클라인벨(Howard Clinebell)의 성장 상담은, 삶의 각 단계에서 개인 한 사람이 지닌 잠재력을 최대한으로 계발하도록 도움을 주는 인간 잠재력 계발의 한 접근 방법이며, 전인적 온전성을 향한 하나의 성장 여정으로서의 상담이라 할 수 있다(Clinebell, 1996, p. 19).

○ 목회와 상담은 인간의 발달 단계에 초점이 맞추어질 때, 매우 효과적이라 할 수 있다.

○ 왜냐하면, 인생 여정의 각 단계마다 새로운 성장의 기회가 많기 때문이다. 인생의 각

단계는 새로운 문제와 좌절, 상처와 고통 등을 수반 할 수 있다. 동시에 또한 각 단계는 새로운 관점과 유익, 그리고 여러 가지 기회와 가능성(Clinebell, 1994, p. 60) 등을 제공할 수 있다. 성장 상담은 이러한 여러 위기들을 성장의 기회로 삼아가도록 돕고자 한다(Clinebell, 1990, p. 60).

(2) 성장 상담의 내용 및 방법

○ 클라인벨은 성장 상담의 6가지 차원을 소개해 주고 있다.

첫째, 내적성장
둘째, 신체적 성장
셋째, 인간관계의 회복
넷째, 생태계와의 관계성
다섯째, 조직이나 제도와의 관계성
여섯째, 영적 성장
등을 들고 있다(오윤선, 2007, pp. 123~124).

○ 클라인벨은 하나님께서 인간을 창조하실 때에 전인 완성을 하도록 창조하셨으므로, 사랑으로 가득한 전인 완성에 힘쓸 때에 진정한 행복을 얻을 수 있다고 강조한다.

(3) 클라인벨의 공헌

○ 성장 상담은 과거의 실패를 미래의 관점에서 바라봄으로서 자신을 용납하고, 자신의 잠재력을 계발해 나가도록 돕는 상담이라 할 수 있다. 성장 상담은 삶의 목표를 실현하는 데 필요한 여러 가지 실제적인 방법들과 자신의 고유한 성장 접근 방법을 계발해 나갈 수 있는 길을 제시해 주고, 하나님을 통해 마음, 인격, 정신, 신체, 대인 관계, 자연, 사회 등의 전인적 성장을 추구한다는 점에서 현실적이고 실용적인 상담 이론이

라 할 수 있다(오윤선, 2007, pp. 135~136). 성장적 관점에 의한 상담 이론은 정신, 정서에 주된 관심을 두었던, 종래의 일반 상담 방법과 또 한편으르 영적인 부분에 주된 관심을 두었던, 종래의 일반 상담 방법에 새로운 지평을 넓힌 저기가 되었다. 그는 상담의 중심을 전인 완성과 전인 건강에 두어, 목회상담의 돌봄의 장을 확대하는 데 기여하였다(김예식, 1998, p. 182).

6) 요약

○ 성경적 상담은 상담의 문제들을 가지고 하나님께 나아가 하나님을 의지하는 가운데 문제를 해결해 나가는 방법이라 할 수 있다. 문제를 해결해 가는 과정에서 성경과 신학과 상담학적 원리 등을 다양하게 활용해 나갈 수 있을 것이다. 우리들의 다양한 문제들을 가지고 하나님께 나아가 하나님을 의지하고, 하나님께 의논드리며, 감당해 나갈 때, 하나님께서 각 사람들의 형편에 적합하게 보살펴 주실 것이다. 우리가 평강을 누리며, 자신을 가꾸어 갈 수 있게 된다. 그리고 이러한 상담은 하나님께서 나를 불쌍히 여겨 주신 것처럼, 다른 사람들에게도 자비를 베풀어 주시기를 소원하는 자세에서 이루어지는 상담이라 할 수 있을 것이다.

Chapter 10

역기능 가정의 성인아이와 내면아이 치유

1. 성인아이의 이해

일반적으로 성인아이란 역기능 가정에서 성장한 18세 이상의 성인을 총칭하는 말로 쓰인다. 즉 이 용어는 역기능 가정에서 양육됨으로 인해 사회적인 연령은 성인이 되었으나 정신연령은 아직 미숙한 아동인 사람을 '성인아이'라고 한다. 성인아이라 불리는 사람은 건강하지 못한 가족체계인 역기능 가정의 희생양이라고 할 수 있다. 또다른 의미로는 성인아이(成人아이 : adult child)는 일반적으로 역기능적 가정에서 자라난 사람(성인)을 가리킨다. 문자 그대로 성인이지만 즉 광의적으로 본다면 역기능 가정에서 자라난 모든 사람들을 성인아이라고 말할 수 있을 것이다. 즉 가족관계(부모, 형제와 자매, 부부, 자녀와의 관계 등)에서 극단적이고 자기 주장이 아주 강한 고집이 센 병적인 부모 역할 등이 나타나거나 사람 의존 중독이나 혹은 다른 종류의 중독 (알코올, 섹스, 일, 종교, 스포츠, 인터넷, 게임, 도박, 분노, 중독, 쇼핑, 관계 중독 등)의 증상 등을 나타나게 된다. 또한 성인아이에게서 나타나는 현상들을 더 살펴보면 그들은 상처를 쉽게 받는다. 분노한다. 두려움이있다. 모멸감이 있다. 슬퍼한다. 낮은 자존감, 수치감, 죄의식이 강하다. 수줍어한다. 혼란 속에 빠져 있다. 무가치하다고 느낀다. 고독하다. 열등감. 불신한다. 위협적이다. 우울함을 자주 느낀다. 이들 성인아이에 눈앞에는 부정적이라는 안경이 끼워져 있다. 이는 일그러진 거울, 비뚤어진 자, 방향을 잃은 나침반을 갖고 있는 것과 같은 사람이다. 그런데 대부분의 사람들은 정상적인 기능을 발휘하지 못하는 가정에서 자란 성인아이들일 수 있다. 이 말은 대부분의 사람들은 갈등 상황과 현실 부정, 부모님의 거짓말, 부적절한 대우와 기대, 낮은 자존감 등으로 특징지워진 가정에서 자라온 것까지도 포함할 수 있다.

1) 성인아이의 정의

우리 모두 어린 시절은 아이였다. 사람이 영·유아 아동기를 깊이 기억하지 못한다 해도, 성장 발달단계에서의 양육자나 부모와의 관계에서 받은 영향은, 우리의 내면의 무의식속에 남아 있게 된다. 그리고 그러한 감정을 그 사람의 일생을 통해서 긍정적이든 부정적이든 우리들의 삶의 과정에서 영향을 미치게 된다. 다시 말해, 우리의 어린 시절인 과거를 나 자신으로부터 완전히 끊어 버릴 수 는 없는 것이다(David A. Seam and putting award childish things). 나의 과거의 내면아이는 가정이나 가장 가깝고 편한 사람들과의 관계에서 그 모습이 나타난다. 우리가 내면아이를 가장 잘 볼 수 있고 느낄 수 있는 곳은 가정이다. 특히, 부부의 결혼 생활에서이다. 현상적으로는 두 남녀가 결혼을 한 것으로 생각하지만 두 사람의 성인과 또 두 명의 내면아이들이 함께 하는 것이기 때문이다. 결국 두 사람이 결혼했지만 내적 아이까지 네 명이 함께 결혼하여, 네 명이 각자의 가정환경에 의해 상호 교류하면서 가정을 꾸려가게 되는 것이다. 그리고 이 네 명의 갈등과 혼란 및 부닺치는 부분은 애정, 자녀 양육, 성생활, 자녀 교육, 재정삶의 비전과 목표 신앙생활 등에도 다양하게 문제를 발생시킨다는 것이다. 이과거의 내면아이가 어린시절 성장 과정에서의 미해결된 과제를 안고, 배우자에게 그 과제를 해결해주기를 기대하거나 요구한다면 육신적으로는 성인이지만, 정신적인 측면 등에서는 성장하지 못하고, 그대로 머물러 있는 사람을 팀 슬레지(Tim sledge)는 '성인아이'라고 이름 붙여 명하고 있다.

2) 학자들의 성인아이 정의

① 로버트 햄벌트(Robert Hemflt)

성인아이를 '내면적 속박자'라고 표현하고 있다. 내면적 속박이란 사람과 물건과 행위를 조정함으로서 내적 감정을 조정하려고 노력하는 그릇된 생각이다. 따라서 내면적 속박자에 있어서 감정의 조정, 혹은 조정의 결여가 삶의 모든 양상이다.

② 로빈 노우드(Robin Norwood)

"부모에게 받지 못한 사랑의 욕구불만을 성인이 되어 충족시키고자 애쓰는 사람"으로 말하고 있다. 따라서 그 욕구 충족을 위해 편집증을 갖는다. 그리고 사랑이 아닌 두려움에 사로잡히게 된다. 즉 홀로된다는 두려움, 사랑 받지 못하고 가치 없게 된다는 두려움, 무시당하거나 버려지고 파멸된다는 두려움 등으로 가득하다."

③ **휘트필드**(Charled L. Whitfield)

성인아이에 개념으로 '거짓된 자아(false self)' 또는 '상호의존적 자아', '진실되지 못한 자아(unauthentic self)', '공적인 자아(public self)'와 '내재적 과거아' 등으로 표현하고 있다.

2. 존 브레드쇼우의 내면아이 치유 이해

존 브레드쇼우(J. Bradshaw)는 내면아이 치유란, 우리 안에 어린 시절에, 꼭 채워져야 했거나 해결되었어야 할 욕구들이 채워지지 아니하고 미해결로 내면에 깊이 남아 그것이 어린 시절의 상처로 무의식 속에 깊이 각인된 것을 말하며. 미해결로 남았던 욕구들을 우리는 상처라고도 말한다. 어린 시절에 해결되지 않았던 욕구의 상처들은 성인이 되어서도 꼭 해결되어야할 욕구들이고 그 치유되지 않은 상처들은 성인이 된 이후에도 그림자처럼 계속 따라 다니며 삶의 현장과 인간관계에서 간접적으로 투사되기도 하며 또는 다양한 중독 증상으로 나타나기도 한다.

우리가 어떻게 상처받게 되는 것이며, 그 상처들로 인한 결과는 우리들의 삶에 어떻게 영향을 미치며, 또한 그 치유되지 않은 상처들이 어떻게 해서 인간 발달단계에서 영향을 주며, 가족구성원과의, 혹은 부모·자녀·배우자·형제와 자매·부부와의 관계와 성인이 되었을 때 특히 가족관계에서 발생하는 갈등들과 다른 사람들과의 대인 관계, 극단적이고 고집 센 병적인 부모 역할, 혹은 사람 의존이나 그 밖의 다른 종류의 중독 증세(알코올, 섹스, 일, 종교, 스포츠, 인터넷, 도박, 분노, 잘못된 집착) 등을 나타나게 되는 것이다. 그리고 다양한 중독적이고 강박적이며 정신 신체적인 증상들과 어떻게 연관 되는지, 그 근본적인 원인들에 대해서도 더욱 잘 이해할 수 있어야 하며 또한 상처받은 내면의 치유를 위해 중요한 통찰력과 치료 방법들을 터득할 필요가 있다. 이 경험은 내 자신의 지속적인 치유와 개인적 성장을 위해서 빼놓을 수 없는 가장 중요한 경험이 될 수 있다(J. Bradshaw).

그리고 삶의 여정에서 만나는 다양한 사회 부적응 및 중독적인 바람직하지 못한 신념 및 집착 현상 등 근본적인 원인을 어린 시절의 발달단계별로 해결되었어야 할 크고 작은 욕구들이 미해결된 상태로 인간의 내면 깊숙이 자리 잡고 몸만 성인이 되어 어린 시절의 크고 작은 상처들을 품은 채로 우리는 성인이 되어 살아간다. 그 의미는 상처 입은 내면의 어린 시절의 내면아이를 무의식·의식 속에 품은 채로 겉만 성장하여 어른이 되는 것이다. 이러한 상처들은 꼭 치유되어야 하고, 치유되지 않은 상처들은 우리 삶 속에서 다양한 모양으로 가장 가까운 가족이나 배우자·자녀 등에 투사되고 되물림, 혹은 전이되어 많은 갈등과 혼란 속에서 살게 된다고 브레드쇼우는 설명한다. 이러한 내면아이의 상처 치유는 자신을 더욱 더 소중한 존재로 인식하게 하며, 내가 사랑해 주지 않았던 나의 부분들을 소중한 것으로 받아들이게 될 때, 손상된 인격의 조화와 화해가 이루어지며 비로소 인격의 자유를 경험하게 된다.

자신의 어린 시절의 상처받은 내면아이를 발견하고, 발달단계별로 미해결된 욕구들의 만남을 통해 충분히 슬퍼하며, 함께 대화하고, 돌보는 공동 작업을 통해 인생 여정에서 자신의 내면아이의 안내자가 되고, 자신의 삶을 긍정적이고 승리하는 자가 되는 놀라운 영적 여행을 하는 것이다.

사람들이 어린 시절에 해결하지 못했던 슬픔(unresolved grief from childhood) 등을 만나고, 해결하고, 삶의 여정에서 더 이상 그것에 집착과 연연하지 않도록 도와주는 것을 내면아이 치유라 한다.

사람들이 겪는 어린 시절의 슬픔에는 여러 가지 형태가 있다. 그것들을 살펴보면, 거부당하고, 버려지고, 방임되었던 슬픔, 정신적, 신체적, 심리적, 성적 등의 다양한 학대들, 발달단계에서 꼭 받았어야 할 긍정적 스트로코, 부모로부터의 사랑과 안전에 대한 확신, 잘못된 가족체계의 역기능 가정의 가족구조는 살면서 사회 부적응, 대인 관계의 어려움,

정신 병리적 문제, 중독증 등으로 나타날 수 있다.

만약 각 개인들이 발달단계에서 없어서는 안 될 의존과 안정적 애착 관계(secure attachment)가 형성되지 않고 불안정 애착 관계(insecure attachment)가 형성이 되면 채워지고 받아들여졌어야 할 욕구들이 미해결로 남아 사람들은 그 상처받은 내면의 아이를 품은 채 성인으로 자라는 경향이 있다.

사람들이 자신의 상처받은 내면아이를 발견하고, 그 아이를 잘 보살피고, 양육하게 되면, 그들 안에 감추어져 있는 훌륭한 선천적인 아이(a wonderful natural child)의 창조적인 힘이 나타나게 되고, 이러한 내면의 통합이 이루어지면, 내면아이의 치유가 이루어지게 된다고 브레드쇼우는 설명하고 있다.

칼 융(Carl G. Jung)은 이 타고난 모습 그대로의 자연스러운 아이를 가리켜 "놀라운 아이(wonder child)"라고 불렀다.

필자는 여러 차례의 기독교인과 비기독인교들을 대상으로 했던 내면아이 치유 워크숍에서 급변해 가는 현대사회 속에 얼마나 많은 사람들이 어린 시절에 상처를 안고 사회의 부적응, 인간관계의 부적응, 이상 성격 및 인격 장애 등 정체성의 혼란 등으로 많이 괴로워하고 있는 것을 경험할 수 있었다. 한 중년 여인 내담자의 예를 들어 보면 자신의 부모에 대한 그리움에 너무나 목마른, 처량하고 불쌍한 그 아이를 붙들고 누군가 목 놓아 울어 주어야만 된다는 것, 그리고 그 사람은 다른 사람이 아닌 바로 자기 자신이어야만 한다는 것을 깨닫고 난 뒤 그 여자는 그동안 자신이 왜 그렇게도 사람들을 불신했는지 그리고 자신속의 채워지지 않던 끝없는 그리움의 진정한 이유를 알게 되었고, 그 내면아이를 부둥켜안은 채 정신없이 한참을 통곡한 뒤에서야 자신 속에 남아 있었던 오랜 세월의 상처를 치유할 수 있었다.

어린 시절의 크고 작은 상처들을 품은 채로 우리는 성인이 되어서 살아간다. 다시 말해서 상처 입은 내면아이를 품은 채로 겉만 성장하여 어른이 되는 것이다. 그러나 치유되지 않은 상처들은 아직도 우리 안에 남아 있으며 불행하게도 가장 가까운 사람들에게 그 상처를 전달하며 살아가게 된다. 우리가 우리 안에 있는 상처들을 발견하지 못하고 치유 되지 않는다면 그것은 인생의 모든 문제의 가장 큰 원인으로 남을 것이다.

그림 10-1 하나님과 동행하며 진정한 "나"를 찾아서

〈출처 : 김명희 교수 -내적 성인아이 치유 워크숍 중에서〉

내면아이 치료에서는 누구든지 자신의 진정한 변화를 원한다면 반드시 자신의 어린 시절로 돌아가 거기서부터 다시 시작하지 않으면 안 된다고 브레드쇼우는 그의 저서에서 말하고 있다. 그러나 우리가 다시 어린아이가 된다는 것은 불가능하다. 하지만 우리 안에 아직도 살고 있는 내면아이에게로 돌아갈 수는 있다. 진정한 상담자가 되려면, 상담자 자신이 어린 시절의 발달 과정을 되돌아보고 각 발달단계에 따른 미해결 욕구와 과제를 발견하는 것이 가장 우선적이다. 그리고 자신의 '상처받은 내면아이'를 발견하고 부둥켜안는 내면아이 치유의 경험이 필수적인 것이며, 그때서야 비로소 내담자들의 진정한 치료를 도울 수 있을 것이다. 다시 말해서, 상담자의 내면적 치유의 경험과 그 깊이만 큰 내담자들의 성장과 치유를 돕는 일이 가능할 것이다. 그러므로 나의 진정한 내면적 치유 경험이 나의 상담 활동의 우선이다. 나의 상처, 내 속의 내면아이를 끌어안게 될 때만이 진정한 치유가 가능하다. 바로 이 상처의 부분, 혹은 상처받은 내면아이는 내가 받아 온 유해한 교육에 의해 무시하고 등한시했던 부분이다. 내가 사랑해 주지 않았던 그 부분을 소중한 것으로 받아들이게 될 때, 손상된 인격의 조화와 화해가 이루어지며 비로소 인격의 자유를 경험하게 된다.

3. 상처 받은 내면아이 치료

상처받은 내면아이치료(healing of the wondered inner child)는 어린 시절의 각 발달단계를 중심으로 연령적 시기에 따라 단계적으로 받아들여져야만 했고, 인가의 심리적, 사회적 발달을 위해 지극히 정상 발달적이고 의존적인 욕구들이 충분히 채워지지 못했을 때, '상처입은 내면아이'를 품은 채로 어른이 된 경우를 성인아이로서 삶의 전 과정을 통해 심각한 부정적인 영향과 결과를 초래한다고 한다(오제은, 2003).

내면아이의 개념을 살펴보면 심리학적 치유에 있어서 "내면아이"라는 용어는 『잃어버린 자아의 발견과 치유 *healing the child within*』의 저자인 휘트필드에 의하면 이미 이

천년 동안 인류 문화의 한 부분을 차지해 왔던 개념이다(오제은, 2003).

영·유아, 아동기 때 성장 발달이 지체 혹은 저지되거나 감정이 억압되었을 때, 그리고 분노나 있는 그대로의 수용 및 인정과 수용을 받지 못해서 받게 된 상처의 감정들을 내면에 그대로 간직한 채 성장하여 성인이 된다면, 분노와 적개심, 공격성 등의 성격 장애 및 행동 장애, 부적응적 행동이 타인에게 투사될 수 있는 성인으로 내면에 자리 잡게 된다는 것이다. 그리고 그 내면의 아이는 그 사람이 성인으로서 행동하는데 계속해서 지장을 주게 된다는 것이다.

내면아이 치유에서 가장 중요시 여기는 핵심은 상처받은 내면아이가 바로 사람들이 겪는 모든 불행의 가장 큰 원인이라고 믿는다(J. Bradshaw, 오재은 역, 재구성).

치료학자인 론 쿠르츠(R. Kurtz)의 시스템 중에서 하코미(hakomi)라 불리는 치료법은 인격적 요소의 핵심에 직접적으로 중점을 두는 것이다. 인격적 핵심이란 것은 바로 우리 내면의 경험을 정리하는 방법이라고 할 수 있다(J. Bradshaw, 오재은, 재구성). 그리고 그 요소의 핵심은 우리가 어렸을 때 느꼈던 감정, 믿음, 신념, 기억으로 이루어진 것과 어린 시절의 환경의 영향과 압박에 대처하고 반응하던 것으로 형성되어 있다고 브레드쇼우는 말한다.

정신분석학자인 프로이트는 이러한 자극을 과거를 되풀이시키는 '강제 반복(repetition compulsion)'이라고 명명했다. 그러나 앨리스 밀러는 그것을 '불합리의 논리(logic of absurdity)'라고 명명했다. 다시 말하면, 발달단계별로 미해결된 욕구는 상처로 내면에 자리 잡고, 그 상처를 통해 세상을 보고, 이해하고, 투사한다고 하면서 살아간다고 볼 수 있다. 이러한 인간의 내면의 상처치유의 유일한 길은 브레드쇼우에 의하면 내면의 아이와의 접촉을 시도하는 것이라 볼 수 있다. 내면아이의 연구는 새로운 치료 분야이며, 프로이트는 인간의 어린 시절 때 받은 내면의 상처는 정신병리적 문제, 즉, 노이로제와 성격 장애가 인간의 일생 동안 가족관계에서와 사회로 투사되고 반복되는 '해결되지 않은 어린 시절 부조화의 결과(unresolved childhood conflicts)'라는 것을 처음으로 밝힌 사람이다(J. Bradshaw). 그래서 그는 내담자가 상처받은 내면아이를 무의식 속에서 의식으로 끌어올려 드러낼 수 있고, 그의 미해결되고 '충족되지 못했던 욕구

(unmet needs)'를 치료사에게 전이시킬 수 있을 만큼 안전한 환경을 치료사가 제공함으로써 상처받은 아이를 치료하고, 치료사가 상처받은 내면아이의 새로운 부모 역할을 하는 구조적 방법으로 상처받은 아이의 미처 끝나지 않았던 작업, 즉 내면아이는 치료되는 것이다. 그러므로 프로이트에 있어서 '상처받은 아이의 치료'란 치료사가 상처받은 내면아이로 하여금 '미처 끝내지 못했던 일(unfinished business)'을 끝낼 수 있도록 새로운 부모 역할을 하는 것을 의미한다(J. Bradshaw, 오재은 역, 2004, 재구성).

4. 마음의 상처치유

1) 마음의 상처란

상처를 그리스어로 트라우마(trauma)라고 하며, 몸과 마음을 다치거나 상실감 등으로 충격 받는 것이다. 마음의 상처는 감정과 인격의 깊은 무의식 속에 내면화되어 있다가 전반적인 삶의 과정에서 부정적인 영향을 미치게 된다. 그래서 말과 행동의 영향을 주고 부적응적이며, 병리적이고 분노와 적개심의 감정을 계속 생성해 내기도 하고, 자신도 모르는 사이 나의 감정과 인격 속에 내면화되어 있다가, 자아에 영향을 미치게 된다. 우리의 기억이나 무의식 속에는 과거의 사건에 반응하여 생성된 미해결된 상한 감정과 정서적 찌꺼기가 있다. 그들은 자신의 내면 세계에 감정적인 진공 상태를 채우려고 몸부림치며 방황하기도 한다.

2) 마음의 상처의 특징

마음에 상처가 있는 사람들의 특징은 부정적인 감정과 부적응이며, 분노, 적개심, 두려움, 낮은 자존감, 비탄, 수치심, 외로움, 자신감 결핍, 만성 우울증, 부부 및 대인 관계의 갈등 등의 상한 감정들을 내면화시키게 된다.

마음의 상처를 가지고 있는 사람들의 특징을 살펴 보면 아래와 같이 요약할 수 있다.

첫째, 행동이 충동적이다.

그 충동적인 행동은 항상 부정적인 것은 아니다. 때론 열정을 가지고 자기 일에 몰입하는 현상을 일 중독인 시각으로도 볼 수 있지만, 열정적이고 추진력이 있는 목표 지향적인 사람으로 볼 수 있기 때문이다. 그러나 이러한 충동성이 알코올, 마약, 과식, 성적 탐닉 등의 중독 현상으로도 발전할 수도 있다.

둘째, 편견과 인간관계의 어려움, 정신 병리적 증상 및 다양한 중독 현상이 일어날 수 있다.

셋째, 끊임없는 자신에 대한 욕구 불만, 대인 관계의 어려움, 소외감을 갖는다.

넷째, 자신의 불행이나 문제의 해결책이 타인에게 있다고 생각한다(예 : 아내나 남편, 혹은 자녀가 변한다면 나는 행복할 거야. 등).

다섯째, 대인 관계에서 그 사람 없이는 나는 못살아 등으로 지속적으로 건강하지 못한 관계를 통해 의존하려 하는 현상이 나타날 수 있다.

여섯째, 가족구성원 간의 갈등과 배우자와의 관계에서 의존과 불안정한 균형과 상처로 인해 건전한 관계에 어려움을 갖는다.

5. 내면아이 치유의 자아 방어기제

자아 방어기제는 개인이 불안을 극복하고, 자아가 불안에 압도되지 않도록 돕고, 정신적 갈등에 대처하기 위하여 방어기제를 사용한다. 이 자아 방어기제는 정상적인 행동이다. 즉, 방어기제는 자아가 무의식적 충동을 방어라고 조절하기 위해 사용하는 구체적인 정신적 대처 방법들이다.

나는
지나간 나의 어린 시절을
되돌려 받고 싶다.

이것이
내가 가장 받고 싶은 선물이다.

이미 오래전에 떠나가 버린
지난 어린 시절의 아이

그 아이가
지금도
당신과 내안에 살고 있다.
그 아이는
당신과 나의 마음의 문 뒤에 서서
혹시라도 자신에게
무슨 멋진 일이 일어나지 않을까하고
오랫동안 간절히 기다리고 있다.

로버트 펄험(R. Fulghum)

1) 방어기제 유형

(1) 억압

억압은 가장 중요한 프로이트식 방법 중의 하나이며, 많은 다른 자아 방어기제나 신경증적 장애, 정신 병리적 장애의 기초가 된다. 억압은 위협적이거나 충격적이고, 고통스러운 생각, 감정들을 의식하지 못하도록 하는 방어 수단이다.

억압의 극단적인 예로는 고통스런 경험과 관련된 특정한 시기의 기억들을 마음에서 지워버리는 기억상실증을 들 수 있다.

(2) 거부

거부는 억압과 유사한 방어적 역할을 하나 일반적으로 전의식이나 의식 수준에서 작동한다. 현실 거부는 자아 방어기제 중 가장 단순하다. 고통을 주는 사실이나 경험을 있는 그대로 인정하지 않고, 부정해 버리는 것이다. 거부는 마치 위협적인 현실 즉, 사랑하는 사람의 죽음이나 배신을 인정하려 들지 않고 사실이 아닌 것으로 배제시키는 것이며, 마치 위협적인 현실에 대해 눈을 감음으로써 불안을 방어하는 것과 같다. 전쟁이나 여타의 재난과 같은 비극적 상황에서 수용하고 인정하기에 너무 고통스러운 현실에 대해 스스로 눈을 감고 사실이 아닌 것으로 여기는 것이 그 예이다.

(3) 반동 형성

위협적 충격에 대한 또 다른 방어는 상반되는 충격을 적극적으로 표현하는 것이다. 무의식적 소망과는 반대되는 방향으로 행동하는 것이다. 사랑이라는 가면으로 증오를 숨길 수도 있고, '미운 놈에게 떡 하나 더 준다' 등 무의식적 소망과는 반대되는 방향으로 행동하는 것이다. 그들의 부정적 반응을 숨기고 긍정적 이미지로 행동하여 싫은 대상에 대해 자신의 진정한 마음과 행동을 은폐하는 것이 그 예이다.

(4) 투사

자신의 심리적 속성이나 욕망, 충동들을 다른 사람들에게 귀인시키는 것이다. 자신이 싫거나 사랑하고 싶지 않는데 타인이 자신을 싫어하거나 사랑하지 않는다거나, 음탕하거나, 공격적인 충동들을 '내가 아닌 다른 사람'이 가지고 있다고 브거나 자기가 화가 난 것은 생각하지 못하고 상대방이 자기에게 화를 냈다고 생각하는 것 이 그 예이다.

(5) 치환

전혀 다른 대상에게 자신의 욕구를 발산하는 것을 말한다. 불안에 대처하는 또 다른 방법은 위협적 대상에서 '보다 안전한 상대'에게로 이동시켜서 충동을 해소하는 것이다. 직장에서 상사로부터 받은 스트레스를 다른 대상에게 이동시키는 것이 그 예이다.

(6) 합리화

합리화는 행동을 정당화하고, 실망과 관련된 충격을 경감시키는데 도움을 준다. 어떠한 일에 혹은 일자리 등을 못 얻는데 실패에 대한 논리적인 이유를 생각해낸다.

(7) 승화

승화는 성적 혹은 공격적 부정적 에너지를 긍정적 에너지로 바꾸고, 사회나 자신에게 유익하고 인정받는 경로로 전환시키는 것이다. 공격적 충동이나 행동을 운동으로 전환될 수 있다. 장애를 가진 사람이 그 장애로 인해 더욱 더 자신을 성장시키고 역경과 환란을 자기 성장 및 개발로 전환시키는 예이다. 프로이트 이론에서 보면 많은 위대한 예술가들의 성적·공격적 활동이 창조적 활동으로 전환시킨 예이다.

(8) 퇴행

발달의 초기 단계로의 행동 양식으로 되돌아가는 사람들은 어렸을 때의 행동 양식으로 돌아감으로써 불안에 대처하려고 시도하기도 한다.

동생을 얻게 된 형이나 언니가 동생의 행동을 모방하거나 학교가기 싫거나 두려워하는 아이들의 떼쓰기와 울기, 극단적 의존, 신체적 아픔을 호소하는 예이다.

(9) 내사

내사의 기제는 타인의 가치관이나 신념 기준을 내면화하여, 심한 불안에 대처한다. 학대하는 부모들의 자녀들이 자신의 자녀도 학대하는 경우로 스트레스 해결 방법으로 아동 학대의 되물림 및 악순환을 반복하는 경우이다.

타인의 가치관, 심리상담 치료자의 특성이나 가치관을 통합하는 등의 긍정적인 형태의 내사도 있다.

(10) 보상

보상은 긍정적 관심이나 인정을 받지 못하는 아동들은 부정적 관심이라도 받기 위한 행동을 하기도 한다.

피아니스트 혹은 예술가가 꿈이었던 부모가 자녀에게서 그 꿈을 이루려고 하는 것 등이 그 예이다.

6. 내면아이의 상처

> 아주 오랫동안 고통 속에 빠져 있는 사람은 상황에 잘 어울리지 않는 말들을 한다. 그리고 되지도 않는 일들을 붙들고 있다. 또 상황에 잘 대처하지 못하며, 참는다고 해도 현 상황에도 아무런 영향도 끼치지 않는 그런 끔찍한 느낌들을 착고 산다.
>
> 하비 재킨스(H. Jackins)

브레드쇼우는 과거에 무시당하고 상처받은 내면아이가 바로 사람들이 겪는 모든 불행의 가장 큰 원인이라고 믿는다. 그리고 우리가 그 아이를 잘 발견해서, 상처 난 부분을 회복시켜 주고 잘 돌보아 주지 않는다면, 그 아이는 성인이 된 우리의 인생에 계속적으로 그림자처럼 따라 다니며 악영향을 끼치면서 모든 걸 엉망으로 만들어 버리고 말 것이라고 말한다.

다음에 소개하는 각 단어들의 설명은 당신의 내면아이가 성인으로서의 당신의 인생을 방해하고 파괴시키는 중요한 방식을 보여 주고 있다. 그리고 이 장의 끝 부분에 있는 질문 분표를 통해 당신 안의 내면아이가 얼마나 심하게 상처받았는지를 알아볼 수 있을 것이다.

C : 상호 의존증(co-dependence)
O : 공격적 행동(offender behaviors)
N : 자기애성 성격 장애(narcissistic disorders)
T : 신뢰의 문제(trust issues)
A : 표출된 행동 / 내면적 행동(acting out / acting in behaviors)
M : 마술적 믿음(magical beliefs)
I : 친밀감 장애(intimacy dysfunctions)
N : 무질서한 행동(nondisciplined behaviors)
A : 중독적·강박적 행동(addictive / compulsive behaviors)
T : 사고의 왜곡(thought distortions)
E : 공허감(무관심, 우울)(emptiness(apathy, depression))

1) 상처 받은 내면아이의 상호 의존증

일종의 '정체성 상실(loss of identity)의 병'으로 정의할 수 있다. 상호 의존적 관계(co-dependent)가 된다는 것은 사람들이 자신의 감정이나 욕구, 바람 등을 포기해야 한다는 것을 의미하기 때문이다. 상호 의존증의 사람들은 한결 같이 자신의 정체성을 찾기 위해 그들 바깥에 있는 어떤 것들에 전적으로 의존한 다는 사실이다. 이것이 바로 상호 의존적인 상태들이다. 상호의존증은 건강하지 않은 가족관계에서 주로 생겨난다. 예를 들어, 알코올중독자가 있는 가정의 모든 가족구성원들은 어쩔 수 없이 그 중독자의 음주량에 따라서 나머지 가족들이 맞춰 가는 상호 의존적인 상태가 된다. 술이란 모든 가족구성원들의 생명을 위협하기 때문에, 그들은 습관적으로 경계하면서 그것에 적응한다. 스트레스에 대한 적응은 인간의 본능상, 일시적인 상태로는 가능하나 계속적일 수 없다. 따라서 상습적으로 알코올에 취해 있는 사람들은 시간이 지날수록 자기 안에서 들려오는 신호를 느끼지 못하게 된다. 예를 들면 자신의 감정이 어떤지, 자기가 진정으로 원하고 바라는 것이 무엇인지 알지도, 느끼지도 못하게 되어 버리는 것이다.

어린아이들이 그들 내면의 신호들을 제대로 이해하기 위해서는 안전하고 건강한 정서적인 모델이 필요하다. 아이들은 또한 자신들의 감정과 생각을 구분하는 법을 배울 필요가 있다. 그런데 만약 가정환경이 정서적·신체적·성적 폭력으로 가득 차 있다면, 아이는 오로지 바깥 세상으로 눈을 돌려 거기에만 모든 관심을 갖게 될 것이다. 결국 그 아이는 자신의 내면에서 자기존중감을 키워 나가는 능력을 잃어버리게 될 것이다. 건강한 내면 세계를 갖지 못한 채, 바깥 세상에서 뭔가를 성취하려는 시도나 노력은 아무런 소용이 없다. 이것이 바로 상호 의존증이며, 상처받은 내면아이의 증상이다. 이러한 상호 의존적 행동들이 보여 주는 것은 만일 우리가 어린 시절에 마땅히 받아야할 욕구들이 채워지지 않을 경우, 그것으로 인해 성인이된 후에도 우리 자신조차도 자신이 진정 누구인지를 모른다는 것이다.

2) 상처 받은 내면아이의 공격적 행동

상처 받은 내면아이를 안고 있는 이들은 대부분 조용하고, 착하고 또 오랫동안 고통을 인내해 온 사람들로 주위 사람들에게 비쳐지곤 한다. 그러나 사실은 이 상처받은 아이가 이 세상에서 벌어지고 있는 수많은 폭력과 잔인함에 대한 책임이 있다. 우리가 잘 알고 있는 히틀러(A. Hitler)의 경우를 보자. 히틀러는 어렸을 때부터 아버지에게 상습적으로 매를 맞고 자랐다. 그의 아버지는 유태인지주의 사생아였다. 폭력적인 아버지에게서 학대받으면서 자란 이 아이는 결국 인류 역사상 죄 없는 수백만의 사람들에게 가장 극단적인 잔인성을 자행했다.

인간성을 파괴하는 주요인인 공격적 행동은 어린 시절의 폭력과 학대, 해결되지 않은 슬픔의 결과물이다. 한때 무력하게 학대당한 아이가 자라서 가해자가 되어 버린다. 여러 종류의 부모 및 초기 양육자로부터의 아동학대는 특히 신체적 학대, 성적학대, 언어적 학대 그리고 가혹한 정서적 학대 등은 중요한 부분이다. 정신과 의사인 브루노 베틀하임(B. Bettelheim)은 이 과정을 '가해자와 동화하는 것'이라고 설명한다.

신체적·정서적 폭력들은 어린아이에게 너무나 끔찍한 것이어서, 학대 받는 동안에 아이들은 자신의 원래 모습으로 남아 있을 수가 없다. 이 고통에서 살아남기 위해서 아이들은 자신의 정체성을 잃어버리고, 대신 자신을 그 가해자와 동일시해 버린다. 베틀하임은 독일 나치 포로수용소의 생존자들을 대상으로 이러한 과정에 대해 최초로 연구했다.

3) 상처 받은 내면아이의 자기애성 성격 장애

모든 어린아이는 적어도 성장 초기에는 무조건적인 사랑을 느끼고 배워야 한다. 부모나 보호자들이 편견 없이 자신을 바라보는 경험 없이는, 진정으로 자기가 누구인지 알 수 없다. 우리 모두는 성숙한 '나' 라는 개체로 서기 전까진 '우리'이다. 그래서 우리에게는 우리 자신의 모든 부분을 비춰 줄 수 있는 그런 거울이 필요하다. 그래서 우리 자신이 얼마나 소중한 존재로서, 진지하게 받아들여지고 있으며, 사랑받고 환영받고 있는가를 알 필요가 있다. 그리고 양육자들의 사랑이 상황에 따라서 변하고 달라질 수도 있다는 것도 알 필요가 있다. 이런 것들이 바로 건강한 자기애적 욕구들(narcissistic needes)이다. 그러나 만일 이런 필요들이 제대로 충족되지 않는다면, 우리 자신의 '나됨(I amness)'이라는 자존감은 심각한 상처를 받을 것이다.

결국 자기 중심적으로 손상된 내면아이는 애정과 관심, 사랑에 대해 만족할 줄 모르는 탐욕 때문에 어른이 된 자기를 망쳐 버릴 것이다. 또한 내면아이의 채워지지 않는 욕구는 어른이 되어서 모든 관계들을 파괴해 버린다. 누군가에게 아무리 많은 사랑을 받아도 결코 충분하다고 느끼지 못하기 때문이다. 왜냐하면 사실 자기 중심적인 성인아이가 원하는 것은 어른이 아닌 아이의 욕구이기 때문에 언제나 자기의 욕구들이 충족되지 않는다고 생각하는 것이다. 아이들에게는 항상 부모가 필요하다. 이것은 선택의 영역이 아니라 자연적으로 꼭 필요한 부분이다. 아이의 욕구는 의존적인 욕구이기 때문에 누군가에 의해 반드시 채워져야만 한다. 따라서 아이였을 때 제대로 채워지지 못한 욕구들의 상실을 애도하는 과정을 거치는 것이야말로 치유의 시작이다. 이 작업이 이루어질 때까지, 만족할 줄 모르는 이 아이는 어린 시절에 받지 못했던 사랑이나 가치 등을 찾아 끝없이 헤매게 될 것이다.

자기 중심적인 성인아이의 욕구

- 언제나 다른 사람과의 관계에서 실망하고, 좌절을 경험한다.
- 항상 자신의 부족함을 메워 줄 수 있는 완벽한 사랑의 대상을 찾고 헤맨다.
- 무엇인가에 중독되어 버린다. 중독은 마음의 공허한 빈틈을 채우려는 일종의 처절한 시도다. 예를 들면 섹스 중독이나 관계 중독이 대표적이다.
- 물건이나 돈을 통해 자신의 존재 가치를 보상받으려 한다.
- 배우나 운동선수 같은 유명인이 되고 싶어 한다. 다른 사람들의 지속적인 관심과 주목, 끊임없는 칭찬을 간절히 원하기 때문이다.
- 자신들의 자기도취인 욕구를 채우기 위해 어린 자녀들을 이용하기도 한다. 그들은 자녀들이 절대로 자기 곁을 떠나지 않을 것이며 언제나 자신을 사랑하고 존경하리라는 환상을 가지고 있다. 자기 부모에게서 받지 못했던 그런 사랑과 특별한 관심을 아이들에게서 얻으려고 하는 것이다.

4) 상처 받은 내면아이의 신뢰의 문제

양육자가 신뢰할 수 없는 사람이었다면, 어린아이는 깊은 불신의 뿌리를 안은 채로 성장하게 된다. 아이에게 이 세상은 아주 위험하고 적대적이며, 예측할 수 없는 곳이다. 그래서 그 아이는 항상 경계와 통제 가운데서 자신을 보호하다 결국 이렇게 믿게 될 것이다. "내가 이 모든 것을 잘 통제할 수만 있다면, 아무도 날 다치게 하거나 해칠 수 없을 거야."

극단적인 통제 방식에는 여러 가지가 있다. 먼저 통제는 중독이 될 수 있다.

극단적인 통제는 심각한 관계적 어려움을 만들어 낸다. 어느 누구도 자기를 믿지 않는 사람과 친밀해질 수 있는 방법이란 없는 것이다. 친밀감이라는 것은 상대를 있는 그대로 믿고 받아들이는 것이다.

신뢰 감정에는 위의 예뿐만 아니라, 다른 이들을 너무 지나치게 믿는 것도 포함된다. 예를 들면 자신의 모든 결정권은 다 포기해 버리고 다른 사람만 무조건 믿는 것이다. 이들은 남들이 속이기 쉬운, 순진한 그런 얼굴을 하고는 사람들을 그냥 믿어 버린다. 이들은 다른 사람들 옆에 찰싹 붙어 있거나, 그 사람들을 지나치게 높이 평가한다. 혹은 다른 사람들이 접근하지 못하도록 높은 보호벽을 쌓고는 스스로를 외롭게 고립시켜 버린다.

중독 전문가인 패트릭 카스(P. Carnes)는 신뢰감을 제대로 배우지 못한 사람들이 친밀한 것과 맹목적인 것, 관심과 집착, 보호와 통제를 혼동하는 경우가 있다고 지적했다.

인생에서 최초의 발달과제는 기본적인 신뢰감을 형성하는 것이다. 우리 모두는 다른 사람들, 즉 아버지와 어머니 그리고 세상 밖의 다른 모든 이들이 신뢰할 만하고, 믿을 만한 가치가 있는 사람들이라는 것을 배워야만 했다. 이러한 신뢰감은 가장 기본적인 감정이다. 우리가 세상을 신뢰할 수 있다면, 자신을 신뢰하는 법을 배울 수 있을 것이다. 자기 자신을 신뢰한다는 것은 자신의 능력, 직관, 생각, 감정과 바램들을 신뢰하는 것이다.

아이들은 믿을 수 있는 양육자에게서 믿음을 배운다. 만약 엄마와 아빠의 행동이 일관되고 어떤 행동을 할지 예측 가능하며, 또 부모들이 자기 스스로를 믿고 있다면, 그들이 아이 또한 보모를 믿게 될 것이고, 자기 자신을 믿는 법도 배우게 될 것이다.

5) 상처 받은 내면아이의 표출된 행동 / 내면적 행동

(1) 표출된 행동

상처받은 내면아이가 어린 시절에 충족되지 못한 욕구나 해결되지 않은 감정들을 어떻게 바깥으로 표출하는가? 이러한 행동을 이해하려면, 인생에서 가장 중요한 근본적인 힘이 감정이라는 것을 알아야만 한다. 감정은 우리의 기본 욕구들이 채워지도록 하고, 우리가 스스로를 방어할 수 있도록 움직이게 하는 연료와도 같다.

분노는 우리가 스스로를 방어하는 쪽으로 행동하게 한다. 화가 났을 때 사람은 굉장히 격한 상태가 된다. 그리고 그 분노를 무기로 해서, 자신을 보호하거나 자신의 권리를 위해 싸우게 된다.

슬픔은 사람들은 눈물을 흘리게 한다. 눈물은 고통을 덜어 주기도 하고, 정화되도록 도와주는 역할을 한다. 과거에 상실한 것들을 마음껏 슬퍼하고 나면, 우리의 에너지를 현재에 긍정적으로 사용할 수 있게 된다. 상실이나 아픔들을 슬퍼할 수 없다면, 우리는 과거에서 벗어날 수 없을 것이다. 고통이나 상처와 연결된 모든 감정 에너지들은 얼어붙어 버리게 된다. 이러한 에너지들이 적절하게 해결되거나 표현되지 못하면, 계속해서 스스로 해결하려는 방법들을 찾게 된다. 결국 건강한 슬픔으로 표현되지 못할 때 비정상적인 행동으로 나타나는데, 이것이 바로 '표출적 행동'이다.

표출된 행동에 대한 예

- 자신이 받은 폭력을 다른 사람들에게 그대로 행사하는 것
- 자신은 한 번도 해 본 적도 말해 본 적도 없는 것을 자기 아이들에게 하거나 말하는 것
- 자연 발생적인 연령 퇴행–짜증나는 기분, 삐죽거리는 것 등
- 무절제하게 반항적으로 되는 것
- 지나치게 이상적인 양육 규칙들을 갖고 있는 것

(2) 내면적 행동

어렸을 때 다른 사람에게 받았던 학대를 자기 스스로에게 표출하는 것을 '내면적 행동'이라고 한다. 사람들은 어린 시절에 벌을 받았던 방식대로 자기에게 벌을 준다. 필자가 아는 한 여성은 실수를 할 때마다 자기 자신을 학대하곤 한다. "이 못난아 너가 하는 일이 그렇지, 뭘 해보겠다고, 어이구?"라는 말로 자신을 비난하면서 괴롭힌다. 어쩔 때는 자기 얼굴을 주먹으로 때리기도 한다. 그런데 알고 보니 어렸을 때 잘못을 할 때마다 어머니가 자기 얼굴을 주먹으로 때렸다는 것이다.

과거의 해결되지 않은 감정들은 종종 자기 자신을 향해 적대적으로 돌아오곤 한다. 한 내담자의 경우를 보자. 그는 어렸을 때 한 번도 화가 난 걸 밖으로 표현해 본 적이 없다. 그는 자기 어머니를 향한 분노가 있었다. 그의 어머니는 그가 무엇을 하려고만 하면 언제나 못하게 막았기 때문이다. 그가 뭘 시작하려고만 하면 갑자기 끼어들어서는 "엄마가 음식을 준비하는데 도와줘야겠구나. … 엄마가 하는 게 낫겠다?" 그런데 엄마가 하는 게 나을 거 같다."라고 말하면서 그가 하려는 일들을 방해하고 했던 것이다. 그는 이제 성인이 되어서도, 자기가 할 수 있는 것들을 어머니가 하도록 그냥 내버려 둔다. 어렸을 때부터 부모님에게는 순종해야 하고, 아무리 화가 나더라도 화를 내면 안 된다고 배웠기 때문이다. 그러자 그의 안에 쌓이던 분노는 결국 자신을 향하게 되었다. 결국 그는 의기소침하고 냉담해지고, 인생의 목표들을 성취하려는 어떤 열정도 없는 아주 무기력한 사람이 되고 말았다.

감정의 에너지가 안으로 표출이 되는 경우에는 심각한 신체적인 증상들을 일으키기도 한다. 위장 장애, 두통, 요통, 목의 통증, 심한 근육 긴장, 관절염, 천식, 심장병 또는 암 등으로 나타나는 것이다. 나아가 사고를 빈번히 일으키는 경향성도 내면적 행동의 또 다른 형태이다. 사고를 통해서 자기를 다치게 하고 고통을 줌으로써 결국 자기 자신에게 벌을 가하는 것이다.

6) 상처 받은 내면아이의 공상적 믿음

내면의 성인아이들의 사고는 공상적이다. 역기능적인 부모는 아이들의 이러한 공상적인 생각을 더욱 강하게 만든다.

사실 아이들이 마술적인 생각을 한다는 건 아주 자연스럽다. 그러나 발달단계상 아이에게 꼭 필요한 의존적 욕구들이 채워지지 않으면, 아이는 상처를 받게 되고 제대로 건강하게 자라지 못하게 된다. 그런 아이가 어른이 되면, 그는 여전히 아이와 같기 때문에 어린아이의 공상적인 생각에 머물러 있게 된다.

잘못된 믿음의 예

① 내가 돈이 많아지면, 행복해질 수 있을 거야.
② 남자(여자) 친구가 날 떠나 버리면, 죽을 거 같아. 절대로 못 견딜 거야.
③ 일류대학 학위가 날 지적인 사람이 되게 해 주고, 남들이 나를 인정할 거야.
④ 열심히 노력하기만 하면, 꼭 보상받을 수 있을 거야.
⑤ 계속 기다리면 좋은 결과가 올 거야.

7) 상처 받은 내면아이 친밀감 장애

많은 성인아이들은 혼자 버려지는 것에 대한 두려움과 다른 사람들에게 휩쓸려 버리는 것에 대한 두려움 사이에서 방황하고 있다. 어떤 이들은 다른 사람이 그들을 거절할까 두려워 외부 세계로부터 스스로를 영원히 고립시켜 버린다. 또 어떤 이들은 혼자 남겨질까 두려워 자신이 속해 있는 파괴적인 집단을 떠나지 못한다. 대부분의 사람들은 이 두 극단 사이에 속해 있다.

상처받은 내면아이는 진정한 자기에 대한 의식이 없기 때문에, 관계 속에서 친밀함을 경험하지 못한다. 내면의 성인아이가 받을 수 있는 가장 큰 상처는 바로 그들의 진정한 자아가 거부되는 것이다. 부모가 아이들의 감정이나 욕구, 바램과 기대가 무엇인지 알아

주지 않는다면, 그것은 곧 부모가 아이의 진정한 자아를 거부하는 것이다. 그러면 아이에게는 거짓 자아가 만들어지게 된다.

자기가 사랑받고 있다고 믿기 위해서, 상처받은 아이가 그렇게 되기를 기대하고 상상하던 방식대로 행동하게 되는 것이다. 이러한 거짓자아는 시간이 지날수록 발달되고, 가족체계가 요구하는 대로, 또 문화적인 성 역할에 따라 강화된다. 그리고 점차 그 거짓자아가 마치 자신의 진정한 모습인 양 생각되어 버린다. 사실은 거짓 자아란 환경에 적응하기 위해, 다른 사람들의 각본에 따라 자신이 했던 연기라는 걸 결국 잊어버리게 된다.

당신이 자아에 대한 의식이 전혀 없다면, 다른 사람과 친밀해진다는 것은 불가능하다.

사람들이 강한 자의식을 형성하는 한 가지 방법은, 자신의 주위에 튼튼한 경계선을 만드는 것이다. 성적 경계선 또한 우리를 성적으로 안전하고 편안하게 지켜 준다. 흔히 성적 경계가 약한 사람들은 자기가 원치 않을 때도 섹스를 하곤 한다. 정서적 경계선은 어디서 그 감정을 끝내고 어디서 시작해야 할지를 알려 준다. 또 언제 그것이 우리 자신에 대한 감정인지, 또 다른 사람에 대한 감정인지를 말해 준다. 그 외에 우리의 신념이나 가치들을 결정하는 지적·영적 경계선은 있다.

어린아이가 학대받고 방치되어 상처받게 되는데, 그 아이의 경계선을 짓밟히게 된다. 이로 인해 아이는 버림받는 것과 다른 낯선 곳에 떨어지는 것에 대한 두려움을 갖게 된다. 사람들이 자신이 누구인지 알 때, 다른 곳으로 떨어지는 것에 대한 두려움을 갖지 않는다. 튼튼한 경계선이 없이는 어디서 끝내고, 어디서 시작하는지를 알 수 없다. 그래서 거절을 하는게 너무 어렵고, 또 자기가 무엇을 원하는지도 모른다. 그러나 이것이야말로 다른 사람들과 친밀함을 맺는 데 아주 중요한 행동들이다.

친밀감장애(intimacy dysfunctions)는 성적 장애의 영향을 많이 받는다. 역기능적인 가정에서 자란 아이들은 성적 발달에 어려움을 겪게 된다. 이들이 겪는 피해로 가족 내의 빈약한 성적모델에서 비롯된다. 예를 들면, 부모가 아이의 성별에 대해 실망하거나, 아이에게 창피를 주거나, 발달상 필요한 아이의 의존적인 욕구를 무시하는 것들이다.

CASE

한 여성의 이야기를 들어 보자. 일 중독에 빠진 그녀의 아버지는 집에 있던 적이 거의 없었다. 아버지의 빈 자리 대신, 그녀는 상상 속에서 이상적인 아버지를 만들어 내곤 했다. 현재 그녀는 세 번째 결혼 생활을 하고 있다. 자기가 만들어낸 이상적인 아버지의 기준으로 남자를 평가했기 때문에, 어느 누구도 그녀의 기대를 충족시켜 줄 수 없었던 것이다.

마이크는 어렸을 때부터 아버지가 언어폭력으로 어머니를 학대하는 것을 보고 자라 왔다. 어머니는 그런 것들을 곧이 곧대로 받아들이곤 했다. 마이크는 어떻게 해야 여자와 가까워지는지를 알 수 없었다. 그는 소극적이고 순종적인 여성들만 골라 사귀는 경향이 있다. 그러다 얼마 지나지 않아서 그 여성들에게 성적인 흥미를 잃게 된다. 왜냐하면 자기 아버지가 어머니에게 그랬던 것처럼, 결국에는 그들을 무시해 버리기 때문이다. 결국 그가 성적인 흥분을 느껴 본 건, 저질스런 성적인 상황 속에서 여자를 상상하면서 자위행위를 할 때뿐이었다.

많은 아이들이 부모가 자기들의 성별 때문에 실망한다는 걸 안다. 가령 아버지는 여자 아이를 원했는데 아들을 갖게 됐거나, 어머니는 남자아이를 원했지만 딸을 가졌을 경우 등이다. 결국 아이들은 자기의 성별에 대해서 부끄러움을 느끼게 되고, 이것은 수동적이고 굴욕적인 성적 행동들을 다양하게 표출하는 것으로 나타나게 된다.

부모의 경멸과 멸시 때문에 기가 죽은 아이들은 종종 성적으로 변태적인 행동을 하게 된다. 줄리스(Jules)의 경우, 그의 어머니는 근친상간의 희생자였지만 그 상처를 치료받아 본 적도, 일생 동안 자기가 받은 성적 학대에 대한 분노를 드러낸 적도 없다. 줄리스는 자기 어머니와 밀착되어 남자에 대한 어머니의 분노를 내면화시켜 버렸다. 결국 그는 나중에 성 중독자가 되고 말았다. 그는 어마어마한 양의 포르노 비디오테이프와 잡지들을 사 모았다. 그리고는 지배적이고, 자기 어머니와 같은 스타일의 여자에게 멸시와 경멸을 당하는 상상을 통해서 성적으로 흥분되곤 했다.

아이들이 각각의 발달단계에서 주어진 과제들을 잘 달성하기 위해서는 좋은 모델링과 지침이 필요하다. 아이가 그 연령 때의 성장발달에 필요한 욕구들을 충족하지 못한다면, 그 성장 단계에서 발달이 멈추고 말 것이다. 유아기 때의 욕구들을 충족하지 못한 아이들은 구강기적 단계에 고착되어 버린다. 이는 나중에 성적으로 구강성교에 정착되어 버리는 경향에서 잘 드러난다.

걸음마를 하는 시기에 고착되어 버린 아이들은 둔부에 매력을 느끼게 된다. 이렇게 생식기 부분에 반하는 것을 '성적 대상화(sexual objectification)'라고 부른다. 이런 상태에 있는 사람은 다른 사람들을 그저 하나의 생식기로 전락시켜 대하게 되고 만다.

성적 대상화는 진정한 친밀감을 방해한다. 친밀함이라는 것은 두 사람 모두가 서로를 하나의 인격체로서 바라는 것이다. 많은 상호 의존적인 커플들은 대상화된, 중독적 성 관계를 갖는다. 이것만이 상처받은 내면아이들이 서로 가까워질 수 있는 유일한 방법이기 때문이다.

〈출처 : John Breadshaw, 오제은 역, 재인용〉

8) 상처 받은 성인아이의 공허감(무관심, 우울)

상처받은 내면아이는 공허감과 같은 만성적인 우울증으로 성인의 인생에 영향을 끼친다. 우울감은 아이가 진정한 자신의 모습은 남겨둔 채, 거짓 자아를 받아들인 결과이다. 진정한 자아를 버린 만큼 사람의 마음에는 빈 공간이 생기게 마련이다. 이런 상태를 나는 '영혼의 구멍(hole in one's soul)'이라고 부른다. 진정한 자아를 잃어을 때, 사람들은 자신의 진실한 감정, 욕구, 바람을 잃게 된다. 그 대신에 거짓자아가 요구하는 감정들을 경험하게 된다. 예를 들어 '아주 착한 사람이 되는 것'은 보편적인 거짓 자아의 모습이다. '착한 여자' 역시 절대로 분노하거나 불만을 말하지 않는다.

거짓 자아를 갖고 있다는 것은 연기를 하고 있다는 것과 같다. 그의 진정한 자아는 결코 존재하지 않기 때문이다. 이제 막 자기의 모습을 찾기 시작한 어떤 사람은, "마치 길가에 서서 자기 인생이 지나가는 것을 그저 바라보고 있는 것과 같았다."고 그 당시 자신의 상태를 표현했다.

공허감을 또한 무관심으로 경험되기도 한다. 상담을 하다 보면, 가끔 성인아이들로부터 인생이 무의미하고 허무하다는 불평을 듣곤 한다. 그들은 자기 인생에 아무것도 없는 걸 발견하고는, 다른 사람들은 나보다 즐겁고 행복하게 산다고 생각한다.

7. 에릭슨의 심리 사회적 발달 8단계를 통해 본 내면아이 치료

〈출처 : 에릭슨의 심리 사회적 발달 8단계〉

인간 발달단계와 내면아이 치료

브레드쇼우는 내면아이치료를 교류분석(T.A) 이론을 적용하였으나, 인간 발달상의 각 단계들이 교류분석 이론만으론 다양한 인간 발달상의 각 단계들이 내면아이 치료를 위해 에릭슨(E. Enikson)의 심리 사회성 발달 8단계를 내면아이 치료에 적용하여 발달단계를 상처받은 내면아이를 탐색하고 발견하여 그 단계에서 미해결된 과제들을 중심으로 직접 내담자 스스로가 미해결 과제를 해결할 수 있도록 구체적으로 안내하고 있다. 따라서 에릭슨의 심리 사회 발달 8단계 이론과 브레드쇼우의 관점에서의 내면아이 치료는 다음 아래와 같다.

1) 심리 사회적 발달에 대한 에릭슨의 평가 기준

에릭슨에 의하면, 인간은 삶의 과정을 8단계의 발달 과정을 거치면서 성장한다.

- 8단계의 과정은 각 단계에서 해결되어야 할 욕구들이 채워져야 한다.
- 일생 동안 갈등을, 어떤 형태로든지 나타난다.
- 에릭슨의 심리·사회적 발달 이론에 따르면, 지극히 정상적이며 당연히 의존적이며 발전적인 욕구들이 충분히 채워지고 해결되지 못했을 때, '상처입은 내면아이'를 품은채로 어른이 된 상태를 '성인아이'라고 한다(안전한 환경, 사랑과 관심, 부모로부터 사랑받고 있다는 확신 등).

내면아이 치료자들은 자신이 치료한 환자들과의 치료 경험을 분석한 결과 그들은 어린 시절에 겪었던 사건이 계속 남아 지속되고 있으며, 이들은 부모의 시각이 내면화되어 있는 채로 자신을 바라보고, 자신에게 지시하고, 꾸짖기도 한다고 한다.

즉, 부모의 병적인 태도들이 자녀 양육을 통해 어떻게 영향을 미치는지를 다음과 같이 설명한다.

완벽주의, 성적자극, 거부, 적개심, 방임, 과잉보호.

휘트필드는 성장 과정에서 이러한 적절한 욕구 충족들이 해결되지 못할 때 건강한 자아를 발전시킬 수 없고, 거짓되고 과장된 자아 또는 상호 의존적 자아를 발전시키게 된다고 설명한다.

휘트필드는 내면아이 치료에서 다음의 4가지 행동을 중요시한다.

첫째, 진정한 자아를 발견.
둘째, 내면에 존재하는 육체적, 정신적, 정서적, 영적 욕구를 인식하고, 안전과 지지 그룹과 함께 미해결 문제를 해결하는 훈련 과정.
셋째, 안전과 지지를 받지 못했던 상한 감정들을 재 경험하며 애통하는 애도의 과정.
넷째, 미해결된 핵심 과제를 해결해 가는 과정.

인생의 후반기에 아동기 발달과제의 자연적인 순환 외에도, 단계들이 재생될 수 있는 다른 방법들이 있다. 자녀 양육은 부모가 지닌 어린 시절의 발달상의 문제들을 다시 제기하는 계기가 될 수 있다. 자녀들의 발달단계에서, 부모인 우리 자신에게 미해결된 발달상의 문제점과 어린 시절의 충족되지 못한 욕구가 나타나게 된다. 그 결과는 종종 해가 되는, 바람직하지 못한 자녀 양육으로 나타난다. 이것이 바로 역기능적인 가정에서 자라서 치유 받지 못한 성인아이들이 일관성 있고 유능하고, 바람직한 부모가 되는데 어려움을 겪는 이유이다. 부모-자녀의 갈등은 인생의 주기에서 가장 힘든 시간인 사춘기 시절에 절정에 달한다. 게다가 아이가 사춘기일 때, 부모는 바로 그 '빈둥우리 증후군의 중년기'이기 때문에 더 힘들어진다. 사춘기 자녀와 빈둥우리 부모의 결합은 서로가 자신들의 혼란과 문제를 안고 있기 때문에 관계 형성에 많은 어려움이 따른다.

성인기 때 고통이나 정신적인 외상과 부딪치게 될 때마다, 아동기 발달단계들이 우리를 자극시킬 수 있다. 부모의 죽음은 어린 시절의 문제들을 갑자기 끄집어 낼 것이다. 친구나 사랑하는 사람의 죽음은 주로 우리를 존재의 욕구 속으로 다시 밀어 넣어 버린다. 새로운 직장, 새 집, 결혼, 출산 등의 새로운 환경의 변화와 상황은 우리의 유아기적 욕구들을 자극할 수 있다. 우리가 새로운 시작을 어떻게 다루느냐는 우리가 생애 처음에 보살핌을 얼마나 잘 받았는지에 따라서 결정된다.

요약해 보면, 초기 아동기 단계는 성인으로서의 인생에 토대를 만들어 준다. 역기능적인 가정에서 자란 성인아이들은 이런 토대가 없다. 앞에서 여러분은 발달상의 결핍된 욕구가 어떻게 당신의 인생에 유해한 결과들을 가져왔는지를 살펴보았다. 만약 당신이 이런 해로운 패턴을 바꾸고 싶다면, 당신의 어린 시절을 치유 받아야만 한다.

어린 시절을 치유 받는다는 것은 어린 시절의 상처를 슬퍼해야 하기 때문에 아주 고통스러운 작업이다. 그러나 내면아이는 치유 할 수 있다. 이것이 전혀 불가능하지는 않다. 충분한 애도의 과정은 상처받은 내면아이들은 신경증으로 회피해 왔다.(John Breadshaw, 재구성)

Chapter 11

분노 내면치유

1. 분노 내면치유

존 스타인벡(J. E. Steinbeck)의 『분노의 포도 *the grapes of wrath*』에서는 "분노의 그림자는 아픔이다!"라고 표현해 주고 있다. 인간의 상한 감정은 상처, 한, 억압, 저항, 갈등, 우울, 강박, 편집증, 반사회성, 히스테리, 신체형 장애 정신병리적 증상 등은 내면 깊은 곳에 분노의 그림자에 가려져 있다.

분노(anger)는 적개심, 쓴 뿌리(배우자, 타인, 하나님에 대해) 등 불공평하다는 깊은 느낌과 관련이 있다. 분노는 자신을 파괴시키고, 타인에게도 깊은 상처를 줄 수 있다. 이혼이나 인간관계에서의 경우, 한때는 상대방이나 배우자에 대한 사랑과 배려, 그리고 사랑의 자리에 쓴 뿌리가 자리잡고 심지어 적개심과 증오심이 생기기까지 한다. 상대방의 모든 긍정적 시각으로 보던 장점은 사라지고, 가능한 최악의 시각으로만 상대를 보게 된다. 상처 입은 배우자나 상대는 변심한 상대에게 되갚아 주려는 시도로 다른 사람을 끌여들여 삼각관계를 맺기도 한다.

사람들은 분노를 경험할 때 이를 부인(부정)하거나 다른 방법이나 우회적으로 표현하는 방법을 주로 사용한다. 분노를 억압하고 부인하는 방법이 가져오는 다양한 폐해는 이미 많은 임상적, 경험적 연구들이 제시되어 왔다. 부인(denial)은 대처할 감정적 힘이 모이는 동안 현실을 희석시키는 보호 기제다. 종종 화해를 해보려 시도해 보지만 헛되이 끝난다. 분노를 표현하는 것과 관련하여 적절한 분노 표현, 지나친 분노 표현, 잘못된 대상에 대한 분노 표현 등의 현상이 나타난다(류창현, 2009, 재구성).

분노는 거짓 자아, 또 다른 인격, 또 다른 분노 생활 습성을 생성해 내고 표출한다. 또한 분노는 우리의 삶 전체를 변조, 왜곡시키며, 긍정적인 면보다는 부정적인 면을 더 많이 부각시킨다. 세멀로스와 스미스(Semmelroth & Smith, 2000)는 "분노는 매일 삶 속에서 볼 수 있는 정신 이상(insanity)의 한 종류이다. 그리고 정신 이상의 특징은 자제심을 잃어버리는 것(loss of self-control)"이라고 언급하고 있다. 만일 우리가 자신을 절제(self-control)할 수 없다면, 우리는 쉽게 분노의 종이 되어 살게 된다. 분노를 다스린다는 것은 자신의 생각(thought), 정신(spirit), 정서(emotion), 마음(heart)과 몸(body)

을 다스린다는 말로도 대언할 수 있다. 엄밀히 말하며 기독교적 관점에서 분노는 죄성에서 오는 것이라 할 수 있다. 우선적으로 분노를 조절하려면 자신의 마음을 다스릴 수 있어야 한다. 즉, 수심(修心)의 중요성을 명시해 주는 것이다. 자기를 다스리는 자는 마음을 다스릴 수 있는 자이며, 동시에 마음을 다스릴 수 있는 자는 곧, 자신의 분노(anger control)를 다스릴 수 있게 되며, 나아가 자신을 통제할 수 있는 사람은 자기 가족, 직장, 사회, 나라를 다스릴 수 있는 지혜롭고 겸손한 인격체가 될 것이다. 자신이 경험하는 분노 감정을 정확하게 인식하고 이를 적절하게 바람직한 방향으로 표현하는 것이 필요하며 이는 건강한 반응이라는 주장이다.

하빈(Harbin, 2000)에 따르면, 남성들은 여성들에 비해서 분노를 달리 표현하는 경향을 갖고 있다고 한다. 연구 결과에 의하면 남성들은 여성들보다 일반적으로 폭력적이라고 한다. 남성들은 대체로 분노를 유발할 때에 여성에 비해서 그들의 감정을 다스리고, 통제하지 못하는 경향이 있다. 분노의 문제를 갖고 있는 남성들은 어느 누군가와의 갈등과 불화를 일으킬 가능성이 크다. 그러나 분노의 관리나 표현은 인간관계에서 공격받은 부정적인 기억과 이에 따른 상처를 해결하고 분노 이면에 있는 상처와 적개심, 그리고 미움을 없애는데 한계가 있음을 지적되면서 인간관계의 갈등과 상처로 고통받는 사람들의 보다 근원적인 치유와 내적 성장을 위해서 분노 내면치유가 절실히 요구된다.

가정과 사회에 대한 분노로 인한 현시대적 큰 재앙들, 싸이코 패스들의 사례들은 이 시대를 살아가는 우리에게 잊지 못할 아픔을 안겨주고 있다 현재 많은 가족들이 가정폭력과 학대에 노출되어 있으며, 신종 범죄가 범람하는 시대에 살고 있다. 이러한 가정폭력과 다양한 유형의 학대 이면에는 자신의 부정적인 감정이나 분노감을 통제하지 못하는 문제를 안고 있는 사람들이 증가되고 있다. 교도소는 남성들의 분노에 의해 폭력과 살인, 방화, 가정 폭력, 성폭력, 강간, 강도, 상해 등을 저지른 수감자들로 붐비고 있으며, 40대, 50대, 60대의 중년의 수감자들 이 해마다 그 수가 더욱 더 증가하고 있는 추세이다.

가정의 폭력과 다양한 학대로 인해 편부 편모가정의 수가 급증하고 있으며, 이 가정폭력의 잔재로 인하여 또 다른 청소년의 비행인 학교 폭력으로 더 이상 학교는 안전지대의 역할을 감당하지 못하고 있는 것이 현실이다. 자녀들이(아동·청소년기) 슬픔과 분노를 표현할 때, 부모는 시간적 여유를 갖고 경청해야 하며, 재확인해 주고, 자녀가 그들의 에너지를 건강하고 바람직한 쪽으로 방향을 바꾸도록 도와줘야 한다. 발생한 일에 대해 자녀가 죄책감을 갖도록 해서는 안된다.

분노로 인한 학대는 가정 폭력과 반사회성에 노출되어 사는 청소년들은 일반적인 청소년에 비해 정신질환과 정신장애, 그리고 폭력적인 성향이 현저하게 높다. 청소년 범죄 예방에 있어 가장 중요한 것이 바로 그들 스스로가 자신의 분노를 자각하고, 통제하려는 자발성이 우선적으로 요망된다.

2. 분노의 정의

분노에 대한 학자들의 정의는 매우 다양한 양상을 보이고 있다. 아더 레버와 에밀리 레버(A. Reber & E. Reber, 2001)의 심리학 사전인 *the penguin dictionary of psychology*에서 분노는 반적으로 다양한 상황에 대한 매우 강하고 감정적인 반응이다. 신체적으로 억압을 당할 때, 자신의 경계선이 심하게 무너질 때, 관계에서의 극도의 갈등과 혼란이 있을 때, 타인으로부터 공격이나 또는 협박을 받았을 때 동등의 상황을 맞이할 때 생기는 격렬한 감정적인 반응으로 언급하고 있다. 특히 아더 레버와 에밀리 레버는 분노를 다른 감정적 반응들에 대해 불확실한 개념을 정하고 범위를 정하기 위해서 유사 용어로서 격노(rage), 적대행위 (hostility), 증오(hatred)와 같은 용어로 설명하고 있다.

쉬랄디와 커(Schiraldi & Kerr, 2002)는 분노를 하나의 일반적으로, 혹은 자연적으로 이해할 수 있는 감정적 요소라고 정의하고 있지만 분노가 잘못 표출되고 투사된다면, 현 생활의 역기능과 돌이킬 수 없는 파괴적인 상처와 재앙을 불러올 수 있다. 분노는 고통스럽고 파괴적인 감정이지만, 동시에 위협상황에서 인간의 생존을 도와주는 적응적인 감정이라 하였다(Bilodau, 1992 ; Ellis & Haper, 1975 ; Izard, 1977 ; Lazarus, Kranner, & Folkman, 1980). 루이스, 알렉산드리니와 설리번(Lewis, Alessandrini & Sullivan, 1990)은 분노 정서에 대해 영유아인 경우라도 생후 2개월 정도면 표출하는 정서라고 언급하고 있다.

카터와 미너스(Carter & Minirth, 2001)는 분노가 개인의 가치, 본능적인 욕구, 기본 신념들을 보존하려는 의지를 반영한다고 보았고, 크로켄버그(Crockenberg, 1981)는 분노를 스트레스와 좌절에 대한 자연적인 반응으로 보고 있다. 분노는 위협이나 공격에 대한 자연적인 반응이자 자신을 지키기 위한 감정이며, 그 자체가 선하거나 악한 것은 아니다(Ellis & Happer, 1975 ; Lazarus, Kranner & Folkman, 1980). 서수균(2004)은 분노가 자기 방어 체계의 일부분으로 인간의 생존 가능성을 높여 주며, 이러한 관점에서 분노는 인간이 살아가는데 없어서는 안 되는 아주 중요한 정서라고 언급하고 있다. 그러므로 분노는 우리가 가지고 있는 감정 중에서 가장 파괴적이고, 고통과 아픔을 수반하고, 역기능적 요소를 가지고 있을 뿐만 아니라 우리 자신을 방어해 주고, 생존 본능의 영역을 확장하고 이어 가는 인간의 정서적 메커니즘이라고 볼 수 있다.

일부 학자들은 분노감을 가벼운 부정적 정서, 짜증에서부터 격노, 격분, 강한 흥분 상태에까지 이르는 강도가 다양한 감정들로 구성된 정서 상태라고 주의하였다(Spielberger, 1983 ; Yerkes & Dodson, 1980, 재구성). 디귀세페(DiGiuseppe), 에크하르트(Eckhardt), Tafrate와 로빈(Tafrate & Robin, 1994)은 분노를 인지 및 생리적 각성 양상과 연합된 내적, 정신적, 주관적 감정이라고 정의하고 있고, 버스와 페리(Buss & Perry, 1992)는 분노감이란 공격을 위해서 생리적으로 각성되고 표출되는 정서적 행동 상태라고 정의하고 있다. 노바코(Novaco, 1994)는 분노를 혐오적인 사건을 초래한 사람이나 사물을 향한 적대적이고 부정적인 정서 경험으로 보았고, 버코위츠(Berkowitz, 1993)는 또한 분노는 표적을 향한 공격 경향성을 수반하는 정서로 간주한다. 또한 서수균(2004)은 분노감은 공격을 위한 생리적 현상과 준비성을 수반하는 부정적인 감정 상태이다. 따라서 인간에게 있어서의 분노감은 인지적·생리적·정서적으로 각성될 뿐만 아니라 부적 감정 상처, 고통, 수치심, 죄책감, 시기, 질투, 열등의식)과 부적 정서를 수반하여 내·외적인 파괴와 외상을 파생시키는 주요한 기저요인들이다(류창현, 2009, 재구성).

"분노는 자신의 내·외면에 미분화된 자아와 미해결된 과제로 인한 정서 파편으로 표류하는 한(恨)의 소인(素因)이다." 즉, 우리는 분노감을 의식과 무의식의 삶 속에서 내·외면에 미분화된 자아로 또는 미해결된 과제로써 지금까지 자신과 가족, 동료, 사회, 국가에 대한 격분(rage)의 파편으로 공격하며 상처를 주고받으면서 살고 있는 것이다. 그러므로 현대사회에 개인, 가족, 사회, 정부에 가장 중요한 문제로 시사되고 있는 분노를 자각하고, 탐색하고, 분석하고, 통제할 수 있는 자가 분노 치료와 심리사회대 인간관계 기술 훈련을 학습하고 실천하는 것은 매우 우선시되어야만 한다는 것이다.

우리는 여기서 분노가 인지적·생리적·정서적으로 각성될 뿐만 아니라 부정적 기저 감정 요인(상처, 고통, 수치심, 죄의식, 열등감, 부인, 시기, 쓴뿌리, 질투)을 통해서 내·외적(자신을 비롯한 가족과 사회)인 삶을 포기하고 파괴시키려는 경향의 주원인과 주요인인 것이다. 이러한 유기와 파괴를 일삼는 행동은 정신 이상의 특징 중 하나이다. 즉, 반사회성 인격 장애로 이해할 수 있다.

3. 문제해결 중심의 분노치료 과정

자신의 분노감을 통제하기 위해서는 먼저 자신의 분노를 관찰하는 과정이 반드시 선행되어야 한다. 분노 자기 관찰 단계에서는 자신을 반영하기 위해서 자기를 비우고 자신을 있는 그대로 이해할 작업이 우선적으로 실행되어야만 한다. 바꾸어 말하며, 자기를 내려놓은 단계가 필요하다. 자신의 분노를 관찰한 후, 자신의 분노를 인지하는 단계이다. 즉, 이 단계에서는 3가지 과정을 경험하게 된다. 첫 번째로는 자신의 분노를 자각하는 과정이며, 두 번째로는 자신의 분노를 이해하는 과정이며, 그리고 마지막 세 번째로는 자신의 분노를 받아들이는 과정이다. 즉, 자기 수용(self acceptance)의 과정을 구성한다.

그림 11-1 자가 분노치료 과정

위 단계를 거친 후, 자신의 분노를 분석하는 단계를 맞이하게 된다. 즉, 자신의 분노를 회피하지 말고 자신의 분노를 보다 객관적인 통찰로 명확하게 분석하고 직면하는 단계이다. 자기 분노 분석 단계에서 가장 중요시 되는 것은 바로 객관적 신뢰성과 타당성이 뒷받침할 수 있는 자기 분노 분석이 요망된다. 다시 말하면, 자신의 편향적 분석 사고, 왜곡된 분석 사고, 고정관념(固定觀念)의 분석 사고, 주관적 분석 사고 등을 최대한 배제한 상태에서의 자기 분노 분석이 실행되어야 한다. 많은 사람들이 이 과정에서 자기 부인(self denial), 자기 방어기제, 신경적 불안(neurotic anxiety), 억압(repression), 반동형성(reaction formation), 자기합리화(self rationalization), 대치(replacement), 투사(projection), 분리(splitting), 동일시(indentification), 신체화(somatization), 행동화(acting out), 퇴행(regression), 이타주의(altruism), 승화(sublimation) 등을 경험하게 된다. 이 단계를 거치면 진정으로 자기의 분노를 스스로 치료할 수 있는 단계, 즉 자기 분노치료 과정(self-therapy jouney of anger ; forgive yourself and then others)에 이르게 된다. 이 과정에서는 자신을 용서하고 나아가 자신에게 상처를 입힌 자들까지도 용서하고 수용할 수 있도록 용서 연습(forgiveness practice)을 하는 과정이기도 하다.

전도서와 잠언에서는 노를 쉽게 내는 자를 어리석은 일을 행하는 우매한 자로 칭하고 있으며 또한 노의 격동으로 인한 다툼을 삼가라고 권면하고 있다(류창현, 2009, 재구성).

"급한 마음으로 노는 발하지 말라 노는 우매자의 품에 머무름이니라"(전 7:9)

"노하기를 속히 하는 자는 어리석은 일을 행하고 악한 계교를 꾀하는 자는 미움을 받느니라"(잠 14:17).

"대저 젖을 저으면 엉긴 젖이 되고 코를 비틀면 피가 나는 것 같이 노를 격동하면 다툼이 남이니라"(잠 30:33).

"미련한 자는 당장 분노를 나타내거니와 슬기로운 자는 수욕을 참느니라"(잠 12:16).

성경은 분노를 통제하고 벗어버리기 위해서는 노하기를 더디 하는 방법을 깨달아야 하며, 이렇게 된 자를 지혜자로, 반면에 노하기를 속히 하는 자는 마음이 조급한 자로 언급하고 있다. "노하기를 더디 하는 자는 크게 명철하여도 마음이 조급한 자는 어리석음을 나타내느니라"(잠 14:29). 자기의 마음을 제어하지 못하면, 모든 개인적, 사회적 관계성이 깨어져서 자신의 기업을 이루어 나갈 수도 없게 되고 또한 하늘의 유업을 받을 수 없게 된다. "자기의 마음을 제어하지 아니하는 자는 성읍이 무너지고 성벽이 없는 것 같으니라"(잠 25:28).

그림 11-2 자가 분노치료 과정

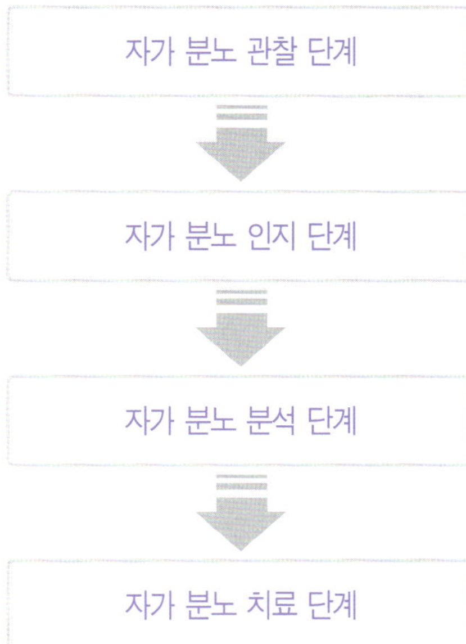

자기의 분노가 격분해 올 때, 실제적으로 자신의 분노를 어떻게 제어하고, 다스리기 위한 방법 혹은 기술이 반드시 필요하다. 이에 대한 한 방법으로서 듣기는 속히 하고, 말하기는 더디 하며, 성내기도 더디 하면서 대화를 주도하면 된다. 여기서 듣기는 속히 하고라는 의미는, 말하기보다는 적극적 경청을 많이 할 수 있도록 노력하라는 의미로 해석할 수 있다. 또한 말하기는 더디 하며, 성내기도 더디하라는 의미는 분노 유발 상황에서 말을 천천히 하는 방법, 즉 호흡 조절(복식호흡), 분노 표현, 나-메시지로 대화 훈련, 자기 통제 및 조절기법 등등의 대화기법을 활용해서 분노를 통제할 수 있는 실질적이며 효과적인 분노 치료기법을 명시해 주고 있다(약 1:19~20).

분노를 유발시키는 주된 요인들을 살펴보고 토론해 보기로 하자.

한(恨) : ______________________________

시기 : ______________________________

질투 : ______________________________

근심 : ______________________________

염려 : ______________________________

걱정 : ______________________________

불평 : ______________________________

불만 : ______________________________

우울 : ______________________________

강박 : ______________________________

열등 : ______________________________

죄의식 : ______________________________

경멸 : ______________________________

짜증 : ______________________________

격노 : ______________________________

공포감 : ______________________________

공항 : ______________________________

긴장 : ______________________________

스트레스 : ______________________________

쓴 뿌리 : ______________________________

미해결 과제 : ______________________________

4. 전인격치유 모형

용서는 영혼을 치유하는 메커니즘이라고 한다!" 인간의 영혼(靈魂)의 치유가 이루어지면 심령(心靈)의 치유가 이루어지며, 생각이 치유되고, 생각의 치유가 이루어지면, 행동의 치유가 이루어지며, 이른바 이것은 바로 행동수정 모형을 형성한다. 이러한 치유 모형이 바로 전인격치유의 모형이다. 즉, 영혼의 치유는 심령의 치유로 생각의 치유는 행동의 치유로 전개될 것이다. 역으로, 행동의 치유는 생각의 치유는 심령의 치유는 영혼의 치유로 또한 전개될 수 있다.

그림 11-3 전인격치유 모형

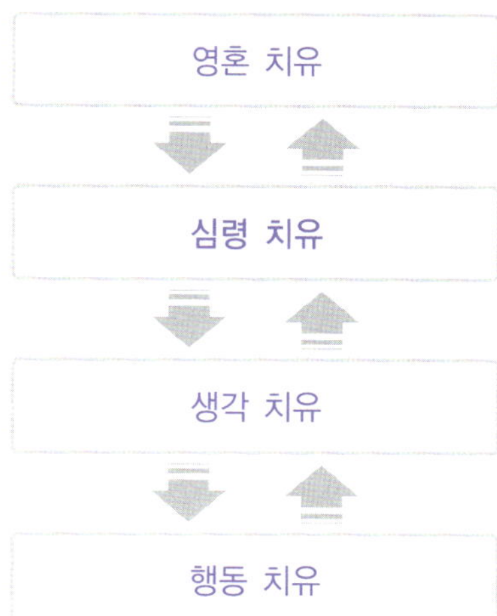

그림 11-3은 전인격치유 모형과 그림 11-4는 전인격치유 상호작용 모형을 설명하고 있다. 위의 그림 11-3 전인격치유 모형은 서로 간에 상호작용을 하며 상호 관계성을 공유하고 유지한다. 즉, 영혼, 심령, 생각, 행동 등은 상호 간의 소원(疏遠)된 관계가 아닌 상

호 관계성을 공유하고, 유지하며 형성된다.

만약 이러한 전인격치유 모형에서의 상호 관계성이 왜곡되고, 부인되고, 편향되고, 파괴된다면, 이에 따른 육신의 질병(신경증)과 정신장애)도 유래된다. 그러므로 우리의 영적치유를 얻기 위해서 성령과 말씀에 의지하여 자신의 격분, 시기, 질투, 열등의식, 투사, 분노감을 순화시키는 것이 우선적으로 실행되어야 한다. 또한 일상생활에서도 자기 묵상기도와 사랑의 실천에 힘쓰며, 순응하고, 적응하고, 직면해 나아가야만 한다.

그림 11-4 전인격치유 상호작용 모형

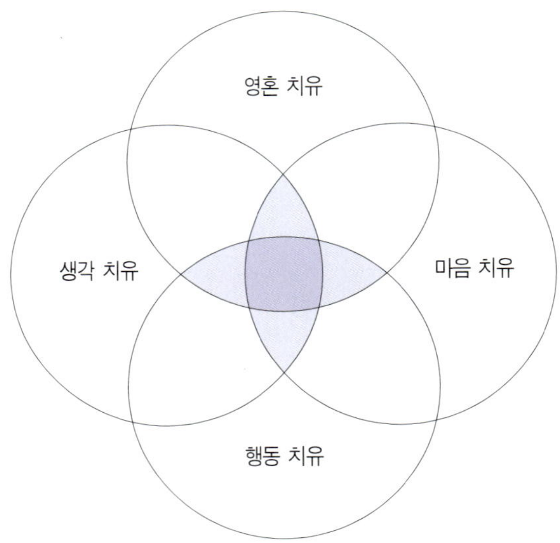

하나님은 실로 찬양, 경배, 예배를 신령과 진정으로 드려질 때에만 우리의 영혼이 자유, 평강, 행복, 유익, 즐거움, 치유를 얻게 된다. "아버지께 참으로 예배하는 자들은 신령과 진정으로 예배할 때가 오나니 곧 이 때라. 아버지께서는 이렇게 자기에게 예배하는 자들을 찾으시느니라. 하나님은 영이시니 예배하는 자가 신령과 진정으로 예배할지니라."(요 4:23~24).

5. 모간 스코트 펙의 직면하기기법

모간 스코트 펙(Morgan Scott Peck, 1991)의 『아직도 가야 할 길! *the road less traveled*』에서는 인생의 끊임없는 문제와 고통을 직면하기 위해서 "혼신의 힘을 다한 배움만이 모든 문제를 해결할 수 있다"고 강조하고 있다.

대부분의 정신질환자들은 "자신의 문제와 과거의 잊고 싶은 아픈 상처에 대한 이야기를 하는 것은 매우 복잡하고 아픔을 다시 반추해서 혼란스러운 문제를 발생할까 봐 두려워 한다. 혹시 자신이 가만히 침묵을 하면 아무런 일도 일어나지 않고 그냥 넘어갈 수 있지 않을까하는 생각을 한다. 자신이 아무 말도 하지 않고 있으면 언젠가는 자신의 문제가 저절로 사라져 버릴 것이라고 생각을 한다." 문제와 외상과 상처를 있는 그대로의 상태로 간과해 두고 있다. 그러나 그것들은 자신을 위해서 결코 사라져 주지 않는다는 점에 주목해야 한다. 그러므로 우리는 자신의 문제와 외상과 상처를 용기 있게 담대히 직면하고 대적하지 않는다면, 그대로의 잔여 유형으로 남아 있게 되며, 영구적으로 신경증적·정신적 장애를 가져다 준다. 이에 대한 처우 대안으로는 간헐적이 아닌 지속적인 자기 훈련, 자기 확장의 과정과 훈련을 통해서 해결되고 완성될 수 있다.

펙의 이러한 혼신의 배움을 이루기 위해서는 5가지 기법들을 다음과 같이 기술해 주고 있다(류창현, 2009, 재구성).

1) 우선 순위의 일을 지금 시작하라.

의무, 책임, 어려운 과제 등을 먼저하고 즐겁고 여가 활동처럼 쉬운 일 들을 나중에 하는 것을 의미한다.

2) 자신이 책임진다.

책임을 회피하지 말고 자신의 삶과 과오에 대한 책임감을 갖고 사는 것을 의미한다. 대부분의 사람들은 "이러한 문제는 흔히 다른 사람들도 하는데! 또는 내가 어쩔 수 없는 사회적·정치적 상황으로 인해 발생된 것뿐이야. 그러므로 다른 권력 있는 사람들이나 부유층들, 또는 이 사회나 정부가 나를 위해서 이 문제점을 해결해 줘야만 해! 정말 이것은 내 개인적 문제가 아니야!"라고 생각한다. 이러한 문제해결 관점은 자신의 문제를 더욱더 죄악으로 악화시킨다. 이를 해결하기 위해서는 먼저 자신의 삶의 문제들에서부터 도피하지 말고, 그때그때 직면하고 도전해가면서 해결해 나아가야만 한다. 자신의 문제에 대해서 피하지 말고 의무와 책임을 다해야만 한다. 즉, "이 일은 내 문제가 아니야!"식이 아닌 "이 일은 내 문제이고, 이를 해결하는 것도 내게 달려 있다!"고 자신의 수동적·의존적·왜곡적·부정적·편파적·고정적 자기의 사고 유형을 능동적·독립적·합리적·긍정적·객관적 자기의 사고 유형을 갖도록 용기로 과감히 직면하는 자세로 바꾸는 것이다. 언행의 부조화가 아닌 자신들의 삶의 영역에서 언행이 일치되는 일관성 있는 삶을 유지하고 이끌어 나가는 것이 매우 중요하다. 진정한 자유인으로 살아가기 위해서는 반드시 자신의 삶에 대해서 전적으로 책임을 가져야만 한다.

3) 진실에 헌신하자.

정직하고 성실하게 그리고 새로운 일에 과감하게 도전하면서 사는 것을 의미한다. 타인에 대한 의존성을 버리고 자기 확장을 위해서 자기 훈련을 향한 삶의 성실과 정직을 토대로 노력하고 도전하는 것이다. 의존성은 사람들로 하여금 끈질기게 상대방에게 불안전한 애착을 하게 되는 것이다. 이는 어린 시절 부모의 사랑과 욕구 결핍에서부터 시작되며, 계속적으로 주는 것보다 받는 것을 추구하는 성향이 많다. 이는 건강한 성인으로서의 성장, 성숙, 발전, 그리고 진화보다는 성인아이로 퇴행을 부추기며, 건강한 대인관계 형성을 파괴하고, 상대방의 성공을 고양해 주기보다는 파멸의 길로 인도한다.

4) 삶의 균형을 잡자.

인생의 목적, 의무, 책임, 방향 등의 융통성과 결단성 있게 균형을 잡는 능력을 의미한다. 건강한 사람은 지속적으로 온전히 정직하고 성실한 삶을 영위하려고 노력을 해야 하면서도 필요할 때는 적절히 진실을 숨길 수 있는 능력도 가져야만 한다. 또한 진실로 자신의 책임이 아닌 것을 강요당할 때 거절할 줄도 아는 기술을 소유해야만 한다. 예를 들면, 복잡 다양한 현대사회에서 우리가 성공적인 삶을 영위하기 위해서 자신의 실생활에 적용할 수 있는 실질적이고 적절하며 효과적이고 유용한 분노 표출, 분노 표현, 그리고 분노 통제 등과 같은 기법들을 반드시 훈련하여 실용적으로 현재 자신에게 처한 분노 유발 상황에서도 자연스럽게 그리고 자발적으로 접목할 수 있는 대처 능력을 촉진시켜야 한다. 이러한 훈련기법에는 호흡을 통한 근육 이완법, 분노 조절, 분노 치료, 사회심리대인 관계 기술 훈련, 의사소통 기술, 친밀감 형성, 행동수정 및 치료, 자기 교시 훈련, 인지 행동치료 등을 활용할 수 있다. 이들을 통해서 우리에게 주어진 삶을 기쁘고 행복하게 영위해 나가려면, 격분에 의해 파괴적이지 않은 범위 내에서 보다 현실적이고 합리적·건설적·긍정적·자발적인 말과 행동의 균형을 유지할 수 있는 자기 성장을 위한 자기 훈련이 필요하다.

5) 서로 사랑하자.

펙은 사랑을 "사랑은 느낌이 아니다!", "자기 자신과 타인의 영적·심리적·정신적 성장, 발달, 그리고 진화를 할 수 있도록 도와줄 목적으로 자신을 확대시켜 나가려는 자기훈련의 의지이다!"고 정의하고 있다. 정신적 성장의 목적을 두고, 자신의 자아 성장과 타인의 성장을 확대시켜 나가는 진화의 과정이며, 자신을 사랑하고 타인을 더불어 사랑하는 관계를 지향한다. 즉, 우리가 자신을 사랑하지 못한다면 타인을 사랑할 수도 없게 된다. 또한 자기 훈련이 결여된 사람들은 자기 자녀들을 훌륭한 인격으로 성장시키도록 도움을 줄 수 없게 된다. 진정한 사랑은 거저 주는 것이 아니다. 사랑은 헌신이 따라야 하며 있는 모습 그대로 수용하는 것이고, 마찬가지로 지각 있게 주지 않는 것이다. 지각 있게 칭찬하고, 지각 있게 비판하고, 지각 있게 편안하게 대해 주고, 지각 있게 논쟁하고, 투쟁하고, 맞서고, 몰아대고 밀고 당기는 것이다. 즉, 사랑은 이해와 수용을 필요로 하는 관계이다. 지각이 있다는 것은 신중한 판단에 바탕을 두고, 이 판단은 본능 이상의 것을 요구한다. 이것은 심사숙고해야 하며 때로는 고통스러운 결정을 해야 할 때도 있다. "사랑이란 이해하고 수용하는 만큼 행동할 수 있으며 헌신이 따르는 것이다!"

결론적으로 "이해와 수용이 훈련된 사람은 미숙하고 미분화된 사람들을 이해와 섬김과 수용으로 훈련할 수 있다. 또한 사랑받는 사람들은 사랑이 결핍된 사람들을 사랑할 수 있다.

이 훈련 과정을 통해서 문제해결의 괴로움을 회피하는 대신에, 그 난관과 역경을 직면하고 책임을 갖고 인내하며 노력하려는 의지의 소유자로 거듭나야 한다. 즉, 수동적 의존성의 자기가 능동적 독립적인 자기로 성격과 기질적 성향까지의 변형이 이루어지는 것을 말한다.

Chapter 12

수치심과 죄책감 치료

1. 수치심과 죄책감 치료

수치심과 죄책감은 인간의 죄성에서 원인을 찾아 볼 수 있다. 또한 수치감은 가정을 통해서 전수된다.

맥윌리엄스(McWilliams, 2006)는 "죄책감이란 자신의 내면 깊은 곳에 자리하고 있는 악한 힘, 파괴성과 악의를 자각하고 부추긴다. 반면에, 수치심은 자신이 무력하고 취약하다고 느끼는 것이다. 지금 당장이라도 타인의 비난과 경멸을 받을 것만 같은 느낌을 갖게 된다."고 정의하고 있다. 또한 포섬과 메이슨(Fossum &Mason, 1986)은 "죄책감은 도덕이나 윤리를 위배했다고 느끼는 내적 경험이다."고 정의를 해주고 있다.

성경에서는 죄책감과 수치감은 모두 타락의 결과다(창 3장). 중생하지 않은 인간은 죄책감과 수치감으로 가득 차 있다. 데이빗 옥스버거(David Augsburger)에 따르면, "불안, 수치감, 죄책감은 모든 문화의 인간 성격 속에 있는 천성적이고 정상적이며 보편적인 일련의 규제다. 수치감의 긍정적·부정적 얼굴, 불안의 자극과 분열, 죄책감의 직접적이면서도 가혹한 기능은 성격이 온전히 기능하는데 필수적인 것이다." 어느 정도의 불안은 필요하다. 그것은 우리가 어리석은 일이나 위험한 일을 하지 못하도록 예방해준다. 또한 건강한 수치감과 병적인 수치감이 있으며, 참된 건강한 도덕적 죄책감과 병적인 거짓 죄책감이 있다(Bruce Litchfield & Neile Litchfield, 1992).

수치심은 내담자가 자신의 욕구를 표현하거나 친밀감에 대한 갈망을 드러내기 힘들게 만든다. 무엇보다 두려움과 약점이 애착 이론의 핵심 부분이고, 불화 관계를 정의하는 데 중요한 부정적인 정서이기도 하다(박성덕, 2006, 재인용). 또한 수치심과 창피감은 범죄의 강력한 억제 요인이 되기도 한다. 이는 가족구성원들이나 동료들로부터의 거절감에 대한 두려움으로 인해 사회적 이탈 행위를 꺼리게 된다는 것이다. 이를 두 가지요인으로 설명할 수 있는데, 첫째는 법 위반에 대한 개인적 수치심이고, 둘째는 사회적 일탈 행위가 대중에게 알려져 느끼게 될 모욕감에 대한 두려움 때문이다(Siegel, 2008, 재구성). 예를 들면, 아내의 가해자는 법적 처벌보다 친구와 가족의 거부감을 당하게 됨으로써 밀려오는 사회적 신분과 경제적 위치에 영향을 미치는 손실감에 대해서 더 많은 두려움을 느낀다고 나타났다. 여성은 남성보다 더 수치심과 모욕감을 느끼게 되는데, 이러한 이유는 범죄율에서 남녀의 성차가 존재한다는 주장을 뒷받침 해주기도 한다 (Grasmick, Blackwell & Bursik, 1993).

포섬과 메이슨(Fossum & Mason, 1986)은 수치심 경계 순환(shame bound cycle)에서 자기가 유지하고 있는 과정의 개념화를 위한 한 방법이라고 설명하고 있다. 즉, "문제는 체계를 유지한다"는 가설의 사이클(순환)로 묘사하고 있다. 사이클(순환)상에 각각의 위치에서는 다른 위치를 지지하고 강화하는 역할을 한다. 즉, 통제 단계를 요구하게 된다. 수치심은 이러한 파괴적 과정의 중심부에 기술되어지며, 이를 조종하고, 조직화하고, 그리고 이 두 단계들을 강화하는 역할을 감당하게 된다. 해제 단계는 혼란스러운 성격 기질과 통제 가치 기준의 위반에 의해서 수치심은 더욱더 증가하게 된다. 통제 단계는 수치심으로부터 실제적으로 유일한 은신처이자 수치심을 덮어 가리는 역할을 한다. 수치심은 해제 단계에서의 통제력 상실, 개인의 존엄 또는 정직성의 결여로부터 증가되면, 통제 단계를 강화하고 이행할 수 있도록 개정한다. 사이클(순환)상의 각각의 단계는 다른 단계에 대한 하나의 대처반응이다. 통제와 해제는 자연스러운 인간의 순환과정이지만, 수치심에 의해 조직하되고 강화될 때, 그들은 더더욱 강렬해지고, 통제력을 상실하게 되며, 그리고 파괴적 양극성을 띄게 된다.

1) 수치감 유발상황

1. 자신(또는 당신이 존경하는 사람들) 이 어떤 옳지 않고 비도덕적인 일을 행할 때(느끼거나 또는 생각할 때)
2. 자신이 과거에 행했던 그릇되고, 비도덕적이고, 수치스러운 일에 대해서 반추할때
3. 자신과 자신의 삶에 대한 매우 사적인 부분들이 폭로되었을 때
4. 타인이 자신의 실수를 발견했을 때
5. 비웃음이나 조롱을 받았을 때

6. 공적인 석상에서 다른 사람 앞에서 비난을 받았을 때; 공적 비난을 반추할 때
7. 자신의 정직성과 성실성에 대해 비난을 받을 때
8. 자신이 사랑한 사람으로부터 배신을 당했을 때
9. 배려를 해준 사람들에게서 거부감을 받았을 때
10. 자신의 유능한 부분에서 실패를 했을 때
11. 칭찬을 기대했던 것이 도리어 거부당하고 비난을 받을 때
12. 무력감을 느낄 때

2) 수치 감정을 유발시키는 해석 영역

1. 자신의 신체(또는 신체 부분)가 무척 크거나 또는 무척 작거나, 또는 적절한 크기가 아니라는 생각
2. 자신이 나쁜 사람, 비도덕적인 사람, 또는 그릇된 사람이라는 생각
3. 자신이 기대한 만큼 살아오지 못했다는 생각
4. 타인이 자신에 대해 기대한 만큼 살아오지 못했다는 생각
5. 자신의 행동, 사고, 또는 감정이 어리석거나 또는 우둔하다는 생각
6. 자신이 타인들만큼 실력이 없거나 충분치 않다는 열등한 생각
7. 타인과 비교해서 자신이 실패자라는 생각
8. 자신이 사랑스럽지 못하다는 생각

3) 수치 정서 경험 영역

1. 위통을 느낄 때
2. 공포감을 느낄 때
3. 크게 울거나, 눈물을 흘리거나, 또는 흐느껴 울 때

4. 얼굴이 붉어지거나, 뜨겁게 달아오르거나, 또는 홍조가 될 때
5. 자신의 얼굴을 숨기고 싶거나 가리고 싶을 때
6. 불안감과 신경과민한 상태일 때
7. 감각이 마비되고 질식감을 느낄 때

4) 수치감의 표현과 행동

1. 움츠리거나, 얼굴을 가리거나, 또는 숨는 행동
2. 자신의 머리를 숙이고 있거나, 타인 앞에서 무릎을 꿇거나, 설설 기는 행동
3. 시선을 낮추고 응시할 때
4. 자신이 손해를 주었던 사람 또는 자신의 잘못한 행동을 알고 있는 사람을 회피하려는 행동
5. 허리가 굽거나 움츠리는 자세를 보임
6. 자신이 미안하다 또는 사과한다는 말을 할 때
7. 용서를 구할 때
8. 선물을 줄 때, 자신이 과오에 대한 보상을 하려할 때
9. 손해를 보상하려 할 때, 손상을 해결하려할 때, 결과를 바꾸려할 때

5) 수치감의 잔존 효과

1. 자신의 과오에 대한 생각을 회피하거나, 모든 정서를 차단하거나 막으려하는 것
2. 마음이 혼란함, 자신의 마음과 주의를 전환하려는 충동적 행동
3. 자신이 결함이 있다는 생각
4. 변화에 대한 결심을 할 때
5. 해리현상, 무감각, 정신적 충격

6. 격분, 슬픔, 두려움, 또는 다른 부정적정서들
7. 외로움과 소원감

감정은 모든 사람들에게 존재하는 기저 정서 요인이다. 우리가 원하든 원하지 않던 간에 긍정적·부정적 감정들은 내면화된다. 사실 사람들은 부정적인 감정들은 원치 않을 경우가 많을 것이다. 이러한 부정적인 감정들을 차단하고 긍정적인 감정들만을 추구하기 위해서, 할 수 있는 모든 방법들을 동원한다. 예를 들면, 부인, 공격성, 약물 남용, 성적 쾌락추구, 알코올, 도박 등등과 같은 부적절한 반응을 야기시키기도 한다는 사실이다.

재난과 사고, 사업 실패, 배우자의 죽음, 이혼, 결별 등등의 상황들이 현실에 재현될 때, 우리가 공통적으로 갖게 되는 감정들은 분노, 수치감, 당혹감, 배신감, 거절, 부인, 우울, 불안, 무기력함, 비애감 등일 것이다. 이러한 감정들을 회피하고자, 화풀이로 물건 던지거나 또는 사람들에게 폭력을 가하거나, 과식하거나, 거식하거나 알코올중독이 되거나, 약물을 사용하여 자신의 감정이 마비가 올 때까지 자신을 학대하는 경향이 있다. 그럼에도 불구하고, 이것을 도리어 자신의 영적·인지적·정서적·생리적·신체적 건강까지도 큰 손상을 입힌다는 사실을 지각해야만 한다. 이러한 불쾌한 사건과 감정들을 이해하고, 직면하고, 수용하고, 인내하는 것만이 이들을 통제하고, 극복하고, 그리고 다룰 수 있는 치료기법인 것이다. 즉, 자신의 부정적인 감정에 압도당하지 않기 위해서는, 자신의 감정을 깊이 이해하고, 인지하려는 사고 과정을 갖는 것이 바로 감정 통제를 할 수 있는 첫 번째 단계인 것이다. 이렇게 밀려 솟구쳐 오르는 부정적인 감정들을 억압하여 막거나, 또는 그 부정적인 감정들을 폭발시키는 것이 아니라, 긍정적·건설적·합리적·중재적·화해적·통합적인 표현기법을 사용하여 자신의 부정적감정들을 간결하고, 명확하고, 솔직하게 진술하는 방법을 선택하면 된다. 또한 분노 유발 상황에서도 자신의 감정을 다스리기 위해 다양한 인지행동치료기법(예, 분노조절, 분노치료, 고통 감내기법, 문제해결 중심, 대처능력, 운동, 등산, 복식호흡, 복식호흡 웃음요법, 마음 챙김·명상기법)을 적극적으로 활용하여 통제할 수 있도록 훈련하고 삶에 적용시킨다.

필자는 13장에서 기독교인의 온전한 인격 회복을 위한 기독교 상담과 가족치료를 성경의 전인적인 접근 방식으로 죄책감과 수치감에 대해 말하고자 한다.

6) 죄책감

참된 죄책감(guilt)은 하나님의 절대성(계명)을 위반하는 결과로 생긴다. 양심은 죄책감의 내적 감시기다. 프로이트, 융, 스키너, 엘리스, 그리고 많은 심리학자들은 종교는 대다수 사람들이 지닌 문제의 원인이라고 말하면서 죄책감을 소멸시키려고 애썼다. 그러나 죄책감은 소멸되지 않는다. 거짓 죄책감은 절대적인 것이 아니라 상대적인 것(가족, 문화, 교회)을 위반한 결과로 생긴다.

7) 하나님의 형상으로 창조된 인간

인간은 하나님의 형상대로 창조되었고 관계 안에서 살도록 지음 받았다. 성경은 창세기 이후에 최초의 인간인 아담과 하와가 하나님께 불순종하므로 죄성을 가지게 되었고 그 이후 인간은 타락되고 변질되어 하나님을 인격적으로 만나지 않고서는 하나님의 형상에 따라 지음 받은 인간으로 회복될 수 없는 존재가 되었다.

따라서 인간이라면 누구나 진정한 관계를 맺고 살아가는 욕구를 가지고 있다. 이러한 관계는 인격적인 만남으로 표현되며 그 근원은 삼위일체 하나님의 관계에서 시작된다. 하나님은 삼위의 관계를 인격적으로 맺어 가시는데 그 특성은 첫째 삼위 하나님은 사랑으로 하나 되신다. 삼위 하나님은 각기 홀로 사역 하시는게 아니라 온전한 하나됨으로 나타나시고 교제가운데 일하시면서 살아 역사하신다.

하나님은 삼위로 계시지만 서로 사랑하는 온전한 한분이시다.

둘째, 인격적으로 관계하신다. 삼위 하나님은 각기 자존하시며 완전한 존재이시지만 온전한 연합의 존재로 인격적 관계를 가지신다. 하나님은 완전하시고 사랑의 관계를 통하여 온전히 하나 되는 인격적 관계를 이루어 가신다.

셋째, 자신을 순결하게 내어 주시며 인간을 무조건적으로 사랑하신다. 삼위일체 하나님은 자신을 아낌없이 주시는 관계됨을 통하여 사랑을 이루어가신다. 삼위 하나님은 사랑 안에서 상호연합 되어 온전한 사랑이시다.

인간은 하나님으로부터 창조된 존재이기 때문에 따라서 인간은 서로 교제하며 관계를 맺도록 지음 받았고 다른 사람들 간의 관계에 인격적 관계를 갈망하고 있다. 그러나 타락의 결과 아담과 그의 후손은 처음부터 원죄를 가지게 되었으며(롬 5:1, 엡 2:1~3), 거기서부터 모든 범죄가 나타나 인간은 부패하고 변질되고 썩은 본성을 가지고 고통의 세상에서 살게 되었다. 따라서 모든 사람은 하나님을 인격적으로 만나야 한다. 예수 그리스도의 구속으로 말미암아 하나님의 형상으로 회복되어야 할 존재들이기 때문이다.

Chapter 13

우울증 이해와 내적치유

1. 우울증 이해와 내적치유

1) 우울증에 대한 개념적 이해

최근 우리 사회에 우울증 때문에 정신과 및 상담실을 찾는 생애 발달단계별로의 아동·청소년·성인·장년·노인층의 구별없이 누구나 우울증에 걸릴 수 있는 흔한 증상이므로 정신의학에서는 "감기"로 불리기도 한다(Mcmin, 2003). 우울증은 인종, 문화, 신앙과 상관없이 누구에게나 나타날 수 있으며, 계속적으로 증가 추세에 있다는 연구 자료 결과가 속속 보고되고 있다. 이러한 우울증상의 증가 추세는 전 세계적으로 공통적인 현상이며, 현대사회의 한 측면을 잘 나타내주고 있다(권석만, 2000).

전문적인 치료를 받아야 할 만큼 심각한 우울증을 경험했거나 경험할 것으로 예상되는 환자가 전체 인구 중 20%가 넘을 것으로 추정되고 있다. 급변하는 현대사회 속에 현대인들에게 우울증은 더 이상 낯선 질병이 아니다. 정신의학에서는 기분 장애 영역으로 분류하고 있다.

국립정신보건기구의 우울장애에 관한 특별 보고서에 따르면, 모든 정신과 입원치료의 75%는 우울증과 관련되며, 한 해 15%정도가 우울증상을 겪는다고 한다(Aaron T. Beck, 원호택, 1997). 우울증을 앓는 사람들은 전반적으로 삶의 전반과 관련되어 있으므로 우울증을 상담 및 치료할 때는 그 사람의 삶의 전반을 다루는 것이 좋다. 행동주의 심리학의 최근 경향 또한 인지의 중요성을 강조하고 있다. 행동주의적 치료 접근에 의하면 우울증은 강화물의 상실이나 거부 및 반응의 소거로 일어난다고 본다. 인지적 재구성이나 인지수정에 대한, 강조가 점차 증가하는 경향은 아놀드 라자루스(A. Lazarus, 1972)의 저서에서도 잘 반영되고 있는데 그는 심리치료의 큰 축을 잘못된 생각의 수정에 중심을 두고 있다고 언급한다(Aaron T. Beck, 원호택, 19997).

인지 치료적 접근에 의하면, 부정적이고 비합리적 사고로 인해 현실을 왜곡되게 바라보거나 왜곡된 신념으로 바라보는 가운데 발생하는 것으로 보고 있다.

정신의학적 치료 접근에 의하면 항우울제 약물로 치료하지만 약물치료에 모든 우울증 환자가 반응하는 것은 아니다. 약물치료에 잘 적응하는 환자들 중에서도 많은 수가 약물에 대한 부작용 및 개인적 혐오감 때문에 약물복용을 거부하거나 부작용으로 인해 약물복용을 중단하는 사례도 적지 않고, 심리치료적 방법을 활용하여 우울증에 대처하는 기술이나 심리치료적 방법을 활용하여 우울증에 대처하는 기술이나 심리치료를 받는 환자들도 증가 추세에 있다. 약물치료를 받은 환자 중에는 비교적 높은 재발율을 보인다는 사실(약물치료 종결 후 일 년 내에 약 50%가 재발함 : Aaron. T. Beck, 원호택)은 모든 환자들이다 약물치료에 교화적이지는 않다는 주장이 타당함을 시사한다. 연구에 따르면 우울증 환자들이 광범위한 항우울제의 사용에도 불구하고 자살률이 감소하지 않았다는 사실은 약물치료가 일시적으로 자살 위기를 어느 정도 해소해 주는 경우도 있지만 자살 기도에 저항하는 힘을 길러주는 지속적 효과는 없는 것으로 연구 결과는 말하고 있으며, 자살 환자들에게는 핵심적인 심리적 문제가 있는데, 이는 곧 절망과 기대의 상실감이라고 한다.

우울증 환자들을 치료하는 심리치료사들 경우에 우울증 환자들이 부작용이 따르는 약물치료보다 인지치료가 더 장기적인 자살에 대해 대처할 수 있는 "항 자살 효과" 있음을 시사하고 있다(Aaron. T. Beck. 원호택 역).

2. 우울증의 원인

1) 인지 이론 및 정신분석 이론의 관점

- 인지 이론에서는 내담자의 부정적이고 비관적인 생각을 우울증의 주요 원인으로 보았다.
- 프로이트의 이론에 기초한 심리역동적 유형은 무의식적인 동기 부여에 대한 이해와 성인 문제의 아동기 근원을 강조한다.

○ 예를 들면, 출생 이후 아주 어린 시절에 부모와의 분리 또는 항문기 시절에 분노에 대한 처리가 잘 되지 않았을 경우에도 우울증 성향을 가질 수 있다.

○ 프로이트에 의하면, 우울증은 분노가 무의식적으로 자기에게 향해진 현상이라고 한다.

○ 우울증은 분노가 무의식적으로 자기에게 향해진 현상이라고 한다.

○ 어떤 학자는 손상된 자기존중감을 우울증의 주요한 원인으로 보았다.

2) 생물학적 이론의 관점

○ 우울증이 신체적 원인에 의해서 생긴다는 가정에 기초.

○ 즉, 우울증을 유발하는 신체적 원인으로서 유전적 요인, 뇌의 신경과, 내분비 계통, 생체 리듬의 이상 등에 초점을 두고 연구가 진행되고 있다.

예) 우울증은 유전적이며, 타고날 때 우울증 기질을 타고 난다고 보기도 한다. 또한 혈중 도파민, 카터콜아민, 세레토닌, 노르아드레날린 등의 농도와 스트레스, 우울증, 불면증, 정신질환들이 밀접한 관련이 있는 것으로 보인다. 연구에 의하면 우울증 환자의 뇌 척수액에서 신경전달물질인 세로토닌의 농도가 더 낮았다는 연구 결과도 있다.

3) 행동주의 이론의 관점

○ 지금-여기(here and now) 강조

○ 특히 불충분한 보상으로 본다.
우울증을 박탈의 상태로 봄(Hant, 2000)

○ 행동주의 이론에서 우울증의 원인을 사회환경으로부터의 긍정적 강화가 약화되어 나타나는 현상(wilson)으로 본다.

○ 인간의 행동을 학습된 것으로 보며 학습의 원리를 통해 인간의 행동을 파악하려

한다.

○ 학습된 무기력 이론에서는 좌절의 경험을 많이 한 사람들의 경우 자신이 어떻게 행동하더라도 절망스러운 결과가 돌아올 것이라는 무력감이 학습된다고 본다.

○ 상황을 변화시키기 위해 노력하지 않는다.

○ 학습된 무기력은 대부분 어린시절의 경험에서 비롯된다.

○ 그리고 이러한 학습된 무기력의 우울의 원인이 될 수 있다는 것이다(Anderson & Andseson).

4) 가족적 환경적 원인의 관점

○ 가족의 배경과 밀접한 관련이 있다.

○ 가족의 환경을 통해서도 학습되어 질 수 있다(Hant).

예) 부모의 부정적 양육과 아동의 부정적 반응이 함께 동반될 때 우울증으로 이어지기가 쉽다. 그 외 사회적 상실 등을 통한 스트레스나 우울증이 유발될 수 있다. 또한 성인의 경우 우울증 환자의 60~70%가 주요 우울 장애의 발병 전에 "심각한"스트레스 사진(특히 상실의 경험)을 가지는 경향이 있었다.

○ 한 연구에 의하면, 빈민가에 사는 사람들이 부유층 사람들보다 우울증에 걸릴 확률이 2배나 높았다고 한다.

5) 성경적 상담의 관점

○ 성경적 상담, 기독교 상담의 관점에서 살펴보면 우울은 인류가 에덴동산에서 하나님을 떠나 관계가 분리될 때 생겨났으며, 인간의 죄성으로 인간의 DNA에 새겨져 대대로 출생 과정을 통해 재현되고 있다고 볼 수 있다. 성경적 상담가인 제이 아담스(J. Adams)도 인간의 모든 문제의 원인이 죄로부터 시작되었다고 보았다.

○ 기독교 인지치료 : 우울증의 원인을 죄 문제나 사고의 왜곡 등 이외에도 다양한 측면에서 우울증의 원인이 형성 될 수 있음을 인정하고 있다.

3. 우울증의 증상

1) 지성적 증상

○ 부정적이고 비관적인 생각

○ 집중력과 기억력에 결함을 지니는 경향이 있고, 왜곡된 사고를 하는 경향이 있다.

○ 특정 범주의 자극에 민감하여 부정적 사고를 형성하는 경향

2) 정서적 증상

○ 부정적 사고 → 부정적 감정 → 우울한 기분 지속(슬픔, 우울감, 좌절감, 불행감, 죄책감, 공허감, 고독감, 무가치함, 허무감, 절망감, 불안감, 낮은 자존감 등의 불쾌하고 고통스런 정서가 나타남) → 이러한 감정을 감추기 위해 억지 웃음

3) 신체 생리적 증상

○ 식욕 감퇴 / 체중감소하는 경향 / 식욕 증가

○ 성욕 감퇴, 흥미 감소

○ 면역력 저하(질병의 감염 노출)

○ · 세 가지 중요한 신경전달물질인 도파민, 세레토닌, 노르아드레날린 등의 부족이 몇몇 연구에 의해 밝혀짐

4) 행동적 증상

- 수면 불면증
- 일에 의욕 감퇴
- 일을 시작하지 못하고 미룬다.
- 삶에 대한 의욕 상실
- 비관적인 생각이 지배적
- 자신에 대한 믿음 상실
- 자신에 대한 무가치함 형성

5) 관계적 증상

- 자기비하
- 관계 미학
- 별로 즐겁지 않거나 실패한 관계로 받아들임
- 우유부단함, 완벽한 길을 찾아 방황, 시간도 상처를 해결해 주지 못함.

6) 우울과 자살

- 우울증 상태가 언제 끝날지 알 수 없고, 아무런 상처를 해결해 주지 못함. 희망을 잃어버린 사람은 자살을 생각, 자살로 이끄는 핵심적인 심리적 문제가 절망이다.
- 자살자의 30~70%가 심한 우울증에 걸렸다고 진단된 환자들이며 그 중 15%가 자살함.

4. 우울증 치료 및 치유

1) 우울증 치유 이론에 대한 개괄적 이해

○ 우울증 치유를 위한 기존의 다양한 이론들에 대해 일반적인 관점에서의 상담 방법과 기독교적인 상담으로 나누어 연구한다.

○ 우울증 치유에도 삶의 전반에 걸쳐 살펴 보아야 한다.

(1) 일반적인 관점에서의 상담 및 치료

○ 여기서는 신자나 불신자나 구분 없이 모든 사람들을 대상으로 활용할 수 있는 일반 상담적인 방법을 중심으로 살펴본다.

① 정신역동적 심리치료

○ 일반적으로 자존감 향상, 초자아 조정, 자아의 힘을 강화, 확장하는 방법을 통해 치료, 내담자의 대인 관계적 패턴을 잘 탐색하며, 내면에 무의식적 의미를 파악하여 내담자로 하여금 직면하여 극복하도록 돕는다.

○ 개인 내적 심리 과정을 중요시 한다.

② 대상관계 이론

○ 타인과의 관계가 심리적으로 내면화된 관계를 중요시한다.

○ 우울증의 원인도 초기 대상과의 관계 손상 및 상실에서 찾는다.

○ 대상과의 관계, 형성실패로 인한 무력감은 개인적으로 자존감을 떨어뜨리고 인간관계를 왜곡시키며, 성장을 가로막을 수 있다.

③ 인지 치료 이론

○ 우울증의 대표적 이론 가운데 하나인 인지치료에서는 내담자의 부정적이고, 왜곡된 사

고 패턴이 우울증 유발, 즉 부정적 사고나 불쾌한 감정에 극도로 민감한 경향이 있다.

④ **행동주의 이론**

○ 학습된 행동으로 봄, 부정적 학습경험으로 인해 부적응 행동 형성.

⑤ **인본주의 치료**

○ 인본주의적 치료로는 내적힘 강화, 자유로운 인간관계 형성이 중요하다.

○ 수용적, 공감적, 존중적 내담자 중심과 인간 중심이 핵심이다.

⑥ **약물 치료**

○ 뇌의 신경전달물질에 영향을 주는 물질.

○ 광선치료 : 밝은 빛이 신체 생리적 리듬에 영향을 주기 때문이라는 가설이 있다.

⑦ **기타 다양한 방법들**

○ 신체 마사지, 마사지의 효과는 심장 질환, 동맥 질환, 불안, 우울증 등에 효과가 있다.

○ 운동치료, 미술치료, 음악치료, 풍경감상치료, 관계치료, 가족치료, 지도력 개발, 교류분석, 성격장애치료

(2) 성경적 상담/치료

○ 제이 아담스의 권면적 상담, 로렌스 크랩의 성경적 상담, 하워드 클라인벨의 성장 상담, 일반 우울증치료의 대표적 이론이라 할 수 있는 인지치료 이론을 기독교에 적용한 이론, 아치볼드 하트의 우울증 상담, 통합적인 치유 방법 등을 중심으로 개괄적으로 살펴보면 아래와 같다.

	성경적 상담 및 기독교적 상담
제이 아담스의 권면적 상담	• 하나님의 도우심을 통해 성화를 돕는 것이다. • 문제의 뿌리에는 죄. • 하나님의 형상을 닮아 가고 예수 그리스도를 닮아 가도록 돕는 것.
로렌스 크랩의 성경적 상담	• 문제의 행동 확인→문제의 사고 확인. • 성숙→주님을 의지하는 것과 신뢰하는 것. 성숙의 증거는 사랑이다. • 예수 그리스도의 관계 속에 있는 것.
하워드 클라인벨의 성장 상담	• 평강 : 하나님의 축복을 누리고 있다. 구원 : 치유하고 온전하게 만드는 것, 전인완성, 전인격치유 • 전인적 성장 추구, 위기를 성장의 기회로 삼도록 한다.
게리콜린스의 우울증 상담	• 가족과 사회의 스트레스 환경 • 상실, 스트레스, 학습된 무기력, 부정적 사고, 분노, 죄와 죄책감 • 일반 상담과 기독교 상담의 다양한 이론을 인정
인지치유와 기독교적 적용	• 신앙적 왜곡이 삶 속에 문제를 일으킴
아치볼드 하트의 우울증 상담	① 항의 : 예) 놀라움과 당황, 짜증, 신경질, 분노 치료 : 성취해야 할 과업은 상실을 충분히 인식하고 고통에 직면하는 것 ② 절망의 단계 : 상실이나 고통이 현실적으로 닥쳐올 때 우울증은 심화된다. 치료 : 상실을 슬퍼하고, 고통의 의미를 다시 생각해 볼 시간 필요. ③ 결별의 단계 : 치료의 단계는 상실과 고통의 모든 상황에서 치유의 마지막 목표는 상실한 대상에 더 이상 애착을 가지지 않고 애착 관계를 끊는 것이다. 즉, 놓아 주는 단계
통합적 치유	지금까지 살펴본 내용들을 통합하면서 치유하는 방법 예) 일반적 우울이든지, 실존적 우울이든지, 영적우울이든지, 모든 우울의 구원은 하나님과의 관계가 분리됨으로 기인된 현상. 인류의 타락과 구원, 회복 등의 이러한 주제들도 우울증 치유에서 중요한 주제 / 약물치료 필요. 심리치료의 우수성도 인정. 즉, 영적인 치료, 심리치료, 의학치료 등을 포함한 전인적이고, 통합적인 치료가 바람직하다는 뜻.

2) 발달단계를 통한 우울증 상담 및 치료

(1) 영 · 유아기의 우울증 발달

○ 주 양육자가 우울증이면 영유아도 우울증일 확률이 높다.

(2) 아동기의 우울증 발달

○ 또래 집단에서의 소외감은 우울증을 유발할 수 있다.

(3) 청소년기의 우울증 발달

○ 청소년기의 우울증은 행동장애, 품행 장애를 유발하는 요인이 되기도 하고 폭식증, 거식증 등 섭식 장애로 이어지기도 한다.

○ 심리적, 신체적, 사회적 변화가 급격하여 많은 혼란을 경험하기도 하고 부모, 교사의 과도한 질책은 청소년기의 우울증으로 이어지기도 한다.

(4) 성인기의 우울증 발달

○ 유전적 기질, 호르몬 등의 생물학적 요인, 심리 사회적 요인, 사회 환경적 요인, 경제적 요인 등이 우울증 요인이 된다.

PART 04

기독교 상담과 가족치료

Chapter 14

기독교적 인간이해와 상담

1. 기독교적 인간이해와 상담

기독교의 핵심 교리는 성경이며, 성경은 삼위 하나님을 증거한다. 삼위 하나님이신(성부 하나님, 성자 하나님, 성령 하나님) 성부 하나님은 구원을 계획하시고 창조하셨다(엡 1:3~6).

성자 하나님은 계획된 구원을 성취하셨다(엡 1:7~12). 성령 하나님은 성취된 구원을 적용시켜 완성하신다(엡 1:13~14, 슥 6:13).

성경의 인간론은 몸과 영혼의 합일체로 보지 않고 인간을 몸이면서 동시에 영으로 인식한다. 성경의 인간론은 인간이 두 실체(이원론)나 세 실체(삼분설)의 합일체라고 말하지 않고 전인 안에서 다양한 실체를 다양한 관점에서 동시적으로 서술하고 있는 것이다. 즉 영육의 통일체로서의 인간이다.

즉 부활의 때에 인간은 그러한 통일체로 온전함을 회복할 것이며 완전하게 될 것이기 때문에 단일성을 강조하는 '영–육 통일체'의 이론이 인간을 온전히 보여 준다. 이는 인간 존재가 영성 및 이성과 정서 행동, 그리고 통찰의 측면을 동시에 지닌 전인적인 존재임을 시사하는 것이다(Gordon J. Spykman, reformational theology : a new paradigm for doing dogmatics). 인간의 욕심이 관계의 갈등을 야기시키며, 이로 인해 대인 관계가 파괴되고 삶의 심각한 문제가 발생하는 것은 언제부터인가? 성경적 시각에서 본다면 하나님의 형상에 따라 지음 받은 태초의 인간이었던 아담과 하와에서부터 시작되었다고 볼 수 있다. 그리고 현대과학으로써 인간의 심리를 연구하는 학문이 탄생하게 된 것은 1879년 독일 라이프찌히(Leipzig) 대학교 생리학 교수 빌헬름 분트(W. Wundt)로부터 시작되었다.

심리학은 생리학 및 의학적 상황을 모태로 하여 역사를 거듭하며 발전하다가 1900년대 초쯤 교회와 신학 내에 들어오게 되었다(전요섭, 2007). 교회 내에 심리학이 들어오는 것에 대해서 제이 아담스가 강하게 반대하였고, 인간의 문제는 심리적 문제라 할지라도 성경이 내담자를 치유하고 회복시킬 수 있다고 주장하면서 반론을 제기하게 되었다(전요섭, 2007). 즉 기독교 상담학 내 종교개혁과 같은 '상담개혁'이 일어나게 되었는데 그것은 "성경으로 돌아가자"라는 것이었다. 현대 학문으로써 기독교 상담학은 대략 1930년대 중반부터 교회에 들어오게 되었고, 지금까지 그 역사는 근 100년이 넘지 않은 신학문이라고 할 수 있다(Berkley, 1994).

기독교 신앙의 전통과 역사에 비하여 기독교 상담이 학문화되어 교회에 들어온 것은 근래의 일이다. 항간의 성경적 상담학자나 기독교 상담학자들이 우려하는 것은 최근의 기독교 상담이 변질되어 기독교 신앙과 교회의 정체성을 상실하고 일반 지식의 과학적 방법의 적용과 심리학의 적용을 더욱 선호하는 일부 기독교 상담학자들이 심리학에 기초하여 내담자를 치료하는데 적용하는 것이다. 현대 상담은 칼 로저스의 인본주의 상담의 영향에 노출되어 상담자가 내담자에 대해서 바른 지침을 주지 않고 잘 듣고 공감해 주는 것이 훌륭하고 진리의 상담인 것처럼 생각하게 되었다(전요섭, 2007). 기독교 상담은 전통적으로, 내담자에게 성경적 지침을 제공해주고 내담자의 조성을 직면시키고 성경적으로 권면하며 인도하는 것이 중요하다(Berkley, 1994 ; 김명희, 2009).

2. 인간의 속성

기독교 상담에서 인간의 속성(the nature of humanity)에 대한 철저한 성경적인 인간이해(기독교 인류학)에서 시작되어야만 한다. 이러한 주제를 둘러싸고 매우 방대한 관점들이 존재하고 있으며 기독교(성경적) 상담자는 이 중대한 문제에 대해서 신학적으로 잘 정립되어 있어야 한다.

기독교 상담은 때때로 성경적이고 신학적인 기초를 지나쳐 버릴 때가 있다. 예를 들면, 우리는 상담에서 감정의 역할을 이해하려고 하지만 감정에 대한 건전한 신학을 정립하지는 않았다. 많은 사람들이 감정, 자존감, 관계, 성 정체성, 결혼과 같은 영역에서 세속적인 모델을 상당히 많이 빌려 왔다. 그러나 하나님의 치유하시는 작업에 있어서 중심이 되는 구속과 갱신을 더 많이 강조해야 하며 치유에 있어서 교회의 역할에 대해 더 많이 강조할 필요가 있다.

그러므로 어떤 식으로든 진지하게 기독교 상담을 하고자 하는 상담자라면 상담 훈련 뿐만 아니라 성경 연구에 대한 훈련도 받아야 한다.

1) 인간의 속성

기독교 상담에서 인간의 속성은 다음 세 가지 맥락에서 이해할 필요가 있다.

창조 상태의 인간	순수성, 지성, 통치권, 하나님의 형상, 심오한 존재, 책임성, 자유 의지와 도덕성 등을 포함하고 있다. (불안, 두려움, 수치감이 없었다)
타락 상태의 인간	죄의 속성과 그 영향, 죄와 인간의 자유 등을 포함하고 있다. (자기 중심주의, 소외감, 죄책감, 수치감, 두려움, 불신, 하나님의 임재와 축복의 상실, 중독, 술 취함)
구속 상태의 인간	구속이 중심이 된 새로운 피조물을 말한다. (회복된 형상자, 그리스도 중심과 타인 중심, 하나님과의 관계 회복, 축복의 회복 등)

기독교 상담은 인간을 구성하는 어떤 부분도 간과해서는 안된다. 그러므로 각 부분이 뜻하는 바를 이해하는 것이 필수적이다.

인간의 영은 우리의 영적, 인격적, 관계적 측면과 관련이 있다. 인간의 영은 선(하나님)이든 악(사단)이든 상관없이 초자연적인 존재와 연관을 맺고 있다.

하나님과 그의 아들 우리 주 예수 그리스도와 직접적으로 연결되어 있는 그리스도인의 영은 특별히 성령께서 내주하신다. 최근에는 일반 상담 분야에서도 영적인 부분에 관해 많이 언급하고 글을 쓰고 있는 추세다(Bruce Litchfield & Nelie Litchfield, 1992).

2) 인간의 죄성

성서와 신학은 인간은 죄인이며, 아담과 이브가 선악과를 따먹은 이래로(하나님께 불순종함), 그리고 가인이 아벨을 살해한 이후로 많은 죄를 범해 왔다고 인간의 죄악된 행위들을 성서는 증언하고 있다. 또한 구약의 예언자들도 인간의 죄성을 신랄하게 분석하고 있고, 세례 요한과 예수님도 인간이 자신의 죄를 회개하지 않으면, 결코 천국에 들어갈 수 없다는 사실을 성경은 말한다.

3. 타락한 인간

"선악을 알게 하는 나무의 실과는 먹지 말라, 먹는 날에는 정녕죽으리라"(창 2:17)라는 하나님의 명령을 불순종하여 아담은 그 실과를 먹었고, 그 결과 그들은 에덴 동산에서 추방되었으며, 하나님을 떠나 변질되고, 타락함으로 말미암아 아담과 그의 후손은 처음부터 원죄를 가지게 되었다(롬 5:1, 엡 2:1~3). 거기서부터 인간은 죄의 속성을 가진 존재로 살게 되었으며 원죄로 인한 부패하고 변질된 본성을 가지고 고통 속에 살게 되었다. 인간은 아담과 하와의 타락으로 인하여 하나님과의 연합된 관계가 깨어지고 하나님으로부터 분리되었다.

이렇게 기독교 상담에서의 성경적 시각에서의 인간은 아담 이후로 인간은 본질상 부패한 악의 구조, 즉 '타락한 구조'가 되었다. 위로 향하는 우리의 성향은 하나님께서 선하시지 않다는 의심에 그 뿌리가 박혀 있을 수 있다. 그렇기 때문에 하나님의 전능하심은 믿어도 선하심은 신뢰하지 못한다. 이런 생각의 중심에는 하나님과 사람들을 이용하여 자기 스스로를 보호하려는 자기 중심적인 성향이 자리 잡고 있다. 그래서 끝없이 방황하다가 그 틀에 스스로 얽매여 삶이 파괴되는 것이다(Larry Crabb, Fincing God). 하나님을 떠난 타락한 구조의 인간은 자기중심적인 삶을 살게 되었다. 이러한 하나님을 떠난 자기중심적인 삶이 죄성으로 인한 것이다.

1) 원죄로 인한 인간 – 타락한 형성자의 특징

• 자기 중심주의 : ______________________________

• 소외감(관계의 붕괴) : ______________________________

• 죄책감, 수치감, 두려움, 불신(숨어 버림) : ______________________________

• 잃어버린 정체성(동반 의존성) : ______________________________

• 대화와 교제의 상실 : ______________________________

• 비난(책임을 받아들이지 않음) : ______________________________

• 하나님의 임재와 축복의 상실, 그리고 저주의 도래 : ______________________________

• 남성 군림(창 3:16) : ______________________________

• 억압, 고통, 질병, 죽음 : ______________________________

• 대결 의식, 질투, 시기, 분쟁, 적개심과 살인(창 4:5~8) : ______________________________

• 타락과 성적인 남용(창 6장) : ______________________________

• 다양한 중독, 술 취함(창 9:21~24) : ______________________________

2) 구속 이후 상태 – 회복된 형상자

"우리가 그리스도 안에서 그의 은혜의 풍성함을 따라 그의 피로 말미암아 구속 곧 죄 사람을 받았으니"(엡 1:7)

"그의 십자가의 피로 화평을 이루사 만물 곧 땅에 있는 것들이나 하늘에 있는 것들을 그로 말미암아 자기와 화목케 되기를 기뻐하심이라 전에 악한 행실로 멀리 떠나 마음으로 원수가 되었던 너희를 이제는 그의 육체의 죽음으로 말미암아 화목게 하사 너희를 거룩하고 흠 없고 책망할 것이 없는 자로 그 앞에 세우고자

하셨으니"(골 1:20~22)

하나님의 형상으로 회복되는 것은 오로지 그리스도 예수 안에 있는 구속과 하나님과의 관계 회복을 통해서만이 가능하다. 그러므로 구속은 현실이며 유일한 실지이다.

하나님의 형상으로 회복된다는 것은 다음과 같은 의미를 담고 있다:

- 회복된 정체성(인격적, 관계적, 이성적, 의지적, 정서적) : ______________________

____

- 자기 중심주의에서 돌이켜 그리스도 중심과 타인 중심이 됨 : ______________________

____

- 하나님과의 교제 회복 : ____

____

- 인간관계 회복 : ____

____

- 깊은 차원의 대화 회복 : ____

____

- 불안, 죄책감, 수치감의 처리 : ____

____

- 하나님과 타인들에 대해 신뢰 회복 : ____

____

- 축복의 회복(신 28:13) : ____

____

- 쉼(안식)의 회복 : ____

·소명과 부르심의 회복 : ______________________________

____

우리는 모든 사람들의 가슴 속 깊은 곳에는 본향으로, 하나님의 형상에 따라 지으신 창조상태로 돌아가고자 하는 갈망이 있다고 믿는다. 그 유일한 길을 그리스도 예수 안에 있는 구속의 역사를 통하는 것뿐이다(Bruce Litchfield & Nelie Litchfield, 1992).

인간은 본능적으로 진실한 만남을 열망하게 된다. 그래서 자신을 내어주지만 소유욕과 집착으로 인해 실망하며 관계가 파괴되어 오히려 심각한 상처를 받게 된다. 또한 돈, 명예, 권력, 지위로 자신을 포장하기도 하고 농담, 거만한 태도, 남을 속이는 눈물, 위장된 회개와 겸손, 침묵, 각종 중독증에 빠지게도 한다. 이 외에도 억압, 합리화, 투사, 승화, 반동 형성, 대치, 부정과 퇴행 등의 방어기제로 위장하기도 한다(이금만, 2000).

그러나 이렇게 타락한 인간도 여전히 '하나님의 형상'이라고 불린다. 그것은 좁은 의미의 하나님의 형상 개념으로서, 하나님에 대한 지식과 의와 거룩함(골 3:10)을 상실했어도 도덕적이고 이성적인 측면의 하나님의 형상은 여전히 남아있기 때문이다(L. Berkhof, Systematic Theology). 그렇다면 하나님 형상으로 회복할 수 있는 방향은 무엇인가? 그것은 거듭난 이후에 성령의 은혜로 회심하고 성화하는 과정에서 인간됨의 모든 측면이 점진적으로 새로워짐을 뜻하는 것이다. 즉 하나님을 인격적으로 만나지 못했던 인생이 하나님을 인격적으로 만나게 되고 신뢰하게 되고 사랑하게 되므로 인간은 자기의 정체성을 회복할 뿐만 아니라 하나님의 형상을 회복하는 것이다.

표 14-1 기독교적 인간관과 세상적 인간관의 비교

	단계	타락한 구조	거룩한 구조
삶의 결과	5	안전감의 파괴, 정체성 혼란, 중독의 열매	성령의 열매(사랑, 희락, 화평, 오래 참음, 온유, 자비, 충성, 양선, 절제)
욕망	4	'성공할 거야', '최고(교만)가 되어야 해.'	순종(겸손)
자아상	3	부정적(자기 혐오), 낮은 자존감	긍정적(자기 사랑→타인 사랑)
대인 관계	2	자기 중심, 타인 중심	하나님 중심, 타인 중심
사람에 대한 의존	1	자나치게 의존(동반 의존)	사랑으로 자유함(있는 그대로의 수용)
하나님의 선하심	토대	의심함(두려움, 분노, 적개심)	신뢰감(평강, 예배), 감사

〈출처 : 심수명, 2005, 재구성〉

4. 인격치료가 필요한 인간

죄로 인해 하나님으로부터 멀어진 변질되고 부패된 인간은 두려움, 열등감, 불안 그리고 불신의 상처를 입는다. 즉 인간의 깊은 내면에는 원죄로 인한 죄의 속성이 있듯이 붕괴된 자아가 있다. 이렇게 인간의 모든 문제는 죄의 속성으로부터 오는 죄와 함께 시작되었다. 따라서 하나님의 형상으로 창조된 온전한 건강한 자아를 가진 인간도 결국 죄로 인해 병리적으로 변하기 시작하였다. 죄의 결과 인간은 절망, 고독, 죄책감, 회의와 무의미, 자살, 우울, 분노, 적개심, 죽음 등을 겪게 되었다. 또한 인간 개인에게뿐 아니라 공동체 사이에도 분열과 붕괴가 들어 왔다.

그림 14-1 인격적인 상처를 가진 인간의 마음의 작동

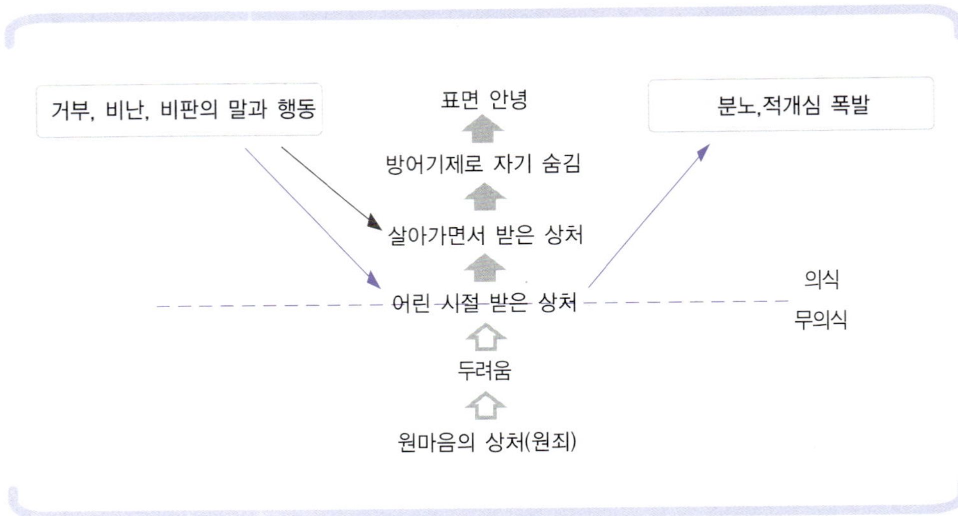

〈출처 : 심수명, 2004, 재구성〉

상처에 대해 사람들은 두 가지 반응을 보인다. 원망의 상처는 무의식 가장 밑바닥에 자리잡고 있다. 이 상처는 억압되어 평상시에는 그 실체가 잘 드러나지 않는다. 그러다가 거부나 비판 등의 사건이 무의식에 있는 깊은 상처를 자극하게 되면 현재 사건에 대한 적절한 분노보다 훨씬 더 큰 분노로 폭발하게 된다. 다음으로는 거부와 비판 사건이 무의식의 상처 부위를 자극하지만 방어기제로 억압하기 때문에 표면적으로는 안정된 상태로 나타난다(심수명, 2004).

마음의 상처는 생애발달 과정을 거치면서 꼭 채워졌어야 할 욕구들이 미해결로 남아 있거나 부모의 중병, 알코올중독, 일 중독, 도박, 외도, 부부 싸움, 폭행, 이혼, 재혼, 율법주의적 신앙 생활, 거부, 공포, 무시 등의 태도로 부모로부터 방임되었거나 어린 시절 필요를 채우지 못했거나 부모의 자녀 양육 환경을 통해서도 온다. 이런 가정을 통틀어 역기능 가정이라 부르며 역기능 가정에서 자란 모든 사람들을 성인아이(adult child)라고 부른다. 성인아이 중 다양한 중독자 가정 출신은 상처, 분노, 두려움, 모멸감, 슬픔, 부끄러움, 죄 의식, 수줍음, 이질감, 혼란, 무가치, 고독, 불신, 불안, 위협, 우울함을 느낀다. 이

들은 종종 지나친 책임 의식을 가지며, 지배적이고 충동적이며, 강박적이고 일 중독이며, 남들을 즐겁게 하는 자, 혹은 타인으로부터 인정과 칭찬을 얻기 위해 열심히 일하는 자, 완벽주의자, 결단을 내리지 못하는 사람 등으로 나타나고 있다. 또 이들은 낮은 자존감, 완벽주의, 미루는 버릇, 우울, 병리적 증상 등과 싸우고 있다(Charles Sell).

1) 육체적 치료 효과

내면화된 상한 감정과 미해결된 정서는 외형적으로는 아무 일이 없어 보이지만 육체적 질환을 야기시킬 수 있다. 인간의 고백은 인간의 가장 깊은 생각과 감정에 직면하여 육체적 건강에 도움을 주게 된다. 고백과 치유는 매우 밀접한 상관관계이다. 사람들은 그들의 가장 깊은 생각과 감정들을 털어 놓았을 때 직접적으로나 장기적으로 신체의 여러 가지 긍정적 변화가 일어난다.

펜 베이커(1990)는 75명의 대학생을 대상으로 그들의 인생에서 가장 고통스러웠던 심리적 외상들을 털어놓는 실험, 오든(1983), 존 드라크포트(J. Drakeford, 1978)는 효과적인 치유는 자기 노출에 있다고 한다. 맥민(1996) 역시 심리적 외상 경험에 대해서 자기 노출 및 고백을 통해 치유와 생리적 효과까지 얻을 수 있다고 주장했다.

리차드 메이휴(R. Mayhew, 1983)도 "우리의 고백은 우리가 죄를 발견하고, 앞에서 그 죄를 회개하며, 우리가 지은 죄에 대하여 서로 용서를 구하는 것이다." 죄의 고백을 육체적 회복과 연결되는 복음의 핵심이다.

2) 심리치료적 효과

고백은 마치 몸의 불필요한 노폐물을 배설하는 것처럼 심리적 정화 작용을 한다. 인생을 통해서 힘들었던 아픔과 상한 감정들을 노출하지 않고 쌓아 둔 감정은 질환을 수반하는 경우가 많고, 그러한 상한 감정들을 회피하거나 은폐하게 되면 심리적 고통은 점차 커져서 상처로 인해 병리적 증상이 나타나기도 하고 다양한 중독의 열매를 맺기도 한다.

5. 죄의 속성

1) 기독교 상담과 정신분석

이미 잘 알려진데로 인본주의 심리학자들은 심리학을 포함하는 사회과학적인 인간이해만으로 이간을 이해하고 변화시킬 수 있다고 주장해 왔다(M. Mcminn, 채규만 역).

기독교 상담과 정신분석 인간의 병리가 어떤 결과를 만들어 내는지에 대하여 인간의 무의식을 탐색하고 의식화시켜서 자신을 성찰하게 하였다. 또한 프로이트를 중심으로 인간의 본능적 욕구와 양육자와의 관계에서의 발달단계별로 고착된 욕구들을 탐색하여 해결해주는 것을 치료의 목표로 하였다. 정신분석 이론에서는 자아 구조의 발달에 있어서 본능적 충동의 영향을 강조하고 개인 내적 심리에 초점을 두었다. 반대로 신본주의적인 입장을 고수하는 성경적 상담자들 중에는 오직 성경적 관점에서 인간을 이해하여야 인간의 문제를 해결하고 치유 할 수 있다고 본다. 심리학자 및 정신분석학자들은 사람을 이해하고 성숙한 성장을 도와줄 때 심리학의 일반 계시와 성경의 특별 계시가 모두가 필요한데 의견을 같이 했다. 기독교 상담, 또는 목회 상담에는 심리학적인 통찰과 성경의 계시적 진리가 모두 필요하다는 것이 통합주의적 상담 이론이다(Mark. R. Mcminn, 채규만 역). 맥민(M. R. Mcminn)은 유능한 상담자로서 내담자를 효과적으로 도와주고 호소 문제를 해결하고 치료하였다해도 기독교 상담자로서 하나님과 친밀한 관계를 맺도록 도와주는데 실패한 기독교 상담자라면 내담자를 완전하게 도와주었다고 할 수는 없다. 기독교 상담자로서 성경을 통해 본 인간이해로 내담자를 도와주는 것이 내담자를 전인적으로 도와주는 것이 된다. 맥민은 그의 저서에서 심리학, 신학, 영성을 통합한 전인적인 접근을 필요로 한다고 주장한다.

"죄를 짓는 자마다 불법을 행하나니"(요일 3:4)

"죄의 삯은 사망이요 하나님의 은사는 그리스도 예수 우리 주 안에 있는 영생이니라"(롬 6:23)

효과적인 기독교 상담자가 되려면 성경적, 전인적 인간의 이해와 속성을 잘 이해할 뿐만 아니라 죄와 원죄(죄악된 행동과 죄악된 상태)를 올바르게 이해하야 한다. 기독교 상담자는 인본주의적인 조류에 편승하지 않아야 하며 내담자의 삶 속에 있는 죄의 관련성과 죄성의 참상을 축소하거나 간과해서는 안 된다.

기독교 상담은 일반 심리학 이론을 중심으로 하는 일반 상담 및 심리치료가 아닌 성경적 전인적 인간이해가 먼저이어야 함을 말한다.

2) 죄의 정의

죄의 정의는 많은 사람들이 생각하는 것보다 훨씬 더 광범위하다. 여기에는 자범죄(sins of commission)뿐만 아니라 태만죄(sins of omission), 죄악된 생각도 포함된다.

죄의 정의에는 아래와 같은 것이 포함된다.

- 죄는 하나님을 향해 거역하는 것이다(요일 3:4) : ____________________
- 죄는 하나님의 법에 반대되는 생각, 행동, 태만, 욕구이다 : ____________________

____

- 죄는 그리스도 안에 있는 하나님의 기준에 미치지 않는 것이다(롬 3:23) : __________

____

· 죄는 어떤 식으로든 하나님의 생각과 법에 온전히 순복하지 않는 행동, 말, 생각, 상상이다 : ______

· 죄는 자기 의지, 자기 중심주의다(삼상 15:23) : ______

· 불순종(약 4:17, 삼상 15:23) : ______

· 교만과 불신앙은 두 가지 근원적인 죄다 : ______

· 죄는 믿음의 부재다(롬 14:23) : ______

〈출처 : Bruce Litchfield & Nellie Litchfield〉

3) 죄의 결과

죄의 결과

· 전적으로 자기 파괴적 : ______

· 죄의 대가는 사망 : ______

· 험한 길 : ______

· 평강이 없다 : ______

죄의 결과는 죄책감, 수치감, 속박, 두려움, 불신앙, 파괴, 교만, 분노, 적개심, 비탄, 죽음이 포함된다.

4) 7가지 치명적인 죄

상담을 할 때, 사람들의 삶에 너무나 많은 어려움을 일으키는 이런 치명적인 죄를 소홀히 하지 않는 것이 중요하다. 그것들은 자기 탐색과 효과적인 직면을 통해 다루어야 할 필요가 있다. 일곱 가지 치명적인 죄의 순서를 다양하게 제시되지만, 일반적인 순서는 아래와 같다(Bruce Litchfield & Nellie Litchfield).

나태

이 죄악된 태도는 보편화되어 있으며 악과 정신질환, 관계 실패의 주요 원인이다. 나태함은 우리가 사랑과 돌봄을 베푸는 것을 가로막는다(근면).

정욕

정욕은 죄악 된 행동을 반복해서 상상하는 것이다. 취하기만 할 뿐 결코 베풀지는 않는다(사랑).

분노

분노는 복수심, 적개심, 쓴 뿌리와 밀접하게 관련이 있다(용서).

교만

교만은 모든 악의 뿌리며 많은 사람들이 타락하게 되는 원인이다.

교만은 많은 사역자들을 넘어뜨린다(겸손).

시기

시기는 다른 사람들이 가지고 있는 것에 대해 쓰라린 마음이나 부러워하는 마음을 품고 있는 것이다.

시기심은 육적인 비교의 원인이 된다. 그것은 하나님께서 우리에게 공급하시는 양육을 누리지 못하도록 우리를 속인다.

폭식

폭식, 폭음은 하나님이 만드신 것(음식, 음료, 성)을 남용하는 것이다.

모든 중독은 여기에 행당된다(자기 절제).

탐욕

탐욕은 다른 사람들을 희생하는 대가로 풍성함을 누리는 것이다(만족).

〈출처 : Bruce Litchfield & Nellie Litchfield〉

5) 기독교 상담

(1) 예수님 상담 스타일

예수님께서는 놀라운 상담자시다(사 9:6). 그분이 일반적으로 보이신 상담 유형은 민망히 여기시고(15번 언급되었다), 대개 사람들의 사고가 변화되도록 돕는 것이었다(인지 행동적).

신중하셨다(막 8:22~26)

○ 종종 사람들과 과정을 수반하는 작업을 하셨다(예 : 베드로의 회복-요 21장)

○ 기본 접근방법은 깊은 연민이었다(요 4, 8장, 눅 19장)

- ○ 사람들을 있는 그대로 수용했다(요 4, 8장, 눅 19장)
- ○ 사람들에게 가치 있다는 느낌을 주었다(마 10:29)
- ○ 분별력을 사용했다(니고데모-요 3장)
- ○ 모든 사람에게 똑같은 접근법을 사용하지 않았다.
- ○ 말이나 비언어적인 표현을 기술적으로 잘 사용했다(막 3:5)
- ○ 올바른 행동을 강조했다(요 5장, 막 10:51)
- ○ 개인적인 책임을 강조했다(요 5장, 막 10:51)
- ○ 사람들에게 희망을 주었다(막 10:26~217)
- ○ 사람들을 격려했다(마 11:28~30)
- ○ 평안을 주었다(요 14:27)
- ○ 사람들의 생각을 변화시키도록 도왔다(눅 5:22~25, 12:22)
- ○ 상담할 때 가르쳤다(눅 14:1~6, 6:39, 42)
- ○ 권위를 갖고 말씀하였다(마 7:29)
- ○ 때때로 직면하셨다(마 8:26, 막 7:6~23, 눅 24:25~26, 요 8:3~9)

예수님의 상담이 효과적이었던 이유는 성령의 능력으로 사역했기 때문이었다(눅 3:22, 4:18, 5:17). 또한 그것은 예수님의 순종, 믿음, 기도 생활, 말씀의 권위, 사랑들을 향한 그분의 사랑, 또한 사람들과 개인적으로 함께한 삶 때문이었다.

6) 기독교 상담의 목표

- ○ 그리스도 안에서의 성숙(Thompson, Crabb, Sweeten, Bobgan, Leanne Payne ; 엡 4:13~15, 골 1:28)
- ○ 성화(Crabb, Sweeten, Sandford ; 살전 5:23, 롬 5~8장)
- ○ 그리스도 안에서의 온전(Thompson, Gibson, Marshall ; 살전 5:23)

○ 그리스도 안에서의 자유(Gibson ; 요 8:32, 36 롬 5~8장)

○ 변화(Sandford, Seamands ; 롬 12:2, 고후 3:18)

○ 생각을 새롭게 함(Sweeten, Backus, Wright ; 롬 12:2, 엡 4:23)

○ 그리스도 안에서의 풍성한 삶(Collins; 요 10:10)

○ 제자 삼는 것(Collins, Gibson ; 마 28:19)

○ 전도(Collins, Adams ; 마 28:19)

○ 새사람을 입는 것(Adams, Bobgan ; 엡 4:24)

7) 기독교 상담자의 필수 자질

기독교 상담은 인간의 존엄성과 가치를 창조론에 찾는다. 상담에서 내담자의 죄에 대해 말하고, 그것을 직면시키는 것은 내담자에게 거부와 적대적일 수 있고, 심지어 비난하는 것으로 느끼게 할 수 있다. 그리고 대부분의 상담자들은 죄를 직면시킨다는 것이 내담자를 경시하고 수치감 내지는 적대감을 갖게도 할 수 있기 때문에 상담 현장에서 죄성을 깨닫게 하는 것이 일반 상담에서의 공감해 주기와 수용하는 부분에 혼란스러움을 줄 수도 있다. 필자는 이러한 부분들을 다른 저서에서 깊게 다루고 본서에서는 책의 성격상 핵심을 요약하는 정도로만 정리하기로 한다.

○ 공감을 표현하는 기법 배우기

○ 기독교적 인간이해(인간의 죄성 이해)

○ 각 개인의 존엄성 이해

○ 수용과 보살피는 태도

○ 훌륭한 경청 기술

○ 내담자와 그들의 신념에 대한 존중

○ 상담의 탁월성, 상담 윤리, 고결성, 책임성에 대한 헌신

○ 예수 그리스도에 대한 헌신
○ 그리스도인으로서, 한 인간이자 상담자로서의 통합적 성장
○ 기독교 교리에 대한 이해
○성령의 기름 부으심에 대한 지식
○ 비밀 보장
○ 공명 정대성
○ 기술적인 직면
○ 숙련된 기초적 상담 테크닉
○ 성경 구절과 기도의 적절한 사용
○ 영적 은사의 활용
○ 영적 전쟁을 두려워하지 않는 태도
○ 털어놓은 내용에 대해 충격 받지 않는 반응
○ 적절한 정서적, 정신적 안정감.
○ 확신(지식과 경험에서 오는)
○ 겸손(자신이 하나님이 아니므로 모든 것을 아는 것은 아니라는 태도)
○ 스위치를 끄는(switch off) 능력
○ 일상 생활에서의 유머 감각

6. 상담의 8가지 핵심 조건

상담과 조력 관계의 8가지 핵심 조건은 30여 년 전에 로버트 카커프가 처음 말한 것이며, 그때 이후로 많은 사람들이 사용해 왔다.

그는 이러한 핵심 조건들이 상담, 결혼 생활, 자녀 양육, 사업과 같은 모든 대인 관계에서 유용한 효과적인 대인 기술, 의사소통, 기술임을 발견했다. 핵심 조건들은 관계의 진

행부분이다. 관계 안의 내용 또한 중요하다. 이 둘 다 효과적인 상담자가 되는데 필수적인 것들이다.

핵심 조건들은 모든 효과적인 상담을 위한 기초적이고 필수적인 것으로 지금까지 폭넓게 인정되어 왔다.

1) 상담의 8가지 핵심 조건

· 주의집중(따스함) : ______________________________

____

· 존중 : ______________________________

____

· 공감 : ______________________________

____

· 진실성 : ______________________________

____

· 자기노출 : ______________________________

____

· 구체성 : ______________________________

____

· 직면(도전) : ______________________________

____

· 직접성 : ______________________________

____

〈출처 : Bruce Litchfield & Nellie Litchfield, 2002〉

그림 14-2 상담의 8가지 핵심 조건

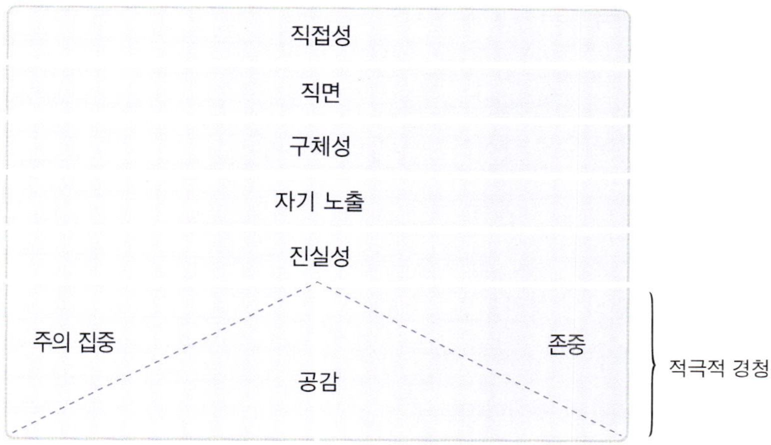

〈출처 : Bruce Litchfield & Nellie Litchfield, 2002〉

상담에서 주의 집중과 공감, 그리고 존중의 핵심 조건은 적극적 경청 기술과 관계가 있으며 가장 중요한 부분이다.

위의 내용은 상담의 핵심 기초이자 상담을 효과적으로 하기 위해 필수 요인이며 가장 우선시하여야 한다. 그 중에 공감은 무엇보다 중요하다. 진실성은 가장 도전이 되는 핵심 조건인 반면, 직면과 직접성은 많은 훈련과 임상을 통해 습득하는데 가장 어려운 부분이라 할 수 있다. 주의 집중, 존중, 공감의 기반 위에 상담의 핵심이 이루어지고 진실성과 직면은 그 다음으로 중요한 것이다.

7. 방어기제

1) 방어기제의 정의

방어기제(defence mechanisms)는 무의식적 갈등으로부터 자신을 보호하고 다른 사람들이 문제를 보지 못하도록 방어하는 생각의 방책이다.

방어기제는

- ○ 현실의 고통을 직면하지 못하도록 막는다.
- ○ 무의식적이다(의식적으로 선택된 것이 아니다).
- ○ 자기 기만적이며 죄악된 것이다(맹점).
- ○ 인간의 타락성과 관련되어 있다.
- ○ 모든 사람들이 사용하는 것으로 예수님만이 죄악 된 동기와 갈등이 없으시다.

방어기제는 죄가 인간에게 들어오자마자 제일 먼저 나타난 것이다(창 3장). 죄는 조화와 자기 개방, 하나님과 남자, 여자 사이의 교제를 파괴하고 두려움을 가져다 주었고 방어책으로써 숨게 했다.

주님은 외모를 보지 않고 우리의 마음과 동기를 보신다. 마음의 생각과 의도를 보시는 것이다(삼상 16:7). 그분에게는 하나라도 숨길 수가 없고 전말을 다 밝히지 않을 수 없게 된다(히 4:13). "사람의 행위가 자기 보기에는 모두 정직하여도 여호와는 심령을 감찰하신다"(잠 21:2)

> 모든 기만의 형태는 죄악 된 것이다. 심지어 자신을 속이는 것까지도 말이다. "슬기로운 자의 지혜는 자기의 길을 아는 것이라도 미련한 자의 어리석음은 속이는 것이다"(잠 14:8)

하나님이여 나를 살피사 내 마음을 아시며 나를 시험하사 내 생각(불안)들을 아시고 무슨 악한 길이 있나 보시고 나를 영원한 길로 인도하소서(시 139:23~24)

사람이 자기를 살피고…(고전 11:28, 고후 13:5)

2) 방어기제의 유형

기만(deception)

모든 방어기제는 기만(속임)으로 이루어져 있다. 성격 발달과 상담에서 인간의 거짓된 마음은 냉정하게 고려되어야 한다. 기만의 정의는 거짓된 생각과 신념을 강요하고 설득하는 것으로 잘못되었음에도 불구하고 자신이 옳다고 생각하는 것이다.

속임에는 자기기만, 다른 사람들을 속임, 다른 사람에게 속임을 당하는 것이 있다. 속임은 원수가 가장 선호하는 책략으로써, 사탄은 기만하는 자인 동시에 거짓의 아비다. 그는 우리 귀에 속삭이는 거짓말을 통해 우리를 기만한다. 그는 이렇게 하기 위해 거짓 선지자를 사용한다. 부모, 교사, 정부, 대중매체, 동료, 심지어 때로는 교회까지도 말이다. 또한 거짓말은 사탄으로부터 직접 나오기도 하며, 우리의 타락한 죄성으로 인해 우리의 마음에서도 흘러나온다.

억압(repression)

- 억압은 상처, 문제, 고통의 기억들을 무의식적으로 누르는 것이다.
- 문제를 은폐하고 다루지 않는 것이다.
- 시간이 흐른다고 치유될 수 없기 때문에 억압은 고통을 절대로 해결하지 못 한다.
- 만일 문제를 직면하지 않으면 다른 문제들이 발생한다.
- 정서적·관계적·신체적 문제는 종종 억압이 원인인 경우가 많다
- 내면적(무의식적) 수준의 불안이 늘어난다. 이 때문에 불안을 느끼지만 그 이유를 알

지 못하는 사람들이 많다.

- 억압은 거짓된 자기가치감을 유지하게 한다.
- 억압을 통해 불안을 피해보려 하지만 사실상 불안을 더 만들어낸다.
- 불안은 실패, 미지의 영역, 자기 자신에 대한 두려움에서 발생한다.
- 불안과 우울증은 오늘날에 있어서 주된 정서적 문제다.
- 약물, 신경안정제, 항불안제, 항우울제의 남용은 서구 세계의 문제의 심각성을 광범위하게 증명한 것이다.
- 영적·정신적 피로는 신경쇠약과 우울증으로 이어진다.
- 우리에게 있는 정서적 에너지 중 5%까지는 상처를 억압하는 것에 사용될 수 있다.
- 자신의 에너지를 상처를 입은 문제를 억압하는 데 너무 많이 사용하기 때문에 계속적으로 소진된 사람들이 많다.
- 오늘날 성인병의 대다수를 차지하는 심인성 질환은 억압, 특히 억압된 분노, 적개심, 쓴 뿌리 때문인데, 여기에는 십이지궤양, 높은 콜레스테롤 수치, 고혈압, 관절염, 허리 통증, 천식, 두통, 중독, 강박 / 충동 장애, 여러 가지 암 등이 포함된다.

부인(denial)

- 부인은 억압과 밀접한 관련이 있다.
- 부인은 문제가 존재한다는 것을 인식하고 시인하는 것을 거부하는 것이다.
- 부인은 원가족의 고통이나 자신의, 성적인 느낌 등 뭔가 불편한 것이 존재한다는 것을 부정한다.
- 부인은 중독자들과 성적인 학대를 받은 적이 있는 사람들에게서 두드러지게 나타난다.

공상과 몽상(fantasy and daydreaming)

- 공상과 몽상은 현재의 현실을 직시하기보다 과거나 미래 속에서 살아가는 것을 말한다.
- 공상은 종종 부인과 연결되어 있다.

치환(displacement)

○ 치환(대치)은 자신의 감정을 원래 대상에서 좀더 받아들일 만한 대리자(무고한 희생양)에게로 바꾸거나 옮기는 것이다.

○ 가장 흔한 치환은 분노다.

○치환은 모든 사람들이 빠져드는 소용돌이다.

○ 권위의 위치에 있는 누군가로부터 상처를 입었을 때 우리는 그것을 다른 사람에게 푸는 경향이 있다(아내, 가족, 부하, 직원, 동물학대 등). 만연되어 있는 가정폭력 문제는 여기에서 파생된 것이다.

합리화(rationalisation)

○ 합리화는 자기 자신과 다른 사람을 정당화하거나 변명하는 과정이다.

○ 그것은 문제의 현실을 논리적으로 희석시키려는 시도다.

축소(minimisation)

○ 축소는 한 사람의 행동의 정도와 심각성을 축소하려는 것이다.

○ 이것은 중독에서 흔히 볼 수 있다. 그것은 부분적인 부인이다.

투사(projection)

○ 투사는 자신의 문제를 다른 누군가에게 떠넘기는 것을 말한다.

○ 그것은 자신의 문제에 대해 다른 누군가를 탓하고 비난하는 것이다.

해리(dissociation)

○ 해리는 자기 자신의 한 부분이 분열되는 것을 말한다.

○ 그것은 아동 성학대의 피해자에게 흔히 볼 수 있다.

퇴행(regression)

- 퇴행은 정서적으로 성장 초기 단계로 돌아가는 것을 말한다.
- 어떤 사람들은 자기 문제를 직면할 수 없을 때 매우 유아적으로 된다.
- 어떤 사람들은 유아적인 반응은 하지 않지만 과거를 좋았던 황금기처럼 말한다. 그들에게 현재는 모든 것이 잘못된 것이다. 그들은 과거 속에 살아가며, 오늘날 당면한 문제의 현실을 직시하지 못한다.

보상(compensation)

- 보상은 삶에서 결핍된 부분을 자신의 뛰어난 다른 부분으로 보상해 주는 것을 말한다.
- 강한 성적 욕구를 과도한 신체 운동으로 대체하는 것이 이것의 한 예다.

동일시(identification)

- 동일시는 강렬한 감정적 애착을 형성하거나 자기 문제에서 벗어나기 위해 강력한 인물에게 집착함으로써 그 사람과 동질감을 가지려고 애쓸 때 일어난다.

반동 형성(reaction formation)

- 반동 형성은 고통을 피하기 위해 반대의 것을 과도하게 표현함으로써 진짜 문제를 왜곡시키는 것을 말한다.
- 예를 들어, 남편이 자신의 부정을 은폐하기 위해서 아내가 부정하다고 거짓 추궁 하는 것이다. 또는 자기가 그 남자에게 사랑을 느끼지 않는다고 계속해서 무시하고 관계를 끊으려 하지만, 사실은 그 남자를 진정으로 사랑하는 경우다.

반동 형성의 예

자신의 참된 감정을 드러내고 싶어하지 않는 경우에 미움 속에서 사랑이 보이기도 한다. 또한 거짓으로 확신을 과시하는 모습을 통해 두려움을 은폐할 수도 있다. 또한 정작 자신은 여성 내담자와 성적인 관계에 빠져 있는 목회자가 성적인 순결과 거룩을 강력하게 강단에서 선포하는 모습에서도 반동 형성이 나타난다. 자신의 행동에서 성적인 느낌을 분리시킴으로써, 그는 자신이 그 상황에서 잘못이 없다고 생각하게 될 수 있는데, 그러한 외식적인 모습은 의식적으로 일어나는 것이 아니다. 또 다른 예는 동성연애나 이성애적인 충동에 깊이 빠져 있는 종교 지도자가 난잡한 성행위를 열정적으로 반박하는 설교를 하는 것이다.

상담자는 인내심을 가지고 이러한 방어벽을 무너뜨리는 시도를 부단히 해야 하며, 자신의 맹점을 살펴보고 자신의 삶에서 이러한 부분을 줄이도록 해야 한다. 그렇게 하기 위해서는 내담자를 무비판적으로 수용하고 신뢰 수준을 높이는 것이 필요한 것이다. 무엇보다도, 내담자가 열린 태도로 하나님의 계시를 받아들인다면 변화가 일어나게 될 것이다.

〈출처 : Bruce Litchfild & Nellie Litchfield, christian counselling and family therapy〉

8. 용어 정의

중독(addiction) : 기분 전환을 경험하지만 삶을 손상시키고, 깊이 몰입하여 삶의 질서가 붕괴되는 결과를 낳게 되는 병리적 관계.

성경적 상담(biblical counseling) : 하나님의 말씀인 성경을 따르는 상담.

인지(cognitive) : 인식하고 지각하는 과정이나 행위.

충동성(compulsion) : 자신의 정상적인 바람이나 기준과 모순되는 행동을 하려는 충동, 자신이 원하지 않으면서도 반복적, 강압적으로 타나나는 것.

방어기제(defence mechanism) : 갈등과 불안으로부터 자신을 보호하려는 무의식적 심리 패턴.

인식론(epistemology) : 지식의 근원과 속성을 철학적으로 연구하는 학문.

내성(Introspection) : 한 사람이 어떤 사건을 경험하고 그것을 설명하려고 시도하는 자기 관찰 과정.

변연 체계(limbic system) : 뇌에서 자기 보전과 같은 기본적인 활동을 제어하는 부분. 두뇌에서 감정을 담당하는 중추부.

조증 상태(mania) : 과잉 활동적, 과도하게 흥분한 상태.

강박 관념(obsession) : 무언가에 대해 비합리적인 생각이 끊임없이 떠오르는 현상.

패러다임(paradigm) : 함께 공유되는 전반적인 가설이나 일반적인 접근.

정신분석(psychoanalysis) : 무의식적인 내면의 자료를 의식으로 끌어오는 정신치료 방법.

심리학(psychology) : 심리(정신·사고)와 행동에 대해 과학적으로 연구하는 학문.

정신병리학(psychopathology) : 정신의 질병을 연구하는 학문.

정신병리(psychopathy) : 정신 질환이나 정신 장애.

정신 신체 질환(psychosomatic) : 정서적 질환에 의해 야기되는 신체적 질병.

심리치료(psychotherapy) : 심리학적 기법(상담을 포함)을 사용해서 심리 이상과 정신장애를 치료하는 과학이나 기술.

자기실현(self-actualization) : 개인적 성장, 건강, 적응을 향해 나아가는 추동.

사회병리(sociopath) : 만성적인 반사회적 행동을 보이거나 잘못된 행동에 대한 양심이 일반적으로 결여된 개인의 장애(반사회성 성격 장애).

치료(therapy) : 질병, 장애, 결함 등을 처리하는 것. 일반적으로 사람들의 삶 가운데 더 깊은 문제를 처리하는 것을 뜻하는 것으로 일컬어진다.

전이(transference) : 정신분석에서 사용되는 용어로 내담자의 왜곡된 무의식적 감정 반응이 치료자에게 투사되는 것을 말한다(예를 들어, 과거에 부모에게 가진 느낌이나 행동을 치료자에게 전이하는 것).

역전이(counter-transference) : 상담자(치료자)의 미해결된 감정이나 문제가 내담자에게 투사되는 것이다.

Chapter 15

역기능 가정의 기독교 상담과 가족치료

역기능 가정은 역기능 사회를 낳고 역기능 사회는 역기능 국가를 낳는다. 이러한 역기능 체계는 또다시 역기능적인 사람들을 생산한다. 상담은 이러한 역기능을 순기능으로 변화시키는 사역이다.

이러한 차원에서 기독교 상담은 그 위치가 매우 중요하고도 독특하다. "기독교 상담(christian counselling)"은 "기독교인으로서의 상담(counselling as a christian)"에 그쳐서는 안 된다. 저명한 기독교 상담학자인 마크 맥민(M. McMinn)은 그의 저서 『심리학, 신학, 영성이 하나된 기독교 상담 *psychology, theology, spirituality in christian counselling*』에서 "좋은 기독교 상담은 심리학적 인식과 신학적 이해, 깊은 영성의 조화를 필요로 한다"고 말했다. 이 중 하나라도 무시된다면 기독교 상담은 그 균형을 잃을 수밖에 없을 것이다. 심리학적 이해가 없는 신학적 시각은 인간의 문제를 영적인 문제로만 바라보는 편협주의를 벗어나기가 힘들며, 신학이 없는 심리학은 철학적으로 반기독교적인 심리학 기법들을 무분별하게 도입하여 방종에 빠지기 쉽다. 실천적 삶의 영성이 빠진 신학과 심리학은 열매는 맺지 않고 잎만 무성한 나무와도 같다.

1. 역기능 가족체계

역기능 가정은 건강한 순기능 가정에서 나타나는 특징이 없거나 부족하다. 또한 가족 구성원들 간에 불안과 갈등지수가 높아질 수 있는 요인들을 안고 있다. 역기능 가정의 아동학대와 수치감은 역기능 가정의 특성 중 하나이다. 기독교 가정에서조차도, 순종이라는 미명 하에 빈번하게 발생된다. 부모가 비성경적인 순종을 자녀에게 요구하거나 권위적이고 엄격한 엄격주의, 율법주의 경직성, 금지 조항들을 비성경적으로 해석하고 순종토록 하는 다양한 학대가 일어날 수 있다.

역기능 가정이란, 가족구성원 개개인 모두가 어느 정도씩 비효율적인 개개인이 되어, 가족 간의 상호작용 능력과 관계 기능이 손상된 가정을 말한다.

성경에서 최초의 역기능 가정은 아담과 하와의 가정인데 이 가정에는 두려움, 비난, 불신, 거절감, 수치감, 쓴 뿌리, 형제 간의 살인이 가족구성원 간에 있었음을 알 수 있다.

성경에 기록된 가정 중에 건강하고, 충분한 순기능 가정은 찾아보기 힘들다. 대부분이 역기능 가정이다. 그러므로 우리는 성경의 아담과 하와 이후 모든 가정이 어느 정도 역기능적이라고 추론할 수 있다. 역기능 가정의 유형은 우선, 수치심과 낮은 자존감 등 성취도가 낮은 가정, 기대가 지나치게 높아 완벽주의 가정, 정서적, 정신적, 신체적인 문제에 몰두해 있는 가정, 성장 과정에서 부모나 양육자로부터 그리고 세상을 살면서 타인으로부터 또는 환경으로부터 받은 상처, 거부, 비판 등 미해결된 과제(이전 세대로부터 전수된 미해결된 정서적 문제)를 짊어지고 있는 가정 등을 예로 들 수 있다.

1) 역기능 가족체계는 외부 요인에 의해 열려 있지 않은 체계

○ 가족구조와 가족 관계가 병리적으로 고착되어 있고, 경직되어 있다.

○ 왜곡된 사고와 신념을 진리로 믿고 있다.

○ 가족 비밀을 지키고 있다.

○ 가족구성원 개인이 변화하려 원할 때, 가족 전체가 그 변화에 대해 저항한다.

○ 가족구성원 개개인 나름으로 실제보다 이상화된다.

2) 병리적인 의존성

역기능 가정 안의 가족구성원 개개인들은 어느 정도 병리적인 동반 의존 및 사람 의존성을 가지고 있으며 다양한 중독 증상이나 다른 의존성 문제를 복합적으로 가지고 있다.

3) 미해결 과제

원가족이나 결혼 전 해결되지 않은 욕구나 미완성 관계가 그림자처럼 가족구성원 개개인에게 남아서 현재의 가족 건강에 지대한 영향을 미친다.

4) 가족 비밀

역기능 가정에서는 병리적인 가족 비밀이 숨어 있다. 가족 비밀이란, 가족에 대한 수치감 때문에 말하지 않기로 동맹된 것들이다. 수치스러운 비밀은 은폐되어 있다. 원가족이나 가족중, 자살, 금지된 관계 사생아, 범법행위, 심각한 중증 증상 등이 이에 해당될 수 있다.

5) 완벽주의

완벽주의는 역기능 가정에서 흔히 나타난다. 완벽주의는 기독교 가정에서도 많이 나타나는 경향이 있다.

2. 기독교 가족치료 모델

필자는 기독교 가족치료 모델(a model for christian family therapy)은 성경적 원리에 기반을 두고 있으며 학자들의 이론에 따라 접근한 모델이다.

보웬의 가족치료 편에서 이미 설명하였지만, 보웬의 가족체계의 여덟 가지 역동 개념을 살펴 보면 자기 분화, 탈삼각관계, 정서적 가족 과정 이해, 정서적 친근감과 거리감, 형제 순위, 다세대적 문제 처리 과정들을 촉진하는 것이 포함된다.

좀 더 지시적인 구조적 가족치료 접근은 관계 개선을 위한 가족 재구성을 의미한다. 기독교 가족치료 모델은 앞에서도 제시된 일반적 기독교 상담(성경) 모델에 바탕을 둔 것인데 살펴보면 아래와 같다.

- 성경을 토대로 하며 하나님의 관점에서 본다.
- 영혼, 육의 전인적 인간에 대해 총체적으로 접근한다.
- 여덟 가지(가지 분화, 탈삼각관계, 정서적 가족 과정 이해, 정서적 친근감과 거리감, 형제 순위, 다세대적 문제 처리 과정들을 촉진하는 것이 포함된다) 핵심 조건이 상담의 주요 골격이 된다.

이 기독교 가족치료 모델은 체계적(가족체계 이론) 접근, 전략적 접근, 구조적 접근(가족구조를 순기능적으로 바꾸기 위해 직접적으로 개입)을 사용한다. 또한 이야기 치료의 일면 또한 도입되고 있다. 따라서 다음과 같은 관점에서 치료를 하려 한다.

- 정신역동적 접근(대상관계 이론, 원가족과의 과거 통찰)
- 체계론(보웬과 구조주의)
- 경험주의(사티어의 현재와 감정)
- 인지행동(현재의 비합리적 사고와 신념 바꾸기)
- 의사소통(가족구성원 간의 의사소통)

지명된 IP(환자)와 제시된 문제를 해결하기 위해 가능한 한 가족 전체가 치료의 대상이 된다. 이것은 통상적으로 가족치료를 할 때 가족은 전체 단위로 만나고, 가족구성원 각자는 개별적으로 만난다. 때로는 핵가족을 넘어서 확대 가족에까지 확장될 수도 있다. 심지어 가족과 관련된 더 넓은 체계에까지 확장되기도 한다.

기독교 가족상담과 치료자는 성경을 토대로 견고한 뿌리를 내리고, 그러한 틀에 따라 가족을 회복시키고 타인을 돕고자 하는 사람이다(Lichfield, 2002). 이러한 가정 회복과 가족관계 회복은 다음과 같은 과정을 포함한다.

그림 15-1 기독교 가족상담과 가족치료 해결 유형

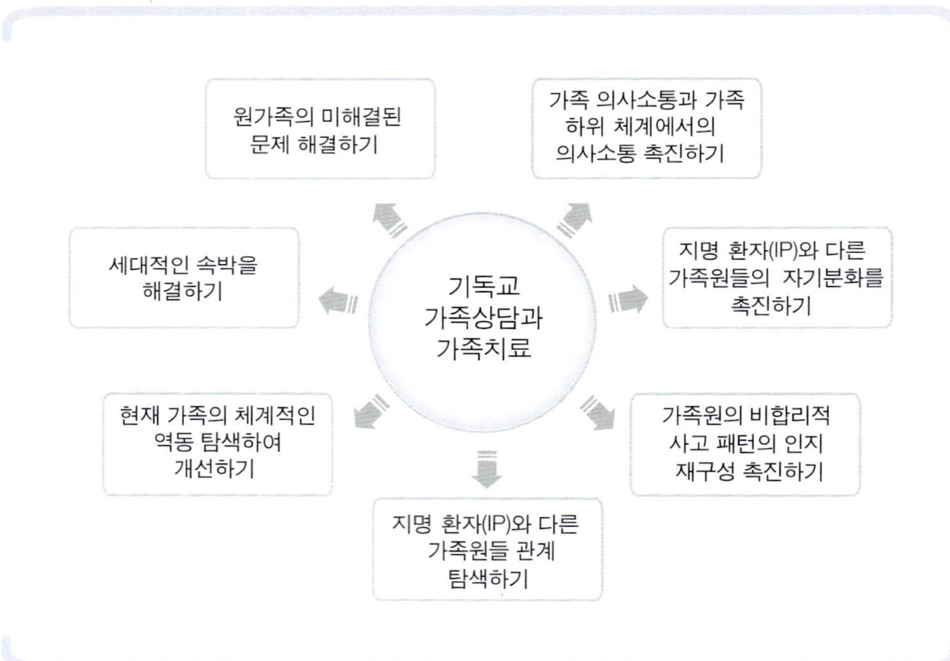

3. 가족 분류

이 절은 세대 간에 중대한 차이점을 갖고 시작된다. 그러므로 독신, 신혼, 사실혼(동거) 가족, 편부모 가족, 혼합 가족, 중년, 노년 등의 여러 가지 가족 범주들이 고려될 것이다.

입양 가족, 게이 가족, 레즈비언 가족, 문화적인 금기가 깨어져서 자녀들의 성장 방식이 다른 가족 등 다양한 가족들도 가족치료에서 고려해야만 한다.

치료자는 이러한 집단에 속한 사람들에게 사역하고, 이러한 집단을 위한 프로그램이 교회에서 생길 수 있도록 촉진하는 데 있어서 중대한 역할을 할 수 있다.

1) 독신

내가 주께 감사하옴은 나를 지으심이 심히 기묘하심이라(시 139:14)

장가 가지 않은 자는 주의 일을 염려하여 어찌하여야 주를 기쁘시게 할꼬 하되 장가 간 자는 세상 일을 염려하여 어찌하여야 아내를 기쁘게 할꼬 하여 마음이 나누이며… 오직 너희로 하여금 이치에 합하게 하여 분요함이 없이 주를 섬기게 하려 함이라(고전 7:32~35)

여호와께서 집을 세우지 아니하시면 세우는 자의 수고가 헛되며(시 127:1)

독신 성인이란 미혼이거나 사별, 이혼한 자들을 말한다. 급격히 변화하는 현대사회에서, 독신 성인이 증가하는 현상이 변함없이 계속될 것이라고는 아무도 예측하지도, 언급하지도 못했다. 독신자는 곧 성인 인구의 50%를 넘어서게 될 것이다. 전통적인 가정은 점점 더 줄어들고 있다. 오늘날은 혼합 가족과 독신 성인들이 점점 증가하는 추세다.

이혼의 증가와 이전 결혼에서 받은 상처 그리고 성병에 대한 두려움으로 많은 사람들은 독신으로 남기를 선택하고 있다. 그들은 결혼은 효력이 없다고 믿는다. 그러나 그리스도 안에서 결혼 예비 상담을 받으며 쌍방이 노력한다면, 결혼은 분명 효력을 발휘할 수 있다. 건강한 결혼은 아름다운 것이지만 그 반대의 경우도 너무나 흔하다. 지상 천국이 되어야 할 가정이 그와는 반대의 가정이 늘어나고 있다.

그런가 하면 우리는 절박하게 결혼하기 원하는 사람들을 보게 된다. 또한 결혼 생활에서 너무나 불행해 하는 사람들도 많다. 어떤 이들은 너무나 간절히 결혼하기를 원하여 상식을 잃고 남은 삶을 후회하면서 살게 될 어리석은 일을 행한다. 어떤 이들은 자신에게 짝을 찾아주지 않은 하나님에 대해 때로 원망하기도 한다.

2) 거짓된 통념

우리에게 독신을 둘러싼 여러 가지 잘못된 통념과 신화, 비합리적 사고가 존재하고 있다. 이러한 것들은 다음 진리들에 의해 거짓된 통념이라는 점을 고려하여야 한다.

- 독신은 비정상적이나 '뒤쳐진 것'이 아니다.
- 독신은 거절당했음을 의미하지 않는다.
- 독신은 오명이나 사회병이 아니다.
- 결혼해야만 완전해지는 것은 아니다.
- 외로움은 독신 생활에서만큼 결혼 생활에서도 흔히 있을 수 있다.
- 결혼이 성적인 유혹을 해결해 주지 않는다.
- 결혼이 당신의 삶에 대한 하나님의 궁극적인 뜻이 아닐 수도 있다.
- 하나님의 위대한 인물들 중에는 독신자들이 많이 있다(예 : 예수님, 바울, 디모데, 신비주의자들).
- 독신은 당신의 삶의 목적과 운명, 그리고 지상 명령을 성취하는 데 결코 걸림돌이 되지 않는다.

4. 자족함과 온전함

하나님은 모든 그리스도인들이 먼저 그분 안에 자족하기를 요청하시며, 온전함에 이르기를 바라신다. 아마도 그런 이유로 창세기 2장에 나타났듯이 하나님은 남자를 먼저 만드시고 그 후에 여자를 그에게 주셨다.

모든 사람에게는 누군가에게 자신을 완전히 주고, 깊은 영혼의 관계를 맺고, 철저하게 독점적으로 사랑받기를 원하는 갈망이있다. 그러나 하나님은 그리스도인에게 말씀하신다. "네가 나에게 사랑을 받는 것만으로 만족하고 충만케 되고 자족하며, 전적으로 아낌없이 네 자신을 내게 주고, 나와 강렬하고 독특한 인격적 관계를 맺으며, 오직 내 안에서만 너의 만족이 있다는 것을 발견할 때, 비로소 너는 내가 너를 위해 계획한 완전한 인간관계를 누릴 수 있을 것이다. 네가 어느 누구도, 어느 무엇도, 어떤 다른 욕구나 갈망도 배제하고 먼저 나와 연합하지 않으면 결코 다른 사람과 연합되지 못할 것이다."라고 말씀하신다.

너무나 많은 사람들이 그릇된 이유로 결혼에 뛰어든다. 어떤 이들은 자기 집에서 도피하기 위한 수단으로 결혼을 하며, 어떤 이들은 깨어진 가정이나 이혼으로 인한 자신의 외로움의 욕구를 충족시키기 위해 결혼에 뛰어든다. 어떤 사람들은 낭만과 사랑에 대해 잘못된 통념을 갖고 결혼한다.

이들은 많은 경우 자기 배우자가 자신의 모든 필요를 채워줄 것이라고 기대하는 성향이 있으며 사람에 대해 의존성이 높은 사람들이다. 그러나 그것은 큰 망상이다. 이것은 결혼의 불협화음, 조종, 좌절의 주요 원인이 된다.

배우자는 많은 필요를 채워줄 수 있지만 안정감, 자기가치감, 중요감과 같은 더 깊은 필요는 오직 하나님만이 채워 주실 수 있다. 그렇기 때문에 결혼 생활에 들어가기 전에 이러한 깊은 내적 필요들을 채우기 위해서는 하나님과 연합하는 것이 훨씬 더 낫다.

온전하게 되는 과정에서 중요한 관건들은 다음과 같다.

○ 주 되신 예수님께 순복하기

○ 성령의 충만

○ 원가족 이해하기

○ 죄책감을 처리하기(청결한 양심)

○ 적개심과 쓴 뿌리를 처리하기

○ 부모를 공경하라는 제5계명을 준수하기

○ 자기 분화(정체감 문제)

○ 관계 형성, 의사소통, 갈등 해소 방법을 배우기

○ 성적인 순수성을 유지하기

○ 비전, 부르심, 사역에 대한 의식을 개발하기

Chapter 16

기독교 상담과 인지행동치료

1. 기독교 상담과 인지치료

1) 신학과 심리학의 통합

신학과 심리학은 서로 갈등하는 것이 아니라 서로 보완하는 관계를 가진다. 또한 기독교 상담은 심리학적 인식과 신학적 이해가 깊은 영성의 조화를 필요로 한다. 이중 하나라도 무시된다면 기독교 상담은 그 균형을 잃을 수밖에 없을 것이다. 심리학적 인간이해가 없는 신학적 시각은 인간의 문제를 영적인 문제로만 바라보는 편협주의로 벗어나기가 힘들며 신학이 없는 심리학은 철학적으로 반 기독교적인 심리학기법들을 무분별하게 도입하여 방종에 빠지기 쉽다. 실천적 삶의 영성과 생명이 빠진 신학과 심리학은 열매는 맺지 않고 잎만 무성한 나무와 같다.

기독교 상담자가 되고자 하는 사람은 상담 개념들을 공부할 때 많은 함정에 빠지지 않기 위해 견고한 성경의 이해와 신학의 뿌리를 내리고 있어야 한다. 상담 분야에는 엄청난 성경과 신학적 오류가 있기 때문이다.

기독교 상담자는 다른 기독교 사역자들 이상으로 성숙한 영성을 갖춘 그리스도인이어야 한다. 그리하여 자신의 지각을 사용하여 선과 악을 분별할 수 있어야 한다(히 5:13~14).

심리학에는 교회와 성도들의 삶속에서 파괴적인 영향력을 가지고 진리 되는 하나님 말씀에 도전하고 그 권위를 약화시키는 위험성이 매우 크다.

기독교 상담은 때때로 성경적이고 신학적인 기초를 지나쳐 버릴 때가 있다. 예를 들면, 일반적인 상담자는 감정의 역할을 이해하려고 하지만 감정에 대한 건전한 신학을 정립하지는 않았다. 많은 사람들이 감정, 자존감, 관계, 성 정체성, 결혼과 같은 영역에서 세속적인 모델에 영향을 많이 받았다. 그러나 하나님의 치유하시는 작업에 있어서 중심이 되는 구속과 갱신을 더 많이 강조해야 하며 치유에 있어서 교회의 역할을 더 많이 강조해야 할 필요가 있다. 그러므로 상담을 하고자 하는 사람이라면 상담 이론과 상담 기술뿐만이 아니라 하나님에 대한 믿음과 성경에 대한 신앙인으로서의 성경에 대한 이해와 연구에 대한 훈련도 받을 것을 강력하게 권한다.(Bruce Litchfield & Nellie Litchfield, 1992, 재구성)

2) 기독교 상담과 인지치료의 비교

우선, 기독교 상담과 일반 상담의 차이점을 살펴보면, 첫째, 양자 모두가 그 대상이 같으며, 상담 원리와 실제가 같은 부분이 있다는 것이다. 일반 상담은, 일차적으로, 인간의 내면, 또는 횡적인 관계에 해당되는 문제들을 상담과 치료의 대상으로 한다. 즉, 수평적인 심리적 병리 현상과 들어난 증상들을 상담과 치료의 대상으로 한다. 그러나 기독교 상담은 일반적인 상담 분야를 수용하면서도 성경적 인간론을 중요시한다. 기독교 상담자는 일반 상담자와는 달리, 기독교적 세계관과 성경적 인간론을 치료적 접근에 적용하여야 하는 능력과 성숙한 신앙심을 가진 기독교인이어야 한다. 기독교 상담자는 비기독교인의 세계관과, 비합리적인 자기 이해, 비성경적 세계관을 가진 상담자는 아니어야 한다. 성경적 인간이해와 영성을 갖춘 성경을 토대로 하나님의 존재를 인정하고, 하나님에 대한 신뢰와 순종으로 문제와 갈등을 바라보고 해결책을 찾도록 돕는 것이다. 즉, 기독교적 세계관으로,내담자의 신념과 사고를 재정립할 수 있도록 돕는 것이다.

표 16-1 기독교 상담과 일반 상담의 비교

	상담 대상과 내용	
	수평적 문제	수즈적 문제
기독교 상담	인간관계 갈등 문제와 정신병리적 현상 탐색	실존적 문제와 현상학적으로 나타나는 신앙적·영적 현상
일반 상담	인간관계의 문제와 정신병리적 현상	다룰 수 없음

그림 16-1 기독교와 심리학의 통합

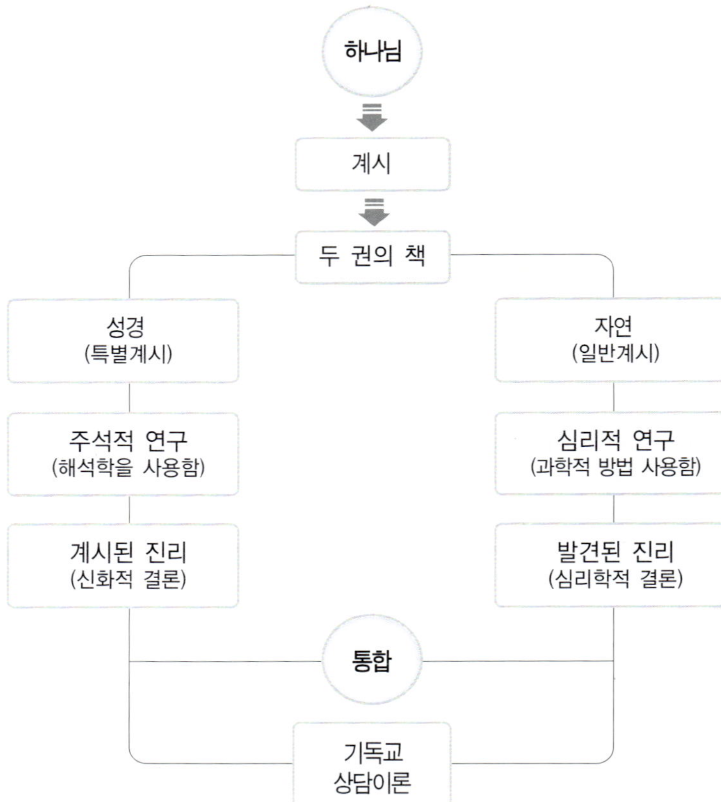

〈출처 : 심수명, 2004, 재인용〉

3) 기독교 상담과 인지치료

서로 유사한 심리치료 모델인 합리정서치료(rational emotive therapy)와 인지치료(cognitive therapy)는 1960년대와 1970년대에 있었던 행동주의 심리치료학파에서 소개된 것으로, 앨버트 엘리스(A. Ellis)와 아론 벡(A. Beck)이 연구한 이론이다. 이 이론은 둘 다 비합리적인 사고와 신념의 패턴을 바꾸는 과정을 말하는 인지 재구성(cognitive restructuring)에 중점을 두고 있다. 인지행동치료(cognitive-behavioral therapy)는 인지적이고 행동적인 변화를 염두에 둔, 적극적이고 직접적이며, 교육적 구조적 문제 지향적인 치료 접근기법이다. 인지적 재구성과 더불어 문제해결, 대처 방식 전략, 의사소통 기술, 자기 주장 훈련, 모델링, 노출, 둔감화, 긴장 이완, 칭찬 등과 같은 다른 방법들도 적용되고 있다(Bruce Litchfield & Nellie Litchfield, 1992).

인지치료는 인간의 생각 중 왜곡되어 있거나 내면 깊이 경직되어 있는 부분을 찾아내어 합리적인 사고와 신념으로 건강한 생각을 하도록 도와주는 치료기법이다. 즉 사건과 사고, 감정 간의 관계에서 한 사건에 대해 어떻게 의미를 부여하는가에 따라 정서 반응이 결정되는 것이다. 이것은 정서와 정서장애에 대한 인지적 모형의 핵심이다.

인지행동치료 이론의 핵심 내용은 먼저 내담자의 행동 패턴의 발달과 속성, 그리고 그에 따른 사고(인지) 과정을 이해하고 둘째로 비합리적인 인지과정을 변화시켜서 부적응적 사고와 행동에 변화를 가져오게 하는 것이다. 이것을 인지 재구성(cognitive restructuring)이라고 한다(Bruce Litchfield & Nellie Litchfield, 1992).

기독교 인지행동치료에서는 성령의 역사하심을 통해 자신의 생각을 하나님의 시각에서 나를 바라보고 말씀(성경) 안에서 나의 핵심 신념을 바꾸는 것을 말한다. 하나님의 말씀 안에서 생각을 새롭게 하는 것을 비롯하여 인지(사고) 재구성을 하는 것을 의미한다.

인지치료 모형

관점 1

사건은 사고를 유발하고 사고는 감정을 유발한다.

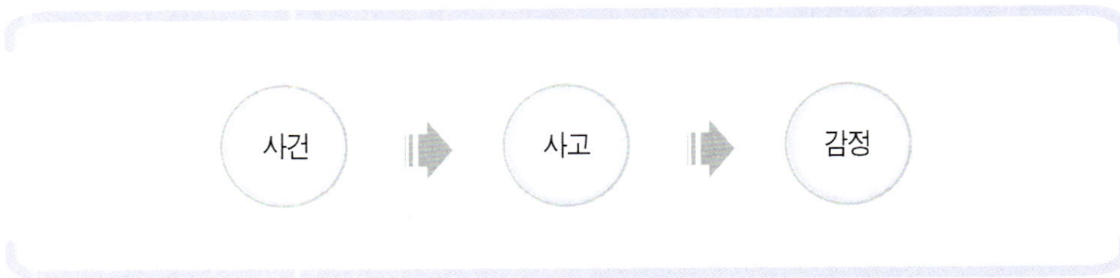

관점 2

사건은 사고, 감정 간의 포괄적 상호작용을 유도한다.

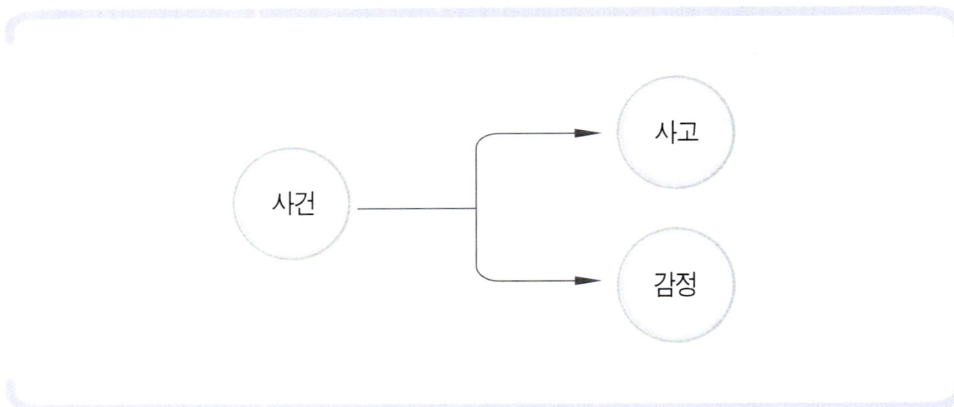

4) 비합리적 신념

마음(생각)은 성격의 주요한 의사소통의 요람이다. 생각은 우리 안에서 분석하고, 평가하고, 비평하거나, 판단하는 부분이다. 즉 생각은 인지와 관련되어 있다. 그리고 우리의 신념은 우리의 감정과 행동을 지배한다. 그러나 일반적으로 감정은 생각과 신념 뒤에 따라오는 것이라는 견해이다. 우리는 대부분 우리가 생각하고 믿는 대로 느끼고 행동한다. 비합리적인 신념과 사고를 묘사하는데 있어서 거짓 신념(false beliefs), 오류 신념(misbeliefs), 역기능적 사고(dydfunctional thinking), 인지적 왜곡(cognitive distortions), 비현실적 사고(unrealistic thinkings), 부적절한 사고(inaccurate thinkings), 거짓말(lies)과 같은 다양한 용어가 사용되어 왔다(Bruce & Nellie, 2002).

즉 비합리적 신념이란 정신적, 심리적 장애를 초래하는 것으로 비실제적이고 비논리적이며 아무런 근거 없이 건전한 인간 행동을 하는 데 지장을 초래하는 신념이나 사고를 말한다.

표 16-2 앨버트 엘리스의 비합리적 신념

비합리적 신념	예
인정 욕구	나를 아는 모든 중요한 사람들로부터 사랑과 인정, 이해를 받아야만 가치 있는 사람이다.
의존성	내가 의지할 만한 강한 누군가가 항상 있어야만 한다.
지나친 타인 염려	사람이라면 다른 사람의 문제나 어려움에 대해 항상 신경을 써야한다
비난 경향	나에게 해를 끼치거나 악행을 저지르는 사람들은 반드시 비난과 처벌을 받아야 한다.
높은 자기 기대감	내가 가치 있는 사람이 되기 위해서는 모든 영역에서 완벽하고 유능하며, 적절한 성공을 거두어야 한다.
좌절 반응	일이 내 뜻대로 진행되지 않는다면 이는 끔찍스럽고 나는 아무런 가치가 없는 사람일 것이다.
완벽성	모든 문제에는 언제나 바르고 완전한 해결책이 있으며 내가 그것을 찾지 못하면 큰일이다.
정서적 무책임	인간의 불행은 외적인 조건(운명)에 의한 것이며 그것을 통제 할 수 없다.
문제 회피	삶의 어려움이나 책임은 직면하는 것보다 회피하는 것이 더 편하다.
무력감	개인의 과거 경험은 그 사람의 현재 행동을 결정하며 사람은 과거의 경향에서 벗어날 수 없다.
과잉 불안	위험하거나 두려운 일이 일어날 가능성을 늘 생각하고 있어야 한다.

〈출처 : Albert Ellis, A Garland of Rational Songs, New York : Institute for Rational Emotive Therapy ,1977 ; 박경애, p.75, 재구성〉

중요한 것은 우리가 사건이나 문제에 대한 대처 방안이나 반응하는 방식이다. 우리가 생각하고 반응하는 것은 우리의 생각에서 나온 반응이지 타인의 생각이나 반응이 아닌 것이다. 예를 들면 "난 형편없는 사람이야", "사람들은 날 환영하거나 좋아하지 않아" 등은 사실 그 사람들의 생각이 아니라 당신 스스로 내린 결론이며 생각인 것이다.

그림 16-2 당위적 사고에서 파생한 비합리적 생각의 요소

〈출처 : 심수명, 2004, 재구성〉

엘리스는 인간의 모든 정서적 장애가 내면의 한 가지 뿌리에서 나오는데, 그 뿌리는 바로 당위적 사고 때문이라고 하였다. 당위적 사고는 첫째, 자신에 대한 당위로서 "나는 반드시 훌륭하게 일을 수행해 내야 하며, 중요한 타인들로부터 인정을 받아야만 한다. 만일 그렇지 못하다면 진정 참을 수 없는 일이고, 잘못된 것이다"라는 사고이다. 이는 나 스스로 있을 수 없는 일이며 참을 수 없는 일이며 나는 하찮은 인간이라고 생각하는 사고이다. 둘째, 타인에 대한 당위적 사고로 타인은 반드시 나를 내가 기대한 만큼 인정하고 공정하게 대우해야 하며, 만약 그렇지 못하다면 그것은 견딜 수 없는 일이며 나는

그러한 상황을 참아낼 수 없다는 생각이다. 셋째, 세상에 대한 당위적 사고로서 세상의 조건들이 내가 기대하는 열매 혹은 결과물을 얻어야 한다는 왜곡된 신념을 가지고 있는 사고이다. 이러한 자기와의 대화(self talk) 즉, 내면의 독백, 자동적 사고, 인지)는 자신의 핵심 신념에 뿌리를 두고 있다. 이러한 핵심신념은 원가족(family of origin)에서 비롯되는 경우가 많다. 기독교인은 하나님과의 관계 회복과 말씀(성경)에 핵심 신념을 두어야 한다.

위에서 엘리스 이론의 당위적 사고와 합리적 사고가 기독교적 시작에서 볼 때(롬 8:7) 와는 다른 의미로 해석해야 할 것이다. 기독교적·성경적 관점에서 합리적 사고는 (막 7:20 ; 롬 12:1, 2 ; 엡 4:22~24)에서 찾아 볼 있다.

5) 비합리적 사고의 다양한 유형

그림 16-2 외에도 비합리적 신념의 유형은 아래와 같다.

① 부정적 여과

부정적 여과(부정적 사고, 염세주의)는 좋은 일이 일어난 것은 여가해 버리고 나쁜 것에만 초점을 맞추는 것을 말한다. 그것은 종종 자기 연민과 낮은 자존감, 열등감과 연결되어 있다.

② 긍정적 여과

긍정적인 여과 역시 현실을 긍정적으로만 보는 것이다. 이것은 종종 현실 부인과 현실 왜곡으로 이어진다. 현실을 있는 그대로의 이해가 아니고 여과해 버리는 사람들은 자기 자신과 다른 사람들을 잘못 이해하는 결과를 낳게 된다.

③ 인지적 왜곡

인지적 왜곡에는 표 16-3와 같은 것이 있다.

표 16-3 인지적 왜곡의 종류

	종류	내용	예
1	확대와 축소	잘못을 확대하거나 성공을 축소한다.	자녀들에게 소리를 지르다니 나는 정말 나쁜 엄마다.
2	평가 절하	성공이나 찬사에 대해 그 가치를 깎아 내린다.	내가 그 직장을 갖게 된 것은 운이 좋아서 그래.
3	파멸적 사고	가장 나쁜 일이 일어날 것이라고 예상한다.	나는 어젯밤 술을 너무 많이 마셨어. 난 가망 없는 알코올중독자가 될 거야.
4	개인화	다른 사람들이 관련된 어떤 부정적인 사건에 대해 비난을 스스로 받아들인다.	우리 가정의 모든 문제는 바로 내가 잘못해서 그런 거야.
5	과잉 책임	어떤 사건에 대해 지나치게 책임을 지려하며, 자신을 문제의 유일한 원인이라고 생각한다.	결혼 생활의 불행은 모두 나 때문이다.
6	자기 중심적 사고	모든 시각이 어린 아이처럼 편향성이 커서 자기 문제를 지나치게 크게 본다.	만일 내가 제대로 하지 못하면 사람들은 나를 실패작으로 생각할 거야.
7	이분법적 사고	모든 것을 절대적, 양극적, 흑백 논리로 바라보는 경향이 강하다.	완벽하게 잘 하지 못하면 나는 실패한 것이다.
8	과잉 일반화	나쁜 사건이 계속 일어나거나 항상 어떤 방식이 잔존해 있을 것이라고 추측한다.	내게는 항상 그런 일이 일어난다.
9	선택적 추상화	부분만을 선택하고 전체적인 그림을 보지 않는다.	나는 9개월 동안 맑은 정신이었는데, 요 며칠 수면제를 복용했다. 약을 끊으려는 시도는 실패했다.
10	감정적 논리	자신의 감정에 따라 생각한다.	나는 실패자처럼 느껴진다. 그러므로 나는 실패자다.
11	비약적인 결론	다른 사람의 인정을 받기 위해 독심술처럼 상대방이 나에 대해 생각하고 있을지도 모르는 것을 읽어내려고 지나치게 노력한다.	내가 기분이 좋지 않은 것을 사람들이 알고 있을거야.
12	낙인 찍기	제한된 지식에 근거하여 사람들을 분류한다.	그 사람은 거짓말쟁이야.

〈출처 : Albert Ellis, 박경애 역, 재구성〉

④ **합리정서행동치료 A-B-C-D-E 패러다임**

인지행동치료에는 여러 가지 형태가 있지만 합리정서행동치료(rational emotive behaviour therapy, REBT)가 가장 유명하다. 1960년대와 1970년대에 인지치료의 아버지인 엘리스가 창단한 것이다. REBT는 신념이 행동에 미치는 영향을 강조한 행동적 지시적이다. 엘리스는 처음에는 합리정서치료(RET)라고 명명했으나 그 이후 합리정서행동치료(REBT)로 명칭을 바꾸었다. 합리정서행동치료는 A–B–C–D–E 패러다임에 따라 움직인다.

A : 개인의 삶에서 일어나는 촉발적 사건(activating events)
B : A에 대한 신념과 사고(beliefs and thoughts)
C : B의 결과로 뒤따르는 감정과 행동(consequential emotions and behaviour)

A, B, C에 부가되는 것은 다음과 같다.

D : 비합리적인 신념 논박(disputing the irrational belief)
E : 그 결과로 뒤따르는 효과적인 새로운 인생철학(effective new philosophy of life)

엘리스의 비합리적 신념을 논박을 통해 합리적 신념으로 변화시키는 A–B–C–D–E 이론은 내담자의 잘못된 신념을 논박을 통해 합리적인 생각으로 바꾸어 주도록 하는 것이다. 이것을 그림으로 설명하면 아래 그림과 같다.

그림 16-3 합리정서행동치료의 A-B-C-D-E 패러다임

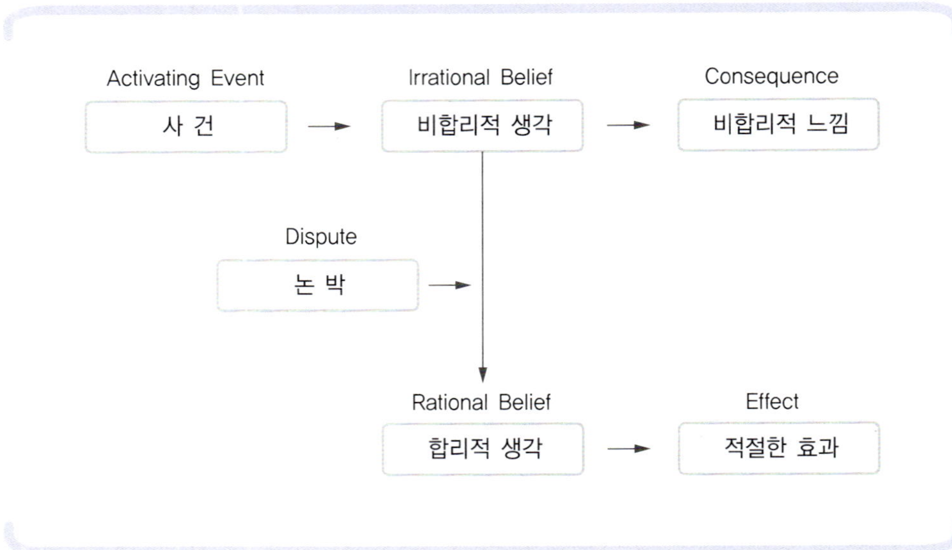

합리정서행동치료의 목표는 자기 파괴적인 관점을 최소화하고 삶에 대해 좀 더 현실적인 사고와 신념을 갖도록 돕는 것이다. 내담자는 합리정서행동치료의 패러다임을 통해서 합리적 사고와 신념을 어떻게 생각하여야 하는지, 즉, 비합리적인 신념을 분리하는 법을 배운다. 엘레스는 REBT의 건설적인 철학들은 무조건적인 자기 수용, 높은 좌절감, 인내, 무조건적인 타인 수용, 성취와 인정에 대한 욕구보다 정신 건강과 관련된 주요 종교의 관점과 일치한다고 말한 바 있다(Bruce Litchfield & Nellie Litchfield, 2002).

⑤ 논박하기

논박은 내담자가 자신의 신념뿐 아니라 그런 신념과 관련되어 있는 역기능적인 사고, 정서 및 행동들에 변화를 줄 수 있도록 고안된 적극적인 중재 혹은 개입 방법이다. 여기에는 다섯 가지 논박 전략이 있다.

첫째, 논리적 논박이다. 내담자들이 자신이 갖고 있는 비합리적인 신념의 부당하고 독

단적인 본질을 이해할 수 있도록 돕는다.

둘째, 경험적 논박이다. 내담자로 하여금 객관적인 세상을 보도록 하여, 세상이 내담자의 비합리적인 신념을 지지하지 않는다는 것을 수용하도록 돕는다.

셋째, 기능적 논박이다. 비합리적인 신념 그 자체가 내담자 자신에게 유해한 결과들을 가져온다는 것을 깨닫게 한다.

넷째, 발견적 논박이다. 내담자가 이전에 겪었던 일련의 상황 속에서 비합리적 사고로 행동한 것과 그로 인해 이득을 얻은 적이 있었다는 것을 깨닫도록 돕는 것이다.

다섯째, 합리적인 대안을 자극하는 논박이다. 내담자가 자신의 비합리적인 신념을 위한 합리적인 대안을 자신에게 말함으로써 심리적 고통을 감소시키고 바람직한 정서와 행동을 증가시키는 경험을 하게 할 수 있다.

⑥ 논박의 예

자기를 비하하는 사람에게 다섯 가지 전략과 논박 방식을 조합하여 논박하는 예는 아래와 같다.

표 16-4 자기 비하를 종교적 내용과 통합하여 논박하는 실례

	논박 전략				
논박 방식	논리적	경험적 증거	기능적	발전적/인지적 불일치	합리적 대안
교훈적	만약 당신이 하나님의 창조물이라면 자신에게 바보, 멍청이 등과 같이 모욕적인 표현들을 하는 것은 옳지 않다.	예수는 "지극히 작은 자 하나에게 한 것이 내게 한 것이라"(마 25:40)고 말씀하셨다. 이것은 예수님이 모든 사람들을 동등하게 여기신다는 것을 보여준다.	자신을 부정적으로 생각하면 당신은 하나님이나 교회가 더 싫어지고 십계명을 더 어기게 될 것이다.	예수님을 부인한 베드로도 하나님이 용서하셨다. 그러므로 그런 용서를 자신에게도 공평하게 적용해 보라.	베드로처럼 자신에게 다음과 같은 말을 계속 반복해서 말해 보시오. "하나님께서 내게 지시하사 아무것도 속되거나 깨끗하지 않다 하지 말라"(행 10:28)

소크라테스식	성경에는 "모든 사람이 죄를 범하였으매 하나님의 영광에 이르지 못하더니"(롬 3:23)라고 써 있는데, 어떻게 당신의 죄만 비난받아야 한다고 생각하는지 나는 이해할 수 없다.	죄인에 대해 예수는 어떻게 말씀하셨는가? 잃은 양, 잃어버린 동전 혹은 탕자에 대한 누가복음 15장의 비유를 보면 인간의 가치에 대해 어떻게 표현하고 있는가?	당신이 자신을 비하하면 그것은 하나님과 당신에게 어떤 유익이 되는가? 그렇게 하면 다른 사람들을 위해 더 기도하게 하거나 회개하게 하는가?	"너희 중에 죄 없는 자가 먼저돌로 치라"(요 8:7)고 예수님이 말씀하신 것을 믿는다면 왜 자신을 그렇게 비하하는가?	당신이 선하지 않다거나 가치 없다는 비성경적인 생각 대신에 자신에게 말할 수 있는 더 진실하고 성경적으로 옳은 말은 어떤 것일까?
비유적	하나님께서 히틀러와 같은 사람도 사랑하셨는데 당신이 지은 죄 때문에 당신을 사랑하지 않는다는 것은 말이 되지 않는다.	성경은 목자를 잃은 양을 항상 찾는다고 강조하고 있다. 예수님의 눈에는 우리 모두가 소중하다.	지옥에 있는 일란성 쌍둥이 중에 한 사람이 자신을 비하하고 있다면, 한 사람은 뜨거워 괴롭겠지만 다른 사람은 뜨거운데다가 자기비하 때문에 더 고통스럽고 힘들 것이다.	탕자가 아버지의 재산을 탕진하고 죄로 가득 찬 삶을 살았는데도 그 아버지는 여전히 성실한 큰아들만큼이나 그를 사랑했다. 이 일은 당신에게 어떤 암시를 주는가?	자기를 비하하는 대신 당신은 하나님에 의해 창조되었고 은혜로 구원받았다는 진실에 초점을 맞출 수 있다. 당신의 행동과는 전혀 상관없이 그렇게 할 수 있다.
치료자의 자기 노출	하나님이 나를 사랑하신다는 것을 알게 된 후 나를 너무 낮은 수준의 인간으로 평가하는 것이 옳지 않다는 것을 깨달았다.	만약 내가 완벽하게 행동한다면 하나님의 눈에 더 가치있게 보일 거라고 생각하곤 했다. 하지만 이런 생각을 지지하는 성경구절은 찾을 수 없었다.	선하지도 악하지도 않다는 구절(막 10:18)은 나는 선한 일도하고 하는 평범한 사람이라는 것을 일깨워 주었다.	어떤 일에 실패했을 때 내가 인간 이하의 존재라고 생각했다. 그러나 나를 위해 십자가에 돌아가신 예수님께서 나보다 내 가치를 더 잘 판단하실 것임을 알게 되었다.	내가 자신을 비하하기 시작할 때 나는 늘이 노래를 떠올린다. "예수사랑하심은 거룩하신 말일세 … 성경에 쓰셨네."
해학적	당신은 자신을 너무 가혹하게 대하고 있는데 하나님이 그 일을하도록 하는 것이 더 낫지 않을까요? 하나님도 할 일이 있어야 하지 않겠어요?	정말 재미있군요. 하나님이 당신을 비하하도록 명령하신 성경구절을 보여 줄 수 있겠어요?	만약 자기 비하가 그렇게 도움이 된다면 왜 하나님은 그것을 십계명으로 만들지 않았을까?	당신은 교회에 앉아 있으면서 딴 생각을 해 본 적이 있나요 ? 그렇다면 그것이 바로 당신이 전혀 가치 없는 인간이라는 것을 말해 주는 증거 아닌가요?	실수하거나 실패하면 하나님의 은혜를 경험할 더 많은 기회를 가지게 된다고 볼 수 있지요.

〈출처 : Nielsen, Johnson & Ellis〉

6) 합리적 사고

인지치료가들은 합리적 사고(rational thinking)란 자신과 타인들의 세상에 대해 정확하고 적절하게 사고하는 것이라고 정의를 내린다. 그것은 현실과 일치하고 상식적으로 통하는 사고다. 그러나 기독교적 합리적 사고란 성경적인 진리와 일치하는 것이다(Bruce & Nellie, 2002, 재구성).

기독교 상담에서의 내담자 시각은 즉, 인간은 진정 어디에서 왔는지, 누구인지, 하나님이 우리를 어떻게 바라보시는지 이해하는 것이다. 인간은 하나님의 현상으로 창조되었다는 사실과 하나님의 구속에 근거하고 있다. 그러나 기독교인 중 많은 성도들도 하나님의 관점보다 세상(마귀에 속함)적인 거짓말을 믿으면서 자기 자신에 대해 거짓신념을 갖고 있다.

성경은 그리스도 안에서 우리의 정체성은 하나님의 실제와 구속에 근거하고 있다. 이 진리를 믿는 것이 기독교적 인지행동치료의 핵심이 된다.

첫째 : 인간은 하나님의 형상에 따라 창조되었다.

둘째 : 우리 모두는 이 모습 이대로 무조건적인 사랑을 받고 있다.

셋째 : 나는 구속으로 인해 하나님이 보시기에 존귀하고 가치가 있는 존재다.

넷째 : 나는 하나님의 택하신 백성이요, 자녀로 입양되었다.

이러한 위의 내용과 성경에서 말씀하시는 칭의, 화해, 속죄, 갱생, 입양에 대한 진리를 믿는 것이 기독교적 인지행동치료의 합리적 신념(rational beliefs)이라고 할 수 있다.

> "주의 말씀은 내 발에 등이요 내 길에 빛이니라"(시 119:105)

> "너희 안에 이 마음(생각)을 품으라. 곧 그리스도 예의 마음(생각)이니"(빌 2:5)

"하나님의 말씀은 살았고, 운동력이 있어 좌우에 날선 어떤 검보다도 예리하여 혼과 영과 및 관절과 골수를 찔러 쪼개기까지 하며, 또 마음의 생각과 뜻을 감찰하나니 지으신 것이 하나라도 그 앞에 나타나지 않음이 없고 오직 만물이 우리를 상관하시는 자의 눈앞에 벌거벗은 것같이 드러나느니라"(히 4:12~13)

"지혜롭게 (건전한 판단으로) 생각하라"(롬 12:3)

"진리를 알지니 진리가 너희를 자유케 하리라"(요 8:32)

기독교적 인지행동치료의 합리적 핵심신념과 건강한 신념의 특징은 아래와 같다.

○ 성경의 진리와 일치해야 한다.
○ 우리 자신의 죄성과 우리 주변의 죄악됨에 정확한 분별력을 갖는다.
○ 세상적인 왜곡된 사고와 신념을 버리고 말씀(성경)에 중점을 둔다.
○ 자신과 타인에 대한 기독교적인 사고와 행동을 하도록 한다(Bruce Litchfield & Nellie Litchfield, 2002)

7) 기독교 상담과 인지행동치료의 발달

	인지치료	기독교 상담
자기 조절	즉각적인 만족을 얻고자 하는 것은 쉽게 훈련될 수 없기에, 그런 욕구들을 포기하고 매일의 생활에서 즐거움을 찾고 능숙한 방법으로 평생의 행복을 추구해야 한다.	하나님은 우리에게 어느 정도의 자유 의지와 자신을 존중할 수 있는 능력과 제어할 수 있는 힘을 주셨으므로 하나님의 도움으로 우리 자신을 훈련시킬 수 있다.
자기 수용	나는 무조건적인 자기 수용을 할 수 있고 나를 '좋은 사람'으로 간주할 수 있다. 왜냐하면 나는 살아 있는 인간이기 때문이다.	하나님은 자비로우셔서 죄인인 나를 항상 용서해 주며 더 이상 죄를 짓지 말라고 하신다. 하나님은 죄는 용납하지 않지만 죄인들은 받아들이신다.

인내	최악의 상황이라 해도 매우 불편할 따름이다. 두렵고 무서워할 것은 없다.	하나님의 도움으로 나는 최악의 스트레스를 극복할 수 있다.
타인 수용	모든 인간에게는 오류가 있을 수 있다. 나는 사람들이 실수할 수 있고 잘못된 행동을 할 수도 있다는 것을 받아들인다.	하나님께서는 나에게 네 원수를 사랑하고 선을 행하며 그를 위해 기도하라고 하신다. 그리고 자비로운 자에게 복이 있다고 하신다.
성취	나는 일을 잘 처리하고 나에게 중요한 사람들에게 인정받기를 좋아한다. 하지만 그것이 결코 내가 가치 있는 사람이라고 인정받기 위한 것은 아니다.	나는 하나님의 자녀이다. 하나님께 순종하고 헌신하는 것은 바람직하지만, 만약 주목할 만한 성취를 못했다 해도 나는 가치 있는 사람이다.
승인과 사랑 욕구	내가 중요한 사람에게 사랑받고 좋은 대인 관계 기술을 가지고 있으면 좋은 일이지만, 내가 그렇지 못하다 해도 내 자신을 수용하고 즐겁게 살 수 있다.	만약 온 세상을 얻고도 나의 영혼을 잃는다면 무슨 소용이 있겠나? 하나님이 나를 조건 없이 사랑하시기 때문에 나는 타인의 사랑이나 승인에 흔들리 필요가 없다.
책임감	어려운 일을 처리하고 책임을 진다는 것은 힘들지만, 그것을 무시하고 방치하면 결국 더 힘들게 된다.	하나님은 어려움과 책임을 져야 하는 일에 직면하면, 그것을 해결할 수 있는 길로 인도하신다.
의존	포용력 있고 신앙적인 사람들에게 위안을 받으면 좋지만, 의존할 필요는 없고 정신적 위안을 위해 나보다 강한 누군가를 찾을 필요는 없다.	나는 스스로를 도울 뿐 아니라 돌볼 수 있는 능력을 가지고 있으며, 또한 위로와 도움을 주실 하나님이 계신다.
과거의 교훈	나의 과거가 열악하고 왜고되었더라도, 지금 나의 예전 생각, 감정 및 행동들을 변화시킬 수 있다.	내가 하나님과 하나가 될 때 새로운 삶을 살 수 있다. 이제 옛것은 지나갔으니 새 삶을 선택하자.
삶의 위기 수용	인생이란 많은 위험, 불안 및 고통을 포함하고 있지만 그것들을 걱정할 필요는 없다.	하나님은 나와 함께 계시고 위험과 불안 및 고통들을 어떻게 다루어야 할지 알려 주신다.
불완전함	나는 잘 하려고 노력하지만 완벽하게 해야 한다고 생각하지는 않는다. 나의 불완전함을 수용하면서 최선을 다하겠다.	하나님은 나에게 완벽하게 되라고 강요하지 않으신다. 완전하신 분은 오직 하나님 한 분이시다. 나는 완벽보다는 탁월한 삶을 살 것이다.
심리적 혼란	불안과 우울 같은 혼란스런 감정들은 매우 불편하지만 그것이 두렵게 하거나 멍청한 사람으로 만드는 것은 아니다.	하나님은 불안 혹은 우울과 같은 혼란스러운 감정과 함께 나를 받아 주시고 문제를 성공적으로 해결할 수 있도록 도움을 주신다.

〈출처 : 심수경, 2004, 재인용〉

인지치료는 프로이트의 제자 알프레드 아들러(A. Adler)에 의해 1911년 심리치료에서 실질적으로 시작되었다. 아들러는 사람의 행동은 그 사람의 사고와 신념, 행동에 의해 형성된다고 결론 내리고, 인지치료의 주요 핵심인 사고가 감정과 행동을 낳는다는 이론을 발표하여 공식화했다. 이와 비슷한 이론인 대중적인 심리치료 모델인 합리정서치료

(rational emotive therapy)와 인지치료(cognitive therapy)는 1960년대와 1970년대에 행동주의 심리치료학파에서 등장했으면, 각각 앨버트 엘리스와 아론 벡이 창시했다. 엘리스는 정신분석만으로는 효과적인 치료가 되지 않는다고 생각했다.

이 두 연구가는 인지 재구성(cognitive restructuring)이라는 용어를 사용했는데, 즉 비합리적인 사고의 패턴을 합리적 사고 패턴으로 바꾸는 과정을 말한다. 그 이후 더 많은 연구가 이루어지고 수정되어 1970년대 후반에는 마이헨 바움(M. baum), 골드프리드(GoldFried), 켄달(Kendall), 홀론(Hollon)에 의해 인지행동치료가 소개되었다. 그 이후 일반심리학자들이나 기독교 상담학자들 모두 인지행동치료와 인지치료에 관한 많은 저서와 글을 썼다.

초기 많은 연구가들은 우울증과 불안증을 치료하는데, 인지행동치료를 특히 많이 사용했고, 매우 효과적인 적으로 밝혀졌다.

또한 그 이후 정서장애와 정신장애에도 광범위하게 적용·사용되어 왔다.

인지행동치료는 인지 재구성과 더불어 문제해결, 대처 전략, 의사소통 기술, 자기 주장 훈련, 모델링, 역할 놀이, 긴장 이완, 인정과 칭찬과 같은 다양한 개입 방법도 사용한다. 제이 아담스(권면적 상담)와 래리 크랩 역시 인지행동 접근법을 사용한 기독교 심리학자였다. 그들은 각기 다른 방식을 따랐지만 먼저 행동을 변화시키는 것이 올바른 접근이라고 믿었고, 선택·책임 도덕적 죄책감, 회개가 강조되었다.

맥시 몰츠비(M. Maultsby)는 엘리스의 합리정서치료(RET)를 자기 모델로 발전시켜 합리행동치료(rational behavour therapy)라고 불렀다. 이후 게리 스위튼(G. Sweeten)이 개발한 RCT(rational christian thinking)가 파생되었다. 윌리엄 백커스(W. Backus)의 오류신념치료(misbelief therapy)도 이와 유사하다. 마크 맥민(M. McMinn) 역시 기독교 인지행동치료를 촉진발전시킨 사람으로 잘 알려져 있다(Bruce Litchfield & Nellie Litchfield, 2002).

Chapter 17

성치유

1. 성과 영성

성과 영성(sexuality and spirituality)의 성적 타락은 개인과 가정과 사회를 멸망시킨다.

인간의 성(sexuality)은 단순히 육체에 국한된 것이 아니다. 그것은 영혼·육(이분설)을 동반하는 복잡하고 신비하며 규정하기 힘든 것이다. 인간의 영이 포함되는 것이다. 인간의 영은 우리 외부의 초자연적인 능력과 관계하며 우리의 가장 내밀한 존재이다. 여기서 말하는 영성(Spirituality)이라는 말은 하나님의 영이 인간의 영과 관계된 성경적인 의미가 아니라 인간의 영에 관련된 것이다. 많은 사람들이 성과 영성은 공통된 것이 거의 없다고 믿으며, 이 두가지 용어는 매우 다른 삶의 영역으로 종종 서로 갈등을 빚고 있는 것처럼 보인다. 강렬한 성적 느낌은 영성에 주된 적(敵)으로 인식되기도 한다. 반대로 영적인 사람은 성에 별로 흥미가 없을 것이라고 생각한다.

교회의 중요한 전통과 실수는 영지주의적인 이원론으로서 영성과 성을 분리하는 것이다. 이것으로부터 더 깊은 영적인 삶에 자신을 헌신하기 위해 성적인 것과 그와 관련된 관심사들로부터 충분히 자유케 되는 길은 오직 독신주의자가 되는 것이라는 개념이 발달되었다. 우리의 성이 하나님과 더 가까운 걸음을 걷고자 하는 열망과 갈등을 일으킬 수 있다는 것은 분명 사실이다. 그러나 성과 영성은 서로 다른 종류의 관계를 가지며 함께 공존하면서 풍요롭게 할 수 있다. 성치료(sexuality therapy)를 하는 과정에서 성에 대해 부각된 문제들이 영적 문제와 관련되어 있는 경우가 자주 있다.

성에 관한 언어와 영성에 관한 언어는 공통적인 면이 많다. 사랑, 헌신, 열정, 친밀감, 서약 등의 단어들은 매우 중요한 단어들이다. 에이브러햄 매슬로우는 사회에서 가장 건강한 사람들은 비록 반드시 종교인은 아니라 할지라도, 그들의 삶 속에서 심오한 영성적 감각을 갖고 있다고 했다. 성과 영성은 분명 밀접히 연계되어 있는 것으로 둘다 인간의 내밀한 핵심 즉, 정체감과 관계되어 있다. 그것은 우리가 누구인가 하는 것이다. 성은 남자와 여자로서 우리 자신과 관계하는 것이다. 성교는 두 사람 사이에 영혼과 영이 연결되는 것이다. 한몸이 되는 관계는 이것을 의미하는 것이다. 때문에 그리스도인의 성적 충족감이 비그리스도인의 성적 충족감보다 더 높아야 하는 모든 이유가 여기에 있는 것이다. 성이 우리의 삶과 우리의 가족생활에 그렇게 중요한 문제이기 때문에 또한 많은 문제들이 그것과 관련되어 있다. 성은 가족치료에서 두드러진 부분을 차지한다(Bruce Litchfield & Nellie Litchfield : christian counselling & family therapy, 재구성).

2. 순결성 유지 및 음행

"불의한 자가 하나님의 나라를 유업으로 받지 못할 줄은 알지 못하느냐 미혹을 받지말라 음란하는 자와 우상숭배 하는 자나 간음하는 자나 탐색하는 자나 남색하는 자나 도덕이나 탐람하는 자나 술 취하는 자나 후욕하는 자나 토색하는 자들은 하나님의 나라를 유업으로 받지 못하리라"(고전 6:9~10)

"음행과 온갖 더러운 것과 탐욕은 너희 중에서 그 이름이라도 부르지 말라. 이는 성도의 마땅한 바니라."(엡 5:3)

"모든 사람은 혼인을 귀히 여기고 침소를 더럽히지 않게 하라. 음행하는 자들과 간음하는 자들은 하나님이 심판하시리라"(히 13:4)

음행(fornication)은 결혼하지 않은 사람들 간에 자발적으로 이루어지는 성교를 말한다. 즉, 혼외 성 관계를 의미하는 외도를 포함하고 때로는 별개의 뜻으로 사용되는 포괄적인 용어이다.

신약에서는 혼외 성교를 금하고 있다. 혼전 순결 유지(음행을 피하는 것)를 의미한다. 이러한 혼전 순결 유지가 잘 지켜지지 않으나, 자신의 결혼이 좋은 출발을 하기를 원한다면, 혼전 순결은 필수적이다. 순결에 헌신하는 것은 하나님을 기쁘시게 하고 배우자에게도 더 깊은 존중심과 신뢰를 줄 수 있다(Bruce Litchfield & Nellie Litchfield).

3. 정상적인 성

하나님이 자기 형상 곧 하나님의 형상대로 사람을 창조하시되 남자와 여자를 창조하시고 하나님이 그들에게 복을 주시며 그들에게 이르시되 생육하고 번성하여 땅에 충만하라, 땅을 정복하라, 바다의 고기와 공중의 새와 땅에 움직이는 모든 생물을 다스리라 하시니라(창 1:27~28)

이러므로 남자가 부모를 떠나 그 아내와 연합하여 둘이 한 몸을 이룰지로다(창 2:24)

네 샘으로 복되게 하라 네가 젊어서 취한 아내를 즐거워하라 그는 사랑스러운 암사슴 같고 아름다운 암노루 같으니 너는 그 품을 항상 족하게 여기며 그 사랑을 항상 연모하라(잠 5:18~19)

음행의 연고로 남자마다 자기 아내를 두고 여자마다 자기 남편을 두라 남편은 그 아내에게 대한 의무를 다하고 아내도 그 남편에게 그렇게 할지라 아내가 자기 몸을 주장하지 못하고 오직 그 남편이 하며 남편도 이와같이 자기 몸을 주장하지 못하고 오직 그 아내가 하나니(고전 7:2~4)

모든 사람은 혼인을 귀히 여기고 침소를 더럽히지 않게 하라 음행하는 자들과 간음하는 자들을 하나님이 심판하시리라(히 13:4)

기독교인으로서 인간의 성이라는 주제를 생각할 때, 무엇이 정상(성경적인 정상)인지 분명히 이해하는 것이 필요하다. 너무나 많은 비정상과 무엇이 정상인지 혼돈이 난무한 세상에서 성경적인 정상(normal)에 대한 견고한 반석으로 돌아가야 한다. 대부분의 기독교인들은 그들의 성과 갈등하고 있다. 성적 문제에 있어서 어디까지가 정상인지 결정하기가 어렵게 되었다.

성은 창조의 부분으로서 하나님의 선물이다. 남성과 여성이라 하는 우리의 성은 뭔가 추가된 것이거나 죄성의 일부분 혹은 뭔가 수치스러운 것이 아니다. 남성의 성과 여성의 성은 하나님의 형상으로 창조된 것이다. 하나님이 주신 성은 영혼·육 전인이 연합하는 성교를 포함하고 있다. 이것이 바로 성경에서 말하고 있는 한 몸의 의미이다.

성은 경외심을 갖고 접근 해야할 필요가 있는 주제이다. 하나님이 성을 만드셨을 때 그분은 성이 보기에 매우 좋았다고 하셨다. 하나님은 새로운 피조물인 남자와 여자에게 하나님이 내리신 첫 명령은 그들의 성을 이행하라는 것이었다. 신약은 섹스가 귀하고 소중한 것 일뿐만 아니라 창조주의 의도를 따라 결혼 관계 내에서 즐길 때 가장 고귀하고 순결한 것이라고 가르친다(히 13:4).

성경에는 성적 행위를 묘사하기 위해 사용된 세 가지 주요 히브리어 단어가 있는데 첫째는 '들어간다(to go into)'는 단어로 남자의 씨를 여성의 난자에 수태시킴으로써 자녀를 잉태하기 위한 일관적인 목적으로 동침한다는 뜻이다(창 16:2). 둘째로 '함께 눕는다(to lie with)'는 단어는 두 사람 사이에 이루어진 육체적 성 행위를 말하는 것으로 섹스를 단지 지나가는 경험으로만 말하는 것이다(창 34:7, 39:7). 셋째로 '안다(to know)'는 단어는 성적 관계에 훨씬 더 깊은 의미를 부여하는 것으로, 서로를 정서적, 영적으로 깊이 아는 헌신된 앎을 포함한다(창 4:17, 25). 실제로 서로를 성적으로 아는 것은 사랑스런 예배의 행위이며, 남편과 아내의 친밀한 사랑의 행위이다.

〈출처 : Bruce Litchfield & Nellie Litchfield : christian counselling & family therapy〉

그러므로 성경은 하나님의 명령이고 결혼을 위해서만 의도된 것임을 분명히 하고 있다(히 13:4). 또한 하나님은 우리가 우리의 배우자에 의해 온전히 만족하라고 하셨다(잠 5:19). 인간의 타락 이후에 사탄은 남자와 여자에게 성적인 영역에서 수치감을 가져다 주려고 했다. 성경에서 수치감이 처음으로 언급된 것은 성과 관련된 것이었다. "아담과 그 아내 두 사람이 벌거벗었으나 부끄러워 아니하니라"(창 2:25) 성은 주로 육체적이고 현세적이다. 성경은 우리에게 부활의 몸을 입은 사람들은 결혼하지 않을 것이라고 말한다(마 22:29~30, 눅 20:34~36). 영혼으로 영구히 들어갈 관계는 영적인 것이다. 기독교 심리학자인 윌리엄 백커스(W. Backus)는 섹스에 대한 성경적 입장을 잘 요약했다(christian counelling & family therapy, 재구성).

○ 성경은 결혼 안에서 남편과 아내의 관계에서 성(性)을 허락하며 결혼은 하나님이 정하신 제도이다. 본질적으로 결혼은 삼중목적을 가진다. 즉 교제, 성취, 가정, 결혼의 목적은 창세기 1~3장에서 세워졌다. 결혼 내에서의 성적 관계는 단지 허락된 것만이 아니라 하나님이 명령하신 것이다(고전 7:1~5). 독신의 은사를 가진 사람은 자유롭게 주님께 전적인 헌신을 한다. 결혼하지 않은 사람들과 과부는 그들에게 독신의 은사가 있을 경우 바울의 전례를 따를 수 있다. 그렇지 않다면 그들은 결혼해야 한다(고전 7:33~35). 그리고 결혼의 언약은 결혼의 기초는 사랑이 아니라 언약적 맹세이며 언약은 구속력이 있다(계약과 다르다).

○ 성적 관계에서 배우자 각자는 상대방이 자기 몸을 내어 주어야 한다. 어느 쪽도 자기 몸을 이기적으로 사용해서는 안된다. 여기서 남녀간의 분명한 평등성이 있다(고전 7:3~4).

○ 특별한 목적으로 단기간 동안 상호 간의 협의에 의한 자발적인 성적 분리가 허용된다(고전 7:5).

○ 바울은 남자가 자기 욕망을 조절하기 어려울 때는 혼인을 해야 한다고 권고한다(고전 7:2~3).

기독 의료 및 치과협회의 "인간의 성에 대한 선언문"

1. 성교는 오로지 이성 간의 결혼을 위해 예비된 것이다.
2. 미혼 남녀가 성교를 하는 것은 하나님의 한계를 벗어난 것이며 죄를 짓는 것이다.
3. 자신의 결혼 배우자가 아닌 다른 사람과 성교를 하는 기혼자들은 하나님이 인증한 결혼의 연합을 모독하고 죄 가운데 있는 것이다.
4. 이성과의 섹스에 빠진 미혼자나 혼외 정사에 빠진 기혼자와 마찬가지로 동성에 빠진 동성연애자는 죄를 짓고 있는 것이다.

5. 우리는 포르노그라피, 강간, 근친상간 등 기독 결혼을 위한 성경적인 개념을 벗어난 기타 모든 형태의 성적 오용을 정죄한다.
6. 가정 생활 교육과 성 교육은 하나님이 부모에게 주신 책임이다. 교회의 과업은 부모들과 청소년들이 성경적 가치관의 맥락에서 그들의 성을 이해하도록 돕는 것이다. 이러한 점과 모든 다른 상황에 대한 성 교육은 위험한 행동에 대한 정보, 에이즈 및 다른 모든 성병의 확산을 막는 보호책에 대한 교육을 포함해야 한다. 그러나 교육과 보호책만으로는 에이즈의 확산을 막을 수 없을 것이다. 우리 사회는 결혼 전의 절제와 결혼 내의 정절을 실천해야 할 정서적, 철학적, 의학적, 사회적, 역사적으로 당연한 이유가 있다는 것을 이해하고 인식해야 할 필요가 있다.

4. 성경적 결혼의 의미

1) 떠남의 원리

성경은 부부 및 결혼에 대해 행복한 부부가 되기 위해서는 먼저 남자가 부모를 떠나, 아내와 연합하여, 둘이 한 몸을 이루고 친밀한 관계를 이루라고 말씀하고 있다.

"이러므로 남자가 부모를 떠나 그 아내와 연합하여 둘이 한 몸을 이룰지로다"(창 2:24). 성경은 부부의 시작을 떠남의 원리에서 신랑과 신부가 부모의 슬하를 온전히 떠나는 곳에서 시작한다. 자녀의 입장에서는 부모의 상처로부터 떠나지 못한 삶은 여전히 부모의 상처로 인한 기대와 부모와의 관계에서 영향을 받은 부정적이고, 전수되어지는 악습을 끊지 못하고, 배우자와의 관계에서 부모 관계가 개입되거나, 비교하게 되거나, 부모에게 정서적, 경제적으로도 의존하지 않고 부부 중심으로 살아 갈 수 있다. 부모를 존중하되 부모의 영향에서 벗어나 독립된 한 가정을 만들고, 부모로부터 정신적으로 독립이 되어야 하나님이 설계하신 결혼의 원리이다.

부부 관계에 있어 성경적 결혼의 원리의 첫 번째 원칙이 "부모를 떠나"이다. 성경은 하나님께서 설계하시고 계획하시는 결혼이 이루어지기 위한 첫 번째 과정이다. 부모를 떠난다는 의미는 부모의 입장에서 자녀를 떠나보내는 것은 자녀에 대한 인격적 존중이고, 부모의 역기능적 결혼으로부터 자유로울 수 있다. 그리고 독립된 가정을 이룰 수 있다. 이러한 떠남이 제대로 이루어지지 않는다면 자녀들의 결혼이 부모의 결혼과 함께 끊임없는 갈등과 혼란의 문제들 속에서 벗어나기 어려울 것이다.

자녀의 결혼이 성숙한 결혼으로 성장할 수 있도록 부모는 자녀를 떠나 보내고 자녀는 부모를 떠나야한다. 부부는 서로가 부모의 의견이나 기대에서 벗어나, 배우자의 의견을 더욱 존중하여 자신들의 결혼 생활이 주도적으로 이루어가는 것이 행복한 가정의 첫 출발이다.

2) 연합의 원리와 의미

"이러므로 남자가 부모를 떠나, 그 아내와 연합하여 둘이 한 몸을 이룰지로다"(창 2:24)

하나님께서 설계하신 결론은 부부가 서로 존중하고 의지하며 기쁠 때나 슬플 때나, 건강할 때나, 병들 때나, 부할 때나, 가난할 때나, 어떠한 환경과 상황에서도 서로 굳게 연합되는 것을 의미한다. 서로가 서로를 돕는 배필로서 연합하라는 의미이다.

"여호와 하나님이 가라사대 사람의 독처하는 것이 좋지 못하니 내가 그를 위하여 돕는 배필을 지으리라 하시니라"(창 2:18)

부부가 서로 하나되기 위해서는 아내는 남편에게 복종하며 남편은 아내를 사랑하라고 성경은 말한다.

"남편들아 아내 사랑하기를 그리스도께서 교회를 사랑하시고 위하여 자신을 주심같이 하라"(엡 5:25)

"아내들이여, 자기남편에게 복종하기를 주께 하듯하라. 이는 남편이 아내의 머리됨이 그리스도께서 교회의 머리됨과 같음이니 친히 몸의 구주시니라"(엡 5:22~23)

많은 그리스도인 부부들이 성경의 원리에 따라 행복한 결혼 생활을 만들어 가는 것이 아니라, 모두가 자기방식과 자기중심대로 살고 있기 때문에 매우 안타까운 일이다. 로렌스 크랩은 많은 사람들이 심지어 그리스도인 중에도 결혼에 관한 생각들 속에 그릇된 가치관과 철학 및 왜곡된 신념과 사고들에 대해서 다음과 같이 말하고 있다.

인간의 죄성은 행위뿐 만 아니라 왜곡되고 오염된 사고와 신념과, 감정까지 오염시키고 통제한다. 인간의 죄성으로부터 오는 죄의 뿌리를 새롭게 한다는 것은 그리스도인이라 할지라도 매우 어렵고 긴 회복(하나님과의 관계 회복)의 시간을 필요로 한다. 인간의 본성은 죄로 물든 죄성으로부터 잘못된 결혼에 대한 신념이 의식과 무의식의 영역에까지 침투하여 우리의 생각과 행동을 통제하고 있다.

우리의 자기 중심적 사고는 결혼의 부부 관계에서, 부부는 나의 요구와 필요를 채워주는 사람, 혹은 나를 사랑한다는 의미는 나를 위해 존재해야 하며, 우리의 행복을 위해 헌신해야 한다는 생각은 성경적이지 않다. 이러한 현상은 지극히 자기 중심적인 인간들의 왜곡되고. 죄로 물든 사고이다. 인간이 하나님을 떠나 하나님과의 관계가 붕괴된 후 타락한 이후 죄의 영향으로 사랑은 받는 것 이라는 생각을 하게 되었고, 결혼이 인간의 모든 필요와 욕구를 충족시킨다는 것은 큰 착각이다.

인간의 실존적 외로움이나 고독, 허무감, 상실감 등은 인간이 채워줄 수 있는 것이 아니라 하나님과의 관계가 회복되고, 하나님을 신뢰하고 의지할 때 채울수 있는 영적인 것이다.

3) 하나됨의 원리

(1) 하나됨의 의의

"이러므로 남자가 부모를 떠나 그 아내와 연합하여 둘이 한 몸을 이룰지로다."(창 2:24)

결혼한 부부가 서로 하나가 된다는 것은 성경에 따르면 아래와 같다.

"아내들이여 자기 남편에게 복종하기를 주께 하듯하라, 이는 남편이 아내의 머리됨이 그리스도께서 교회의 머리됨과 같음이니, 그가 친히 몸의 구주시니라."(엡 5:22~23)

아내가 남편에게 순종하는 것은 성경 말씀 위에 가정을 세우고 행복한 가정을 위한 하나님의 명령이다.

성경은 아내들에게는 순종할 것을 명령하셨고, 남편들에게는 아내 사랑하기를 그리스도께서 교회를 사랑하시고, 자신을 주심 같이 하라고 하셨다. 즉, 하나됨의 의미는 남편에게는 아내 사랑의 의무와 아내에게는 순종의 의무가 있음을 말하고 있다.

게리 콜린스(G. R. Collins)는 결혼 생활에서 부부의 갈등과 문제의 원인을 잘못된 의사소통, 자기 중심적 사고 및 행동, 대인 관계의 갈등, 왜곡된 성(性), 가치관, 경제, 종교, 역할, 친척. 직업, 자녀 등으로 보고 있다. 그 외에도 부부의 문제가 영적인 문제에서 오는 경우로 지적한다(심수명, 2003).

(2) 성적인 하나됨

성경은 부부의 성생활을 최초의 하나님의 명령이다, 라고 한다.

"생육하고 번성하고 땅에 충만하라."(창 1:27~28)

성욕과 음욕은 다르다. 그리고 성욕은 하나님이 주신 것이다. 그러므로 성경은

"음행을 피하라, 사람이 범하는 자마다 몸밖에 있거니와 음행하는 자는 자기 몸에게 죄를 범하느니라."(고 6:18)

"이는 세상에 있는 모든 것이 육신의 정욕과 안목의 정욕과 이생의 자랑이니라, 아버지께로 좇아온 것이 아니요. 세상으로 좇아온 것이다."(요일 2:16)

Chapter 18

용서치유

용서의 기쁨

손용환

용서의 반대말은 증오랍니다.
믿는 사람은 용서를 하고
믿지 않는 사람은 증오를 합니다.
증오를 하면 사람을 죽이고
용서를 하면 사람을 살립니다.
용서에는 사랑이 감추어져있기 때문입니다.

듣는 사람은 용서를 합니다.
남의 마음을 헤아리면 용서가 됩니다.
그러나 듣지 않는 사람은 원망만 합니다.
자기만 알아달라고 하기 때문입니다.
그래서 용서는 남을 온전히 받아들여야 하기에
결코 쉬운 것이 아닙니다.

용서를 하면 행복해집니다.
자기도 남도 해방시키기 때문입니다.
부족한 사람이 부족한 사람을 만나 용서하지 않으면

자기도 남도 감옥에 가두게 됩니다.

자기의 결핍을 인정하게 되면 남의 상처도 감쌀 수 있습니다.

나도 용서 받아야 할 인간이기 때문입니다.

겸손한 사람은 남을 용서합니다.

그는 자기의 약점도 볼 수 있기 때문입니다.

그러나 교만한 사람은 결코 용서하지 못합니다.

그는 자기의 약점을 볼 수 없기 때문입니다.

그에게는 감사함도 없고, 긍정도 없고, 희망도 없습니다.

단지 남의 탓만 있을 뿐입니다.

하지만 겸손한 사람은 남이 용서해달라고 하기도 전에 용서합니다.

그는 남의 잘못 속에 숨겨진 자기의 잘못도 볼 수 있기 때문입니다.

사랑이 없으면 용서도 없습니다.

용서는 망각도 아니고, 무시도 아니면, 덮는 것도 아닙니다.

그러기에 용서는 사랑할 때만 가능합니다.

사랑을 하면 섭섭함이 쌓이지도 않고 녹아버리기 때문입니다.

그리고 용서를 하면 또 하나의 용서를 낳습니다.

그런데도 난 용서해 주는 분량만큼 용서받는다는 것도 모르는 체 어리석은 인간이 되곤 합니다.

1. 용서와 치유

1) 용서의 정의

용서의 주제는 일반 학문적 측면에서도 지난 30년 동안 정신 건강계에서 큰 주목을 받아 왔고(Worthington, 2005), 현재까지 신학자들에 의해서도 큰 관심을 받아 왔다(Jones, 1995 ; Shults & Sandage, 2003).

용서(forgiveness)는 종교, 철학, 문학, 문화인류학 등 여러 문헌에서 자주 표현되고 논의되어 왔다. 또한 최근에는 법, 철학, 사회학, 정치학적 관점에서도 주요한 주제로 다루어지고 있다.

예컨대, '용서'는 깊고 부당한 아픔과 상처를 준 사람에 대해 갖는 부정적 판단, 감정, 행동 반응을 극복하고 상대방에 대해 긍정적 사고와 감정, 그리고 행동반응을 하는 것이다. 그리고 이를 객관적으로 측정하여 다양한 대인 관계에서 나타나는 정서적 갈등 및 상처 문제와 이에 대한 치유와 해결 방안에 대한 요구는 다양한 문화적 차이나 다양성을 초월해서 절실한 문제가 되고 있다. 용서는 다양한 대인 관계 갈등과 상처 경험으로 발생하는 부정적 반응을 극복하고 자아 성찰과 인간관계가 회복되고 성장·발달할 수 있도록 한다(김광수, 2008).

또한 용서는 자유에 이르는 길이라고 했다. 고대 문헌들을 보면 용서하기를 거절할 때의 비극적인 결과들과 용서한 결과 축복을 받은 이야기들을 우리는 종종 발견하게 된다. 마음의 상처를 입은 사람들은 상처를 준 사람을 원망하는 마음으로 인해 고통받는다. 그리고 어떻게 남을 용서해야 하는지, 배워야 할 사람이 있는가하면 하나님이 죄인인 우리를 어떻게 용서하시는가를 체험을 통해 깨닫거나 알아야 할 필요가 있다.

기독교인은 하나님의 은혜를 인식함으로 용서에 대한 이해를 깊이 간직한다. 우리는 하나님의 형상에 따라 창조하시고 관계하시기를 원하신다.

용서에 관한 성경적 가르침을 이해하고 순종하고 따를 때, 용서하지 못함으로 인해 발생하는 사람들은 영적으로, 또는 감정적으로 무력해질 뿐만 아니라 많은 문제들이 발생하게 된다. 용서는 잊어버리려 노력하거나, 망각하는 것이 아니다. 망각은 상처가 치유되고 용서가 이루어질 때 가능하지만, 용서는 상대방의 잘못은 눈감아 주는 과정이 아니다. 용서는 행동이며, 실천하는 것이고, 결단하는 사실인 것이다. 그러나 용서에 대한 학문적 연구와 정의를 한 학자들의 이론은 많지 않다.

성경에서 요셉은 자기를 시기하는 형제들이 그를 죽이려고 구덩이에 방치했지만 결국 이집트에서 권력의 위치에 올랐다. 몇 년 후에 형제들에게 복수할 기회가 있었지만 요셉은 그들을 사랑으로 용서했고 기꺼이 형제들을 받아드렸다.

또한 성경의 신약에서 아버지의 유산을 탕진하고 돌아온 탕자에 관한 이야기를 우리는 잘 알고 있다. 아버지는 아들의 패륜적이고 방탕한 아들의 삶을 무조건적으로(unconditioning love) 받아드린 아들에 대한 아버지의 용서의 사랑을 볼 수 있다. 현대철학에서도 용서에 정의를 논하고 있는데 영국의 철학자 조안나 노스(J. North)는 용서에 관해서 가장 잘 정의를 한 사람이다.

조안나 노스의 용서의 정의는 다음과 같다.

> 부당하게 상처를 받았을 경우 복수하고 싶어 하는 권리를 부정하는 심정에서 복수심을 극복하는 것이 아니라 가해자에게 열정과 자비 그리고 사랑을 제공하려고 노력함으로써 분노를 극복하려 한다면 용서가 가능하다. 이들을 용서할 때 우리는 용서하는 사람으로서 가해자들이 필히 그러한 선물을 받을 권리가 없다는 것을 알고 있다.

조나단 노스의 용서의 의미는 '필연적으로 자비를 받을 만한 가치가 없는 가해자에게 베푸는 관용이다.'라고 하였다.

역설적이고 비논리적으로 들릴지는 모르지만 용서는 매우 효과적이다. 예를 들어 "받은 것보다 주는 것이 더 큰 축복이다." 용서라는 것은 이미 일어난 어떠한 있는 그대로 수용하는 그 이상의 것이다. 그리고 분노의 감정을 초월하는 것이다. 그렇다면 용서가 아닌 것은 묵인하거나, 변명하거나, 잃어버리거나, 정당화 하거나, 합리시키거나, 덮어버리거나, 잠시 그것을 피해버리거나 하는 것 등이다(Rober, D, Enright 저, 2001 ; 채규만, 2004, 역).

용서의 심리학자 에버렛 워싱턴(Everett Worthington Jr)은 자신에게 깊은 상처나 잘못을 한 사람을 용서하는 "RECHE" 유형을 아래와 같이 주장하였다(Worthington, 2003, 재인용).

R : 상처를 상기 시키고
E : 공감하기
A : 용서라는 이타적인 선물이 있음을 깨닫는다.
C : 공개적으로 용서하기
H : 용서를 지속하기

〈출처 : Worthington, 2003, 전요섭, 박성은 역〉

2. 용서의 과정

용서를 증진시키기 위한 교육적, 상담적, 심리치료적 개입은 아동과 청소년, 대학생, 일반 성인, 노인, 그리고 성학대를 비롯하여 다양한 상처와 학대의 특별한 피해자들을 대상으로 이루어지고 있다. 지금까지 용서의 연구를 통해 밝혀진 용서의 효과를 살펴보면, 분노, 적개심, 우울증상, 다양한 유형의 상처를 준 사람에 대한 집착, 충동적인 행동, 피해의식 및 강박적인 사고와 행동 등이 줄어들고 자아존중감, 소망, 정서적 안정성, 신체적 건강, 분노감정의 절제 및 통제, 부부 관계 가족구성원 간의 갈등 관계 등의 성장이 증가하는 것으로 나타나고 있다(김광수, 2008).

용서란 우리에게 상처를 준 누군가에게 더 좋은 것을 주는 것이라고 말할 수 있다. 깊은 상처를 받았을 때 거의 대부분의 사람은 분노, 배신감, 적개심 등의 감정을 느낀다. 이것은 지극히 당연한 정서의 반응이다. 만일 이 시점에서 "왜 내가 용서의 과정을 시작해야 하는가?"라고 스스로에게 묻는다면 아래와 같은 동기들 중 한 가지를 선택해도 상관이 없다.

- 이러한 고통을 받은 것에 대해서 지쳤고 이젠 그 고통을 그만 받고 싶다.
- 그 사람이 계속해서 나에게 깊은 상처를 주도록 내버려 두고 싶지 않다.
- 만일 용서하게 된다면 기분이 더 좋아질 것이다.
- 용서한다면 아마도 신체적, 심리적으로 더 건강해질 것이다.
- 가해자가 나에게 깊은 상처를 주는데서 오는 즐거움을 더 이상 누리게 하고 싶지 않다.

3. 용서의 단계

1단계 : 분노 발견하기

자신의 분노하는 감정의 요인을 직면해 보고 어떤 느낌인지를 성찰해 본다.

- 분노 다루기를 피한 적이 있는가?
- 분노에 직면해 본 적이 있는가?
- 수치심이나 죄책감을 들어내는 것이 두려운가?
- 분노가 건강에 어떤 영향을 주는가?
- 상처나 가해자에게 집착하는가?
- 당신의 상황을 가해자의 상황과 비교하는가?
- 상처가 삶의 영구적인 변화를 일으키는가?
- 상처가 자신의 인생관을 바꾸는가?

2단계 : 용서하기로 결단하기

용서하지 않았을 때 나의 느낌은 어떤 것인지 성찰해 본다.

○ 지금까지 해왔던 모든 것이 효과적이지 않았던 것을 인정하기

○ 기꺼이 용서 과정을 시작하기로 결심하기

○ 용서하기로 결단하기

3단계 : 용서하기 위한 작업하기

용서하기로 결단하면 바로 실천에 옮긴다.

○ 이해하려고 노력하기

○ 열정을 갖고 노력하기

○ 고통을 수용하기

○ 가해자에게 선물 주기

4단계 : 감정적 감옥에서 해방되기

용서하지 못함으로 나에게 일어나는 부정적인 감정을 성찰해 보고 그러한 느낌에서 자유로워지고 싶다면 그 부정적 감정의 감옥에서 해방되도록 한다.

○ 고통의 의미를 발견하기

○ 용서의 필요성을 발견하기

○ 혼자가 아니라는 것을 발견하기

○ 삶의 목적을 발견하기

○ 용서하면서 얻게 되는 자유로움을 발견하고 느껴 보기

그림 18-1 용서의 단계

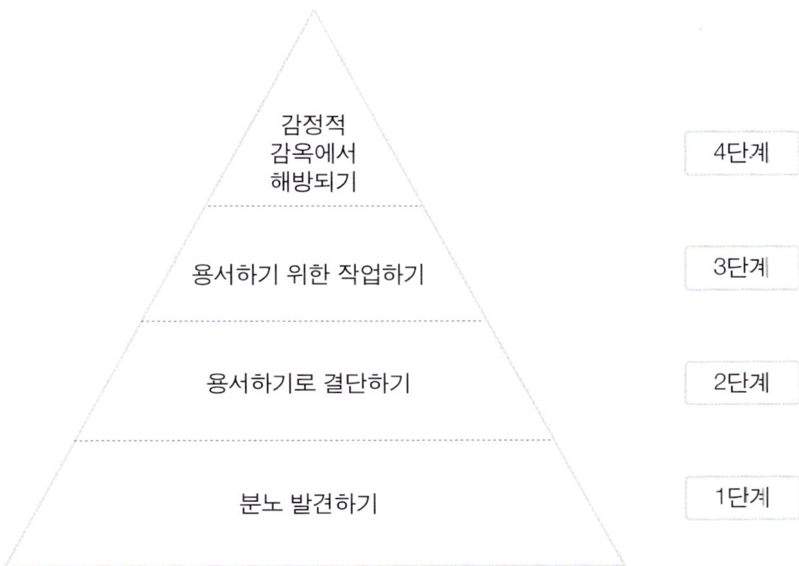

1) 용서를 위한 지침서

용서의 첫 단계는 당신이 화가 난(분노) 것을 명확히 인식하는 것이다. 어린 시절 성장 과정에서 학대받은 경험이 있는 사람들의 대부분은 학대받는 상황에서 벗어나지 못하고 있는 경우는 분노를 내면화시키고 지속적인 적개심과 낮은 자존감을 가지고 살게 하는 요인이 될 수 있다.

많은 사람들은 잊어버리는 것과 용서를 혼동한다. 공생적인 관계 안에 있는 사람들에게 용서는 종종 치료 과정에 필수적인 단계이다. 깊은 상처를 준 대상에게 품게 되는 분노와 적개심은 그림자처럼 반복적으로 분노와 관련된 문제들로 인하여 고통 받으며, 악순환 속에서 더 큰 상처로 자신의 삶을 분노와 고통 가운데 살아간다. 그리고 그 분노는 생을 통하여 지속적인 영향을 미칠 것이다. 어린 시절 부당한 대우를 받은 사람들은 (학대, 상처) 그 상처로 인한 분노가 죽음에 다다를 때까지 여전히 존재하는 것을 우리는 많이 볼 수 있다. 비록 어린 시절에 가해했던 사람들이(부모 포함) 이미 이 세상에 없다 할지라도 그들은 여전히 자신을 희생양으로 여기고 살아가게 된다. 심리치료자 주디스 월러스타인(J. Wallerstein)은 수십 년 전에 이혼한 가족구성원들을 연구한 결과 여전히 이혼과 관련된 정서적 고통을 갖고 있는 것을 발견하게 되었다.

> 10년 전 혹은 그 이상이 지난 후에도 여성의 절반, 그리고 남성의 1/3이 여전히 전 배우자에 대한 분노감을 느끼고 있었다. 그것은 그들의 감정이 변화지 않았기에 분노감은 계속되어 왔고, 때때로 자녀들에게도 강한 분노가 투사되고 있었다.

신학 교수인 루이스 스미드(L. Smedes)는 용서의 과정을 오랫동안 연구해 온 학자로서 "용서를 하고 수개월 또는 수년의 시간이 지나도 그 분노의 감정에서 완벽하게 해방되지 못한다."라고 말한다. "나는 당신을 용서합니다."라고 간단하게 말할 수는 없다는 것이다. 왜냐하면 용서는 시간과 과정을 필요로 하기 때문이다. 비록, 용서를 하고자 한다 할지라도 깊은 상처로부터 오는 분노의 감정들이 사라지는 데는 사람들의 자신의 감정을 이해하기 위한 과정과 경험이 필요하고 그것을 행동에 옮기는데 시간이 걸리기 때문이라고 말한다. 또 다른 의미로 용서는 자신의 상처를 정확하게 직면하는 것이다. 용서의 길을 걸었던 사람들은 용서가 모든 고통을 제거해 주는 것은 아니라는 것은 인정하지만 용서하고 난 후에 남은 고통은 겪지 않을 수 있게 된다. 용서를 하고 나면 분노나 복수심 때문에 상황들이 더 악화되고 자신에게도 더욱 고통스러운 시간이라는 것을 깨닫게 된다. 그 뜻은 용서가 용서하는 사람들에게 큰 이익이 되는 것에 대한 확신을 가질 수 있었다(Rober, D, Enright 저, 2001 ; 채규만 역, 2004, 재구성).

헨리 나우웬(H. Nouwen)의 *the wounded healer*에서 상처를 받고 자라도 그 상처가 치유되면, 다른 사람의 상처를 더욱더 공감하고 경청할 수 있는 능력을 갖게 되고,

그들의 치료를 도울 수 있는 상처 입은 치유자(a wounded healer)가 될 수 있다는 것이다. 상처 입은 치유자를 치유 받은 치유자(a healed healer)로써 한 걸음 더 성장하고 거듭나게 될 필요가 주장한다. 이를 위해서 우리는 혼신을 다해서 성장하고 성숙하고 훈련된 전문적 치유자(professional healer)로써 거듭나기 위한 기도와 용서하기로 결단하고 실천해야 한다. "우리에게 생명이 남아 있는 한, 우리는 혼신을 다해 배우기에 힘쓰며, 주어진 운명을 도전해 나아가야만 한다!"

윌슨(Wilson, 2001)은 내면의 깊은 상처는 보이지 않지만(unseen wounds) 육체적, 정신적인 상처보다 더 큰 영역에 치명타를 줄 수 있다고 한다. 상대방에게 가장 극도로 분노하고 상처를 주는 그 부분이, 바로 지금까지도 가장 처절하게 아파하고 치료되지 않아서 너무도 깊숙한 외상이 된 부분이, 내면에 그늘진 곳에 분노의 상처로 존재하기 때문이다. 상처받은 자들은 자신의 죄와 비탄한 상황을 변장시키려거나 회피하기 위해서 분노를 사용한다.

상처와 학대로 자란 부모 및 가족구성원들의 특징

1) 학대는 지극히 정상적인 것이다(abuse is normal)라고 무감각하게 받아들인다.
2) 학대는 정당화되어진다(abuse is justified).
3) 학대는 필요하다(abuse is necessary)고 생각한다.
4) 품행이 좋은 아이가 되려면 마치 자기의 집이 완벽한 가정인 것처럼 행동을 해야만 한다(being a good child means behaving as if this is a perfect family).

상처와 학대를 받고 자란 사람들은 계속적으로 다른 사람들에게 더 큰 상처를 안겨주며 더욱 포학한 학대를 가하게 된다(hurt and abused people hurt and abuse people). 이와 반대로 관심과 사랑을 받고 자란 사람들은 다른 사람에게도 많은 사랑과 관심과 섬김의 관계를 형성하면서 살게 되는 것이다(cared and loved people love and take care of people).

이러한 상처, 남용, 학대, 분노를 치료할 수 있는 방법은 이미 많은 것을 이 책에서 언급하고 다루었지만, 우리의 영원으로부터의 치료이며, 전인격적인 치료기법인 용서치료법(forgiveness therapy)을 소개하고자 한다. 엔라이트(Enright, 2001)는 용서는 하나의 선택이라고 주장하고 있다(forgiveness is a choice). 또한 용서는 분노를 해결해 줄 수 있고, 새로운 희망을 회복 시켜주는 하나의 단계화된 과정을 일컫는다.

2) 분노를 해결하는 용서

1) 당신이 용서를 한다면 당신의 치솟던 분노의 감정은 가라앉게 될 것이다.
2) 용서는 당신의 파괴적인 사고를 보다 평온한 사고와 더욱 건강한 사고로 바꾸어 주는 매개체 역할을 한다.
3) 당신이 용서를 할 때, 당신은 당신에게 상처를 준 사람에게 더욱 더 정중하게(civilly) 대해 주고 싶은 마음을 갖게 한다.
4) 다른 사람을 용서하는 일은 다른 사람들과 더 좋은 상호 관계성을 형성하게 된다.
5) 용서는 상처를 준 사람과의 관계성을 향상하도록 개선해준다.
6) 당신의 용서는 실질적으로는 당신에게 상처를 준 사람이 스스로 자신의 부정적인 행동(unfairness)을 깨닫게 해주며, 그러한 행동들을 중지하도록 단계를 밟아가게 해준다.
7) 당신은 용서한다. 왜냐하면 하나님께서 당신에게 그렇게 명하셨기 때문이다. 당신의 용서는 하나님의 사랑을 실천하는 삶을 표명해 준다.
8) 용서는 당신에게 상처를 준 사람들에게 향한 당신의 친절과 사랑의 행위이다. 이것이 하나님이 우리의 형제와 이웃에게 향하신 사랑인 것이다. 다른 사람들을 사랑하는 것은 자기 스스로를 해악으로부터 보호를 받게 되는 것이다.

라슨(Larsen, 1992)은 용서는 영적 현상(spiritual phenomenon)이다. 우리의 지성(mind)을 뛰어넘어서 더 넓고 깊게 깨달음, 영적 이해력(spiritual understanding)을 제공해 주는 원천이다. 그러므로 용서는 타인에게 주는 선물이 아니라 우리 자신에게 주는 영적 자유함(spiritual freedom)을 얻게 해주는 선물인 셈이다. 또한 용서는 의(결심)의 행위이다(an act of will). 이 결심은 당신을 희생자가 아닌, 승리자(주역)를 세워 줄 것이다.

4. 용서의 8가지 관점

용서는 치유의 필수 조건이며, 첫 번째로 결단하여야 할, 자신을 치유하는 치유의 시작이다. 누군가를 용서한다는 것은 결코 쉬운 일이 아니다. 과거로 돌아가서 과거를 분석하고, 탐색하고, 과거를 재조명하는 것은 용서가 아니다. 그렇다고 잊어버리려고, 덮어버리려고 노력하는 것도 용서가 아니다. 나에게 상처를 주었다고 생각하는 가해자를 처벌하거나 상대방이 용서를 구할 때까지 기다렸다가 용서하는 것도 용서가 아니다.

다음은 용서를 하기 위한, 용서의 8가지 관점을 살펴보면 아래와 같다.

용서의 8가지 관점을 용서하기로 결단하고 실천해 본다.

첫 번째 : "**용서는 나의 인격이다**(forgiveness is my personality!)."

용서를 많이 하면 할수록 자신의 인격이 그 만큼 성장했음을 시사해 주는 것이다. 더 많이 용서를 하면서 살수록, 더욱 풍요로운 자유와 평강을 위로부터 선물로 받게 되는 것이다.

두 번째 : "**용서는 나의 신앙이다**(forgiveness is my belief!)."

용서는 하나님의 명령이다. 너희가 용서하지 않는다면 천부께서도 너희를 용서하지 않으실 것이다. 주기도문에도 "우리가 우리에게 죄 지은 자를 용서하여 준것같이 우리 죄를 용서하여 주옵시고"라고 천명해 주고 있다. 우리는 용서의 단 천명 과정을 밟아서 용서를 해야 한다. 우선적으로 자기 자신을 먼저 용서해야 한다. 그리고 난 후 우리에게 죄 지은 자들을 진정으로 용서할 수 있다. 그러면 하나님도 우리의 죄를 용서하셔서 동이 서에서 멀 듯이 우리의 죄를 멀리하시며 기억도 하지 않으신다고 하셨다.

세 번째 : "용서는 주님의 마음이다(forgiveness is Jesus' Heart!)."

주님은 십자가에서 자신을 조롱하고 침을 뱉는 군병들까지도 용서하시고 그들의 죄를 용서해 달라고 하나님께 용서의 기도를 하셨다. 우리는 여기서 주님의 정신을 배우고 바로 행하여야 할 것이다.

1) 먼저 용서하고 끝까지 용서하시는 주님!
2) 먼저 사랑하고 끝까지 사랑하시는 주님!
3) 먼저 섬기고 끝까지 섬기시는 주님!
4) 먼저 인내하고 끝까지 인내하시는 주님!

네 번째 : "용서는 연습을 통해서 완성된다(forgiveness needs practice!)."

"practice makes perfect!" 세상 모든 일이 그렇듯이 수많은 연습과 연습을 통해서 한 분야의 전문가로 또는 내가 거듭나듯이, 이와 같은 반복적인 혼신의 연습 과정을 통해서 용서 실천(forgiveness practice)도 가능하게 된다.

다섯 번째 : "용서는 영혼을 치유하는 메커니즘이다."

진정한 용서는, 내 안에 있는 상처받은 또 다른 나(other-is)와 그늘에 가려진 분노와 상처(the shadowed anger of wounds)를 치료할 수 있는 하나님이 인생에게 주신, 가장 형용할 수 없고 한량없는 은혜(unmerited grace of the Lord God)이자 영혼의 치료제이다.

여섯 번째 : "용서는 오직 인간들만이 행할 수 있는 사랑의 실천이자 사랑의 열매이다."

오직 인간과 인간들 간에 용서를 통해서 아픔과 고통을 씻어 주고, 회복하고, 화해하여 다시 깨어진 관계를 형성해 가는 것이다. 이러한 관계 형성은 오직 한 공동체를 이루어 살고 있는 사회적 인간들(social people)만이 행할 수 있다. 또한 용서는 사랑의 실천이자 사랑의 열매이다. 용서는 내면 용서(internal forgiveness)에서 외면 용서(external forgiveness)로 표현되어져야 하며 실행되어져야만 한다. 말로만 끝나서는 안 된다는 의미이다. 그래야 우리는 용서를 통해 사랑의 실천을 행동으로 옮김으로써, 사랑의 열매를 맺으며 아름다운 사랑의 공동체를 만들어 갈 것이다.

일곱 번째 : "용서는 자신이 만든 감옥에서 길고 긴 수감 생활을 끝마치고 드디어 자신을 석방해주는 것이다."

이 해방을 통해서 우리는 참자유(true freedom), 참평화(true peace), 참은총(true grace), 참회복(true testoration)을 선물로 받게 된다. "자기 치유는 하나의 선택이다!(self-healing is a choice!)"다. 왜냐하면, 용서치유 또한 자기 치유(self-healing)의 한 부분이기 때문이다.

여덟 번째 : "용서는 심리치료의 종결이며, 악순환의 고리를 끊어주는 성령의 힘(the power of the holy spirit) 을 제공하고, 결국엔 성령의 열매(the fruits of the holy spirit)를 맺히게 한다!"

조엘 오스틴(Joel Osteen)의 통합적 잠재력 개발의 7단계

1. 당신의 비번을 확장하자! (enlarge your visions)
2. 건강한 자아상(self–image)을 개발하자! (develop a healthy self-image)
3. 당신의 생각과 말의 권능을 발견하자! (discover the power of your thoughts and words)
4. 과거에서 해방되자! (let go of the past)
5. 역경을 통해서 인내를 배우자! (find strength through adversity)
6. 베풀면서 살자! (live to give)
7. 행복하게 살기로 결심하자! (choose to be happy)

인생의 목표를 위의 7가지로 선정하고, 하루에 한 번씩 자신에게 의미를 부여하고 또한 의지를 갖고 실천한다면, 당신은 반드시 그렇게 살게 될 것이다.

기독교인은 하나님의 은혜를 항상 인식하고, 용서에 대한 깊은 이해를 간직한다. 성경은 완전하신 하나님에 의해 우리의 죄를 용서 받았고, 우리에게 죄를 행한 이웃과 형제자매를 용서하라고 한다(마 6:14~15, 18, 21~35).

이것은 죄를 범한 타락되고 죄에 빠진 존재인 사람을 우리 모두가 예외 없이 하나님의 사랑과 은혜로 구원을 필요로 하는 존재로 보고 서로 용서하고 사랑하라고 하시는 사랑의 하나님이시다.

Chapter 19

묵상치유

1. 묵상치유

묵상기도치유(meditation prayer therapy)는 자신의 왜곡되고 산만한 생각과 정서를 모아 주님과 성경 말씀에 더욱 집중하기 위한 기법이다. 즉, 부정적인 사고, 이상 행동, 정신장애, 죄책감, 반추적 사고, 수치심, 그늘에 가려진 분노(the shadowed anger), 한, 사랑 결핍, 열등의식과 어린 시절 성장 과정에서 미해결된 과제들로 인해 자신의 주의력이 방해를 받을 때, 우리는 자신을 인지하고(알아차리고, 인정하고, 받아들이고), 다시 주님의 말씀과 말씀의 정황을 상상해보고 더욱더 하나님께 집중을 모으는 것이 묵상기도치유의 주목적이다.

인간은 누구나 어린 시절에 부모와 양육자로부터 받은 학대와 차별 및 거부, 부모의 반복적 불화와 불안감, 형제자매 간의 갈등과 경쟁, 친족 간에 비교와 열등의식, 학업에서의 좌절과 패배 의식, 이성 간의 상처나 배신감, 육체적 장애나 질병, 직장에서의 좌절, 실직, 직장 동료와의 갈등, 사업의 실패와 경제적 파산 등은 현실을 살아가는 우리가 반드시 경험을 하며 넘어야 할 산이며 건너 가야 할 늪인 것이다. 이러한 부정적이고 왜곡된 받아들이기 싫고 피하고 싶은 사건들은, 필연적으로 직면하고 경험해야만 되는 삶의 한 부분인 것이다.

사람마다 이러한 부정적 사건과 불행을 경험하는 시기와 불행한 사건의 내용과 정도의 차이가 있지만, 대부분의 사람들은 삶의 과정 속에서 이러한 아픔, 고통과 역경을 겪으며 살아간다. 그럼에도 불구하고 인생의 아픔, 고뇌, 고통, 역경, 위기를 지혜롭게 인내하며 삶의 질을 향상시키고 비전과 목표를 향한 승자가 있는 반면에, 대부분의 사람들은 인생의 상처, 고통과 위기의 늪, 미분화된 자아, 미해결된 과제나 분노와 그늘에 가려진 분노(한) 속에서 인생을 허비하고 회피하고 고배의 쓴잔을 마시며 불행한 삶을 영위하는 길 잃은 양들로 살아간다.

이러한 심리적 상처와 갈등과 위기의 삶이 너무 깊이 뿌리를 내리면, 인간은 누구나가 여러 가지 심리적, 정서적, 육체적, 생리적, 행동적 변화를 초래하게 된다. 이러한 왜곡되고 변화된 심리적 장애로 인해 삶의 과정 속에서 겪게 되는 여러 가지 불행과 경험들은,

이상 행동과 정신장애를 유발시키는 주요 요인들이다.

이들을 치료할 수 있는 방법은 바로 주 예수 그리스도 중심화(Jesus central)이다. 이를 뒷받침해 줄 수 있는 한 예가 말씀의 묵상기도치유라 생각한다.

묵상기도치유법의 5가지 단계

1. 자신이 선호하는 성경말씀의 장, 절을 먼저 선택한다.
2. 선택한 성경의 장, 절을 저자의 입장에서 5번을 주의해서 눈으로 읽는다.
3. 성경 읽기를 할 때의 소리를 장엄하고 엄숙하고, 굵고 크게 10번 읽는다.
4. 다음은 낮고 부드럽고 다정다감한 속삭이는 음성으로 최대한 작게 10번을 읽는다.
5. 성령을 의지하고 말씀의 내용과 정황을 상상하면서 눈을 감고 묵상기도를 한다.

단, 묵상기도치유를 하면서 주의력이 흐트러지고 분산된다면, 단지 그것을 알아차리고, 다시 자신의 주의와 시선을 모아서 하나님 말씀에 집중하며 다시 묵상을 시도하면 된다. 이때 복식호흡을 활용해서 날숨과 함께 자신의 사념을 밖으로 내보내기를 하면 된다.

다음은 시편 1편과 시편 23편을 선정해서 묵상기도치유를 30분 동안 실시한다. 조용한 찬양이나 자연의 소리를 들으면서 실행해도 좋다.

시편 1편

복 있는 사람은 악인들의 꾀를 따르지 아니하며 죄인들의 길에 서지 아니하며 오만한 자들의 자리에 앉지 아니하고 오직 여호와의 율법을 즐거워하여 그의 율법을 주야로 묵상하는도다. 그는 시냇가에 심은 나무가 철을 따라 열매를 맺으며 그 잎사귀가 마르지 아니함 같으니 그가 하는 모든 일이 다 형통하리로다. 악인들은 그렇지 아니함이여 오직 바람에 나는 겨와 같도다! 그러므로 악인들은 심판을 견디지 못하며 죄인들이 의인들의 모임에 들지 못하리로다. 무릇 의인들의 길은 여호와께서 인정하시나 악인들의 길은 망하리로다.

시편 23편

여호와는 나의목자시니 내게 부족함이 없으리로다. 내가 나를 푸른 풀밭에 누이시며 쉴 만한 물가로 인도하시는도다. 내 영혼을 소생시키시고 자기 이름을 위하여 의의 길로 인도하시는도다. 내가 사망의 음침한 골짜기로 다닐지라도 해를 두려워하지 않을 것은 주께서 나와 함께 하심이라 주의 지팡이와 막대기가나를 안위하시나이다. 주께서 내 원수의 목전에서 내게 상을 차려 주시고 기름을 내 머리에 부으셨으니 내 잔이 넘치나이다. 내 평생에 선하심과 인자하심이 반드시 나를 따르리니 내가 여호와의 집에 영원히 살리로다.

참고문헌

국내 참고문헌

성경.

권정혜 외 공역. 2010. Jon G. Allen, Ph. D. 저. 『트라우마의 치유』. 학지사.

김광수. 2008. 『용서상담 프로그램』. 학지사.

김경수. 2010. 『성경적 내적치유』. 목양.

김명희. 2009. 『부모 교육과 상담』. 동문사.

강진령. 『상담심리 용어사전』.

김유숙. 2000. 『가족상담』. 학지사.

김영애 외 공역. Michael P. Nichols 저. 2008. 『가족치료』. (주)시그마프레스.

류창현. 2009. 『묵상치료』. 교육과학사.

류창현. 2009. 『최신분노치료-문제해결중심 및 심리사회대인 관계기술훈련』. 교육과학사.

박영남. 2008. 『목회자를 위한 정신의학』. 하나의학사.

송현복 역. Seamands, David A 저. 2011. 『상한감정의 치유』. 두란노.

심수명. 2008. 『건강한 교회를 만드는 상담목회』. 다세움.

심수명. 2004. 『기독교 상담과 인지치료의 통합적 접근 인격치료』. 학지사.

심수명. 2003. 『진정한 한 몸을 세우기 위한 부부치료』. 서로사랑.

유형심. 『임상목회상담』. 쿰란.

이관직. 2007. 『개혁주의 목회 상담학』. 대서.

이기춘 외. 1998. 『목회임상교육 원리와 실제』. 감리교목회상담센터.

이윤호 역. 찰스 H. 크레프트 저. 1995. 『깊은 상처를 치유하시는 하나님』. 은성

이정현 역. Mark E. Young 저. 2003. 『부부상담과 치료』. (주)시그마프레스.

오제은 역. John Bradshww 저. 2004. 『상처받은 내면아이 치유』. 학지사.

오제은 역. John Bradshww 저. 2006. 『가족』. 학지사.

전형준. 2011. 『성경적 상담과 설교』. CLC.

전요섭. 2007. 『기독교 상담과 신앙』. 좋은나무.

전요섭. 2009. 『성경에서 상담보기, 상담으로 성경보기』. CLC출판.

전요섭, 박성은 역. 2011. 『죄와 은혜의 기독교상담학』. CLC.

정동섭 외 역. 브루스 리치필드 저. 2002. 『기독교 상담과 가족치료』. 예수전도단.

정문자 외. 2007. 『가족치료의 이해』. 학지사.

장신목회 상담학회 엮음. 2003. 『일반상담과 목회상담』. 예영커뮤니케이션.

채규만, 마크맥빈 공저. 2001. 『심리학, 신학, 영성이 하나된 기독교 상담』. 두란노.

채규만 역. 2004. Robert D. Enright 저 『용서치유』. 학지사.

최규련. 2009. 『가족상담 및 치료』. 공동체.

한국 버지니아 사티어 연구회 역. 2004. Virginia Satir 저 『사티어 모델』. 김영애가족치료연구소.

국외 참고문헌

Abels, Sonva L. 2000. Spirituality in Social Work Practice. California: Love Publishing.

Anderson, Ray S. 1995. Self-Care: A Theology of Personal Wholeness and Spiritual Healing. Victor: Wheation.

Atkinson, David and Field, Daviod, 1995. New Dictionary of Christian Ethics and Patoral Theology. Downer's Grove: IVP.

Alberti, Robert E., & Emmons, Michael L. 1986. Your Perfect . San Luis Obispo, CA: Impact Publishers, I(nc..

Andreas, Connairae, & Andreas, Steve, (n.d.). Heart of the Mind. Moab, UT: Real People Press.

Anonymous. 1972. Differentiation of self in one's family. In family interaction, j Framo, ed. New York: Springer.

Andres, F. D. 1971. An introduction to family systems theory. In Georgetown Family Symposium, vol. 1, f. Andres and J. Lorio, eds. Washington, DC: Department of Psychiatry, Georgetown University Medical Center.

Anonymous. 1972. Differentiation of self in one's family. In family interaction, j Framo, ed. New York: Springer.

Alberti, Robert E., & Emmons, Michael L. 1986. Your Perfect . San Luis Obispo. CA Impact Publishers, Inc..

Andreas, Connairae, & Andreas, Steve, (n.d.). Heart of the Mind. Moab, UT: Real People Press.

Beackus, William. 2000. What Your Counsellor Never Told You. Seven Secrets Revealed. Minneapolis; Bethany Book House.

Bandler, Richard. 1985. Using Your Brain for a Change-Neuro-linguistic Programming. Moab: Real People Press.

Bandler, R and Grindler, J.l. 1982. Reframing. Moab: Real People Press.

Benner, David G. 1988. Psychotherapy and the Spiritual Quest. Grand Rapids: Baker.

Berkhof, Louis, 1974. Systematic Theology. Edinburgh: Banner of Truth Trust.

Barlow, D.H. and Durand, V.M. 1994. Abnormal Psychology. California: Brooks Cole Publishing.

Blackburn, Simon. 1994. Oxford Dictionary of Philosophy. Oxford: Oxford University Press.

Blatner, Adam. 2000. Foundations of Psychodrama. History, Theory and Practice. Fourth Edition. New York: Springer.

Bohart, A.C. and Todd, J. 1994. foundations of Clinical and Counselling Psychology. San Francisco: HarperCollins.

Breger, Louis. 2000. freud: Darkness in the Midst of Vision. New York: Wiley.

Brown, Steven and Lent, Robert. 2000. Handbook of counselling Psychology. Pacific Grove: Brooks/Cole.

Browning, D. 1987. Religious Thought and Modern Psychotherapies. Philadelphia: Fortress.]

Benner, David. 1997. Strategic Pastoral Cownselling. Grand Rapids: Baker Book House.

Bandler, Richard, & Grinder, John. 1979. Frogs into Princes. Moab, TU: Real People Press.

Berne, Eric. 1978. Games People Play. New York: Ballantine.

Berne. Eric. 1984. Wbat Do You Say after You Say Hello?. New York: Bantam Books.

Bettelheim, Bruno. 1980. Surviving and Otber Essays. New York: Vintage.

Booth, Leo. 1987. Meditations for Compulsive People. Deerfield Beach, FL: Health Communications, Inc.

Bowen, M. 1978. family therapy in clinical practice. New York: jason Aronson.

Bowen, M. 1966. The use of family theory in clinical practice. Comprehensive Psychiatry. 7: 354–374.

Bowen, M. 1971. family therapy and family group therapy. In Comprehensive group psychotherapy. H. Kaplan and B. Sadock. eds. Baltimore: Villiams & Willkins.

Bowen, M. 1974. Toward the differentiation of self in one's family of origin. In Georgetown Family Symposium, vol. 1, F. Andres and J. Lorio, eds, Washington, DC: Department of Psychiatry, Georgetown University Medical Center.

Bowen, M. 1975. Family therapy after twenty years. In american handbook of psychiatry, vol. 5, s.26.

Bowen, M. 1976. Theory in the practice of psychotherapy. In Family therapy: theory and practice, P.J. guerin, ed. New York: gardner Press.

Bowen, M. 1978. family therapy in clinical practice. New York: jason Aronson.

Bowen, M. 1966. The use of family theory in clinical practice. Comprehensive Psychiatry. 7: 354–374.

Bowen, M. 1971. family therapy and family group therapy. In Comprehensive group psychotherapy. H. Kaplan and B. Sadock. eds. Baltimore: Villiams & Willkins.

Bowen, M. 1974. Toward the differentiation of self in one's family of origin. In Georgetown Family Symposium, vol. 1, F. Andres and J. Lorio, eds, Washington, DC: Department of Psychiatry, Georgetown University Medical Center.

Bowen, M. 1975. Family therapy after twenty years. In american handbook of psychiatry, vol. 5, s.26.

Bowen, M. 1976. Theory in the practice of psychotherapy. In Family therapy: theory and practice, P.J. guerin, ed. New York: gardner Press.

Bruce Litchfield and Nellie Litchfield. 1992: 「Christian Counselling and Family Therapy」. 예수전도단

Berg, I. K. 1994a. A wolf in disguise is not a grandmother. Joumal of Systemic Therapies. 13:13–14.

Berg, I. K. 1994b. Family–based services: A solution–focused approach. New York: Norton.

Campolo, Tony. 1987. Seven Deadly Sins. Amersham–on–the–Hill: Scripture Press.

Carlson, N.R. 1995. Foundations of Physiological Psychology. Third Ed. Boston: Allyn and Bacon.

Collins, gary. 1991. Christian Counselling: A Comprehensive Guide. Rev. Ed. Waco: Word.

Collins, Gary. 1998. The Biblical Basis of Christian Counselling for People Helpers. NavPress.

Collins, Gary. 1973. The Christian Psychology of Paul tournier. Grand Rapids: Baker.

Corey. G. 1996. Theory and Practice of Counselling and Psychotherapy. fifth Edition. Pacific Grove: Brooks/Cole.

Crabb, Lawrence J. 1997. Connecting. Nashville: Word.

Crabb, Lawrence J. Jr. 1977. Effective Biblical Counselling. grand Rapids: Zondervan

Crabb, LJ. 1993. finding God. Grand Rapids: Zondervan.

Crabb, L. 1999. The Safest Place on Earth. Nashville: Word.

Crabb, Lawrence J. 1982. Understanding People. Melbourne: S. John Bacon.

Cunningham, Loren. 1984. Is That Really You, God? Grand Rapids: Chosen.

Collins, Gary. 1991. Christian Counseling. A Comprehensive Guide. Revised Ed. Dallas: Word. 「크리스탄 카운슬링」(두란노).

Collins, Gary. 1995. How to be a People Helper. seound Ed. Grand Rapids: NavPress. (Vision House). 「훌륭한 상담자」(생명의 말씀사).

Collins, Gary,. 1973. The Christian Psychology of Paul tournier. Grand Rapids:

Collins, Gary. 1998. The Biblical Basis of Christian Counselling for People Helpers. Grand Rapids: NavPress. 「기독교 상담의 성경적 기초」(생명의 말씀사).

Crabb, Lawrence J. Jr. 1977. Effective Biblical Counselling. Grand Rapids: Zondervan. 「성경적 상담학 개론」(아가페).

Christian Counselling and Family Therapy–Volume 6

First printed as part of Volume 3: 1993. Seventh Revision: May 2000

Capaccione, Lucia. 1988. The Power of Your Otber Hand. North Hollywood, CA: Newcastle Publishing Co., Inc..

Clarke, Jean lllsley, & Dawson, Connie. 1989. Growing Up Again. New York: Harper & Row.

Carter, E., and Orfanidis, M. M. 1976. Family therapy with one person and the family therapist's own family. In family therapy: Theory and practice, J.J. guerin, ed. New York: Gardner Press.

Carter, E., and Orfanidis, M. M. 1976. Family therapy with one person and the family therapist's own family. In family therapy: Theory and practice, J.J. guerin, ed. New York: Gardner Press.

Davidson, I. 1991.Here and Now: An Approach to Christian Healing through Gestalt. London.

Dawson, Joy. 1986. Intimate Friendship with God. New Jersey: Chosen Books.

Dawson, Joy. 1991. Some of the Ways of God in Healing. Seattle: YWAM. 「너희 중에 병든 자가 있느냐: 치유에 관한 하나님의 몇 가지 방법」(예수전도단).

de Shazer, S. 1987. Minimal elegance. Family Therapy Networker September/Octorber, 59.

de Shazer, S. 1988. Clues: Investigating Solutions in brief therapy. New York: Norton.

de Shazer, S. 1991a. Muddles, bewildement, and practice theory. Famoly Process, 30:453-458.

de Shazer, S., and Berg, I. K. 1993. Constructing solutions. Family Therapy Networker. 12;42-43.

Erickson, Millard J. 1987. Christian Theology. Grand Rapids: Baker.

Efan. J.m and Schenker, M. 1993. Constructing solutions. Family Therapy Networker. 12;42-43.

Fogarty, T. F. 1976. Systems concepts and dimensions of self. In family therapy: Theory and practice, P.J. Guerin, ed. New York: Gardner Press.

Fogarty,T. F. 1976. Marital crisis. In Family therapy: Theory and practice, P.J. Guerin, ed. New York: Gardner Press.

Fogarty, T. F. 1976a. Systems concepts and dimensions of self. In Family therapy: Theory and practice, P. J. Guerin, ed. New York: Gardner Press.

Fogarte, T. F. 1976b. Marital crisis. In Family therapy: Theory and parctice, P. J. Guerin, ed. New York: Gardner Press.

Fogarty, T. F. 1976a. Systems concepts and dimensions of self. In Family therapy: Theory and practice, P. J. Guerin, ed. New York: Gardner Press.

Fogarte, T. F. 1976b. Marital crisis. In Family therapy: Theory and parctice, P. J. Guerin, ed. New York: Gardner Press.

Fogarty, T. F. 1976. Systems concepts and dimensions of self. In family therapy:Theory and practice, P.J. Guerin, ed. New York: Gardner Press.

Fogarty,T. F. 1976. Marital crisis. In Family therapy: Theory and practice, P.J. Guerin, ed. New York: Gardner Press.

Grenz, Stanley and Olson, Roger, 1992. 20th Century Theology. God and the World in a Transitional Age. Downer's Grove: IVP.

Guerin, P. J., Fay, L., burden, S., and Kautto, J. 1987. The evaluation and treatment of marital conflict: Afour-stage approach. New York: Basic Books.

Guerin, P. J., fogarty, T. f., Fay, L. F., andKautto, J. G. 1996. Working with relationship triangles: The one−tow−three of psychotherapy. New York: Guilford Press

Guerin, P. J., and Pendagast, E. G. 1976. Evaluation of family system and geogram. In family therapy: Theory and practice, P. J. guerin, ed. New York: Gardner Press.

Kerr, M. E., and Bowen, M. 1988. Family evaluation. New York: Norton.

Guerin, P. J. 1971. A family affair. Georgetown Family Symposium, vol. 1, Washington, DC.

Guerin, P. J., Fogarty, T. F, Fay, L. f., and Kautto. J. G. 1996. Working with relationship triangles: The one−tow−three of psychotherapy. New York: Guilford Press.

Guerin, P. J., and Pendagast, E. G. 1976. Evaluation of family system and genorgram. In Family therapy: Theory and practice, P.J. Guerin, ed. New York: Gardner Fress.

Guerin, P. J., Fay, L., burden, S., and Kautto, J. 1987. The evaluation and treatment of marital conflict: Afour−stage approach. New York: Basic Books.

Guerin, P. J., fogarty, T. f., Fay, L. F., andKautto, J. G. 1996. Working with relationship triangles: The one−tow−three of psychotherapy. New York: Guilford Press

Guerin, P. J., and Pendagast, E. G. 1976. Evaluation of family system and geogram. In family therapy: Theory and practice, P. J. guerin, ed. New York: Gardner Press.

Kerr, M. E., and Bowen, M. 1988. Family evaluation. New York: Norton.

Guerin, P. J. 1971. A family affair. Georgetown Family Symposium, vol. 1, Washington, DC.

Guerin, P. J., Fogarty, T. F, Fay, L. f., and Kautto. J. G. 1996. Working with relationship triangles: The one−tow−three of psychotherapy. New York: Guilford Press.

Guerin, P. J., and Pendagast, E. G. 1976. Evaluation of family system and genorgram. In Family therapy: Theory and practice, P.J. Guerin, ed. New York: Gardner Fress.

Hart, Archilbald. 2000. "Looking to the Future." In Christian Counselling Connection 2000.1. Forrest, VA: AACC.

John Bradshaw. 1990: 「Home Coming:Reclaiming and Championing Your Inner Child」. 학지사. 오제은 역

McClung, Floyd. 1990. Holiness and the Spirit of the Age. Eugene: Harvest House.

McMinn, Mark. 1996. Psychology, Theology, and Spirituality in Christian Counselling. Tyndale.

Marshall, Tom 1983. Free Indeed. Tonbridge, Kent: Sovereign World.

Minuchin, s. 1974. Famolies and family therapy. Cambridge, Ma:Harvard University Press.

Michael P. Nichols·Richard C. Schwartz .2002: 「Family Therapy:Concepts and Methods」. 시그마프레스. 김영애외 옮김

Michael P. Nichols·Richard C. Schwartz .2004: 「가족치료:핵심개념과 실제적용」. 시그마프레스. 김영애외 옮김

Mark E. Young·Lynn L.Long .1998: 「Counseling and Therapy for Couples」. 시그마프레스. 이정연 옮김

Monica McGoldrick외 .2005: 「Genograms: Assessment and Intervention」. 학지사. 이영분외 공역

Nee, Watchman. 1968. The Spiritual Man. New York: Christian Fellowship Publications.

Nouwen, Henri. 1977. The Living Reminder. New York: Seabury Press. 「예수님을 생각나게 하는 사람」(두란노).

Nichols, M.P. 1987. The self in the system. NewYo가: Brunner/Mazel.

Nichols, M.P. 1999. Inside family therapyu. Boston: Allyn & Bacon.

Lasch, C. 1977. The culture of narcissism. New York: Norton.

Rogers, Carl. 1961. The Characteristics of a Helping Relationship. On Becoming a Person. san Fracisco: Houghton-Mifflin. 「카운슬링의 이론과 실제」(학지사).

Schaeffer, F.A. 1982. The God Who is There. Downers Grove, ILL: IVP.

Sevini Palazzoli, M., Boscolo, L., Cecchin, G., and Pratta, G. 1978. Paradox and counterparadox. New York:Jason Aronson.

Tim Sledge. 1992: 「Making Peace with Your Past」. 요단출판사. 정동섭 옮김

Van Duesen Hunsinger, D. 1995. Theology and Pastoral Counselling: A New Interdiscipinary Approach. Eerdmans.

Virginia Satir외. 2004: 「사티어 모델」. 김영애가족치료연구소. 한국버지니아 사티어 연구회 역

Watzlawick, P., Beavin, J., and Jackson, D. 1967. Pargmatics of human communication. New York: Nortun.

찾아보기

ㅇ

ㅈ

ㅊ

ㅋ

ㅌ

ㅍ

ㅎ

부록 : 전문용어 해설

가족상담·치료에서 빈번하게 사용되는 전문용어

가계도(Genogam) : 보웬 가족치료에서 많이 사용하는 기법으로 3세대 이상의 확대가족관계를 도표화한 것이다. 가족면담에서 수집된 복잡한 정보를 하나의 도표로 집약하여 가시화할 수 있기 때문에 치료자가 치료전략이나 가설을 설정하는데 도움이 된다. 또한 가계도는 가족구성원이 자신들을 새로운 시점에서 볼 수 있도록 도와줌으로써 치료에서 가족과 합류하는 중요한 방법이 된다. 이것은 공간과 시간을 통해 가족 문제를 추적하도록 돕는 체계적 관점을 만들어 내어 가족의 정서적 문제를 재해석하기도 하고 정상화할 수도 있다.

가족규칙(Family rules) : 잭슨(D. Jackson)에 의하면 가족은 규칙에 지배되는 체계다. 즉, 가족구성원은 조직화된 반복적인 방법으로 행동하여, 그러한 행동의 유형화가 가족생활을 지배하는 원리로 보여질 가능성이 있다. 그는 반복적인 가족 기능을 단들어 내는 가족이 공유하는 규범이나 가치관의 기제를 가족규칙이라고 정의하였다. 예를 들어, 어떤 가족은 의견의 불이치란 갈등이나 폭력을 증폭시킬 위협이 있다고 생각하여 의견불일치를 금지하는 가족규칙을 가지게 된다. 또 다른 가족은 친밀한 감정은 결코 표현되지 않는다는 가족규칙을 가질 수도 있다. 이러한 가족규칙은 가족구성원의 행동을 관찰함으로써 파악할 수 있다. 예를 들면, 의견의 불일치가 가족의 안정을 위협한다고 생각하는 가족은 어떤 희생을 하더라도 겉으로는 조화를 이룬 것처럼 행동한다. 그러나 가족규칙은 내저적인 불문율처럼 기능하므로 치료자와 달리 가족 자신들은 가족규칙을 찾아내지 못하는 경우가 닳다. 밀란모델의 가족치료에서는 가족규칙은 종종 가족이 어떤 의식으로 실행하도록 처방되기도 한다. 그러한 과정을 통하여 그와 같은 행동양상이 소멸된다고 보기 때문이다.

가족신화(Family myth) : 가족구성원 모두에게 받아들여지고 지지되는 가족의 믿음으로서,

정형화된 관계나 기능을 의미한다. 페레이라(A. Ferreira)는 가족신화란 가족의 살아 있는 동화집으로, 가족 어느 누구도 없애거나 버리려고 하지 않는다고 보았다. 한 가지 예를 들어 보자. 결혼은 서로에 대한 기대로 시작된다. 그러나 많은 부부는 이러한 기대는 반드시 충족되지는 않으며, 오히려 기대에서 멀어져 간다고 느끼는 경우가 많다. 이것은 부부가 '부부끼리는 비밀이 있어서는 안 된다'거나 '부부싸움은 불화의 증거이므로 이상적인 부부는 싸워서는 안된다' 등의 경직된 기대를 가지고 있기 때문인 경우가 많다. 이와 같은 비합리적인 생각을 가족의 신화라고 한다. 그러나 좋은 의미에서나 나쁜 의미에서나 가족신화가 결혼 생활을 지배하는 경우가 많다. 한마디로 말하면 신화는 독특한 주제나 암묵의 규칙이 공유된 명백한 환상이다 신화는 응집성과 안정을 보장하여 개인에게 방어기제와 같은 기능을 하기도 하지만, 청년기 자녀가 분리하는 것처럼 어떤 가족구성원이 체계에서 분리하려고 할 때 파괴적으로 작용하기도 한다.

가족위치(Constellation) : 토만(Toman)의 가족위에 대한 개념은 보웬이 출생순위가 가족에 미치는 영향에 대한 생각을 정리하는 데 상당한 영향을 주었던 것으로 알려졌다. 토만에 의하면 가족위치란 형제, 부부, 부모-자녀의 관계 유형을 의미하며, 이것은 성격과 사회적 행동에 커다란 영향을 준다. 그는 가족에 관한 비교연구에서 대부분의 가족은 자녀의 출생순위가 성격이나 가치관, 사고방식을 형성하는 데 영향을 준다는 사실을 밝혔다. 예를 들면, 맏아이는 자신에게 선악을 구별할 수 있는 능력이 있다고 생각하여 그것을 다른 사람에게 가르치거나 동생들을 돌보는 경향이 있으며 책임감이 강하다. 또한 맏아이는 부모의 대리역할을 하거나 삼각관계에 휘말리기 쉽다. 반대로 막내는 의존적이며 가족이 어떤 결정을 할 때 그에게 의견을 묻는 일이 적으며, 일을 솔선해서 하지 않은 경향이 있다. 또한 출생순위는 배우자의 선택에도 영향을 주며 가족 내의 규칙결정에 작용하기도 한다.

가족투사과정(Family projection process) : 보웬은 부모의 자기분화 수준이 자녀에게 전해지는 과정을 가족투사과정이라고 정의하였다. 그는 부모의 정서적 기능방법이 자녀 각각의 분화 정도를 결정한다고 했다. 가족투사과정은 어떤 세대의 충족되지 않은 분화에 의해 일어난 불안을 다음 세대의 희생에 의해 융해하려는 움직임이다. 가장 흔히 보이는 양상은 어머니가 정서적으로 자녀와 밀착되어 남편에게 무관심한 경우를 들 수 있다. 이와 같은 경우 일반적으로 어머니는 호의적인 자녀에게 많은 관심을 표현하게 되며 강한 융해가 이루어진다. 즉, 어머니의 불안은 융해된 자녀에게 지나치게 독점적이 되어 연합을 맺게 되며 이는 또 다른 불안을 유발하는 악순환을 초래한다. 일반적으로 맏아이는 가족투사과정에 희생되는 경우가 많다. 이는 어머니의 결핍이 장남에 의해 보충되기 때문이며, 다른 자녀는 휘말리지 않을 가능성이 높기 때문이다. 그러나 어머니의 분화 정도가 상당히 낮으면 다른 아이도 휘말리는 경우가 있다. 이와 같이 부모의 문제가 자녀에게 투사되면 극단적인 경우 정신분열증이나 자폐경향을 나타낼 수도 있다. 이처럼 가족투사과정을 통하여 어떤 자녀가 가족 때문에 증상을 나타낸다는 것을 설명할 수 있다.

거짓적대성(Pseudo-hostility) : 이러한 양상은 가족갈등의 극심한 것처럼 보이지만 사실은 단순히 표면적인 현상에 지나지 않는다는 것을 의미한다. 따라서 표면적으로 불안을 초래하는 파괴적인 요소이면에 가족끼리의 친밀함이나 애정이 잠재되어 있을 때 이를 애매하게 만든다. 거짓적대성은 가족이 서로 상처받기 쉬운 관계에 있는 상황을 그래도 유지하려고 한다. 윈(Wynne)의 임상적 견해에 의하면 가족은 상황에 따라서 거짓친밀성과 거짓적대성을 보이면서 그 균형을 유지하고 있다.

거짓친밀성(Pseudo-mutuality) : 거짓친밀성과 거짓적대성의 개념은 윈 등이 정신분열증 환자와 그 가족을 연구하는 과정에서 명료화된 개념이다. 그에 의하면 인간에게는 두 가지 상반된 욕구가 존재한다. 자기정체감을 유지하려는 욕구와 다른 사람과의 관계를 유지하려는 욕구다. 이것을 가족이라는 측면에서 본다면 자아정체감을 유지하려고 하는 욕구는 가족체계로부터의 분리, 독립을 의미하며 다른 사람과의 관계를 유지하려는 욕구는 가족에 대한 친밀감을 의미한다. 건강한 가족은 그와 같은 상반된 욕구를 잘다루지만 역기능적 가족은 균형을 유지하는 데 실패한다. 즉 두 욕구 중 한쪽만을 강조하여 다른 쪽을 은폐함으로써 갈등을 회피하려고 한다. 윈은 거짓친밀성이란 개인이 가족과 화합해야 한다고 생각하여 자아정체감의 획득을 희생해 가면서 가족이 보이는 일종의 표면적인 제휴를 의미한다. 이와 같은 거짓친밀성은 잠재된 분열이나 차이점을 애매하게 하며 감춰 버리거나 그것을 음미하거나 찾아내는 것을 방해한다. 왜냐하면 가족은 어떤 개인이 개별화하여 역할구조를 변화시키는 것은 가족체계에 대한 위협으로 간주하기 때문이다.

경직된 삼각관계(Rigid triad) : 미누친(S. Minuchin)에 의해서 만들어진 용어로, 신체화 증상을 가진 자녀가 있는 가족에게서 보이는 부모와 자녀의 위를 기술하는 용어다. 부모 하위 체계와 자녀의 경계가 확산되어 부모가 자녀를 둘러싼 경계가 부적절하게 경직된 것을 의미한다. 일반적으로 가족구조에서 경직된 삼간관계는 두 가지 형태를 추론할 수 있다. 첫째는 부부사이에 갈등이 있을 때 서로 자녀의 지지를 얻으려는 경우로 자녀는 어느 쪽 부모에게 충실해야 하는가 하는 갈등상태에 빠지게 된다. 둘째는 그 반대로 갈등의 회피에 의해 초래되는 것이다. 즉, 부모는 자신들의 갈등을 표면화시키지 않기 위해 자녀를 문제가 있는 자녀나 허약한 자녀로 부각하여 자녀와 지나친 교류를 가지는 것이다. 이와 같은 부모-자녀의 지나친 결속은 자녀의 자율적인 자아정체감 확립하는 데 필요한 발달을 방해하기 쉽다. 어느 쪽이든 부모는 자신들의 갈등을 회피하거나 왜곡하기 위하여 자녀를 이용하는 것이다.

구조(Structure) : 구조란 조합, 조직, 체계 등을 의미하지만 주로 부분과 전체나 부분 간의 관계를 문제로 삼는다. 가족치료에서는 가족 전체와 그 부분인 가족구성원의 관계에 초점을 맞추고 있다. 가족구성원은 각각의 기능을 수행하기 위해서 다른 가족구성원과 관계를 가진다. 이러한 관계는 그들이 가진 일정한 규칙에 의해서 규정된다. 치료자는 이러한 규칙을 명확히 함으로써 가족의 구조를 이해할 수 있다. 이 구조는 체계의 조직을 변화시킬 뿐 아니라 광범위한 변화를 일으킬 수 있다.

'나'라는 자세(Position) : 보웬에 의하여 정의된 이 개념은 개인이 자신의 감정에 의해서가 아니라 자신의 지성에 기초해 입장을 가지는 것을 의미한다. 그에 의하면 일반적으로 성숙한 인간은 감정과 지성의 분화가 충분히 이루어져 있지만, 치료에 오는 가족에게는 이것이 곤란한 과제다. 따라서 치료자는 치료 장면에서 가족이 다른 가족구성원의 정서적 압력에 직면하더라도 감정과 지성의 분화가 이루어지도록 가르친다. 가족체계 내에서의 분화를 유지하기 위해서는 나라는 자세가 필요하다.

다세대 전달 과정(Multigenerational transmission process) : 이 개념은 보웬 학파의 기초개념을 바탕으로 만들어진 것이다. 그는 다세대에 걸친 대가족을 하나의 체계로 보고 핵가족을 그 체계의 하위 체계로 생각하였다. 따라서 어떤 세대에서 자기분화가 충분히 이루어지지 않으면 그것은 반드시 다음 세대로 투사되어 다음 세대의 미분화 정도를 심하게 한다. 이것은 어떻게 한 가족 내의 자녀 중 어떤 자녀가 이성이나 감성의 분화 정도가 다른 자녀보다 낮은지를 설명할 수 있는 개념이다. 어떤 자녀의 자기분화 결여는 부모 세대에서 자녀 세대로 투사되면서 전달되는 과정을 통하여 분화의 차이가 증대된다고 보았다. 다시 말하면 자기분화가 불충분한 부모가 자녀 중 한 명과 공생 관계를 이루어 그 자녀의 자기분화를 억제하게 된다. 이렇게 본다면 정신분열증 환자의 낮은 자기분화는 몇 세대 전부터 전달된 역기능이 집약된 것이라고도 말할 수 있을 것이다.

동맹(Alliance) : 가족구성원이 서로와 결합 관계를 맺을 때, 제삼자와 대응 관계의 차이에 의해서 크게 두 가지로 구분된다. 하나는 두 사람이 제삼자와 공동의 이익이나 목적 때문에 이해를 같이하면서 제휴하는 것인데, 이를 동맹이라고 한다. 이것과는 달리 연합은 제삼자에게 대항하기 위하여 두 사람이 공동전선을 편다는 의미의 결합이다. 가족치료에 동맹의 개념을 도입한 윈에 의하면 두 사람 이상에 의해 맺어진 동맹은 자동적으로 체계 내의 다른 사람과의 관계를 분열시키게 된다. 상호 의존적인 여러 분야에서 체계 내에 동맹이나 분열이 생기면 다른 분야에 변화를 유발한다는 것이다. 치료자가 가족 중 한 명과 의도적으로 동맹을 형성하여 가족의 재구조화를 시도하는 것은 미뉴친이 자주 사용하는 기법이다.

밀착상태(Enmeshed) : 자녀가 어릴 때 부모-자녀 관계는 경계가 애매하고 서로 밀착된 경우가 많다. 이처럼 가족구성원 간의 경계가 불명확하여 침투하기 쉽고 유동적인 상태일 때, 가족구성원은 다른 가족구성원의 일부인 것처럼 행동한다. 이것은 물론 위장된 친밀함이다. 미뉴친은 가족체계가 하위 체계 사이에 애매한 경계를 가지고 있는 경우를 밀착상태라고 말한다. 이러한 가족체계의 특징은 각 개인의 문제가 자나치게 가족 전체에 영향을 주고 반응하게 된다는 것이다. 부모의 보살핌을 필요로 하는 어린 자녀의 시기를 벗어나도 가족이 극도의 밀착상태를 가지게 되면 자녀의 자립심을 저해하여 많은 문제를 유발하게 된다.

부모화(Parentification) : 부모화는 보스조르메니-내지(Boszomenyi-Nagy)의 맥락적 치료의 기본적 개념의 하나다. 부부 관계나 부모-자녀 관계를 맥락적으로 생각하면, 가족에 대한 충성심에 의하여 자녀가 부모에게 결여된 역할을 하려는 것은 당연한 것처럼 받아들여진다. 그러나 자녀의 지나친 부모 역할은 많은 문제를 일으키게 된다. 이처럼 부모화란 가족체계 속에서 자녀가 한쪽의 부모나 다른 형제에 대해서 부모가 하는 양육적 역할을 하려는 상황을 의미한다. 부모화를 하는 자녀는 성인처럼 행동하며, 정서적·육체적으로 약해진 부모를 보호하거나 위기에 빠진 부모의 부부 관계를 해결하려고 한다. 부모를 대신하는 역할은 부부사이의 갈등이 확산되는 것을 방지하는데 도움이 되기도 하지만 형제경쟁, 근친상간 등의 부작용을 동반하는 증상을 나타냄으로써 부모나 가족 전체의 안정에 공헌하려는 것과는 정반대의 현상처럼 보인다. 희생양의 자녀와는 달리 부모화된 자녀는 때때로 외부로부터는 좋은 인상을 받게 된다. 그러나 가족 내의 요구에 순응하여 가족의 중심이 되며 그것에 의해 가족의 안정을 지키려는 것에 지나지 않다는 점에서는 보면 기본적으로 희생양과정과 비슷하다.

분열된 부부 관계(Marital schism) : 리츠(T. Lidz)는 아버지의 역할을 가족의 부양, 그 밖의 가족에 대한 자신의 가족의 지위 확립, 신용이 확보, 다른 집단과의 사회적 상호 관계를 결정하는 것으로 보았다. 또한 어머니의 역할은 긴장의 조정, 가족 내의 욕구충족이라는 가족 내의 상호작용에서 찾았다. 이러한 역할기대에 대해 각각의 부모는 자신을 역할을 수행하는 것과 동시에 다른 부모의 역할을 보충하지 않으면 안 된다. 이를 위해서는 서로의 역할이나 목표나 동기에 대하여 공통의 이해를 가지지 않으면 안 된다. 리츠는 분열된 부부 관계는 상호 보완적인 역할이나 목적의 상보성을 달성할 수 없는 부부 관계를 의미한다고 했다. 이러한 부부 관계에서는 문제를 두 사람의 공통된 것으로 하거나 만족을 두 사람이 나누어 갖는 경우는 거의 없다. 부부는 각각 자신의 욕구나 목적을 추구할 뿐 아니라, 상대의 욕구는 거의 무시한다. 자녀에 대해서는 한쪽 부모가 다른 쪽 부모의 가치를 격하시켜 자녀의 충성심이나 애정을 차지하려고 싸우는 경향도 있다. 이것은 배우자로부터 얻지 못한 애정의 대용이 되거나 배우자를 상처주기 위해서다.

분화되지 않은 자아집합체(Undifferentiated ego mass) : 보웬의 초기개념으로, 특히 정신분열증 환자가족에게서 보이는 감정적으로 붙어있는 상태를 의미하였다. 현재는 가족구성원 간에 보이는 밀착상태나 자기분화가 결여된 상태를 기술하기 위해 상용된다. 보웬에 의하면 이 개념의 전제는 인간은 지적 체계와 정서적 체계라는 두 개의 기능을 가지고 있으며 이것을 나누어 사용하는 능력을 가지고 있는 것이다. 그러나 이 두 체계가 기능적으로 분화되지 않으면 행동이나 사고와 같은 지적 체계가 감정에 지배되어 어떤 불안에 대해 감정적으로 반응하게 된다. 가족의 경우 가족 내의 스트레스 수준이 높아지면 가족구성원은 감정에 좌우되어 서로의 언어나 행동에 감정적으로 반응하여 각각의 자아정체감이 애매해진다. 가족 내의 불안이 높으면 개인의 내부에서 정서적·지적 체계에 혼란이 일어난다. 그 결과 혼란이 다른 가족구성원에게도 파급되어 자아정체감과 경계가 흐려지게 된다.

사회퇴행(Societal regression) : 보웬에 의하면 개인에게 거짓연대감을 갖게 하는 사회작용으로, 이것은 융해를 조장하며 자기분화를 저해한다. 다시 말하면 불안상태가 계속되면 가족은 이러한 불안을 억제하려는 감성적인 부분이 활발히 움직여 지적으로 행동할 수 없게 된다. 이와 같은 결과는 증상을 유발하거나 가족의 기능을 퇴행시키게 된다.

삼각관계화(Triangling) : 보웬에 의하면 정서 체계에 있어서 기본적인 틀은 삼각관계다 학자들에 의하면 이자 관계는 상당히 불안정한 것으로, 지나치게 밀착하거나 그 반대로 소원하기 쉽다. 이와 같은 발안정상태를 피하기 위해 다른 사물이나 인물을 집어넣는 것을 삼각관계라고 한다. 사회심리학자인 하이더(Heider) 등의 균형 이론은 삼자관계의 문제를 가장 세련되게 표현한다는 평가를 받는다. 하이더에 의하면 A는 B와의 관계가 나쁘면 B와 사이가 좋지 않은 C를 사이에 끌어들여 안정을 가지게 된다는 것이다. A-B가 마이너스의 관계이며 B-C도 마이너스 관계이므로 A-C는 플러스의 관계다. 일상경험에서도 알 수 있듯이 이자 관계에서도 두 사람의 관계가 지나치게 친밀하거나 소원할 경우 균형을 잡고 체계를 안정시키지 위하여 제삼자를 끌어들이는 경우가 종종 있다. 특히 어떤 체계 내의 두 사람 간에 긴장이 생기면 세 번째 사람을 끌어들이게 되며, 긴장은 세 사람 간에 분배되어 완화된 것처럼 느껴진다. 단적으로 정의하면 이자 관계에 제삼자가 유입되는 과정을 의미한다. 이러한 삼각관계는 두 사람 사이의 긴장을 완화시키지만 동시에 의미 있는 무제해결을 저해하기도 한다. 그러므로 치료 과정을 통하여 탈삼각관화하는 것이 중요하다.

세대 간이 충성심(Intergenerational loyalties) : 보스조르메니 내지에 의하면 원가족이나 그보다 더 여러 세대에 걸쳐 조상에게 가지는 정서적인 관여나 의무감을 의미한다. 갓난아이의 의존심이나 부모에 대한 애착에 의해서 생득적으로 수직적인 충성심이 획득된다. 이러한 세대 간 충성심을 부정적으로 볼 필요는 없다. 왜냐하면 그것은 가족을 지지해 가는데 상당히 중요한 움직임을 하기 때문이다. 다만 집단을 유지하기 위하여 개인이 지불한 희생이 어디선가 보충되지 않으면 안 된다. 결혼은 그것을 위한 소중한 기회이지만 동시에 새로운 위기를 초래할 가능성도 있다. 결혼하면 수직적 충성심은 어른들 사이의 새로운 수평적 충성심과 새로운 균형을 이루지 않으면 안 된다. 부부가 자신들의 수직적 충성심을 이해하여 조정할 수 없을 경우에는 부부 간의 수평적 충성심에 왜곡이 생길 수도 있기 때문이다. 이처럼 충성심을 둘러싼 갈등은 부모-자녀 관계만이 아니라 부부 간에서도 중시되지 않으면 안 된다.

연합(Coalition) : 헤일리(Haley)는 삼자관계 속에서의 두 사람이 남은 한 사람에 대항하기 위하여 제휴하는 것을 연합이라고 하였다. 그는 이러한 연합은 체계 내의 균형 있는 세력 분배를 위해 작용한다고 보았다. 많은 가족치료자는 자녀에 대하여 부모가 연합하는 가족은 건강하다고 지적하였다. 한편 부모 중 한쪽이 지나치게 강한 세력을 가지면 다른 쪽 부모는 그 세력에 대항하기 위하여 자녀와 연합하게 될 것이다. 이처럼 부모와 자녀가 연합을 형성하는 것은 가족 병리의 특징이라고 본다. 부모-자녀의 연합 관계는 종종 부저오디거나 숨겨지는 경향이 있기 때문에 치료자는 주의 깊게 관찰하여 정보를 파악할 필요가 있다.

왜곡된 부부 관계(Marital skew) : 리치는 부부 중 한쪽이 상당히 의존적이고 그 배우자는 강하며 보호를 하는 경향이 있어서 부모처럼 존재하는 부부를 왜곡된 부부 관계라고 불렀다. 이것은 약자인 배우자가 강자인 배우자의 지배나 불합리성을 받아들이는 것처럼 보이는 표면적인 조화와 거짓 상보적인 관계를 지닌 부부 관계다. 분열된 부부 관계와 대조적으로 부부 중 한쪽은 다른 쪽의 자기애적인 욕구와 싸우는 것이 아니라 그것을 만족시켜 주는 것처럼 보인다. 그러나 리츠의 연구에 의하면 잠재적인 갈등을 위장하기 위해 느끼는 부분과 실제 행하는 것에는 모순이 있는 경우가 많으므로 이러한 부부 역시 장애를 가진 부부로 보아야 한다.

우회(Detouring) : 두 사람 간의 갈등을 제삼자에 의해 회피하는 삼자관계를 의미한다. 예를 들어, 자녀의 문제 행동을 부모 사이에 존재하는 갈등을 회피하고자 하는 숨겨진 움직임을 가진다. 구체적인 예를 들어 보자. 남편에 대하여 불만을 가진 아내가 남편에 대한 직접적인 불만을 표현하지 않고 공부하지 않은 자녀를 야단친다. 공부를 안하는 자녀에게 남편에 대한 대리적 분노를 느끼거나, 자녀에 대해서는 그다지 엄격하지 않은 남편에 대한 분노를 자녀에게 표현하는 것이다. 자녀는 상반된 부모의 태도 사이에서 어떻게 할 수 없는 상태가 되어 우울상태에 빠지게 되거나 문제를 일으키게 된다. 그러면 어머니는 자녀를 지나치게 걱정하며, 남편과 우울상태에 있는 자녀를 어떻게 할 것인가에 대하여 많은 의논을 하게 된다. 이런 과정을 통하여 표면적으로 부부 간의 하위 체계를 유지하는 것이다. 즉, 부모가 자신들의 갈등을 직면하는 대신에 문제 있는 자녀를 야단치거나 반대로 지나치게 보호하는 형태로 표현하는 것이다.

원가족(Family of origin) : 말 그대로 사람이 태어난 가족, 즉 자연의 생물학적 가족을 의미한다. 원가족의 개념은 보웬이 자주 사용하였다. 가작초리에서 원가족은 가족구성원이 자기가 태어난 핵가족에 지나치게 밀착하여 분리할 수 없는 것을 문제시한다. 또는 물리적으로는 분리하는 척해도 눈에 보이지 않는 곳에서 밀착 관계가 작용하는 정서적 의미도 포함한다. 임상에서 자주 볼 수 있는 것은 증상을 가진 자녀와 부모 사이의 문제는 부모가 자립하지 못하도록 하는 데 있다는 것이다. 치료에서 부부 관계에 주된 초점을 맞추는 경우 원가족으로부터 자기분화를 하도록 원조하는 방법을 자주 사용한다.

융해(Fusion) : 체계가 분화되지 않으면 다른 사람과의 관계에서 융해나 자기상실을 초래한다. 보웬은 한 사람이 다른 사람과 정서적으로 상당히 가까워 자신의 감각이나 경계가 다른 사람에게 의존하는 것처럼 보이는 경향을 융해라고 보았다. 융해의 특징은 개인의 지적·정서적 체계를 애매하게 하는 것으로, 자기분화와 대립된다. 즉, 지적·정서적 체계의 융해는 다른 사람과의 개별성이나 자립을 유지하는 능력을 저해시킨다.

자기분화(Differentiation of self) : 보웬은 자기분화를 자신이 속한 체계에 대하여 얼마나 자유로운가의 수준을 나타내는 용어로 사용하였다. 이 개념은 개인의 지성과 감정의 분화의 정도를 나타낼 수 있어 자칫 개인치료적인 색채를 띤다고 생각할지 모른다. 그러나 보웬의 가족치료는 개인치료와 체계론적 가족치료의 교량 역하를 한다는 평가를 받고 있다. 따라서 체계의 이해에서 개인의 이해의 방향으로 진행되고 있다고 표현하는 것이 바람직하다. 예를 들어, 개인의 지성과 감정의 분화도를 체계 내에서 다른 사람의 의존성과 관련시켜 설명할 수 있다. 즉, 개인의 지성과 감저으이 분화도가 낮으면 기존의 체계에 지배되며, 이에 따라 다른 사람과의 관계가 감정적이되어 불안이 강한 삼각관계를 형성할 수도 있다.

정서적 이혼(Emotional divorce) : 보웬은 부부 간에 정서적인 면에서 거리를 갖는 상태를 정서적 이혼이라고 하였다. 부부가 서로 상대에 대하여 불만을 느끼기 시작하면 결혼 생활이 무너질 것 같은 위협을 느낀다. 이때 아무런 개선책 없이 동거를 계속하면 많은 경우 어떤 화제나 일이 극도의 불안이나 정서적 반응을 불러일으키기 때문에 서로 말하지 않게 되며 거리를 가지게 된다. 심한 경우 부부는 서로를 피하게 되어 부부 관계나 공동의 활동이 감소하며, 정서적인 교류 역시 희박해지게 된다.

정서적 차단(Emotional cut off) : 보웬이 자주 사용하는 개념으로 한 개인이 원가족과 심한 정서적 분리를 나타내느 양상을 의미한다. 어떤 의미에서 정서적 차단 그 자체는 세대 간의 지나친 융해를 반영하는 것으로, 정서적 접촉을 피함으로써 불안을 감소하는 것이다. 차다에 의한 고립은 배우자와 같은 원가족 이외의 다른 사람과 강력한 융해를 일으키기 때문에 이러한 양상은 오래 계속될 수 없다. 따라서 가족치료에서는 가족에게 자신의 정서적 차단을 인식시키는 것이 중요하다.

탈삼각관계(Detriangulation) : 보웬이 자신의 치료 과정을 설명하기 위하여 만든 용어다. 그에 의하면 체계 내의 두 사람의 관계가 지나치게 밀접하거나 반대로 지나치게 소원하면 체계가 불안정 해지는데, 이때 제삼자 또는 다른 사물을 두 사람 사이에 넣어서 안정을 시도하는 삼각관계가 형성된다. 치료자는 현재 일어나고 있는 문제를 직접 취급하기 보다는 이러한 삼각관계의 과정을 지적함으로써 그것이 가족 문제의 역기능적 안정화에 어떤 역할을 수행하고 있는가를 가족에게 인식시켜 가족체계의 바람직한 변화를 얻을 수 있다.

하위 체계(Subsystem) : 가족체계의 기본적 구조단위이다. 가족체계는 부부, 부모-자녀, 형제 등의 여러 종류의 하위 체계로 분화도이 있어서 가족구성원은 가각 여러 하위 체계에 속하게 된다. 하위 체계는 전체 가족체계에는 통용되지 않은 별도의 상호 교류의 양상이 있다. 이를 통해 개인은 여러 가지 역할을 각각의 하위 체계 속에서 수행하고 있다. 모든 하위 체계는 자신만의 독특한 기능을 가지고 있기 때문에 각 하위 체계의 경계가 명확하지 않으면 안 된다. 경계가 명확하지 않으면 왜곡된 삼각관계나 부모화 등의 역기능적 결과를 초래할 수 있다.

환자로 지목된 사람(Identified patient) : 이 용어는 치료를 필요로 하는 가족구성원을 의미한다. 그러나 사티어(V. Satir)는 환자로 지목된 사람은 가족으로부터 문제라고 불리는 경우가 많다고 지적하였다. 가족치료에서는 IP라는 약자를 쓴다. 일반적으로 IP는 많은 것을 내포한다. 어떤 사람이 환자라는 꼬리표를 달게 되는 데는 가족이 어떤 역할을 하고 있다는 것을 암시한다고 볼 수 있다. 임상 장면에서 보면 가족이 환자라고 지목된 어떤 가족구성원에게 그들 나름의 병명을 붙이고 치료 기관을 찾아다니는 경우가 적지 않다. 따라서 이 용어를 사용할 때는 환자도 지목된 사람에게 초점을 맏추는 것이 아니라 그렇게 인식하고 있는 가족관계를 염두에 둘 필요가 있다.

희생양(Scapegoat) : 가족치료에서는 부모가 그들 사이에 있는 갈등이나 긴장을 해결하기 위한 시도로 다른 가족구성원에게서 문제를 찾거나 작은 문제를 과장하는 상황을 종종 볼 수 있다. 즉, 가족이 가족구성원 중 한 사람을 선택하여 그가 기능장애를 일으키거나 그것을 표면화하도록 조장하는 것을 희생양과정이라고 한다. 일반적으로 희생양의 대상으로 자녀가 선택된다. 부부 관계에서 생긴 부모이 스트레스를 행동화하는 방법으로 자녀가 우울증을 보이거나 비행을 하는 경우를 종종 보게 된다. 그러나 이러한 방법은 직선적인 인간관계에 기초한 것이므로 자칫 가해자인 부모와 희생양이 된 자녀라는 도식을 그려내기 쉽다. 따라서 희생양의 개념을 이해할 때는 가족역동의 체계적인 관점을 간과해서는 안 된다.

상담학, 심리학 전문용어 해설

가르시아 효과(Garcia's Effect) : 특정 음식에 대한 미각과 뒤따르는 결과(질병) 사이의 관련성을 학습하는 유기체의 능력. 먹는 행동과 이 행동의 결과 사이에는 일정한 인과관계가 존재한다.

가면성 우울증(Masked depression) : 심리적 우울 증상들이 신체증상으로 위장되어 전혀 노출됨이 없이 신체증상으로만 표면에 나타나 진단조차 어렵게 하는 우울상태. 우울증을 겪고 있는 사람들 중에는 일반적으로 슬픔을 그대로 호소하지만, 가면성 우울증의 경우에는 심리적 증상에 대한 자각이 없이 신체증상만이 표면에 드러나게 되어 병원을 찾게 되는 것이 주요 특징이다.

가소성(Plasticity) : 유전과 환경이 발달에 미치는 영향 중 환경적 경험에 의해 발달이 촉진될 수 있는 가능성.

가역성(Reversibility) : 반환성과 상보성을 포함하는 논리적 조작 장 삐아제(Jean Piaget)가 사용한 용어로서 반환성(inversion)은 변형되었던 사물이 처음에 가하였던 조작을 반대로 하게 되면(철회하면) 원래의 형태로 되돌아오는 현상인 반면, 상보성(compensation)은 2가지 특성을 상호 비교하고 그 관계를 통합하는 조작을 말한다.

가정폭력(Domestic vioence) : 가족이라는 구조에서 발생하는 다양한 형태의 공격적 행동 또는 학대. 일반적으로 남성이 가해자, 힘이 약한 여성이나 어린이, 노약자 등이 피해자가 된다. 흔히 남성이 여성에게 가하는 신체적 폭력만을 생각하기 쉬우나, 형법에는 상해, 폭행, 유기, 학대, 아동혹사, 체포, 감금, 협박, 명예훼손, 모욕, 주거 및 신체 수색, 강요, 공갈, 재물

손과 등과 같은 행위들이 모두 포함된다고 명시되어 있다.

가족(Family) : 출생(birth), 결혼(marriage), 또는 입양(adoption)에 의해 관계가 형성되어 한 가구 내에 함께 거주하는 둘 또는 그 이상의 사람들의 집단. 일정한 세월을 거쳐 형성된 문화나 관습을 바탕으로 고유한 특성, 즉 가족구성원 간의 규칙, 역할, 세력, 구조, 의사소통 유형을 발전시켜 왔고 공동체적 성격을 지닌 사회체제를 말한다.

가족구도(Family constellation) : 가족 내에서 부모, 부부, 자녀, 형제 관계의 유형. 개인심리학의 창시자 알프레드 아들러(Alfred Adler)가 한 가족 내에 자녀들의 출생순위, 즉 첫째, 둘째, 중간, 막내, 그리고 외동이와 성격특성과의 관계를 설명하기 위해 창안한 용어다. 아들러는 출생순위가 개인의 가치관과 사고방식 형성에 영향을 주어 출생순위에 따라 성격적 특성과 사회적 행동이 다르게 형성된다고 주장하였다.

가족대처(Family coping) : 가족의 스트레스 요인 제거, 가족 내부의 갈등 해결, 가족적응 촉진에 필요한 사회적·심리적·물적자원의 획득·개발을 위한 개인이나 가족 단위로서의 행동적 적응, 가족대처 능력을 향상시키기 위해서는 가족구성원들의 역할 분담, 가족구성원들의 유대 강화, 적응능력과 같은 가족 내부자원의 강화와 개발, 친인척

가족생활구조(Family life structure) : 가족구성원들이 가족 내에서 공동생활을 하며, 각각의 지위에 따라 역할이 배분되어 생활에 체계가 형성되어 각각의 가족이 의식주, 의사소통, 문제대처 및 해결방법 등 일상생활에서 독특하게 형성되어온 행동 양식.

가족생활 주기(Family life cycle) : 시간의 흐름에 따라 형성·변모해 가는 가족 발달의 단계, 정서발달의 기본단위이면서 전형적인 가정의 모습에 기초선(baseline)을 제공하고, 독특한 단계와 경과를 포함하고 있어서 가족구성원 개개인의 움직임과 상호 관계를 이해하는 준거틀로서 활용된다. 이는 개인과 가족을 둘러싼 체계와 관련되므로 시대적·사회적 배경에 따라 달리 정의된다. 가족생활 주기를 거치게 되면서 가족은 각 단계에서 요구되는 발달과제를 해결해야 한다.

가족스트레스(Family stress) : 가족이 기존의 역할 체계나 문제해결 능력으로는 대응할 수 없을 정도로 가족생활 체계에 변동을 초래하는 심리적 원인. 즉, 가족에게 자극요인이 발생하여 종래의 생활양식을 혼란시키고 기존의 대처양식이나 문제해결 방식으로는 더 이상 평

형유지를 할 수 없는 위기에 도달하는 상황과 이를 극복하려는 노력 및 그 결과를 포함하는 과정을 말한다.

가족의식(Family ritual) : 세대를 통해 전수되어 온 가족구성원들 사이의 상호작용 과정. 가족문화의 핵심요소이면서 가족의 질적 측면의 측정요소로, 세대 간의 연관성을 제공하고, 가족의 삶의 과정에서 발달상의 연결고리를 제공한다.

가족 조각(Family sculpture) : 가족구성원 중 한 사람이 자신을 중심으로 다른 가족구성원들을 일정한 공간에 배열한 후, 마치 조각품처럼 무언의 자세를 취하게 하여 가족관계나 상호작용의 형태를 이해할 수 있는 가족치료기법.

가족지도(Family map) : 면담을 통해 가족 내의 세력 관계, 의사소통 방법, 정서적 특성 등을 도식화하여 가족의 복잡한 문제를 단순화시킬 수 있게 가족구도를 부호로 표현한 도면.

가족체계(Family system) : 개인의 행동은 환경의 역동성을 반영한다는 가정 하에 가족구성원 개개인보다는 개인을 둘러싼 가족이라는 맥락을 강조하는 개념.

가족치료(Family therapy) : 가족을 하나의 체계로 보고 체제적 관점에서 가족을 이해하려는 입장을 취하며, 문제를 지닌 가족구성원(IP)이 다른 가족구성원(들)과의 관계를 형성·유지하는 방식에 초점을 맞추고, 상호 교류 양상에 개입하여 증상 완화나 행동 변화를 통해 가족구성원 전체의 변화를 가져오게 하는 조력방법.

가족화(Family drawing) : 문제를 지닌 가족구성원(IP)에게 가족을 그림으로 표현하게 하여 그의 관점에서 본 가족의 형상(image)과 가족구성원 전체의 상호작용을 파악하고 이해하기 위한 가족치료의 기법.

가치조건화(Conditions of worth) : 칼 로저스(Carl R. Rogers)가 주장한 개념으로, 어린 시절 약한 존재로서 영향력이 큰 부모나 보호자로부터 긍정적 자기존중을 얻기 위해 노력한 결과로 개인의 가치가 내면에 형성되는 현상. 로저스는 '경험은 나에게 최고의 권위'라고 말할 정도로 경험을 통한 가치관 형성의 중요성을 강조하면서, 부모의 양육 태도에 따라 형성된 가치조건화는 아동의 주관적 경험을 왜곡·부정하게 하기 때문에 경험을 통한 자기실현의 걸림돌이 된다고 보았다. 아동은 의미 있는 대상으로부터 긍정적 자기존중을 얻기 위해 자기 의지와 관계없이 겉으로만 최선을 다하는 모습을 보이고자 하는데, 이 과정에서 아동은 착한 아이가 되기 위해 자신의 내적 경험에 폐쇄적(무시, 왜곡, 부정)이 되어 실현화 경향성이 방해받게 된다.

각인(Imprinting) : 동물의 행동을 연구하던 동물생태학자 로렌쯔(Lorenz)가 심리학에 소개한 개념으로, 새끼 거위가 출생 후 처음 대하는 대상에게 애착을 형성하는 현상.

간헐강화계획(Intermittent reinforcement schedule) : 특정 반응이 나타날 때 강화인(reinforcer)이 때때로 또는 간헐적으로 제공되는 강화계획. 연속강화계획과 함께 대표적인 강화계획의 하나다. 새로운 행동의 학습이 필요할 때 학습자가 정확한 반응행동을 보일 때마다 강화를 받게 되는 연속강화계획을 적용하여 새로운 행동이 어느 정도 숙달되면 간헐강화계획을 적용함으로써 학습효과를 가장 오래 지속시킬 수 있다.

갈등(Conflict) : 힘의 세기가 유사한 2가지 이상의 상호 대립되는 욕구, 충동, 동기가 한 개체 안에 공존하여 서로 충돌하는 상태, 욕구의 방향이 정적이건 부적이건 간에 그 힘 혹은 유의성(valence)의 세기가 비슷하여 어느 욕구를 추구할지 쉽게 결정할 수 없게 되는 상황에서 갈등을 겪게 된다.

감수성(Sensitivity) : 물리적·화학적 자극에 대한 감각기관 반응의 민감성 정도. 즉, 감각의 민감성을 의미하며, 감각적 반응뿐 아니라 감정적·정서적 반응의 민감도까지 포함하여 사용되는 개념이다. 감수성의 정도는 보통 자극역 또는 판별역의 역수로 나타낸다.

감정(Feeling) : 행동을 통해 유기체에서 발생하는 주관적 동요 또는 느낌, 본래 감각과 감정을 동일한 개념으로 여겼으나, 빌헬름 분트(Wilhelm Wundt)가 감각(sensation)은 객관적인 것으로, 감정은 주관적인 것으로 구별하였다. 인식작용이나 충동의지와는 다르지만, 이러한 개념들과 명확하게 구분되지는 않는다.

감정둔화(Flattening) : 감정을 느끼는 능력이 사라져 감정적 반응이 없어지는 현상. 쿠적절성과 함께 정신분열증의 진단 범주에서 정동장해(affective disturbance) 영역의 대표적인 특징으로, 감정 표현이 점차 사라지게 되면서 주변 사람들에 대한 관심도 현격하게 줄고, 심지어는 가족의 죽음과 같이 충격적인 사건에 대해서도 이렇다 할 반응을 보이지 않게 된다.

감정실금(Emotional incontinence) : 감정을 적절히 통제할 수 없어 사소한 일에도 웃거나 울기만 하는 감정조절 기능장애의 주요 증상. 아동이나 정신지체아에게는 대치로 이런 경향이 있으나, 병적인 것은 뇌혈관장에서 가장 두드러지게 볼 수 있다. 또한 기질성 뇌질환에 의한 인격 변화의 징후로 나타나기도 한다. 노인성 백치, 뇌동맥경화, 뇌매독, 진행성 마비 등에서는 초기부터 가벼운 기억력 상실을 수반하여 점차적으로 심해지는 경향을 보이는 특징이 있다.

감정정화(Catharsis) : 누적되어 있던 감정이나 억압된 정서의 분출 또는 해소. 분노와 같은 감정을 다소 폭발적으로 표출하는 행위 자체로도 치료 효과가 있지만, 이러한 행위 자체만으로는 상담으로 볼 수 없어서 '의사상담(pesudo-counseling)' 방법이라고 불리며, 원어 그대로 '카타르시스'라고도 한다.

강박사고(Obsession) : 의식 속에 떠오른 생각이 비합리적이고 비현실적이라는 사실을 알면서도 뇌리에서 떨쳐버리지 못하며, 떨쳐버리려고 하면 할수록 더욱 강하게 일어나 스스로 어쩔 수 없는 상태에 이르게 되는 사소하고 무의미하며 의미 없는 생각.

강박성격장애(Obsessive-Compulsive Personality Disorder, OCPD) : 매사에 질서, 규칙, 정확성, 완벽성, 세부사항에 집착하고 인정사정이 없고, 융통성이 적고, 합리적·형식적이어서 지배와 복종 관계를 토대로 형성되는 대인 관계를 추구하며, 과도한 성취지향성과 인색함이 특징으로 나타나는 Crns 성격장애의 일종. '강박성 인격장애'라고도 불리며, 강박사고(obsession)나 강박행동(compulsion)으로 일상생활(가정,사회,직장)에 지장을 초래하거나 괴로워하는 상태로, 정신증(psychosis)이나 뇌 기질성(organic)장애가 아니라는 사실이 입증되어야 이 장애로 진단될 수 있다. 미국정신의학회(American Psychiatric Association, APA)의 정신장애진단통계편람(DSM-IV-TR)의 진단기준에 의하면, 정리정돈, 완벽주의, 그리고 정신 및 대인통제에 집착하느라 융통성, 개방성, 그리고 효율성이 결여된 광범위한 행동양식이 초기 성인기에 시작되어 다양한 상황에서 다음 중 4가지 이상의 항목으로 나타나면 강박성격장애로 진단된다.

강박증(Obsessive-compulsion) : 흔히 비합리적·비현실적·상동증적·의식적 행위와 사고를 집요하고도 반복적으로 수행하거나 떠올리는 증상이 특징으로 나타나는 신경증(neurosis)의 일종. '기관신경증(Organ Neurosis)'고 구별하여 '정신신경증(Psychoneurosis)'으로 불리기도 하며, 사춘기나 청년기에 발생하기 쉽다. 이 증상이 있는 사람은 대체로 자신의 증상이 비합리적이고 비현실적이라는 것을 알면서도, 증상과 관련된 불쾌감을 없애려고 하면 할수록 압박감이 증폭되어 이성적 판단과 병적 의식 사이의 갈등이 커지고, 갈등에서 벗어나기 위해 강박적으로 특정 행동이나 사고를 되풀이하는 악순환(vicious cycle)에 빠진다.

강박행동(Compulsion) : 강박관념 또는 강박사고(obsession)에 대한 반응으로 반복적이고 의도적인 행동이 일정하거나 상동화된 형태로 나타나는 행동. 의도하지 않으나 반복적으로 되풀이되는 비합리적인 행동이나 자기의 의지나 의식적 경향과 반대되는 행동으로, 숫자 세기, 확인, 무엇을 피하려는 것과 같이 의식의 수준에 있으며정형화되어 있는 반복적인 생각이나 행동을 말한다.

강화(Reinforcement) : 행동주의 심리학의 기본 원리로, 학습자가 바람직한 행동을 할 때마다 보상을 제공하여 특정 행동의 빈도수를 높이는 방법. 특정 반응이 일어날 확률을 증가시키기 위하여 자극과 자극 또는 반응과 자극을 연합(association)시키는 것으로 목표 행동의 증가를 초래하는 자극을 관리하는 것을 말한다. 목표행동을 증가시키기 위해 특정 자극을 제공(정적 강화)하거나, 제공하던 자극을 철수(부적 강화)시키기도 한다.

강화가치(Reinforcement value) : 학습자 또는 피험자가 특정 강화인을 다른 강화인보다 선호하는 정도. 여러 강화인들 중에서 특정 강화 또는 강화인에 대해 중요성을 부여하는 것을 의미한다.

강화인(Reinforcer) : 행동의 결과로 주어지는 것으로 반응행동이 나타날 확률을 증가시키는 모든 자극. 유기체는 특정 행동의 결과가 자신에게 유익하면 그 행동을 더 자주하게 된다는 스키너(B. F. Skinner)의 주장에 따라, 강화인에는 학습에 의하지 않고도 강화 효과가 있는 자극(일차 강화인primary reinforcer,음식,물,공기 등)과 원래는 강화력이 없던 중립적 자극이 강화력이 있는 일차적 강화인과 여러 번 연결됨으로써 강화력을 가지게된 자극(이차 강화인 secondary reinforcer, 파블로프의 종, 돈, 토큰, 쿠폰 등)이 포함된다. 강화인은 다시 1)'정적 강화인'과 2)'부적 강화인'으로 나뉘는데, 정적 강화인(positive reinforcer)은 특정 반응 후에 제시되면 반응 빈도수를 증가시키는 반면, 부적 강화인(negative reinforcer)은 반응 빈도수를 감소시킨다.

개방형 질문(Open-ended questions) : 6하원칙, 즉 '누가', '언제', '어디서', '무엇을', '어떻게', 그리고 '왜'로 시작되는 질문의 형태. 단, '왜'로 시작되는 질문은 내담자를 추궁하는 느낌을 주게 되어 방어적 태도를 유발할 수 있고, 느낌보다는 생각에 초점을 맞추게 할 가능성이 있다. 솔직하고 개인적이며 자발적인 답을 이끌어내어 내담자가 상담에 적극적으로 참여할 수 있게 하는 질문의 형태로 정서적 표현을 촉진시킬 수 있다는 장점이 있지만, 길고 모호하며 완전하지 완전하지 않은 답을 이끌어낼 수 있고 때로는 구체적 정보가 부족하게 될 수 있다는 한계가 있다. 특히 어린아이들이나 지적 능력이 낮은 사람들에게는 오히려 '예', '아니오'의 답을 이끌어내는 폐쇄형 질문의 형태가 보다 더 효과적일 수 있다.

개성화(Individualization) : 칼 융(Carl G. Jung)이 창안한 개념으로, 자기 자신의 고유한 자신이 되는 과정, 즉 진정한 자기(self)를 찾아가는 과정. 융에 따르면, 성격발달은 바로 이 과정으로, 만 40세 정도를 기점으로 인생의 전반기에는 자기(self)의 방향이 외부로 지향되어 분화된 자아(ego)를 통해 현실 속에서 자기를 찾고자 하는 반면, 후반기에는 자기의 방향이 내부로 향하게 되어 자아는 다시 자기에 통합되면서 성격발달이 이루어진다.

개인상담(Individual counseling) : 전문적으로 교육과 훈련을 받은 상담자와 일상생활에 적응하기 어려워하거나 대인 관계에 갈등을 겪는 내담자가 상담을 목적으로 만나 일 대 일의 신뢰 관계, 즉 래포(rapport)를 형성함으로써 내담자의 자기 통찰을 통해 일상생활에서의 특정 문제를 해결하거나 완화시키도록 조력하는 과정. '개별상담'이라고도 불린다.

개인심리학(Individual psychollgy) : 오스트리아 태생의 심리학자 알프레드 아들러(Alfred Alder, 1870~1937)가 창시한 것으로, 인간의 기본적인 동기는 열등감에서 벗어나 우월해지고자 하는 욕구라 여기고, 인간을 긍정적이고 성장 지향적이며 독특한 사회적 존재로 간주하는 이론적 접근. 아들러는 의식적 행동의 중요성을 강조하여 내담자의 행동에는 반드시 원인이 있고, 목표 지향적이라고 간주하여 내담자의 행동 목표를 이해함으로써 내담자가 취하는 행동의 의미를 파악할 수 있다고 보았다. 개인심리학은 사회적 맥락 속에서 목표 지향에 초점을 맞추고, 사람들은 반드시 스스로 의사 결정을 하고 선택할 수 있는 능력이 있는 독특한 존재로 인식해야 한다는 점을 강조한다. 상담 과정은 내담자가 자신의 행동의 원인을 깨닫고 문제해결을 위한 대안을 고려할 수 있도록 4단계, 즉 1)관계 형성, 2)진단, 3)해석 및 통찰, 그리고 4)재결정/재지향(reorientation)단계로 진행된다. 상담이 진행되는 동안 상담자는 내담자에게 관심과 책임감을 가지고, 상식적인 언어를 사용하며, 사회활동에의 참여와 가치 있는 목표 설정을 강조하고, 내담자들의 일탈행동이 주의(attention), 힘, 복수, 그리고 부적절감, 즉 좌절감에 기인하고 있는 것으로 인식한다.

거부(Rejection) : 충격적인 상황에서 개인이 생각하고 느끼고 지각한 것의 왜곡이 특징적으로 나타나는 자아 방어기제(ego defense mechanism). 다른 자아 방어기제들과는 달리 무의식 수준이 아니라 일반적으로 전의식이나 의식 수준에서 억압(repression)과 유사하게 작동되어 자아를 방어하는방법이다.

거세불안(Castration anxiety) : 지그문트 프로이트(S. Freud)의 심리성적발달단계 중 3번째 단계인 남근기(Phallic Stage)의 남아가 오이디푸스 콤플렉스(Oedipal Complex)를 경험하게 되면서 아버지와 경쟁하는 것이 어리고 약한 자기로서는 절대적으로 불리하다는 것을 깨닫게 되고, 자신이 어머니를 소유하고자 하는 욕망을 아버지가 알게 되면 자신을 거세(catastration)할지도 모른다는 무의식적인 두려움을 갖게 되는 현상.

거시체계(Macrosystem) : 유리 브론펜브레너(Urie Bronfenbrenner,1917~)의 생태체계 이론(Ecosystemic Theory)에서 소개된 개념으로, 인간발달에 직·간접적으로 영향을 미치는 4개의 환경체계 중 미시체계(Microsystem), 중간체계(Mesosystem), 외체계(Exosystem)에 포함된 모든 요소 뿐 아니라 개인이 살고 있는 문화적 환경까지 포함한 체계.

거울기법(Mirror technique) : 심리극(Psychodrama)에서 보조 자아(auxiliary ego)가 주인공 특유의 언어적 행동과 비언어적 행동을 있는 그대로 반영하는 동안 주인공은 무대 밖에서 이를 관찰하는 활동. 이 기법은 흔히 주인공이 자신의 모습을 보다 정확하게 바라볼 수 있도록 돕기 위해 심리극의 실행 단계에서 활용된다. '거울 비추기(mirroring)' 라고도 불린다.

결손가정(Broken family) : 일반적으로 정상적인 가정이 되기 위한 최소 조건들이 제대로 충족되지 못하여 부족한 양상을 보이는 가정. 결여된 조건에 따라 '구조적 결손가정'과 '심리적 결손가정'으로 나뉘는데, 전자는 가장 널리 알려진 형태로 부모가 모두 생존하지 않은 상태이거나 한부모(편부모)만이 있는 경우인 반면, 후자는 가정의 구조상에는 문제가 없지만, 가정의 분위기, 양육방식, 가족구성원의 정신 건강 등에 심각한 문제가 있어서 가정이 제 기능을 다하지 못하는 상태에 있는 가정을 말한다.

결핍사랑(Deficiency love) : 다른 사람이 자신의 욕구를 충족시켜 주기 때문에 그 사람과 사랑에 빠지게 되는 현상. 보통 개인의 자존감 충족, 고독에의 두려움, 성행위에 대한 욕구 등과 같은 이기적 관심에서 비롯된 사랑으로 해석되는데, 사랑이 충족될수록 이러한 부류의 사랑은 강화되는 경향이 있다.

결핍심리학(Deficiency Psychology) : 에이브러햄 매슬로우(Abraham Maslow)가 인간의 행동을 설명하고 이해하기 위해 분류한 심리학의 두 부류 중 하나로, 인간의 기본욕구 충족 영역에서의 인간 행동에 초점을 맞추어 연구하는 심리학의 영역.

결핍욕구(Deficiency needs) : 충족되지 않은 경우 개인으로 하여금 이를 채우도록 하는 욕구. 에이브러햄 매슬로우는 개인이 결핍욕구(생존, 안전, 소속감, 자존감 욕구)가 충족되어야 비로소 지적 성취와 같은 상위욕구(성장욕구)를 갖게 된다고 주장하였다.

결혼경사도(Marriage gradient) : 결혼한 부부에 있어서 남편이 부인보다 신장, 연령, 학력, 직업, 연간 수입 등에서 보다 우월한 위치에 있는 상황의 정도. 결혼은 흔히 같은 계층과 문화적 배경을 가진 남녀 사이에 이루어지는 경향이 있다. 이와 같은 동질혼 내에서도 남성들은 흔히 연령이나 교육수준 등이 그들보다 다소 낮은 여성들과 결혼하는 경향을 보임으로써 결혼경사도를 야기시킨다.

결혼분열(Marital schism) : 가족치료의 선구자 리츠가 창안한 개념으로, 가족구성원들이 서로 공공연하게 반목하고 적대시하며 결탁하여 두 집단으로 나뉘는 일종의 병리현상.

결혼왜곡(Marital skewness) : 가족치료의 선구자 리츠가 창안한 개념으로, 부부 중 한 사람의 심각한 성격장애로 인해 배우자가 가족구성원 들 중 우위를 점하게 되고, 상대방을 압도하며, 지배하게 되는 병리적이고 역기능적인 부부 관계. '결혼 비대칭'이라고도 한다.

상담심리 용어

관계 중독(Relationship addiction) : 관계 중독(relationship addiction)은 다양한 중독 현상 가운데 '동반 의존'의 성향이라고 볼 수 있다. 대인 관계가 건강하지 못한 관계이며, 그것을 인식한다 하더라도, 그러한 관계를 깨뜨리거나 그 관계로부터 빠져 나오거나 헤어짐이 어렵거나 지속적으로 얽매여 있는 관계를 유지하려는 강한 성향을 말한다(2009, 전인섭).

나르시시즘(Narcissism) : 1899년 독일의 정신과 의사 네케가 정신분석학적 측면에서 자기 자신이 리비도(libido)의 대상이 된다는 의미로, 자기 자신을 지나치게 사랑하고, 자기중심적인 사고방식을 가지며, 자기도취에 빠진 나머지, 자신의 몸을 이성의 육체, 즉 성적 대상으로 삼아 스스로 애무함으로써 쾌감을 느끼기도 하고 , 자기 몸을 통해 완전한 만족을얻는 행위를 의미한다.

낙인효과(Stigma Effect) : 부정적 인식과 예측이 결국 부정적인 결과를 낳게 되는현상. 부정적인 낙인이 찍히면 그 낙인에 걸맞은 행동을 나타내는 현상을 말한다.

난독증(Dyslexia) : 지능은 정상이지만 글자를 읽거나 쓰는 데 어려움이 있는 증상이 특징적으로 나타나는 학습장애(Learning Disorders)의 일종.

내사(Introjection) : 투사와 대칭을 이루는 정신과정 세계와 타인들의 부분들을 가인 자신 내면에 받아들이는 현상.

내성법(Introspection) : 정신적·심리적 상태나 기능을 스스로 관찰하여 보고한 자료를 분석하는 방법. 또는 '자기성찰법(自己省察法)'이라고도 한다.

내인성 우울증(Endogenous Depression) : 증상을 유발한 외부적 촉발사건과 환경요인과 무관하게 내적·생물학적 요인에 의해 발병되는 우울증. 환경적 사건이 확인되지 않으며, 흔히 유전적 요인 또는 호르몬 분비나 생리적 리듬 등과 같은 내부적인 생리적 요인에 의해서 우울 증상이 나타나는 경우를 말한다.

내현시연(Covert Rehearsal) : 내담자에게 필요한 새로운 정보나 행동을 스스로 반복적으로 연습하게 함으로써 이러한 정보를 학습하게 하거나 행동을 습득하게 하는 인지행동치료(Cognitive Behavioral Therapy)의 기법.

대상관계(Object Relations) : 대상에 대한 개인의 태도와 행동을 가리키는 정신분석학 개념. 대상관계 이론은 '대상관계' 즉 타인과의 관계가 심리적으로 내면화된 것을 중시하며, 생애 초기(특히 오이디푸스기 이전)의 관계가 개인의 발달에 결정적인 영향을 미친다는 사실을 강조한다.

대상관계 이론(Object Relation Theory) : 개인의 본능적 에너지는 부모와 친구 등 개인이 관계를 맺고 있는 사람들에 대한 정신적 표상인 대상(Object)에게 투자된다는 프로이트의 견해를 발전시킨 이론이다.

대상영속성(Object Permanence) : 인간의 발달 과정에서 나타나는 현상에 대한 개념으로, 환경에 존재하는 외부 대상이나 물체가 직접적으로 지각되지 않아도 지속적으로 존재하고 있다는 것에 대한 인식.

대인공포증(Anthropophopia) : 대인 관계에 대한 극심한 두려움이 특정적으로 나타나는 불안장애 (Anxiety Disorders)의 아형인 사회공포증(Social Phobia)의 일종.

대처질문(Coping Questions) : 해결 중심 가족치료(Solution-Focused Family Therapy)의 주요 기법으로, 만성적 어려움과 위기상황에 처한 가족에게 최소한의 성공감을 느낄 수 있게하는 치료적 질문.

도파민(Dopamine) : 호르몬 또는 신경전달물질로서 중요한 노어에피네프린과 에피네프린(Epinephrine) 합성체의 전구물질. 도파민이 과다하게 분비되거나 도파민을 노어에피네프린으로 전환시키는 효소가 부족하면 정신 분열증의 원인이 된다는 주장이 있다.

동적 가족화(Kinetic Family Drawing, KFD) : 피검자에게 무언가를 하고 있는 가족구성원을 그리게 하여 투사 기법을 적용하여 성격 형성, 가족체계, 가정환경 등을 파악하기 위한 검사.

동질정체성(Homeostasis) : 월터 캐논(Walter B. Cannon)이 처음 사용한 용어 ('생물체 내부 환경을 변화시키지 않거나 일정하게 유지하는 것')로, 외부 환경과 생물체 내의 변화에 대응하여 순간순간 생물체 내의 환경을 일정하게 유지하려는 현상.

동질집단(Homogeneous Group) : 성별, 연령, 인종, 민족, 종교, 성장환경, 출신지역, 교육수준, 사회경제적 지위, 직업 등과 같이 배경이 유사한 사람들로 구성된 집단.

드라마 치료(Drama Therapy) : 드라마를 치료 목적으로 변형시켜 참여자의 성장, 사고의 전환, 특정 사실의 학습 혹은 이해에 도움을 제공할 수 있도록 고안된 치료 방법.

딩크족(DINKS) : 'Double-Income-No-Kids'의 약칭으로, 정상적인 부부생활을 영위하되, '맞벌이 부부에 자녀가 없는' 신세대의 독특한 가족체제.

레포(Rapport) : 내담자가 상담자에게 문제를 터놓고 말할 수 있을 만큼의 신뢰롭고 허용적이며 개방적인 분위기. 상담자와 내담자 사이에 서로 믿고 존경하는 감정의 교류에서 이루어지는 조화로운 인간관계로, 상담에서 필수적이며 친근하고, 적극적이며, 협동적인 관계이다.

리비도(Libido) : 성본능 또는 성충동을 나타내는 정신분석학 용어. 넓게는 종(種)의 보존을 목표로 하는 욕구인 반면, 좁게는 이성 혹은 동성에게 밀착하고 성 물질을 방출하고 싶어 하는 욕구이다.

모자 공생 관계(Mother-Child Symbiotic Relationship) : 보웬(M. Bowen)의 가족치료(Bowenian Family Therapy) 이론의 기원이 된 것으로, 정신분열증 증세가 있는 사람은 어머니에게 지나치게 정서적 애착을 나타낸다는 사실을 토대로 설정한 가설적 개념.

물질관련장애(Substance-Related Disorders) : 중독성이 있는 다양한 물질을 체내에 투입하여 몸과 마음에 부정적인 영향을 미쳐 개인의 심리적 기능 손상과 정상적인 사회 및 직업활동의 곤란을 초래하는 장애.

물질남용(Substance Abuse) : 부적응 물질의 과다하게 반복적으로 사용하는 양상으로, 심각한 정도로 해로운 결과가 재발되는 상태.

미시체계(Microsystem) : 간접적으로 영향을 미치는 4개의 환경체계 중 아동에게 가장 직접적인 영향을 주는 체계. 아동발달의 생태학적 체계(거시체계, 외체계, 중간체계, 미시체계) 중 가장 안쪽부분의 핵심부분에 위치한 구조로, '소구조(小構造)'라고도 불린다. 이 체계는 가족이나 교육기관처럼 아동이 상당한 양의 시간을 보내고 직접적 환경에서 접하는 사람과 사물로 구성된다.

미시현상(Jamais Vu) : 기억착오의 특이한 형태의 하나로 전에 많이 경험하거나 본일이 처음 대하는 것 같이 생소하게 느껴지는 현상.

미해결 과제(Unfinished business) : 미해결 과제(unfinished business)는 욕구대상이 충족되면 그 욕구는 자신의 내면에서 사라지게 되는데 그러한 욕구 대상이 욕구충족이 되지 못하고 해결되지 않은 형태를 말한다.

밀착(Enmeshment) : 가족구성원이 서로 얼마나 관여되어 있는가의 여부를 파악하기위한 개념으로, 가족구성원 간의 심리적 경계가 불분명하고, 지적·정서적 기능이 모호하여 침투하기 쉽고 유동적인 상태. '격리(Disengagement)'와 상대되는 개념으로, 가족구성원의 개인적 정체감의 강도와 가족구성원들 간의 친밀성 수준을 나타내는 지표가 되기도 한다.

반동형성(Reaction formation) : 반동형성(reaction formation)은 사회적, 심리적으로 억압되었거나 금지된 감정이나 욕구를 비롯하여 자신의 내면에서 발생된 억제하기 어려운 충동을 그 반대의 행동으로 제어 또는 해소 하려는 태도나 습성을 의미한다.

변연계(Limbic System) : 대뇌반구의 안쪽과 아랫면에 해당하는 부위로, 정서와 동기조절을 비롯해서 종족유지에 필요한 본능적 욕구와 관련된 기능을 담당하는 뇌(Brain)의 일련의 구조. 인간의 감정, 동기, 학습과 관련된 뇌의 구조 대뇌피질(Cerebral cortex) 사이에 있는 일단의 신경세포들로 구성되어 있다.

보완적 타인(Complementery) : 보완적 타인(complementary)은 자신의 부족을 보충, 보완해 주는 타인을 지칭하는 말이다.

양가감정(Ambivalence) : 양가감정은 어떤 대상에 대해 갈등하는 태도로서 두 가지 이상의 정서가 동시에 발생하는 것을 의미한다.

인본주의 심리학(Humanistic Psycholgy) : 인간의 가치와 존엄성을 강조하면서 에이브러햄 매슬로우(1908~1970)와 칼 로저스(1902~1987)를 주축으로 창시된 심리학 체계.
즉, 인간 행동의 근본적 원동력이 자기실현 욕구(생존, 안전, 소속감, 존중, 자기실현 순으로 계층적 단계를 이루어 낮은 단계의 욕구가 충족되면 다음 단계의 욕구를 갖게됨)로서, 누구나 건강, 성장, 잠재력 실현 의지와 충동이 내재되어 있다는 것이다.

이인증(Depersonalization) : 이인증(depersonalization)은 자신의 육치로부터 또 다른 자신이 빠져 나가는 듯한 느낌으로, '탈인'라고도 하며 영혼이 몸에서 분리된다는, 이른바 '유체이탈' 이라고도 한다.

인지부조화(Cognitive Dissonance) : 인간은 다양한 태도, 신념, 행동 가운데 평형 상태를 유지하려는 경향성이 있는데, 2가지 인지요서 (행동과 신념)가 조화를 이루지 못하면 인지부조화라는 긴장 상태를 초래하여 불편한 감정을 느끼게 되어 자신의 신념이나 행동을 바꿈으로써 조화관계를 회복하기 위한 동기가 활성화된다는 보는 이론이다.

인지심리학(Cognitive Psychology) : 인간의 고차원적 정신과정의 성질과 작용방식의 해명을 목표로 하는 과학적 기초적 심리학의 한 분야. 넓은 의미로는 마음의 작용을 연구하는 학문이고, 좁은 의미로는 마음이 환경과 자신에 대한 앎, 지식습득, 지식이 생활 장면의 과제수행에 미치는 효과 등을 다룬다.

인지왜곡(Cognitive Distortion) : 논리적 사고와 추리력에 있어서의 광범위하고 체계적인 오류. 부정적 인지 도식을 가진 우울한 사람들이 자신에게 일어나는 사건들에 대해 습관적 사고의 왜곡을 보이고 잘못된 정보처리를 하는 현상으로, 상당히 체계적이어서 반대 증거에도 불구하고 부정적 생각의 타당성에 대한 신념이 유지된다.

인지 이론(Cognitive Theory) : 사고의 획득과 기능에 초점을 두고, 인식이나 인식행위와 관련된 과정을 설명하는 논리적 체계. 문제 구성 요소들의 상호 관계를 파악하여 그들만의 관계를 재구성하는 일 또는 학습의 의미를 주어진 문제와 그 문제와 관련된 학습자의 인지구조의 변화로 설명하는 이론을 말한다.

자기실현(Self-Actualization) : 칼 로저스가 창안한 개념으로, 한 개인이 자신의 잠재력을 최대로 실현하고자 하는 기본적인 경향성이며, 인본주의 성격 이론의 기본 개념의 하나이다.

에이브러햄 매슬로우가 주장하는 인간의 욕구위계에서 가장 고차원적인 것이다.

정동(Affect) : 갑자기 발생하는 일시적이고 급격한 감정 상태로, 손 떨림, 맥박, 호흡수 등의 변화와 같은 신체적 현상을 동반하는 성질. 감정(feeling), 정서(emotion), 그리고 기분(mood)을 포함하는 느낌의 총칭으로, 대부분의 상담이나 심리치료의 이론적 접근에서 가장 중요한 치료적 요소로 강조된다.

정동장애(Affective Disorder) : 기쁨, 즐거움, 분노감, 두려움, 공포감, 슬픔, 혐오감등과 같은 감정적 복합성과 갈등에 기인하는 행동들이 특징적으로 나타나는 정신장애의 일종. 주요특징에는 1) 지적, 감각, 건강관련 요인으로 설명될 수 없는 학습 불능, 2) 타인과의 인간관계 형성·유지의 어려움, 3) 정상 조건하에서 부적절한 행동 혹은 감정표출, 4) 항시적 불행감 혹은 우울감, 그리고 5) 타인이나 학교 문제 등에 연관되어 일어나는 신체증상, 통증 또는 공포증이 포함된다.

정동차단(Effect Block) : 롤로 메이(Rollo May)와 어빈 얄롬(Irvin Yalom)이 처음 사용한 개념으로, 내담자가 정서적으로 꽉 막혀있는 상태. 내담자가 자신의 분노감을 극복하지 못하는 현상이 그 예이다. 실존주의적 접근에서는 정동차단을 인생 여정의 장애요소와 같은 것으로 다룬다.

정서적 이혼(Emotional Divorce) : 법적·사실적 부부 관계를 유지하면서 부부 간에 정서적 측면에서는 거리를 두는 상태.

중독상담(Addiction Counseling) : 중독 증상이 있는 내담자 치료에 초점을 맞추는 상담, 인터넷, 게임, 도박, 성, 약물 / 물질, 외도 등에 대한 중독에 관련된 상담으로 나뉜다.

중추신경계(Central Nervous System, CNS) : 행동과 사고, 그리고 신체 내부의 활동과정을 통제하며, 뇌, 척추, 등뼈로 싸여 있는 신경계, 자율신경을 통제하여 인간 행동을 지배하는 역할을 한다.

즉시성(Immediacy) : 순간순간 상담자 혹은 내담자의 내면에서 무엇이 일어나고 있는지에 초점을 맞추는 것.

영한용어 해설

A

abnormal behavior : 이상행동(몇 가지 이유로 병리학적으로 간주되는 감정, 생각, 행동의 형태;드문 사건(infrequent occurrence), 규범의 위배, 개인적인 고민(personal distress), 무능 또는 기능장애, 돌발적인 행동(unexpectedness)

accurate empathic understanding : 정확한 공감적 이해(치료자의 본질적인 자질이 환자중심의 치료에서 환자가 어렴풋이 인식하고 있는 시각으로부터뿐 아니라 환자의 현상학적인(phenomenology) 거동을 통해 세상을 보는 능력)

addiction : 중독(substance dependence 물질의존)

advanced directive : 한 개인이 그의 건강을 유지하기 위해 또는 생명을 유지하기 위한 지원을 종결하기 위해 취하는 어떤 일련의 조치에 대해 규정하고 금지하는 법적 문서 이러한 조치사항은 한 개인이 어떤 결정을 할 수 없는 상황이 되기 전에 준비된다.

advanced accurate empathy : 높은 수준의 정확한 공감(환자가 말하고 있는 그 배후에 놓인 관심사와 감정을 추론하는 공감의 한 형태

affect : 정동(다른 사람들에게 주목할 만한 신체표현을 자주 동반하는 주관적인 기분이나 감정적 분위기(emotional tone)

ageism : 연령층 차별

agoraphobia : 광장공포증

alogia : 말이 없음, 표현불능(정신분열증의 음성 증상으로서 말이 없고 그 내용도 빈약함)

altruistic suicide : 이타성 자살(Durkheim에 의해 정의된 것)

ambivalence : 양가감정, 양면감정(같은 상황이나 사람에 대해 강한 긍정적 및 부정적 감정 태도를 동시에 갖는 것)

anxiety disorders : 불안장애(두려움이나 긴장이 지나친 장애이며 주요 장해는 불안 장애, 공황 장애, 범불안 장애, 강박장애, 급성 스트레스 장애, 외상후 스트레스 장애이다.

anxiety neurosis : 불안 신경증

anxiolytics : 항불안제(진정제, 불안을 경감하는 약)

aphasia : 실어증(뇌의 손상(lesions) 때문에 언어를 사용하는 능력의 손실 또는 손상.)

autistic disorder : 자폐장애

automatic thoughts : 자동적 사고

autonomic liability : 자율신경계의 변동성

autonomic nervous system(ANS) : 자율신경계

aversion therapy : 혐오치료

aversive conditioning : 혐오 조건화

aversive stimulus : 혐오 자극

avoidance conditioning : 회피조건화

B

baseline : 기저선, 기저수준

behavior genetics : 행동 유전학

behavior modification : 행동수정

behavior rehearsal : 행동 시연

behavior therapy : 행동치료

behavioral assessment : 행동평가

behavioral medicine : 행동의학

behavioral observation : 행동관찰

behavioral pediatrics : 행동소아과학

behaviorism : 행동주의

bell and pad : 전자식 소변 경보장치

binge eating disorder : 폭식장애

biological paradigm : 생물학적 패러다임(개념체계)

bipolar I disorder : I형 양극성장애

bisexuality : 양성소질

blocking : 제지

borderline personality disorder : 경계선 성격장애

brief therapy : 단기치료(요법)

C

central nervous system : 중추신경계

character disorder : 성격장애

child sexual abuse : 아동 성학대

childhood disintegrative disorder : 소아기 붕괴성 장애

client-centered therapy : 내담자 중심치료

clinical interview : 임상 면접

clinical psychologist : 임상심리학자

clinical psychology : 임상심리학

clinician : 임상가

cognitive behavior therapy(CBT) : 인지 행동치료

cognitive paradigm : 인지적 패러다임(개념체계)

cognitive restructuring : 인지재구조화

cognitive therapy(CT) : 인지치료(인지요법)

collective unconscious : 집단무의식

communication disorders : 의사소통 장애

compulsion : 강박행동

conduct disorder : 품행장애

confidentiality : 비밀유지

conflict : 갈등

congenital : 선천성

conjoint therapy : 합동치료

construct : 구성개념

contingency : 근접성

conversion disorder : 전환장애

convulsive therapy : 경련치료

co-twin : 쌍둥이 관계

counseling psychologist : 상담심리학자

counterconditioning : 역조건화

countertransference : 역전이(전이가 반대방향으로, 즉 치료자가 내담자에게 느끼는 감정)

couples(marital)therapy : 부부(결혼)요법(치료)

covert sensitization : 내부 민감화

criminal commitment : 법정에 설 수 있는지를 알기 위해서 정신병원에 입원시키는 절차

cross-dependent : 대신 의존, 교차 의존

cross-sectional studies : 횡단적 연구

CT scan : 컴퓨터 단층촬영

cultural-familial retardation : 가계에 흐르는(가족 환경성)(경미한 정신)지체

D

defense mechanisms : 방어기제

delirium : 섬망

delirium tremens(DTs) : 진전(떪)섬망

delusional(paranoid)disorder : 망상(편집)장애

delusional jealousy : 질투망상

delusions : 망상

dementia : 치매

demonology : 귀신론

dependent personality disorder : 의존성 성격장애

dependent variable : 종속변인

depression : 우울증

derealization : 비현실화

descriptive responsibility : 기술상의 책임

dialectical behavior therapy : 변증법적 행동치료(행동 문제해결, 사회기술 훈련, limit setting의 수용과 내담자 중심의 공감을 조합한 경계선적 성격장애에 대한 치료적 접근)

diathesis : 소질

diathesis stress paradigm : 소질 스트레스 패러다임(개념체계)

discriminative stimulus : 변별 자극

disease model : 질병 모형

disorder of written expresson : 쓰기장애

disorganized schizophrenia : 혼란형 정신분열증(정신분열증이 하위유형으로 혼란되고 퇴화하는 증상을 가진다. 와해된 언어, 와해된 행동, 둔마된 정동, 또는 부적절한 정동을 보인다. 와해된 언어에는 말의 내용과는 밀접한 관계가 없는 바보스러움이나 웃음이 동반될 수 있다. 행동의 와해는 일상활동을 수행하는 능력에 심각한 장해를 가져다 준다. 다른 분류체계에서는 파괴적으로 명명되었다.)

disorganized speech(thought disorder) : 혼란스러운 말(사고 장애)(정신분열증에서 발견되는 말하기로, 생각의 조직화에서의 문제와 다른 사람이 말하는 것을 이해하는 것에서의 문제에 의해 나타난다.)

disorientation : 지남력 장애(방향감각의 상실)(시간, 장소, 자아정체, 다른 사람, 사물에 대해 주의를 기울이는 것이 혼란된 정신상태)

displacement : 전위, 치환(한 대상과 결부되어 있는 에너지가 유사성이 있고 받아들여질 수 있는 다른 대상으로 옮아가는 것이다.)

dissociation : 해리(자신의 행동을 자각 수준으로부터 떼어 낸다. 의식의 주류로부터 분리된 정신처리 과정)

dissociative amnesia : 해리성 건망증

dissociative fugue : 해리성 둔주(완전한 망각상태에 빠져서 갑자기 가정 및 직장을 떠나서 전혀 새로운 사람으로 행세한다.)

dissociative identity disorder(DID) : 해리성 정체 장애(이 장애로 올바르게 진단되려면 적어도 2개 이상의 별개적인 자아상태, 즉 제2의 자아가 존재해야 한다. 제2의 자아란 존재감, 사고방식 및 행동방식이 각기 다른 자아상태로서, 각기 독자적으로 존재하며 각기 다른 시간에 출현하여 마음의 주인이 되는 것이다.

divorce mediation : 이혼 중재

double-bind theory : 이중 속박 이론

double-blind procedure : 양방무지절차

Down syndrome(trisomy 21) : 다운증후군(21번째 염색체가 세 개로 하나가 더 많음)(아동기의 지능이 대개 50이하이고, 특이한 신체 특성을 가진다.)

dream analysis : 꿈 분석(꿈의 무의식적인 의미를 노출하는 정신분석적 기술)

drug abuse : 약물 남용

drug addiction : 약물중독

DSM-IV-TR : 미국정신의학협의회의 진단 및 통계편람 4판

dualism : 심신이원론(몸과 마음이 별개의 두 요소라는 이론)(데카르트에 의해서 정의되고 발전되었다. 인간은 정신과 신체 둘 다를 가지고 있고, 이 두 측면은 분리되어 있지만, 상호작용한다.)

dysfunction : 기능장애, 기능부전, 역기능

dyspareunia : 성교통증(성교시 고통스럽거나 힘듦)

dysthymic disorder : 기분부전 장애

E

echolaoia : 반향어 증상, 반향언어증(흔히 자폐아동에게서 발견되는데, 남이 한 말을 즉각적으로 따라 하는 것)

ego analysis : 자아분석

ego analysts : 자아분석가

ego-dysonic homosexuality : 자아–비동조적 동성애

egoistic suicide : 자아중심적 자살(Durkheim에 의해 정의된 것으로, 다른 사람과 사회로부터 느끼는 극도의 소외감으로 인해 자기소멸을 하는 것)

elective mutism : 선택적 함구증

Electra complex : 일렉트라 콤플렉스(외디푸스 콤플렉스)

electrocardiogram : 심전도(심장의 전기적 활동을 기록하는 것)

electroconvulsive therapy(ECT) : 전기경련치료

empathy : 공감, 감정이입

empty-chair technique : 빈의자 기법(부정적인 감정을 좀 더 인식하도록 내담자를 돕는 절차로, 게슈탈트 치료이다.)

encounter group : 인카운터 집단(만남의 집단)(집단 상담에서 만남의 현상 그 자체에 초점을 두는 경우, 지금–여기에서 here and now를 강조하는 칼 로저스 방식에 따른 집단)

enuresis : 유뇨증(방광의 부적절한 통제로 인한 장애)

epilepsy : 간질

etiological validity : 병원학적(원인론적) 타당도(validity)

etiology : 병인학, 원인론

existential therapy : 실존치료

expressed emotion(EE) : 표현된 정서

expressive language disorder : 표현성 언어장애(말할 때 스스로 표현하는 것의 어려움)

extinction : 소거(소멸)

F

family interaction method : 가계 상호작용법

family method : 가계조사법

family therapy : 가족치료

fear response : 공포반응

fixation : 고착, 고정

forced rape : 강압적 강간

G

gay : 동성연애자

gay liberation : 게이 해방운동

gender identity : 성 정체감

gender identity disorder : 성 정체 장애(타고난 성과 느끼는 성 사이에서의 혼란)

gene : 유전자(염색체의 극히 미세한 영역)

generalized anxiety disorder(GAD) : 일반화된 불안 장애, 범불안 장애

genital stage : 성기기, 성욕기

genuinesness : 솔직성

grandiose delusions : 과대망상

Graves disease : 그레이브스 병

group therapy : 집단치료

H

habituation : 습관화

hallucoinations : 환각

hallucionogen : 환각제

health psychology : 보건 심리학

homosexuality : 동성애

humanistic and existential therapies : 인본주의적 치료와 실존주의적 치료

humanistic therapy : 인본주의적 치료(인간의 선택의 자유와 잠재성의 성장을 강조하는 통찰치료)

hyperactivity : 과잉활동, 과다활동

hyperkinesis : 과잉운동

hypnosis : 최면

I

id : 원초아, 이드

ideas of reference : 관계 망상

identity crisis : 정체감의 위기, 주체성 위기

illusion : 착각

in absentia : 정신 없는 상태

inappropriate affect : 부적절한 행동

incest : 근친상간

incidence : 발병률, 발생률

incoherence : 지리멸렬, 일관성이 없음(정신분열증 환자가 핵심적 생각과 주제를 반복적으로 언급하더라도, 사고와 관련된 이미지와 사고의 각 부분이 연결되지 않고, 무엇을 말하려고 하는지 정확하게 이해하기가 어렵다.)

independent variable : 독립변인

index case(proband) : 대표 사례

individual psychology : 개인(개성) 심리학(프로이트의 정신분석에서 아들러에 의해 발전된 심리학설로서, 각 개인은 자신의 고유한 삶의 목표와 그 목표를 달성하는 고유한 방식을 갖고 있다는 것이다.)

infectious disease : 전염병

informed consent : 통고된 동의(피험자나 내담자로서 참여하는데 동의하는 것)

inhibited male orgasm : 남성 극치감(오르가즘)억제

insanity defense : 정신착란 방어

insight therapy : 통찰치료

instrumental learning : 도구적 학습

intelligence quotient(IQ) : 지능지수

intelligence test : 지능검사

internal consistency reliability : 내적 일관성의 신뢰도

internal validity : 내부(내적)타당도

interpersonal therapy : 대인 관계 이론, 대인 이론

interpretation : 해석

interrater reliability : 평정자간 신뢰도(일치도)

introjection : 내사화

introspection : 내성, 내관(자기성찰)

L

language disorder : 언어장애

latency period : 잠복기

latent content : 잠재된 내용

law of effect : 효과의 법칙

learned helplessness theory : 학습된 무력 이론

learning disabilities : 학습부진

leaning disorders : 학습장애

lesion : 손상(파괴법)

libido : 리비도(성욕 에너지)

Life Chnage Unit(LCD)score : 생활 변화의 단위 점수

life-span developmental psychology : 생애발달 심리학

lifetime prevalence rate : 평생 유병률

logotherapy : 의미치료

M

magnetic resonance imaging(MRI) : 자기공명촬영기

mainstreaming(immersion) : 특별교육 철폐

maintenance dose : 유지 복용량

mania : 조증(그럴 만한 이유없이 강렬하게 기분이 고양된 정서적 상태)

manic-depressive illness, manic-depressive psychosis : 조울병, 조울정신병

megalomania : 과대망상증

melancholia : 멜랑콜리아, 극심한 울증

mental age : 정신연령

mental retardation : 정신지체

metacognition : 종합인자(배후인자)

mild mental retardation : 경도의 정신지체

milieu therapy : 환경치료(환경요법)

moderate emntal retardation : 중간정도(중등도)의 정신지체(35-40에서 40-55사이로 IQ가 측정된 정신 발달의 한계)

motor skills disorder : 운동기술장애

mourning work : 애도 작업

multifactorial : 다중 요인(인자)의

mutism : 함구증

M

narcissistic personality disorder : 자애성(자기애성) 성격장애

negative reinforcement : 부적강화

negative symptoms : 음성 증상

negative triad : 부정적 삼요소

n대-Freudian : 신프로이트학파

neologism : 신조어 증세, 신어 조작증

nerve impulse : 신경 충동

neurologist : 신경학자

neuron : 뉴런

neuroses : 신경증, 노이로제

neurosyphilis(general paresis) : 매독에 의한 중추신경계의 마비(전신 마비)

O

obsession : 강박적(강박성)사고

obsessive-compulsive disorder(OCD) : 강박장애

obsessive-compulsive personality disorder : 강박성 성격장애

occipotal lobe : 후두엽

Oedipus complex : 외디푸스 콤플렉스

operant behavior : 조작적 행동

P

paradigm : 패러다임, 개념체계

paranoia : 편집증

paranoid disorder : 편집 장애

paranoid personality disorder : 편집성 성격장애

personality desorder : 성격장애

personality structure : 성격구조

pervasive developmental disorders : 전반적 발달장애, 범발달장애

저자소개 : **김명희(金明姬)**

학력

- 한양대학교 졸업
- [미국] University of South Carolina 석사(MA)(Children · family counseilling 전공)
- [미국] U.C Berkeley 대학원 수학, Marige & Family Therapy
- 숙명여자대학교 대학원 박사
- 백석 신학대학원 졸업(M. Div : 목회학)

경력

- 현재, 백석대학교 기독교상담학 교수
- 미국, U.C Berkeley 심리학과 국비해외파견 교수(학술진흥재단, 국가프로젝트지원)
- 미국, U.C Berkeley 심리학과(Human Development Institude) 국비해외파견 연구원(학술진흥재단, 국가프로젝트지원)
- 前) 한국인간행동유형연구소소장(KHBTI) 역임
- 前) 한국아동상담치료교육센터장 역임
- Kids Family counselling center(아동, 가족상담 슈퍼바이저)
- 놀이치료학회 이사
- 국가인권위원회 연구의원

주요저서

- 부모교육과 상담
- 아동기행동장애와 행동치료
- 미술심리치료
- 아동복지론
- 아동 · 청소년 사회성 개발과 상담
- 내적치유와 상담
- 아동화의 진단적 분석
- 글로벌 리더들의 리더십 DNA 외 다수
- 행동수정의 이론과 실제
- 특별한 아이들 변해야 할 부모
- 아동그림의 이해 및 치료

가족치료와 상담

- 기독교적 가족회복을 위한 내적치유 -

2012년 3월 7일 초판 인쇄
2012년 3월 9일 초판 발행

지은이 김명희
펴낸이 류제동
펴낸곳 (주)교 문 사

책임편집 김남권
디자인 신나리
제작 김선형
영업 정용섭 · 이진석 · 송기윤

출력 현대미디어
인쇄 동화인쇄
제본 과성제책

우편번호 413-756
주소 경기도 파주시 교하읍 문발리 출판문화정보산업단지 536-2
전화 031) 955-6111(代)
팩스 031) 955-0955
등록 1960. 10. 28. 제406-2006-000035호

홈페이지 www.kyomunsa.co.kr
E-mail webmaster@kyomunsa.co.kr
ISBN 978-89-363-1276-3 (93590)

값 25,000원
*잘못된 책은 바꿔 드립니다.